René Martin

VBA lernen

Das Aufgaben- und Lernbuch zur Programmiersprache VBA

FSC
www.fsc.org
MIX
Papier aus ver-
antwortungsvollen
Quellen
Paper from
responsible sources
FSC® C105338

René Martin

VBA lernen

Das Aufgaben- und Lernbuch zur Programmiersprache VBA

Die Informationen in diesem Produkt werden ohne Rücksicht
auf einen eventuellen Patentschutz veröffentlicht.
Warennamen werden ohne Gewährleistung
der freien Verwendbarkeit benutzt
Bei der Zusammenstellung von Texten und Abbildungen wurde mit
größter Sorgfalt vorgegangen.
Trotzdem können Fehler nicht vollständig ausgeschlossen werden.
Verlag, Herausgeber und Autor können für fehlerhafte Angaben
und deren Folgen weder eine juristische Verantwortung
noch irgendeine Haftung übernehmen.
Für Verbesserungsvorschläge ist der Autor dankbar.

Bibliografische Information der Deutschen Nationalbibliothek:
Die Deutsche Nationalbibliothek verzeichnet diese Publikation
in der Deutschen Nationalbibliografie;
detaillierte bibliografische Daten sind im Internet über http://dnb.dnb.de abrufbar.

Illustration: René Martin
Satz: René Martin
Herstellung und Verlag: BoD – Books on Demand, Norderstedt
ISBN: 978-3-7392-0715-5

1 Inhaltsverzeichnis

2 Vorwort

VBA existiert nun seit mehr als 20 Jahren. Dies mag in der Vormachtstellung von Microsoft bei Anwendungsprogrammen wie Word, Excel oder PowerPoint begründet liegen, dies kann aber auch in der relativ einfach erlernbaren Programmiersprache begründet sein. Access war das erste Produkt aus der Microsoft-Office-Palette, das schon in der Version 2.0 VBA mitlieferte. In dieser Datenbank war dies ein notwendiger Schritt, denn für die Erstellung einer Datenbank wird fast immer Programmierung benötigt. Excel zog in der Version 5.0 nach, in Word wurde WordBasic durch VBA in Office 97 ersetzt. In der gleichen Version hielt VBA auch Einzug in PowerPoint und Outlook.

Heute, im Frühjahr des Jahres 2016, ist die Zahl der Anwendungen, die VBA integriert haben, immens: Zur Microsoft-Palette gesellen sich Visio und Project, daneben sind noch weitere Programme wie Flowcharter, Corel Draw, AutoCAD und andere zu nennen. Die Verbreitung und die Beliebtheit von VBA wächst, und mit ihr die Notwendigkeit, VBA zu lernen. Während noch vor Jahren ein guter Freund von mir, ein hervorragender Java- und C++-Programmierer, VBA-Programmierer als „Warmduscher" verspottete, so musste er später zugeben, dass man nicht mit solch mächtigen Programmiersprachen wie Java, C++ oder VB.NET auf „Spatzen" schießen sollte, wenn es darum geht, innerhalb einer Applikation Lösungen zu entwickeln. Und genau das will VBA.

Auch wenn diese Programmiersprache Merkmale anderer objektorientierter Sprachen vermissen lässt (Multithreading, Vererbung und Polymorphismus), so liegt mit VBA 7.1 dennoch ein mächtiges, vielschichtiges und komplexes Werkzeug vor, mit dem man gute Lösungen für die Microsoft-Office-Produkte erstellen kann.

2.1 Aufbau des Buches

VBA untergliedert sich in drei Bereiche. Zum einen ist der Sprachkern selbst zu nennen: der Teil von VBA, der sich auch in VB.NET befindet. Ihm sind die ersten elf Kapitel gewidmet, dort werden die typischen Anforderungen, die beim Erlernen einer Programmiersprache nötig sind, wiederholt und eingeübt. Dazu zählen die schon „klassischen" Themen Variablendeklaration, Schleifen, Verzweigungen, Fehlerbehandlung. Schließlich sollen die VBA-spezifischen Themen eingebaute und selbstdefinierte Funktionen, Dateizugriff und Klassen besprochen werden.

Der zweite Teil (Kapitel 12) widmet sich den Dialogen („Userforms"). Für den bequemen Umgang mit den Makros wird dem Benutzer eine Eingabemaske zur Verfügung gestellt, in die er Daten eintragen, aus vordefinierten Listen etwas auswählen oder über Optionsbuttons und Kontrollkästchen eine Auswahl treffen kann. Auch wenn Sie keine Dialoge benötigen, so halte ich dieses zwölfte Kapitel für wichtig, da man anhand von Dialogen exemplarisch den Umgang mit Objekten erläutern und studieren kann.

Der dritte Teil des Buchs (Kapitel 13 – 18) ist schließlich dem „A" in VBA gewidmet: Es geht um die Applikationen. Lange habe ich überlegt, welche der Anwendungsprogramme ich dabei behandle. Schließlich habe ich mich gegen Access entschieden. Der Grund ist einfach. Zum Ersten stellt Access zwei Zugriffsmöglichkeiten auf Tabellen und Abfragen zur Verfügung: DAO und ADO. Man müsste sie beide beschreiben. Zum Zweiten werden die Formulare in Access programmiertechnisch anders gesteuert als in Word, Excel und Visio. Zum Dritten unterscheidet sich die Programmierumgebung von den anderen Applikationen, ebenso wie einige VBA-Befehle in Access anders lauten. Aus diesen Gründen habe ich mich gegen Access entschieden. Dafür habe ich den „Spitzenreitern" von VBA – Word und Excel – den größten Platz eingeräumt. Und schließlich enthält dieses Buch jeweils ein kleines Kapitel über Visio, PowerPoint und eines über Outlook.

2.2 Aufbau des Buches

Dennoch: Vollständigkeit kann ich nicht erlangen: Bei XML (Kapitel 8.17) habe ich nur das Zugriffsmodell DOM beschrieben, nicht SAX. Ich habe nicht gezeigt, wie man in Excel Pivottabellen programmiert oder was man beachten muss, wenn man eigene Funktionen für Excel erstellt. Wie man in Visio überprüft, ob ein Shape auf einem bestimmten Layer liegt. Wie man weitere Steuerelemente in die Dialoge einbaut. Ich habe kein Wort über das Starten der Makros verloren: an welche Elemente man sie binden kann, wie man in der Multifunktionsleiste neue Registerkarten einfügt und diese mit Symbolen bestückt. Da jedes der Anwendungsprogramme Tausende von Objekten, Methoden, Eigenschaften, Ereignisse und Konstanten zur Verfügung stellt, ist schon klar, dass dieses Buch keine Referenz darstellt. Dafür sei auf weitere Literatur zu den einzelnen Programmen verwiesen. Dennoch: Ich glaube, dass Sie mit diesem Wissen einen sehr guten Überblick über und Einblick in die Programmsprache VBA erhalten.

Nun bleibt mir nur noch, Ihnen viel Spaß beim Lesen des Buchs zu wünschen.

René Martin im März 2016

Über Anregungen, Bemerkungen und Kritik freue ich mich:

rene.martin@compurem.de

Die Beispiele können Sie von meiner Seite

www.compurem.de dort: Autorentätigkeit / Downloads (Bücher) herunterladen.

3 Grundlagen

Um überhaupt mit den einfachsten Übungen beginnen zu können, müssen Sie grundlegende Kenntnisse von VBA besitzen. Lassen Sie uns mit dem allgemeinen Aufbau von Prozeduren beginnen. In einem Modul wird eine Prozedur (ein Makro) erstellt.

3.1 Die Syntax einer Prozedur

```
[Private | Public] [Static] Sub Name [(ArgListe)]
[Anweisungen]
[Exit Sub]
[Anweisungen]
End Sub
```

Dabei bedeuten:

Teil	Beschreibung
Public	Auf die Sub-Prozedur kann von allen anderen Prozeduren in allen Modulen zugegriffen werden. Bei Verwendung in einem Modul kann auf die Prozedur nur innerhalb des Projekts zugegriffen werden.
Private	Auf die Sub-Prozedur kann nur durch andere Prozeduren aus dem Modul zugegriffen werden, in dem sie deklariert wurde.
Static	Die lokalen Variablen der Sub-Prozedur bleiben zwischen Aufrufen erhalten. Das Attribut „Static" wirkt sich nicht auf Variablen aus, die außerhalb der Sub-Prozedur deklariert wurden, auch wenn sie in der Prozedur verwendet werden.
Name	Erforderlich. Name der Sub-Prozedur gemäß den Standardkonventionen für Namen von Variablen: Maximal 255 Zeichen, kein Schlüsselwort und eindeutig. Der Name darf nicht mit einer Ziffer beginnen und keine Satz- oder Sonderzeichen enthalten.
ArgListe	Variablenliste mit den Argumenten, die an die Sub-Prozedur beim Aufruf übergeben werden. Mehrere Variablen werden durch Kommas getrennt.
Anweisungen	Eine beliebige Gruppe auszuführender Anweisungen im Rumpf der Sub-Prozedur.

Tabelle 1: Die Elemente eines Prozedurnamens

3.2 Kommentare

Kommentare werden mit einem Apostroph „'" eingeleitet, das am Anfang einer Zeile oder am Ende einer Codezeile stehen kann. Kommentare können ebenso durch ein `rem` (remark) eingeleitet werden, welches sich nur am Anfang der Zeile befinden darf. Für den

Apostroph steht Ihnen in der Symbolleiste „Bearbeiten“ ein Symbol zum Ein- und Ausschalten zur Verfügung. Kommentare erscheinen in grüner Schrift, was Sie im Menü Extras / Optionen im Blatt Editorformen unter der „Codefarbe“ Kommentartext ändern könnten.

3.3 Programmzeilen

Ein automatischer Umbruch, wie von der Textverarbeitung bekannt, findet erst nach 1.024 Zeichen statt: Um einen manuellen Umbruch zu organisieren, kann der Text in mehrere Zeilen geteilt werden. Dies erfolgt durch eine obligatorische Leerstelle, der ein Unterstrich am Ende der Zeile folgt.

Sie dürfen maximal zehn Zeilen Code durch „_“ voneinander trennen. Und der Unterstrich darf nicht innerhalb von Textteilen stehen.

Sollen mehrere Befehle in einer Zeile geschrieben werden, dann können diese durch einen Doppelpunkt voneinander getrennt werden.

3.4 Variablen und Datentypen

Variablen werden deklariert mit:

```
Dim Variablenname As Variablentyp
```

Sie sollten (müssen es nicht) Variablen am Anfang einer Prozedur deklarieren – dies erhöht die Lesbarkeit. Die folgende Tabelle liefert eine Zusammenfassung der verschiedenen Variablentypen:

Datentyp	Variablentyp	Typenkennzeichen	Bereich	Typkürzel	Beispiel	Speicherplatz (in Bytes)
	Boolean		0 (False) und -1 (True)	f oder bol	True, False	2
Ganzzahlen	Byte		0 bis 255	byt	7, 104	1
	Integer	%	-32.768 bis 32.767	int	7, 104, 1234	2
	Long	&	-2.147.483.648 bis 2.147.483.647	lng	123456789	4

Datentyp	Variablentyp	Typenkennzeichen	Bereich	Typkürzel	Beispiel	Speicherplatz (in Bytes)
Dezimalzahlen	Single	!	-3,402823 × 10^{38} bis 3,402823 × 10^{38}	sng	0,15	4
	Double	#	-1,797693 × 10^{324} bis 1,797693 × 10^{324}	dbl	12345678 * 10^{100}	8
	Currency	@	–9,22 × 10^{14} bis 9,22 × 10^{14}	cur	59,90 Euro	8
Datumzahlen	Date		1.1.100 bis 31.12.9999	dat	11.11.2017	8
Text	String	$	Circa 2 Milliarden	str	„Der Weiße Riese", „Konrad und Paul"	10 + Länge der Zeichenkette
	Variant		jeder numerische Wert im Bereich Double, jeder String			22 + Länge der Zeichenkette
Objekte	Object		alle Objektreferenzen			4

Benutzerdefinierter Datentyp (siehe Seite 17)

Tabelle 2: Die verschiedenen Variablentypen

Variablen sollten ein Präfix besitzen, an dem ihr Typ erkennbar ist. Diese Konvention, die von der Firma „Gregory Reddick & Associates", einer Unternehmensberatungsfirma von Microsoft, herausgegeben wurde, ist nicht verbindlich. Allerdings arbeiten sehr viele Programmierer damit. Diese Konvention stellt eine Möglichkeit der Standardisierung für VBA-Programmierung dar.

Aus den vorgegebenen Datentypen können Sie auch eigene Datentypen zusammensetzen.

```
[Private | Public] Type VarName
Elementname [([Indizes])] As Typ
```

```
[Elementname [([Indizes])] As Typ]
...
End Type
```

Beispielsweise:

```
   Public Type Fahrrad
      Farbe As String
      Anschaffungspreis As Currency
      Marke As String
      Gewicht As Double
   End Type

Sub Verwendung()
   Dim MeinFahrrad As Fahrrad

   MeinFahrrad.Anschaffungspreis = 1200
   MeinFahrrad.Marke = "xy"
   MeinFahrrad.Gewicht = 7.5
   MeinFahrrad.Farbe = "rot"

   MsgBox MeinFahrrad.Anschaffungspreis
End Sub
```

3.5 Konstanten

```
[Public | Private] Const KonstName [As Typ] = Ausdruck
```

Die Syntax der Const-Anweisung besteht aus folgenden Teilen:

Teil	Beschreibung
Public	Schlüsselwort, das auf Modulebene Konstanten deklariert, die allen Prozeduren in allen Modulen zur Verfügung stehen.
Private	Schlüsselwort, das auf Modulebene Konstanten deklariert, die nur innerhalb des Moduls verfügbar sind, in dem sie deklariert wurden.
KonstName	Erforderlich. Name der Konstanten.
Typ	Zulässige Typen sind Byte, Boolean, Integer, Long, Currency, Single, Double, Date, String oder Variant.

Teil	Beschreibung
Ausdruck	Erforderlich. Ein Literalwert, eine andere Konstante oder eine beliebige Kombination, die beliebige arithmetische oder logische Operatoren (mit Ausnahme von Is) enthält.

Tabelle 3: Die Syntax der Const-Anweisung

3.6 Datenfelder, Arrays

Datenfelder werden genauso wie andere Variablen mit Hilfe der `Dim-`, `Static-`, `Private-` oder `Public`-Anweisungen deklariert. Der Unterschied zwischen „skalaren Variablen“ (Variablen, die keine Datenfelder sind) und „Datenfeldvariablen“ besteht darin, dass Sie generell die Größe des Datenfelds angeben müssen. Ein Datenfeld, dessen Größe angegeben ist, ist ein Datenfeld fester Größe. Ein Datenfeld, dessen Größe bei Ausführung eines Programms geändert werden kann, ist ein dynamisches Datenfeld.

Ob ein Datenfeld mit 0 oder 1 beginnend indiziert ist, hängt von der Einstellung der `Option Base`-Anweisung ab. Wenn `Option Base 1` nicht angegeben ist, beginnen alle Datenfelder mit dem Index 0.

3.7 Deklarieren eines festen Datenfelds

In der folgenden Code-Zeile wird ein Datenfeld fester Größe als Integer-Datenfeld mit 11 Zeilen und 11 Spalten deklariert:

```
Dim intMeinDatenfeld(10, 10) As Integer
```

Das erste Argument stellt die Zeilen, das zweite Argument die Spalten dar.

Wie bei jeder anderen Variablendeklaration entspricht der Datentyp der Elemente in einem deklarierten Datenfeld dem Typ `Variant`, solange Sie keinen Datentyp für das Datenfeld angegeben haben. Jedes `Variant`-Element des Datenfelds verwendet 16 Bytes. Deklarieren Sie Ihre Datenfelder explizit mit einem Datentyp, der nicht `Variant` ist, um den Code so kompakt wie möglich zu machen!

Die folgenden Code-Zeilen vergleichen die Größe verschiedener Datenfelder:

```
' Nachstehendes Datenfeld aus Elementen des Datentyps
' Integer beansprucht 22 Bytes (11 Elemente * 2 Bytes).
ReDim intMeinIntegerDatenfeld(10) As Integer

' Nachstehendes Datenfeld aus Elementen des Datentyps
' Double beansprucht 88 Bytes (11 Elemente * 8 Bytes).
ReDim dblMeinDoubleDatenfeld(10) As Double

' Nachstehendes Datenfeld aus Elementen des Datentyps Variant
```

```
' beansprucht mindestens 176 Bytes (11 Elemente * 16 Bytes).
ReDim MeinVariantDatenfeld(10)

' Nachstehendes Datenfeld aus Elementen des Datentyps
' Integer beansprucht 100 * 100 * 2 Bytes (20.000 Bytes).
ReDim intMeinIntegerDatenfeld (99, 99) As Integer

' Nachstehendes Datenfeld aus Elementen des Datentyps
' Double beansprucht 100 * 100 * 8 Bytes (80.000 Bytes).
ReDim dblMeinDoubleDatenfeld (99, 99) As Double

' Nachstehendes Datenfeld aus Elementen des Datentyps Variant
' beansprucht mindestens 160.000 Bytes
' (100 * 100 * 16 Bytes).
ReDim MeinVariantDatenfeld(99, 99)
```

Die maximale Größe eines Datenfelds hängt von Ihrem Betriebssystem sowie von dem verfügbaren Speicher ab. Durch die Verwendung eines Datenfeldes, das den für Ihr System verfügbaren RAM-Speicher überschreitet, wird Ihre Anwendung langsamer, da die Daten von der Festplatte gelesen und auf diese geschrieben werden müssen.

3.8 Deklarieren eines dynamischen Datenfeldes

Bei der Deklaration eines dynamischen Datenfelds können Sie die Größe des Datenfelds verändern, während der Code ausgeführt wird. Verwenden Sie zur Deklaration eines Datenfelds eine der `Static`-, `Dim`-, `Private`- oder `Public`-Anweisungen, und lassen Sie die Klammern leer. Beispiel:

```
Dim sngDatenfeld() As Single
```

Anmerkung: Sie können die `ReDim`-Anweisung dazu verwenden, ein Datenfeld implizit innerhalb einer Prozedur zu deklarieren. Achten Sie darauf, bei Verwendung der `ReDim`-Anweisung den Namen des Datenfelds richtig zu schreiben. Auch wenn sich die `Option Explicit`-Anweisung im Modul befindet, wird ein zweites Datenfeld erstellt.

Verwenden Sie in einer Prozedur innerhalb des Gültigkeitsbereichs des Datenfeldes die `ReDim`-Anweisung zur Änderung der Anzahl von Dimensionen, zur Definition der Anzahl der Elemente und zur Definition der oberen und unteren Grenzen jeder Dimension. Sie können die `ReDim`-Anweisung beliebig oft verwenden, um das dynamische Datenfeld zu ändern. Dies hat jedoch zur Folge, dass die bestehenden Werte des Datenfeldes verloren gehen. Verwenden Sie `ReDim Preserve`, um ein Datenfeld zu erweitern, ohne dass die vorhandenen Werte im Datenfeld gelöscht werden. Die folgende Anweisung vergrößert z.B. das Datenfeld `varDatenfeld` um 10 Elemente, ohne die aktuellen Werte der ursprünglichen Elemente zu löschen.

```
ReDim Preserve varDatenfeld (UBound(varDatenfeld) + 10)
```

Wenn Sie das Schlüsselwort `Preserve` mit einem dynamischen Datenfeld verwenden, können Sie nur die obere Grenze der letzten Dimension, aber nicht die Anzahl der Dimensionen ändern.

3.9 Ein- und Ausgabe

Zwei einfache Möglichkeiten zur Ein- und Ausgabe stehen Ihnen über das Meldungsfenster und das Eingabefenster zur Verfügung:

```
MsgBox(prompt[, buttons] [, title] [, helpfile, context])
InputBox(prompt[, title] [, default] [, xpos] [, ypos] _
   [, helpfile, context])
```

Wird bei der `MsgBox` eine Klammer verwendet, dann wird ein Wert vom Typ `Integer` zurückgegeben. Die `InputBox` gibt immer einen String-Wert zurück.

3.10 Übungen zu den Grundlagen

In den folgenden Programmen befinden sich Fehler. Finden Sie diese heraus und überlegen Sie sich, wie man sie korrigieren könnte:

Übung 1

```
Sub Mein erstes Makro()
   MsgBox "Hallo"
End Sub
```

Übung 2

```
Sub Gruß()
   MsgBox(Prompt:="Guten Morgen")
End Sub
```

Übung 3

```
Sub Ende1()
   MsgBox "Diese Anweisung wird aufgrund eines ungültigen _
   Vorgangs geschlossen.", vbCritical
End Sub
```

Übung 4

```
Sub Ende2()
   MsgBox _
   "Wenden Sie sich an den Hersteller, " & _
   "falls das Problem weiterhin besteht.", _
   vbCritical rem Keine schöne Meldung
End Sub
```

Übung 5

```
Sub Wertezuweisen()
   Dim strJahreszeit(4) As String
   Dim i As Integer

   strJahreszeit(1) = "Frühling": strJahreszeit(2) = "Sommer"
   strJahreszeit(3) = "Herbst": strJahreszeit(4) = "Winter"
End Sub
```

Übung 6

```
Sub Wertezuweisen2()
   Dim strHimmelsrichtung() As String
   ReDim strHimmelsrichtung(0)
   strHimmelsrichtung(0) = "Nord"
   ReDim strHimmelsrichtung(1)
   strHimmelsrichtung(1) = "Ost"
   ReDim strHimmelsrichtung(2)
   strHimmelsrichtung(2) = "Süd"
   ReDim strHimmelsrichtung(3)
   strHimmelsrichtung(3) = "West"
End Sub
```

3.11 Tipps zu den Übungen zu den Grundlagen

Achten Sie genau auf die Schreibweise, auf Leerzeichen, auf korrekte Umbrüche und auf korrekt deklarierte Variablen!

3.12 Lösungen zu den Übungen zu den Grundlagen

Lösung 1

Der Name der Prozedur `Mein erstes Makro` darf kein Leerzeichen enthalten. Ein korrekter Name für ein Makro wäre beispielsweise:

```
Mein_erstes_Makro
```

oder:

```
MeinErstesMakro
```

Lösung 2

Wird das Meldungsfenster mit einer Klammer verwendet, dann muss ein Wert übergeben werden. Also beispielsweise so:

```
x = MsgBox(Prompt:="Guten Morgen")
```

Da das Meldungsfenster aber keine Auswahlabfrage wie `YesNo` oder `AbortRetryIgnore` enthält, genügt zur alleinigen Anzeige folgender Befehl:

```
MsgBox Prompt:="Guten Morgen"
```

Oder auch mit Leerzeichen:

```
MsgBox "Guten Morgen"
```

Übrigens: Erstaunlichweise funktioniert:

```
MsgBox("Guten Morgen")
```

Jedoch nicht:

```
MsgBox("Guten Morgen", vbInformation)
```

Das ist leider nicht konsequent!

Lösung 3

Der Umbruch zwischen Befehlen darf nur zwischen Parametern oder Befehlsteilen stehen, nicht aber innerhalb von Text. Wenn Sie Text umbrechen möchten, dann bitte so:

```
MsgBox "Diese Anweisung wird aufgrund eines ungültigen " & _
   "Vorgangs geschlossen.", vbCritical
```

Lösung 4

Kommentare, die mit `rem` eingeleitet werden, dürfen nicht hinter Befehlen stehen. Entweder verwenden Sie das Anführungszeichen oder schreiben Sie die Remark-Zeile als eigenständige Zeile.

Lösung 5

Arrays beginnen, wenn nichts Anderes festgelegt wird, bei 0. Das heißt, `LBound(strJahreszeiten)` liefert einen leeren String. Dies kann umgangen werden, indem ebenfalls bei strJahreszeiten(1) begonnen wird oder indem die Zählung explizit mit 1 beginnt. Entweder durch den allgemeinen Befehl:

```
Option Base 1
```

oder indem die Variable folgendermaßen deklariert wird:

```
Dim strJahreszeiten(1 To 4) As String
```

Lösung 6

Wenn Sie das Datenfeld vergrößern:

```
ReDim strHimmelsrichtung(3)
```

und anschließend füllen:

```
strHimmelsrichtung(3) = "West"
```

werden die übrigen Einträge gelöscht, das heißt: strHimmelsrichtung(0), strHimmelsrichtung(1) und strHimmelsrichtung(2) sind leer. Sie sollten jeweils mit

```
ReDim Preserve strHimmelsrichtung(3)
```

das Datenfeld vergrößern.

4 Operatoren, Verknüpfungen und Verzweigungen

4.1 Operatoren

Folgende Operatoren stehen Ihnen in VBA zur Verfügung:

Typ	Beschreibung	Zeichen / Operator
Arithmetische Operatoren	Addition	+
	Subtraktion	-
	Multiplikation	*
	Division	/
	Ganzzahlige Division	\
	Potenz	^
	Modulo	Mod
Textverkettung	Concatenation	&, +
Logische Operatoren	und	AND
	oder	OR
	nicht	NOT
	exklusives oder (entweder das eine oder das andere)	XOR
	logische Äquivalenz	EQV
	Implikation	IMP
Vergleichsoperatoren	gleich	=
	kleiner als	<
	kleiner oder gleich	<=
	größer als	>
	größer oder gleich	>=
	ungleich	<>
Vergleichsoperatoren für Text	entspricht	LIKE
Vergleichsoperatoren für Objekte	entspricht	IS

Tabelle 4: Die Operatoren in VBA

Die Verknüpfungsmöglichkeiten können in einer Tabelle aufgelistet werden:

Wert 1	Wert 2	And	Or	Xor	Imp	Eqv
Wahr	Wahr	Wahr	Wahr	Falsch	Wahr	Wahr
Wahr	Falsch	Falsch	Wahr	Wahr	Falsch	Falsch
Falsch	Wahr	Falsch	Wahr	Wahr	Wahr	Falsch
Falsch	Falsch	Falsch	Falsch	Falsch	Wahr	Wahr
Wahr	Leer	Falsch	Wahr	Wahr	Falsch	Falsch
Falsch	Leer	Falsch	Falsch	Falsch	Wahr	Wahr
Leer	Wahr	Falsch	Wahr	Wahr	Wahr	Falsch
Leer	Falsch	Falsch	Falsch	Falsch	Wahr	Wahr

Tabelle 5: Die Konjunktoren in VBA

Ergebnisse werden dabei immer von der rechten Seite des Gleichheitszeichens auf die linke übergeben, also: `Variable = 17 * 4 +23`

Das Gleichheitszeichen hat in VBA zwei Bedeutungen: Es übergibt einen Wert an eine Variable:

```
dblMWST = 0.19
```

oder es vergleicht den Inhalt einer Variablen mit einem Wert:

```
If strOrt = "Entenhausen" Then
```

Während mit dem Vergleichsoperator „=“ nur exakte Gleichheit überprüft werden kann, kann mit `Like` mit Platzhaltern gearbeitet werden. Beispiele:

```
"Struwwelpeter" = "Struwwelpeter"
```

ergibt „True“.

```
"Struwwelpeter" = "Struwelpeter"
```

ergibt dagegen „False“. „True“ liefern folgende drei Vergleiche:

```
"Struwwelpeter" Like "Struwwel*"
"Struwwelpeter" Like "*peter"
"Struwwelpeter" Like "S?ruwwelpe?er"
```

„False“ ist das Ergebnis von folgendem Vergleich:

```
"STRUWWELPETER" Like "Struwwelpeter"
```

Wird dagegen vor den Prozeduren im allgemeinen Deklarationsteil folgender Befehl eingefügt:

```
Option Compare Text
```

dann wird nicht zwischen Groß- und Kleinschreibung unterschieden. Das bedeutet, dass im obigen Beispiel „True“ das Ergebnis ist. Explizit unterschieden wird zwischen Groß- und Kleinbuchstaben, wenn sich vor der ersten Prozedur folgender Befehl befindet:

```
Option Compare Binary
```

4.2 Verzweigungen I

Die bekannteste (und vielleicht am häufigsten gebrauchte) Wenn-Verzeigung kann einzeilig:

```
If Bedingung Then [Anweisungen] [Else elseAnweisungen]
```

oder im Block auf mehrere Zeilen geschrieben werden:

```
If Bedingung Then
[Anweisungen]
[ElseIf Bedingung-n Then
[elseifAnweisungen] ...
[Else]
[elseAnweisungen]
End If
```

4.3 Verzweigungen II

Für sehr viele Fälle eignet sich die übersichtliche `Select Case`-Schleife:

```
Select Case Testausdruck
[Case Ausdrucksliste-n
[Anweisungen-n]] ...
[Case Else]
[elseAnw]]
End Select
```

Dabei ist zu beachten, dass Vergleichsoperatoren nur mit einem `IS`-Statement verwendet werden können, beispielsweise:

```
Select Case Variable
Case Is > 1
```

Verschiedene Argumente können durch Kommata getrennt hintereinander geschrieben werden:

```
Case 2, 3, 4
```

Bereiche können mit `To` zusammengefasst werden:

```
Case 2 To 4
```

4.4 Verzweigungen III

Eine (sehr selten verwendete) Verzweigung hat die folgende Syntax:

```
IIf(expr, truepart, falsepart)
```

Während die If-Verzweigung, wie in Kapitel 4.2 beschrieben, Anweisungen verarbeiten kann, liefert IIf als Funktion einen Wert. Beispielsweise so:

```
strMonat = IIf(intMonat = 1 And strLand = "Österreich", _
"Jänner", "Januar")
```

Beachten Sie, dass IIf eine Funktion ist, das heißt: es wird ein Wert zurückgegeben. Man kann sie nicht für Anweisungen, also beispielsweise für Meldungsfenster verwenden.

4.5 Verzweigungen IV

Während `IIf` sich nur zwischen einer von zwei Auswahlmöglichkeiten entscheiden kann, so kann die Funktion `Choose` aus einer Reihe von Argumenten auswählen. Die Syntax lautet:

```
Choose(Index, Auswahl-1[, Auswahl-2, ... [, Auswahl-n]])
```

Im folgenden Beispiel wählt die Funktion *Auswahl* zwischen vier Werten aus, die ihr übergeben wurden:

```
Function Auswahl(i As Integer) As String
   Auswahl = Choose(i, "München", "Hamburg", "Berlin", "Köln")
End Function
```

Beachten Sie, dass Choose, ebenso wie IIf, eine Funktion ist, das heißt: es wird ein Wert zurückgegeben. Man kann sie nicht für Anweisungen, also beispielsweise für Meldungsfenster verwenden.

4.6 Informationsabfragen

In der folgenden Liste finden Sie sämtliche Informationen über Variablen, die abgefragt werden können:

Funktion	Bedeutung	Beispiel
IsDate	überprüft, ob es sich um ein Datum handelt.	IsDate(28.2.2001) liefert „True". IsDate(29.2.2001) liefert „False".

Funktion	Bedeutung	Beispiel
IsNumeric	überprüft, ob es sich um eine Zahl handelt.	IsNumeric(3) liefert „True“. IsNumeric("drei") liefert „False“.
IsNull	überprüft, ob eine Variable leer ist.	IsNull() liefert „True“. IsNull("drei") liefert „False“.
IsEmpty	überprüft, ob eine Variable initialisiert wurde.	
IsArray	überprüft, ob es sich bei einer Variablen um ein Datenfeld handelt.	
IsMissing	überprüft, ob Argumente übergeben wurden.	
IsObject	überprüft, ob es sich um ein Objekt handelt.	
IsError	überprüft, ob es sich um ein Fehlerobjekt handelt.	

Tabelle 6: Die Liste der Informationsabfragen

4.7 Übungen zu Operatoren, Verknüpfungen und Verzweigungen

Übung 1

Im rechtwinkligen Dreieck gilt für die drei Seiten:

$a^2 + b^2 = c^2$

Der Benutzer gibt die Werte von a und b ein und erhält die Länge der Hypotenusen c.

Übung 2

Lassen Sie sich in einem Meldungsfenster folgenden Text anzeigen:

Das "Gute" – dieser Satz steht fest –

Ist stets das Böse, das man lässt.

W. Busch, Die Fromme Helene

Übung 3

Schreiben Sie eine Prozedur, in der die Benutzerin oder der Benutzer nach ihrem / seinem Geschlecht („w“ oder „m“) gefragt wird. Wird der korrekte Buchstabe eingetippt, dann wird sie / er nach ihrem / seinem Namen gefragt und dieses wird ausgegeben. Beim Vertippen wird sie / er darauf hingewiesen.

Übung 4

Gesucht ist die Lösung der Gleichung

$0 = x^2 + a*x + b$

Der Benutzer gibt die Werte für a und b ein. Die Lösung der Gleichung lautet:

$$x_{1,2} = -\frac{a}{2} \pm \sqrt{\left(\frac{a}{2}\right)^2 - b}$$

Sie funktioniert nur, wenn

$$\left(\frac{a}{2}\right)^2 - b \geq 0$$

Überprüfen Sie dies und melden Sie dann dem Benutzer, dass es keine oder eine (welche?) Lösung gibt oder dass zwei Lösungen existieren (welche?).

Übung 5

Der Benutzer gibt eine Jahreszahl ein. Es wird überprüft, ob es sich um ein Schaltjahr handelt. Diese Information wird ausgegeben.

4.8 Tipps zu den Übungen zu Operatoren, Verknüpfungen und Verzweigungen

Tipp zu Übung 2

Achten Sie auf die korrekten Anführungszeichen!

Tipp zu Übung 3

Zu dieser Lösung existieren zwei Varianten, wie der Benutzer ein großes oder ein kleines „m“ (oder „w“) eingeben kann. Die eine Variante verwendet den Konjunktor `And`, die zweite Variante benutzet die Funktion `LCase`, mit der die Schreibung in Kleinbuchstaben geändert wird. In einer dritten Variante könnte die Schreibweise mit `Option Compare Text` ignoriert werden.

Tipp zu Übung 5

Die Regel für die Schaltjahrbestimmung lautet: Ein Jahr ist dann Schaltjahr, wenn es durch 4 teilbar ist. Ist es durch 100 teilbar, dann ist es kein Schaltjahr. Bei 400 ist es allerdings wieder Schaltjahr. Man kann dies über Verzweigungen programmieren. Dabei stehen mehrere Varianten zur Verfügung.

4.9 Lösungen zu den Übungen zu Operatoren, Verknüpfungen und Verzweigungen

Lösung 1

```
Sub RechtwinklDreieck()
   Dim dblSeiteA As Double
   Dim dblSeiteB As Double
   dblSeiteA = InputBox("Bitte die Länge der ersten Kathete!")
   dblSeiteB = InputBox("Bitte die Länge der zweiten Kathete!")
   MsgBox "Die Länge der Hypotenuse beträgt " & _
      (dblSeiteA ^ 2 + dblSeiteB ^ 2) ^ 0.5
End Sub
```

Lösung 2

```
Sub Meldung()
   MsgBox "Das ""Gute"" - dieser Satz steht fest -" & vbCr & _
   "Ist stets das Böse, das man lässt." & vbCr & vbCr & _
   vbTab & "W. Busch, Die Fromme Helene"
End Sub
```

oder analog die zweite Variante:

```
Sub Meldung()
   MsgBox "Das " & Chr(34) & "Gute" & Chr(34) & _
   " - dieser Satz steht fest -" & Chr(13) & _
   "Ist stets das Böse, das man lässt." & _
   Chr(13) & Chr(13) & Chr(9) & "W. Busch, Die Fromme Helene"
End Sub
```

Sollen sich innerhalb einer Zeichenketten Anführungszeichen geschrieben werden, so kann man sie in doppelte Anführungszeichen setzen. Oder man kann das Zeichen für Gänsefüßchen (`Chr(34)`) verketten. Analog steht für Zeilenwechsel `vbLf` oder `Chr(10)`, für [Enter] `vbCr` oder `Chr(13)`. Der Tabulator wird durch `vbTab` oder `Chr(9)` ausgedrückt.

Lösung 3

```
Sub Begrüßung()
   Dim strName As String
   Dim strGeschlecht As String
   strGeschlecht = InputBox("Wie lautet dein Geschlecht?" & _
   vbCr & "Bitte ""m"" oder ""w"" eingeben!", "Name")

   If strGeschlecht = "w" Or strGeschlecht = "W" Then
      strName = InputBox("Wie lautet dein Name?", "Name")
      MsgBox "Hallo, liebe " & strName
   ElseIf LCase(strGeschlecht) = "m" Then
      strName = InputBox("Wie lautet dein Name?", "Name")
      MsgBox "Hallo, lieber " & strName
   Else
      MsgBox "Walnusshirn: Bitte ""m"" oder ""w"" eingeben!"
   End If
End Sub
```

Lösung 4

```
Sub Quadratische_Gleichung()
   Dim strZeile1 As String
   Dim strZeile2 As String
   Dim strGleichungszeile As String
   Dim dbla As Double
   Dim dblb As Double
   Dim dblD As Double
   Dim dblx1 As Double
   Dim dblx2 As Double

   strZeile1 = "0 = x² + a*x + b"
```

```
    strZeile2 = "Quadratische Gleichung"

    MsgBox "Wir berechnen die Lösung der Gleichung " & _
       strZeile1 & ". Bitte geben Sie die Werte für a " & _
       "und für b ein!", , strZeile2
    dbla = InputBox("Wie lautet die Zahl a?", strZeile1)
    dblb = InputBox("Wie lautet die Zahl b?", strZeile1)
    dblD = (dbla / 2) ^ 2 - dblb
    strGleichungszeile = "Die Gleichung 0 = x² + " & dbla & _
       "*x + " & dblb

    If dblD < 0 Then
       MsgBox strGleichungszeile & " hat keine Lösung. Schade!" _
          , , strZeile2
    ElseIf dblD = 0 Then
       MsgBox strGleichungszeile & " hat eine Lösung: " & _
          -dbla / 2, , strZeile2
    ElseIf dblD > 0 Then
       dblx1 = -(dbla / 2) + dblD ^ 0.5
       dblx2 = -(dbla / 2) - dblD ^ 0.5
       MsgBox strGleichungszeile & " hat zwei Lösungen: " & _
       dblx1 & " und " & dblx2, , strZeile2
    End If
End Sub
```

Lösung 5

```
Sub Schaltjahr()
    Dim intJahreszahl As Integer
    Dim strAusgabe As String

    intJahreszahl = InputBox("Bitte ein gültiges Jahr eingeben!")
    strAusgabe = " ist kein Schaltjahr."
    If intJahreszahl Mod 4 = 0 Then
       strAusgabe = " ist Schaltjahr."
```

```
        If intJahreszahl Mod 100 = 0 Then
            strAusgabe = " ist kein Schaltjahr."
            If intJahreszahl Mod 400 = 0 Then
                strAusgabe = " ist Schaltjahr."
            End If
        End If
    End If

    MsgBox intJahreszahl & strAusgabe
End Sub
```

Man kann in diesem Beispiel auch den umgekehrten Weg gehen:

```
Sub Schaltjahr2()
    Dim intJahreszahl As Integer
    Dim strAusgabe As String

    intJahreszahl = InputBox("Bitte ein gültiges Jahr eingeben!")

    If intJahreszahl Mod 4 <> 0 Then
        strAusgabe = " ist kein Schaltjahr."
    Else
        If intJahreszahl Mod 100 <> 0 Then
            strAusgabe = " ist Schaltjahr."
        Else
            If intJahreszahl Mod 400 <> 0 Then
                strAusgabe = " ist kein Schaltjahr."
            Else
                strAusgabe = " ist Schaltjahr."
            End If
        End If
    End If

    MsgBox intJahreszahl & strAusgabe
End Sub
```

5 Eingebaute Funktionen

Wenn Sie eine Funktion suchen, die VBA zur Verfügung stellt, dann können Sie den Objektkatalog verwenden. Dort werden in der Bibliothek „VBA“ alle Klassen mit zugehörigen Funktionen aufgelistet.

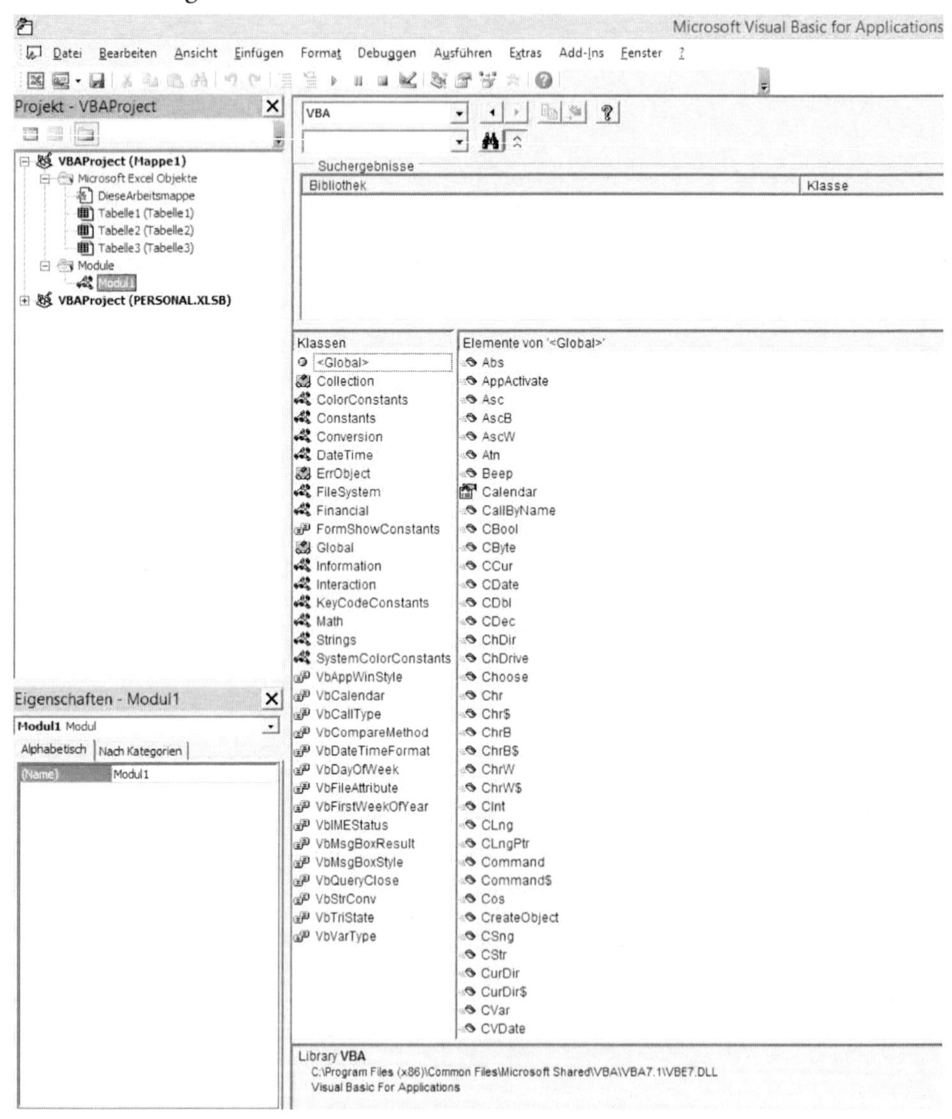

Abbildung 1: Der Objektkatalog

Hier nun ein Überblick über die wichtigsten Funktionen:

5.1 Die mathematischen Funktionen:

Funktionsname	Bedeutung
Sqr	Quadratwurzel
Sin	Sinus
Cos	Cosinus
Tan	Tangens
Atn	der Arkustangens, die Umkehrfunktion des Tangens
Exp	Exponentialfunktion auf Basis e
Log	der natürliche Logarithmus zur Basis e

Abs	gibt den Absolutwert einer Zahl zurück: 3 = Abs(3) 3 = Abs(-3)
Int	gibt einen Wert zurück, der den gleichen Typ wie der übergebene Wert hat und den ganzzahligen Anteil einer Zahl enthält. 8 = Int(8.4) -9 = Int(-8.4)
Fix	gibt einen Wert zurück, der den gleichen Typ wie der übergebene Wert hat und den ganzzahligen Anteil einer Zahl enthält. 8 = Fix(8,4) -8 = Fix(-8,4)
Sgn	das Vorzeichen einer Zahl: Wert von Zahl Rückgabewert von Sgn Größer als Null 1 Gleich Null 0 Kleiner als Null -1 Beispiel: 1 = Sgn(7), -1 = Sgn(-7), 0 = Sgn(0)
Round	Rundet eine Zahl auf oder ab. Beispiel: Round(2.4824, 2) ergibt 2,48; Round(2.4824, 1) ergibt 2,5
Rnd	Eine Zufallszahl
Randomize	Wert von Zahl generierte Zufallszahl

Funktionsname	Bedeutung	
	kleiner als Null	immer dieselbe Zahl, die als Startwert Zahl verwendet wird.
	größer als Null	die nächste Zufallszahl in der Folge
	gleich Null	die zuletzt generierte Zahl
	nicht angegeben	die nächste Zufallszahl in der Folge
	Wichtig: Die Rnd-Funktion gibt einen Wert zurück, der kleiner als 1, aber größer oder gleich Null ist.	

Tabelle 7:Die mathematischen Funktionen

5.2 Die finanzmathematischen Funktionen:

Funktionsname	Funktionsname in Excel	Bedeutung
DDB	GDA	Die Abschreibung eines Anlageobjekts nach der geometrisch degressiven Methode für einen spezifischen Zeitraum
SYD	DIA	Die Abschreibung eines Anlageobjekts nach der arithmetisch degressiven Methode für einen spezifischen Zeitraum
SLN	LIA	Die Abschreibung eines Anlageobjekts nach der linearen Methode für einen spezifischen Zeitraum
FV	ZW	Der Endwert einer Annuität ausgehend von regelmäßigen Zahlungen und einem konstanten Zinssatz
RATE	ZINS	Der Zinssatz einer Annuität
IRR	IKV	Der interne Zinsfluss für regelmäßige Cash-Flows
MIRR	QIKV	Der modifizierte interne Zinsfluss für regelmäßige Cash-Flows
IPMT	ZINSZ	Der Zinsanteil einer Annuität für einen spezifischen Zeitraum
PMT	RMZ	Die Zahlung einer Annuität
PPMT	KAPZ	Der Kapitalanteil einer Annuität
NPV	NBW	Der Netto-Barwert für regelmäßige Cash-Flows
PV	BW	Der Barwert einer Annuität

Tabelle 8:Die finanzmathematischen Funktionen

5.3 Die String-Funktionen

Funktionsname	Bedeutung	Beispiel
Left	schneidet eine bestimmte Anzahl von Zeichen von links ab.	Left("Heinrich Hoffmann", 4) ergibt "Hein"
Right	schneidet eine bestimmte Anzahl von Zeichen von rechts ab.	Right("Heinrich Hoffmann ", 4) ergibt "mann"
Mid	schneidet eine bestimmte Anzahl von Zeichen aus der „Mitte“ heraus, das heißt, ab einer bestimmten Position.	Mid("Heinrich Faust", 5, 4) ergibt "rich Hoffmann"
InStr	überprüft, ob eine Zeichenfolge innerhalb einer Zeichenkette vorhanden ist und gibt die Position an.	InStr("Heinrich Hoffmann", "ff") ergibt 12 InStr("Heinrich Hoffmann", "h") ergibt 8 InStr("Heinrich Hoffmann", "öy") ergibt 0
Ltrim	löscht Leerzeichen am Anfang eines Strings.	LTrim(" Heinrich Hoffmann ") ergibt ("Heinrich Hoffmann ")
Rtrim	löscht Leerzeichen am Ende eines Strings.	RTrim(" Heinrich Hoffmann ") ergibt (" Heinrich Hoffmann")
Trim	löscht Leerzeichen am Anfang und Ende eines Strings.	Trim(" Heinrich Hoffmann ") ergibt ("Heinrich Hoffmann ")
Len	ermittelt die Länge einer Zeichenkette.	Len("Heinrich Hoffmann") ergibt 17
Chr	wandelt einen ASCII-Code in einen String um.	Chr(13) ergibt ¶
Asc	wandelt einen String in die entsprechende Zahl des ASCII-Codes um.	Asc("A") ergibt 65
Str	wandelt eine Zahl in einen String um.	Str(65) = "65"
Val	wandelt einen String in eine Zahl um.	Val("65") = 65
Lcase	wandelt eine Zeichenkette in Kleinbuchstaben um.	Lcase("Heinrich Hoffmann") ergibt "heinrich hoffmann"
Ucase	wandelt eine Zeichenkette in Großbuchstaben um.	Ucase("Heinrich Hoffmann") ergibt "HEINRICH HOFFMANN"
StrConv	wandelt eine Zeichenkette um.	StrConv("heinrich hoffmann", vbProperCase) ergibt "Heinrich Hoffmann".

Funktionsname	Bedeutung	Beispiel
		Ebenso stehen die beiden Parameter vbLowerCase und vbUpperCase zur Verfügung
StrComp	„vergleicht" zwei Zeichenketten, das heißt, es wird überprüft, welche zuerst im Alphabet steht. Ist die erste Zeichenkette „größer" als die zweite, wird –1 zurückgegeben, im umgekehrten Fall 1. Sind beide gleich: 0. Ist einer der beiden Strings leer, so wird Null übergeben.	StrComp("Heinrich", "Heinrich") ergibt 0 StrComp("Heinrich", "Hoffmann") ergibt – 1 StrComp("Robert", "Heinrich") ergibt 1
Space	gibt eine Folge von Leerzeichen aus.	"Heinrich" & Space(2) & "Hoffmann" ergibt "Heinrich Hoffmann"
String	wiederholt eine Zeichenfolge.	"Heinrich" & String("/", 2) & "Hoffmann" ergibt "Heinrich//Hoffmann"
Split	trennt eine Zeichenfolge und liefert einen Array.	Split("Heinrich Hoffmann") ergibt "Heinrich" "Hoffmann"
Join	setzt eine Zeichenfolge zusammen.	
Filter	durchsucht eine Zeichenfolge.	
InStrRev("abcd", "ä")	überprüft, ob eine Zeichenfolge in einer anderen vorhanden ist.	InStrRev("Heinrich Hoffmann", "ä") ergibt 0 („falsch"), InStrRev("Heinrich Hoffmann", "a") ergibt 1 („wahr")

Tabelle 9:Die String-Funktionen

5.4 Die Uhrzeit- und Datumsfunktionen

Funktionsname	Bedeutung
Date	setzt das aktuelle Systemdatum ein oder stellt das Systemdatum um.
Now	gibt das Systemdatum und die aktuelle Systemzeit zurück.
Timer	gibt einen Wert vom Typ Single zurück, der die Anzahl der seit Mitternacht vergangenen Sekunden angibt. Diese Funktion wird verwendet, wenn Zeitdifferenzen berechnet werden sollen.
Time	setzt die aktuelle Systemzeit ein oder stellt die Systemzeit um.

Funktionsname	Bedeutung
DateSerial	gibt die fortlaufende Datumszahl eines Datums zurück: DateSerial (Year, Month, Day).
DateValue	gibt das Datum eines String-Arguments zurück.
TimeSerial	gibt einen fortlaufenden Zeitwert für eine aus Stunden, Minuten und Sekunden bestehenden Uhrzeit zurück.
TimeValue	wandelt einen String in eine Uhrzeit um.
DateAdd	addiert oder subtrahiert ein angegebenes Intervall zu einem oder von einem Datum. Syntax: DateAdd(Intervall, Anzahl, Datum) Dabei wird das Intervall als String ausgegeben (vergleiche DateDiff).
DateDiff	gibt die Anzahl der Zeitintervalle zurück, die zwischen zwei Datumsangaben liegen Syntax: DateDiff(Intervall, Date1, Date2[, FirstDayofWeek] [, FirstDayofYear] Intervall – wird als String angegeben. Es bedeuten: D – Tag Y – Kalendertag W – Wochentag WW – Woche M – Monat Q – Quartal YYYY – Jahr S – Sekunde N – Minute H – Stunde Date1, Date2 – die beiden Datumsangaben, deren Differenz berechnet werden soll FirstDayOfWeek – gibt den ersten Wochentag an. Ohne Angaben wird Sonntag als erster gesetzt, sonst: VbUseSytem – 0 – Einstellung der Applikation VbSunday – 1 – Sonntag VbMonday – 2 – Montag VbTuesday – 3 – Dienstag

Funktionsname	Bedeutung		
	VbWednesday	4	Mittwoch
	VbThursday	5	Donnerstag
	VbFriday	6	Freitag
	VbSaturday	7	Samstag
	FirstWeekofYear	gibt die erste Woche des Jahres an. Ohne Angabe wird die Woche verwendet, die den 1. Jan. enthält. (Wichtig zur Berechnung von Kalenderwochen!)	
	VbUseSystem	0	Einstellung der Applikation
	VbFirstJan1	1	Woche mit 1. Januar
	VbFirstFourDays	2	Woche mit mindestens vier Tagen des neuen Jahres (zur Berechnung von Kalenderwochen (laut ISO 8601))
	VbFirstFullWeek	3	erste komplette Woche im neuen Jahr
DatePart	berechnet, zu welchem Teil eines angegebenen Intervalls ein Datum gehört: DatePart(Intervall, Date [, FirstDayofWeek] [, FirstDayofYear] Die Zahlen und Variablen entsprechen denen von DateDiff.		
Day	filtert den Tag aus einem Datum.		
Month	filtert den Monat aus einem Datum.		
Year	filtert das Jahr aus einem Datum.		
Weekday	gibt eine Zahl zwischen 1 und 7 zurück, die dem Wochentag entspricht: Weekday(Date, [FirstDayofWeek]) Dabei entsprechen Date einem Datum und FirstDayofWeek der gleichen Variable wie bei DateDiff. Der zurückgegebene Wert ist ebenso eine Zahl von 1 bis 7 oder von vbSunday bis vbSaturday		
Hour	filtert die Stunde aus einer Uhrzeit.		
Minute	filtert die Minutenanzahl aus einer Uhrzeit.		
Second	filtert die Sekundenanzahl aus einer Uhrzeit.		

Tabelle 10: Die Uhrzeit- und Datumsfunktionen

5.5 Die Funktion Format

```
Format(Ausdruck[,Format[,firstdayofweek[,firstweekofyear]]])
```

Ihre Argumente:

Zeichen	Beschreibung	Beispiel
Kein Zeichen	zeigt die Zahl ohne Formatierung an.	
0	beliebige Ziffer	Format(1234, "0") liefert 1234 Format(1234, "0.00") liefert 1234,00 Format(1234.5678, "0") liefert 1235 Format(1234.5678, "0.00") liefert 1234,57
#	Platzhalter für eine Ziffer, die nur angezeigt wird, wenn sich an dieser Stelle eine Ziffer befindet, gedacht für Tausendertrennzeichen.	Format(1234, "0") liefert 1234 Format(1234, "#,##0") liefert 1.234 Format(123, "#,##0") liefert 123
. und ,	Der Punkt dient als Trennzeichen für Dezimalzeichen, das Komma für Tausendertrennzeichen. Also umgekehrt als im Deutschen!	Siehe oben
%	multipliziert die Zahl mit 100 und fügt ein %-Zeichen an.	Format(0.15, "#,##0.00%") liefert 15,00% Format(0.125, "0.00 %") liefert 12,50 %
E- E+ e- e+	wissenschaftliche Zahlenschreibweise	Format(1250000, "0.00 E+00") liefert 1,25 E+06 Format(1250000, "0.00 E-00") liefert 1,25 E06 Format(1250000, "0.00 e+0") liefert 1,25 e+6 Format(0.125, "0.00 e-0") liefert 1,25 e-1 Format(0.000125, "0.00 E-00") liefert 1,25 E-04
+, - Leerzeichen und $	können zur Darstellung direkt in die Formatierung eingefügt werden.	Format(1234, "#,##0.00 $") liefert 1.234,00 $
\	Das nächste Zeichen wird als Zeichen und nicht als Formatierung ausgegeben. Das „\" verschwindet in der Anzeige.	Format(1234, "#,##0.00 \L\i\r\e") liefert 1.234,00 Lire

Tabelle 11:Die Funktion Format und Zahlen

Es können bis zu vier verschiedene Zahlenformate in Abschnitten ausgegeben werden. Dabei bedeuten:

Zeichen	Beschreibung	Beispiel
nur ein Abschnitt	alle Werte	
zwei Abschnitte	Der erste Abschnitt bezieht sich auf positive Werte und die Null, der zweite auf negative.	Format(123, "0;(0)") liefert 123
drei Abschnitte	Wie zwei Abschnitte; der dritte Abschnitt bezieht sich auf die Null.	Format(-123, "0;(0);\N\i\x") liefert (123)
vier Abschnitte	Wie drei Abschnitte; der vierte Abschnitt bezieht sich auf Null-Werte.	Format(0, "0;(0);\N\i\x") liefert Nix

Tabelle 12:Die Funktion Format und Zahlen und Abschnitte

Datumsformatierungen:

Zeichen	Beschreibung	Beispiel
/	Datumstrennzeichen	
d	zeigt den Tag als Zahl.	Format("2.3.2000", "d/m/yy") liefert 2.3.00
dd	zeigt den Tag als Zahl und Tage zwischen 1 und 9 mit führender Null an.	Format("2000", "dd/mm/yyyy") liefert 02.03.2000
ddd	zeigt den Wochentag als Abkürzung.	Format("2.3.2000", "ddd") liefert So
dddd	zeigt den Wochentag ausgeschrieben.	Format("2 / 3 / 2000", "dddd, \d\e\n dd. mmmm. yyyy") liefert Sonntag, den 02. März 2000
ddddd	zeigt das vollständige Datum gemäß der Systemsteuerung im Kurzformat an (dd.mm.yy).	Format("2 / 3 / 2000", "ddddd") liefert 02.03.00
dddddd	zeigt das vollständige Datum gemäß der Systemsteuerung im Langformat an (dd.mmmm.yyyy).	Format("2 / 3 / 2000", "dddddd ") liefert Sonntag, 02 März 2000
w	der Wochentag als Zahl (1 = Sonntag, 7 = Samstag	Format("2.3.2000", "w") liefert 5

Zeichen	Beschreibung	Beispiel
ww	die Kalenderwoche (1-54)	Format("2.3.2000", "ww") liefert 10, was falsch ist. Die korrekte Funktion für Europa muss lauten: Format("2.3.2000", "ww", , vbFirstFourDays)
m	der Monat als Zahl (1-12)	
mm	der Monat als Zahl. Monate zwischen 1 und 9 mit führender Null	
mmm	Monat als Text mit drei Buchstaben (Jan–Dez)	
mmmm	vollständiger Monatsname	
q	Quartal	Format("2.3.2000", "q") liefert 1
yy	Jahr als zweistellige Zahl (00–99)	
yyyy	Jahr als vierstellige Zahl (100–9999)	

Tabelle 13:Die Funktion Format und Datumsformatierungen

Die Zeitangaben:

Zeichen	Beschreibung	Beispiel
:	Zeittrennzeichen	
h	Stunde als Zahl ohne führende Null	Format("2:4", "h:m") liefert 2:4
hh	Stunde als Zahl mit führender Null	Format("2:4", "hh:mm") liefert 02:04
n oder m	die Minute ohne führende Null	Format("15:4", "hh:mm") liefert 15:04
nn oder mm	die Minute mit führender Null	
s	die Sekunden ohne führende Null	
ss	die Sekunden mit führender Null	
ttttt	die vollständige Zeitangabe	Format("2:4", "ttttt") liefert 02:04:00
AM/PM, am/pm, A/P, A/p, AMPM	verschiedene 12-Stunden-Formate	

Tabelle 14:Die Funktion Format und Zeitformatierungen

Zeichenformatierungen:

Zeichen	Beschreibung	Beispiel
@	Platzhalter für ein Zeichen. Ist die Variable leer, wird ein Leerzeichen ausgegeben.	Format("Sonnenschein", "@") liefert "Sonnenschein"
&	Platzhalter für ein Zeichen. Ist die Variable leer, wird ein Nichts ausgegeben.	Format("Sonnenschein", "&") liefert "Sonnenschein"
!	Auffüllen aller Platzhalter von links nach rechts.	Format("Sonnenschein", "!") liefert "Sonnenschein"
<	zeigt den Text in Kleinbuchstaben.	Format("Sonnenschein", "<") liefert "sonnenschein"
>	zeigt den Text in Großbuchstaben.	Format("Sonnenschein", ">") liefert "SONNENSCHEIN"

Tabelle 15:Die Funktion Format und Zeichenformatierungen

5.6 Umwandlungsfunktionen

Funktion	Rückgabetyp	Bereich des Arguments Ausdruck
Cbool	Boolean	Eine gültige Zeichenfolge oder ein gültiger numerischer Ausdruck
Cbyte	Byte	0 bis 255
Ccur	Currency	-922.337.203.685.477,5808 bis 922.337.203.685.477,5807.
Cdate	Date	Ein beliebiger gültiger Datumsausdruck.
CDbl	Double	-1,79769313486231E308 bis -4,94065645841247E-324 für negative Werte; 4,94065645841247E-324 bis 1,79769313486232E308 für positive Werte.
CDec	Decimal	+/-79.228.162.514.264.337.593.543.950.335 für skalierte Ganzzahlen, d.h. Zahlen ohne Dezimalstellen. Für Zahlen mit 28 Dezimalstellen gilt der Bereich +/-7,9228162514264337593543950335. Die kleinste mögliche Zahl ungleich Null ist 0,0000000000000000000000000001.

Funktion	Rückgabetyp	Bereich des Arguments Ausdruck
CInt	Integer	-32.768 bis 32.767; Nachkommastellen werden gerundet.
CLng	Long	-2.147.483.648 bis 2.147.483.647; Nachkommastellen werden gerundet.
CSng	Single	-3,402823E38 bis -1,401298E-45 für negative Werte; 1,401298E-45 bis 3,402823E38 für positive Werte.
Cvar	Variant	Numerische Werte im Bereich des Typs Double. Nichtnumerische Werte im Bereich des Typs String.
CStr	String	Rückgabe für CStr hängt vom Argument Ausdruck ab.

Tabelle 16:Umwandlungsfunktionen

5.7 Übungen zu den mathematischen Funktionen

Übung 1

Berechnen Sie Ostersonntag! Die Lösung dieses Problems stammt vom Mathematiker, Astronom und Physiker Carl Friedrich Gauß, und sieht wie folgt aus: Die Jahreszahl sei J und J - 1900 sei a. Der Rest von a/19 wird schlicht b genannt. Jetzt wird vom Ausdruck (7*b+1)/19 der ganzzahlige Quotient genommen, der c genannt wird. Mit d wird der Rest von (11*b+4-c)/29 bezeichnet und der Quotient von a/4 mit e. Dann bleibt noch der Rest von (a+e+31-d)/7. Und dieser soll f genannt werden. Daraus folgt, dass für das Osterdatum April die Formel 25 - d - f gilt.

Soll beispielsweise von 2016 der Ostersonntag berechnet werden, so ergeben sich folgende Werte:

J = 2016

a = 116

b = REST(116;19) = 2

c = QUOTIENT(7*2+1;19) = 0

d = REST(11*2+4-0;29) = 26

e = QUOTIENT(116;4) = 29

f = REST(116+29+31-26;7) = 3

Ostern =DATUM(2016;4;25-26-3) = 27.03.2016

Analog für das Jahr 2017:

a = 117; b = 3; c = 1; d = 7; e = 29; f = 2; Ostern = 16.04.2017

Übung 2

Die Funktion `Round` rundet nur Stellen nach dem Dezimalzeichen. Lassen Sie mit ihrer Hilfe vor dem Komma runden, also beispielsweise 1.234.567 ergibt auf 2 Stellen vor dem Komma 1.234.600 und auf 6 Stellen: 1.000.000.

5.8 Übungen zu den Textfunktionen

Übung 3

Schreiben Sie eine Prozedur, die einen Namen mit Vornamen und Zunamen in Vor- und Zunamen zerlegt.

Übung 4

Schreiben Sie eine Prozedur, die aus einem Dateipfad den Dateinamen (ohne Endung) herausliest.

Übung 5

Schreiben Sie eine Prozedur, die überprüft, ob von einem eingegebenen Text das erste Zeichen eine Ziffer ist.

Übung 6

Der Benutzer oder die Benutzerin wird aufgefordert, ein „m“ oder ein „w“ für das Geschlecht einzugeben. Gibt er oder sie weder ein „w“, „W“, „m“ noch ein „M“ ein, dann wird er oder sie darauf hingewiesen.

5.9 Übungen zu den Datumsfunktionen

Übung 7

Der Benutzer gibt sein Geburtsdatum ein und erhält als Ergebnis sein Alter.

Übung 8

Der Benutzer gibt sein Geburtsdatum ein. Daraufhin wird überprüft, ob er Geburtstag hat (oder wie viele Tage bis zu seinem Geburtstag fehlen), an welchem Wochentag er Geburtstag hatte und an welchem Wochentag er im aktuellen Jahr Geburtstag hatte oder haben wird.

5.10 Übungen zu den Formatfunktionen

Übung 9

In Übung 1 des Kapitels 2 („Operatoren, Verknüpfungen und Verzweigungen") wird die Hypotenuse aus der Länge zweier Katheten berechnet. Formatieren Sie die Ausgabe so, dass das Ergebnis immer auf 4 Stellen nach dem Komma erscheint.

Übung 10

Ein Benutzer gibt seinen Arbeitsbeginn und sein Arbeitsende ein. Daraus wird die Differenz berechnet. Für jede Stunde erhält er 15,75 Euro. Schließlich wird sein berechneter Arbeitslohn angezeigt.

5.11 Tipps zu den Übungen zu den Funktionen

Tipp zu Übung 3

Wenn Sie mit der Funktion `InStr` arbeiten, dann achten Sie darauf, dass sie ein bestimmtes Zeichen von links ermittelt. Was für den Vornamen problemlos funktioniert, klappt für den Nachnamen nicht! Neben `InStr` stehen Ihnen allerdings auch noch andere Funktionen zur Verfügung.

Tipp zu Übung 7

Achtung: Um das Alter zu bestimmen, dürfen Sie nicht einfach die Jahreszahl des heutigen Datums von der Jahreszahl des Geburtsdatums abziehen. Wenn heute beispielsweise der 20. Oktober 2018 ist, der Benutzer allerdings 10. November 1988 eingibt, so ist er nicht 30 Jahre, sondern nur 19. Auch die Differenz in Tagen geteilt durch 365,25 kann zu Ungenauigkeiten führen.

5.12 Lösungen zu den Übungen zu den Funktionen

Lösung 1

```
Sub Ostersonntag()
   Dim intJahreszahl As Integer
   Dim a As Integer, b As Integer, c As Integer
   Dim d As Integer, e As Integer, f As Integer

   intJahreszahl = InputBox("Bitte eine Jahreszahl eingeben!")
   a = intJahreszahl - 1900
   b = a Mod 19
   c = (7 * b + 1) \ 19
   d = (11 * b + 4 - c) Mod 29
   e = a \ 4
   f = (a + e + 31 - d) Mod 7
   MsgBox Format(DateSerial(intJahreszahl, 4, 25 - d - f), _
      "dd.mm.yyyy")
End Sub
```

Lösung 2

```
Sub RundenVorKomma()
   Dim dblZahl As Double
   Dim intRundZahl As Integer

   dblZahl = InputBox("Bitte eine Zahl eingeben!")
   intRundZahl = InputBox("Auf wie viele Stellen vor dem " & _
      "Komma soll gerundet werden?")

   dblZahl = dblZahl / 10 ^ intRundZahl
   dblZahl = Round(dblZahl, 0)
   dblZahl = dblZahl * 10 ^ intRundZahl
   MsgBox dblZahl
End Sub
```

Lösung 3

```
Sub NamenZerlegen1()
   Dim strGanzName As String
   Dim strVorname As String
   Dim strNachname As String

   strGanzName = InputBox("Wie heißen Sie?", "Vor- und Zuname")
   If strGanzName = "" Then
      MsgBox "Sie haben nichts eingegeben!"
   ElseIf InStr(strGanzName, " ") = 0 Then
      MsgBox "Sie haben nur einen Namen eingegeben!"
      Exit Sub
   End If
   strVorname = Left(strGanzName, InStr(strGanzName, " ") - 1)

   strNachname = Right(strGanzName, Len(strGanzName) - _
      InStr(strGanzName, " "))

   MsgBox "Der Vorname lautet: " & strVorname & _
      " und der Nachname lautet: " & strNachname
End Sub
```

Der Zuname kann auch anders herausgelöst werden:

```
strNachname = Right(strGanzName, _
   Len(strGanzName) - Len(strVorname))
```

Oder so:

```
strNachname = Mid(strGanzName, InStr(strGanzName, " ") + 1)
```

Mit den String-Funktionen `Split`, `Join`, `Filter` und `InStrRev` kann die Aufgabe ebenso gelöst werden:

```
Sub NamenZerlegen3()
   Dim strTeilnamen() As String
   Dim strGanzName As String
   strGanzName = InputBox("Wie heißen Sie?", "Vor- und Zuname")
   strTeilnamen = Split(strGanzName)
```

```
    If UBound(strTeilnamen) = 0 Then
        MsgBox "Der Vorname lautet: " & strTeilnamen(0)
    Else
        MsgBox "Der Vorname lautet: " & strTeilnamen(0) & _
            " und der Nachname lautet: " & _
            strTeilnamen(UBound(strTeilnamen))
    End If

End Sub
```

Umgekehrt setzt die Funktion `Join` einen String wieder zusammen, wobei sie ebenfalls einen Array verlangt. Im folgenden Beispiel werden die einzelnen Komponenten wieder zusammengefügt:

```
Sub NamenZerlegenUndZusammensetzen()
    Dim strTeilnamen() As String
    Dim i As Integer
    Dim strGanzName As String

    strGanzName = InputBox("Wie heißen Sie?", "Alle Namen")
    strTeilnamen = Split(strGanzName)
    strGanzName = Join(strTeilnamen, "")

    MsgBox strGanzName
End Sub
```

Lösung 4

Die folgenden Befehle können nur in Word verwendet werden. In Excel heißt der vollständige Dateiname `ActiveWorkbook.FullName`.

```
Sub DateiNamenZerlegen1()
    Dim strDateiName As String
    Dim i As Integer

    strDateiName = ActiveDocument.FullName
    MsgBox strDateiName
```

```
    For i = Len(strDateiName) To 1 Step -1
        If Mid(strDateiName, i, 1) = "\" Then
            strDateiName = Right(strDateiName, _
                Len(strDateiName) - i)
            Exit For
        End If
    Next i

    If InStr(strDateiName, ".") > 1 Then
        strDateiName = Left(strDateiName, _
            InStr(strDateiName, ".") - 1)
        MsgBox strDateiName
    End If
End Sub
```

Ein andere Variante (ohne Schleife) sieht folgendermaßen aus:

```
Sub DateiNamenZerlegen2()
    Dim strDateiName As String
    Dim strTeilNamen() As String

    strDateiName = ActiveDocument.FullName
    MsgBox strDateiName
    strTeilNamen = Split(strDateiName, "\")
    strDateiName = strTeilNamen(UBound(strTeilNamen))
    If InStr(strDateiName, ".") > 1 Then
        strDateiName = Left(strDateiName, _
            InStr(strDateiName, ".") - 1)
        MsgBox strDateiName
    End If
End Sub
```

Lösung 5

```
Sub ZifferPrüfung()
    Dim strEingabeText As String
```

```
    strEingabeText = InputBox("Bitte einen Text eingeben")
    If IsNumeric(Left(strEingabeText, 1)) Then
        MsgBox "Ziffer"
    Else
        MsgBox "Zeichen"
    End If
End Sub
```

Lösung 6

```
Sub Geschlechterprüfung1()
    Dim strGeschlecht As String
    strGeschlecht = InputBox("Bitte ein ""m"" oder ein ""w""" & _
        "für das korrekte Geschlecht eingeben!")
    If strGeschlecht <> "m" And strGeschlecht <> "M" And _
        strGeschlecht <> "w" And strGeschlecht <> "W" Then
        MsgBox "Es wurde weder ""m"" noch ""w"" eingegeben."
        Exit Sub
    End If
    MsgBox "alles okay!"
End Sub
```

Man kann ebenso die eingegebene Zeichenkette in Kleinbuchstaben verwandeln:

```
Sub Geschlechterprüfung2()
    Dim strGeschlecht As String
    strGeschlecht = InputBox("Bitte ein ""m"" oder ein ""w""" & _
        "für das korrekte Geschlecht eingeben!")
    If LCase(strGeschlecht) <> "m" And _
        LCase(strGeschlecht) <> "w" Then
        MsgBox "Es wurde weder ""m"" noch ""w"" eingegeben."
        Exit Sub
    End If
    MsgBox "alles okay!"
End Sub
```

Die Bedingung kann auch folgendermaßen abgefragt werden:

```
If Format(strGeschlecht, "<") <> "m" And _
   Format(strGeschlecht, "<") <> "w" Then
```

Natürlich kann man auch mit einer `Select Case`-Anweisung gearbeitet werden:

```
Sub Geschlechterprüfung4()
   Dim strGeschlecht As String
   strGeschlecht = InputBox("Bitte ein ""m"" oder ein ""w""" & _
      "für das korrekte Geschlecht eingeben!")
   Select Case strGeschlecht
   Case "w", "W", "m", "M"
      MsgBox "alles okay!"
   Case Else
      MsgBox "Es wurde weder ""m"" noch ""w"" eingegeben."
   End Select
End Sub
```

Lösung 7

```
Sub Alter_in_Jahren()
   Dim datGebdatum As Date
   Dim intAlter As Integer

   datGebDatum = InputBox("Wann sind Sie geboren?")
   intAlter = Year(Date) - Year(datGebdatum)
   If Month(Date) < Month(datGebdatum) Then
      intAlter = intAlter - 1
   Else
      If Month(Date) = Month(datGebdatum) Then
         If Day(Date) < Day(datGebdatum) Then
            intAlter = intAlter - 1
         End If
      End If
   End If
   MsgBox "Sie sind " & intAlter & " Jahre alt. "
End Sub
```

Oder noch eleganter:

```
Sub Alter_in_Jahren2()
    Dim datGebDatum As Date
    Dim intAlter As Integer
    datGebDatum = InputBox("Wann sind Sie geboren?")
    intAlter = Year(Date) - Year(datGebDatum)
    If DateSerial(Year(Date), Month(datGebDatum), _
       Day(datGebDatum)) > Date Then
          intAlter = intAlter - 1
    End If
    MsgBox "Sie sind " & intAlter & " Jahre alt. "
End Sub
```

Beide Lösungen ziehen vom aktuellen Jahr das Geburtsjahr ab. Die Differenz muss allerdings noch nicht das Lebensalter sein, denn wenn der Benutzer im laufenden Jahr noch nicht Geburtstag hatte, dann muss von der Differenz 1 abgezogen werden. Das erste Programm überprüft nun Geburtsmonat und Geburtstag, während das zweite Programm aus Geburtstag, Geburtsmonat und aktuellem Jahr ein Datum zusammensetzt und dies mit dem heutigen Tag vergleicht. In beiden Lösungen wird die Zahl 1 subtrahiert.

Lösung 8

```
Sub Geburtstag()
    Dim intTag As Integer
    Dim intMonat As Integer
    Dim datGebDatum As Date
    Dim intAnzahlTage As Integer
    Dim strZukunft As String

    datGebDatum = InputBox("Wie lautet Ihr Geburtsdatum?")

    intTag = Day(datGebDatum)
    intMonat = Month(datGebDatum)
    If intTag = Day(Date) And intMonat = Month(Date) Then
       MsgBox "Happy Birthday"
       strZukunft = "Heute ist "
```

```
    Else
        intAnzahlTage = DateDiff("D", _
            Date, DateSerial(Year(Date) + 1, intMonat, intTag))

        If intAnzahlTage >= 365 Then
            intAnzahlTage = DateDiff("D", _
                Date, DateSerial(Year(Date), intMonat, intTag))
                strZukunft = " Geburtstag haben."
        End If

        MsgBox "Sorry, Sie haben erst in " & intAnzahlTage & _
        " Tagen Geburtstag."

    End If

    MsgBox "Sie sind an einem " & _
        Format(datGebDatum, "DDDD") & " geboren."

    If strZukunft = " Geburtstag haben." Then
        MsgBox "Sie werden in diesem Jahr an einem " & _
            Format(DateSerial(Year(Date), intMonat, intTag), _
                "DDDD") & strZukunft
    ElseIf strZukunft = "Heute ist " Then
        MsgBox "Heute ist Ihr Geburtstag." & _
            vbCr & strZukunft & Format(Date, "DDDD")
    Else
        MsgBox "Sie hatten in diesem Jahr an einem " & _
            Format(DateSerial(Year(Date), intMonat, intTag), _
                "DDDD") & " Geburtstag."
    End If
End Sub
```

Lösung 9

```
Sub RechtwinklDreieck()
```

```
    Dim dblSeiteA As Double
    Dim dblSeiteB As Double
    dblSeiteA = InputBox("Bitte die Länge der ersten Kathete!")
    dblSeiteB = InputBox("Bitte die Länge der zweiten Kathete!")
    MsgBox "Die Länge der Hypotenuse beträgt " & _
       Format(Sqr(dblSeiteA ^ 2 + dblSeiteB ^ 2), "0.0000")
End Sub
```

Lösung 10

```
Sub Lohnberechnen()
    Dim datBeginn As Date
    Dim datEnde As Date
    Dim datArbeitszeit As Date
    Const curLohn = 15.75

    datBeginn = InputBox("Bitte den Arbeitsbeginn eingeben!")
    datEnde = InputBox("Bitte das Arbeitsende eingeben!")

    datArbeitszeit = datEnde - datBeginn

    MsgBox "Sie erhalten für Ihre " & _
       Format(datArbeitszeit, "hh:mm") & _
       " gearbeiteten Stunden " & _
       Format(datArbeitszeit * curLohn * 24, "0.00 \E\u\r\o")
End Sub
```

6 Selbsterzeugte Funktionen, Aufrufe, Parameterübergabe

6.1 Aufruf

Wenn eine Prozedur eine andere aufruft, dann kann dies mit dem Schlüsselwort `Call` geschehen, oder einfach, indem der Name der zweiten Prozedur auftaucht. Danach wird die erste Prozedur an der Stelle weitergeführt, an der die zweite aufgerufen wurde.

```
Sub A()
   Call B
End Sub


Sub B()
   MsgBox "Nun ist Ende"
End Sub
```

Zu dem Namen der Prozedur bei der Anweisung `Call B` kann auch der Name des Moduls hinzugefügt werden:

```
Sub A()
   Call Modul1.B
End Sub
```

Alle Lösungen funktionieren nur, wenn B `Public` deklariert wurde. Die Prozedur wird also nicht in einem anderen Modul gefunden, wenn B folgendermaßen aussieht:

```
Private Sub B()
End Sub
```

6.2 Globale Variablen

Wird eine Variable in mehreren Prozeduren verwendet, dann wird der Wert „global“, das heißt „modulweit“ oder „projektweit“, deklariert. Dies ist vor allem in den Ereignisprozeduren der Dialoge sehr wichtig. Im folgenden Beispiel wird der Inhalt der Variablen `strAnzeigeText` in den beiden Prozeduren *A* und *B*, die sich im gleichen Modul befinden, verwendet.

```
Dim strAnzeigeText As String
Sub A()
   strAnzeigeText = "Nun ist Ende"
```

```
   Call B
End Sub


Sub B()
   MsgBox strAnzeigeText
End Sub
```

6.3 Übergabe

Soll dagegen eine Variable explizit übergeben werden, dann kann die erste Prozedur (*A*) diese Werte auf zweierlei Weise an Prozedur *B* übergeben: Werden die alten Werte in der Prozedur noch verwendet, dann geschieht die Übergabe „Call by Value", das heißt, die alten Werte sind in der Prozedur *A* noch vorhanden. Wird dagegen Prozedur *B* mit „Call by Reference" aufgerufen, dann wird der veränderte Werte in *A* verwendet. Die Prozedur *B* könnte so aussehen:

```
Sub B(ByRef X As Integer, ByVal Y As Integer)


End Sub
```

Im ersten Fall werden die Werte 1 und 2 von *A* an *B* übergeben. Dort wird zu ihnen ein Wert addiert – und so werden sie am Ende der Prozedur *A* angezeigt (als 2 und 4):

```
Sub A()
   Dim X As Integer, Y As Integer
   X = 1: Y = 2
   B X, Y
   MsgBox "x: " & X & " y: " & Y
End Sub


Sub B(ByRef X As Integer, ByRef Y As Integer)
   X = X + 2: Y = Y + 2
End Sub
```

Anders dagegen in folgendem Fall: Die Werte werden „By Value" übergeben, das heißt bei der Rückgabe halten sich die alten Werte. In Prozedur *A* werden also 1 und 2 angezeigt.

```
Sub A()
   Dim X As Integer, Y As Integer
   X = 1: Y = 2
```

```
   B X, Y
   MsgBox "x: " & X & " y: " & Y
End Sub


Sub B(ByVal X As Integer, ByVal Y As Integer)
   X = X + 2: Y = Y + 2
End Sub
```

Beachten Sie, dass hinter der Prozedur *B* ein Leerzeichen steht! Wenn Ihnen diese Zeile nicht lesbar erscheint, können Sie auch das Schlüsselwort `Call` verwenden – dann allerdings mit Klammer:

```
   Call B(x, y)
```

Wird nicht nur der Inhalt einer Variablen sondern eines Arrays übergeben, dann kann dies mit dem Befehl `ParamArray` geschehen. Im folgenden Beispiel werden drei Werte übergeben, wo sie in einem Datenfeld gespeichert und weiterverarbeitet werden:

```
Sub A()
   Dim X As Integer, Y As Integer, Z As Integer
   X = 1: Y = 2: Z = 3
   B X, Y, Z
End Sub


Sub B(ParamArray Werte())
   Dim intErgebnis As Integer
   Dim Element As Variant
   For Each Element In Werte
      intErgebnis = intErgebnis + Element ^ 2
   Next
   MsgBox intErgebnis
End Sub
```

Das Ergebnis, das in *B* angezeigt wird, lautet 14.

Wird eine Prozedur verwendet, um einen Wert zu übergeben und einen (nur einen!) Wert zurückzugeben, dann kann als Funktion geschrieben werden:

```
Sub A()
   Dim X As Integer, Y As Integer, Z As Integer
```

```
   X = 1: Y = 2
   Z = B(X, Y)
   MsgBox "Z: " & Z
End Sub

Function B(X As Integer, Y As Integer) As Integer
   B = X + Y
End Function
```

Da die Funktion *B* direkt zurückgegeben wird, wird sie immer als „By Reference" aufgerufen. Somit ist die genaue Spezifizierung überflüssig!

Beachten Sie: Funktionen (Function) können (und sollten!) einen (berechneten) Wert zurückgeben. Prozeduren (Sub) können keinen Wert zurückgeben. Sie können lediglich einer öffentlichen Variablen einen Wert zuweisen, die dann in einer anderen Prozedur weiter verwendet wird.

6.4 Übungen zu selbsterzeugten Funktionen, Aufrufen und Parameterübergaben

Welcher Wert wird gemeldet?

Übung 1

```
Sub Meldung01()
   Dim x As Integer
   x = 1.25
   MsgBox x
End Sub
```

Übung 2

```
Sub Meldung02()
   Dim x As Integer
   x = 7
   Call Meldung03
End Sub

Sub Meldung03()
   Dim x As Integer
```

```
    MsgBox x
End Sub
```

Übung 3

```
Dim y As Integer
Sub Meldung04()
    y = 7
    Meldung05
End Sub

Sub Meldung05()
    MsgBox y
End Sub
```

Übung 4

```
Sub Meldung06()
    Dim x As Integer
    x = 7
    Meldung07 x
End Sub

Sub Meldung07(y)
    MsgBox y
End Sub
```

Übung 5

```
Sub Meldung08()
    Dim x As Integer
    Dim y As Integer
    x = 3
    y = 4
    Meldung09 x, y
End Sub
```

```
Sub Meldung09(ByRef a As Integer, ByVal b As Integer)
   MsgBox a ^ 2 + b ^ 2
End Sub
```

Übung 6

```
Sub Meldung10()
   Dim x As Integer
   Dim y As Integer
   x = 3
   y = 4
   Meldung11 x, y
   MsgBox x + y
End Sub

Sub Meldung11(ByRef x As Integer, ByVal y As Integer)
   x = x ^ 2
   y = y ^ 2
End Sub
```

Übung 7

```
Sub Meldung12()
   Dim x As Integer
   Dim y As Integer
   x = 3
   y = 4
   MsgBox Meldung13(x, y)
End Sub

Function Meldung13(ByRef a As Integer, ByVal b As Integer)
   Meldung13 = a ^ 2 + b ^ 2
End Function
```

6.5 Lösung zu den Übungen zu selbsterzeugten Funktionen

Lösung 1

Es wird 1 gemeldet. Grund: Die Variable x wurde falsch (zu klein) deklariert.

Lösung 2

Es wird 0 gemeldet. Grund: Die Variable x wurde in jeder Prozedur deklariert und deshalb beim Aufruf von *Meldung03* nicht übergeben.

Lösung 3

Es wird 7 gemeldet. Grund: Die Variable y wurde global (modulweit) deklariert und deshalb beim Aufruf von *Meldung05* übergeben.

Lösung 4

Es wird 7 gemeldet. Grund: Die Variable x wird als Parameter übergeben. Dabei stört nicht, dass in *Meldung07* ein anderer Variablenname verwendet wird.

Lösung 5

Es wird 25 gemeldet. Grund: Die Variablen x und y werden als Parameter übergeben. Dabei stört weder, dass in *Meldung09* andere Variablennamen verwendet werden, noch die Art der Übergabe.

Lösung 6

Es wird 13 gemeldet. Grund: Die Variable x wird als Parameter „by Reference“ übergeben. Sie wird in der Prozedur *Meldung11* quadriert und so zurückgegeben. Nun wird mit 9 und nicht mehr mit 3 weitergerechnet. Da y „by Value“ übergeben wird, wird sein Wert (4) nicht verändert.

Lösung 7

Es wird 25 gemeldet. Grund: Die Variablen x und y werden an eine Funktion übergeben. Dabei spielt die Art keine Rolle. Die Funktion selbst (*Meldung13*) übergibt nun das Ergebnis. Die Übergabe der Variablen y „by Value“ ist deshalb unsinnig!

7 Schleifen, rekursives Programmieren

Schleifen haben die Aufgabe, eine oder mehrere Anweisungen mehrmals zu wiederholen. Dabei stehen Ihnen zwei verschiedene Arten zur Verfügung. Bei einer Zählerschleife (oder unbedingten Schleife) wird eine feste Anzahl von Schritten durchlaufen. In der Regel weiß man zu Beginn schon, wie oft diese Schleife durchlaufen werden soll. In Bedingungsschleifen wird die Wiederholung so lange ausgeführt, bis die Bedingung erfüllt ist.

Wichtig: Keine Panik bei Endlosschleifen! Um eine solche zu unterbrechen, kann das Programm mit der Tastenkombination [Strg]+[Pause] angehalten werden!

7.1 Zählerschleifen

Die Zählerschleife `For ... Next`:

```
For Zähler = Anfang To Ende [Step Schritt]
[Anweisungen]
[Exit For]
[Anweisungen]
Next [Zähler]
```

Die Syntax für die `For...Next`-Anweisung besteht aus folgenden Teilen:

Teil	Beschreibung
Zähler	ist eine numerische Variable, die als Schleifenzähler dient.
Anfang	Der Startwert von Zähler
Ende	Der Endwert von Zähler
Schritt	ist optional. Es ist ein Betrag, um den Zähler bei jedem Schleifendurchlauf verändert wird. Falls kein Wert angegeben wird, ist die Voreinstellung für Schritt eins. Schritt lässt ganze Zahlen und Dezimalzahlen zu.
Exit For	Mit diesem Befehl kann die Schleife vorzeitig beendet werden.

Tabelle 17: Die Elemente der For...Next-Schleife

VBA stellt für Objektsammlungen eine spezielle Form der Zählerschleife zur Verfügung: die `For Each ... Next`-Schleife. Die Syntax lautet:

```
For Each Element In Gruppe
[Anweisungen]
[Exit For]
[Anweisungen]
Next [Element]
```

Die Syntax für die `For...Each...Next`-Anweisung besteht aus folgenden Teilen:

Teil	Beschreibung
Element	ist eine Variable zum Durchlauf durch die Elemente der Auflistung oder des Datenfeldes. Bei Datenfeldern ist für Element nur eine Variable vom Typ Variant zulässig.
Gruppe	ist der Name einer Objektauflistung oder eines Datenfeldes (außer Datenfeldern mit benutzerdefinierten Typen).

Tabelle 18: Die Elemente der For...Each...Next-Schleife

Im folgenden Beispiel durchläuft eine Schleifenvariable die Werte von 1 bis 12. Die Funktion `MonthName` zeigt den zugehörigen Monatsnamen an:

```
Sub Monate()
   Dim i As Integer
   MsgBox "Es werden die 12 Monatsnamen angezeigt:"
   For i = 1 To 12
      MsgBox MonthName(i)
   Next
   MsgBox "Sie sahen gerade die 12 Monatsnamen."
End Sub
```

Die erste und zweite verschachtelte Schleife im folgenden Beispiel durchläuft die Werte von 1 bis 8, beziehungsweise von A bis H. An das Feld `strSchachFelder` werden diese Zeichenketten übergeben. Die dritte Schleife durchläuft nun alle Felder des zweidimensionalen Arrays und zeigt die einzelnen Werte an.

```
Sub SchachSchleife()
   Dim strSchachFelder(1 To 8, 1 To 8) As String
   Dim varSchachFeld As Variant
   Dim i As Integer
   Dim j As Integer

   For i = 1 To 8
      For j = 1 To 8
         strSchachFelder(i, j) = Chr(64 + i) & j
      Next j
   Next i
```

```
    For Each varSchachFeld In strSchachFelder
        MsgBox varSchachFeld
    Next
End Sub
```

7.2 Bedingungsschleifen

Die Bedingung kann entweder am Anfang oder Ende einer Bedingungsschleife stehen. Man spricht auch von kopf- und fußgesteuerten Schleifen. Steht die Bedingung am Ende, dann wird die Schleife immer (mindestens) einmal betreten. Steht sie am Kopf, so wird überprüft, ob die Schleife überhaupt betreten werden darf. Die Syntax lautet:

```
Do [{While | Until} Bedingung]
[Anweisungen]
[Exit Do]
[Anweisungen]
Loop
```

Oder:

```
Do
[Anweisungen]
[Exit Do]
[Anweisungen]
Loop [{While | Until} Bedingung]
```

Ein Anfangskapital wird zu 7,5% verzinst. Wie viele Jahre benötigt man, damit es sich verdoppelt hat? Man kann diese Aufgabe mit allen vier Möglichkeiten berechnen lassen. Der Vollständigkeit halber sollen sie angezeigt werden:

Variante 1:

```
Sub KapitalVerdoppeln1()
    Dim curKapital As Currency
    Dim curZielKapital As Currency
    Dim intJahre As Integer

    curKapital = InputBox("Wie viel möchten Sie anlegen?")
    curZielKapital = curKapital * 2
```

```
    Do Until curKapital >= curZielKapital
        curKapital = curKapital * 1.075
        intJahre = intJahre + 1
    Loop

    MsgBox intJahre & " Jahre werden zum Verdoppeln benötigt."
End Sub
```

Variante 2:

```
Sub KapitalVerdoppeln2()
    Dim curKapital As Currency
    Dim curZielKapital As Currency
    Dim intJahre As Integer

    curKapital = InputBox("Wie viel möchten Sie anlegen?")
    curZielKapital = curKapital * 2

    Do While curKapital < curZielKapital
        curKapital = curKapital * 1.075
        intJahre = intJahre + 1
    Loop

    MsgBox intJahre & " Jahre werden zum Verdoppeln benötigt."
End Sub
```

Variante 3:

```
Sub KapitalVerdoppeln3()
    Dim curKapital As Currency
    Dim curZielKapital As Currency
    Dim intJahre As Integer

    curKapital = InputBox("Wie viel möchten Sie anlegen?")
    curZielKapital = curKapital * 2
```

```
    Do
        curKapital = curKapital * 1.075
        intJahre = intJahre + 1
    Loop While curKapital < curZielKapital

    MsgBox intJahre & " Jahre werden zum Verdoppeln benötigt."
End Sub
```

Variante 4:

```
Sub KapitalVerdoppeln4()
    Dim curKapital As Currency
    Dim curZielKapital As Currency
    Dim intJahre As Integer

    curKapital = InputBox("Wie viel möchten Sie anlegen?")
    curZielKapital = curKapital * 2

    Do
        curKapital = curKapital * 1.075
        intJahre = intJahre + 1
    Loop Until curKapital >= curZielKapital

    MsgBox intJahre & " Jahre werden zum Verdoppeln benötigt."
End Sub
```

Übrigens: finanzmathematisch ist dieses Beispiel Unsinn. Wird ein Kapital x zu einem Prozentsatz von 7,5% Zinsen angelegt, dann beträgt das Kapital nach n Jahren:

$$K_{Ende} = K_{Start} \times (1 + p)^n$$

Setzt man nun $K_{Ende} = K_{Start} * 2$, dann folgt aus der Formel:

$2 = (1+p)^n$

oder:

$n = \log_{(1+p)}2 = \lg(2)/\lg(1+p)$

Für p = 0,075 ergibt sich aus der Formel: n ≈ 9,584. Das heißt, dass sich das Kapital bei 7,5% Zinsen nach zehn Jahren verdoppelt hat – unabhängig vom ursprünglichen Kapital.

Daneben findet sich noch (aus historischen Gründen) die `While ... Wend`-Schleife. Auf sie soll an dieser Stelle nicht eingegangen werden: Sie ist nicht so flexibel wie die `Do ... Loop`-Schleifen. Es gibt keinen Fall, in dem sie Vorteile gegenüber den anderen Schleifen hätte.

7.3 Rekursionen

Eine besondere Art der Schleifen sind Funktionen, die sich selbst aufrufen. Damit sie sich nicht unendlich oft aufrufen, stehen diese Aufrufe in der Regel in einer Verzweigung. Das Standardbeispiel für Rekursionen ist das Berechnen der Fakultät. Die Fakultät einer Zahl ist das Produkt aller Zahlen (ab 1) bis zu der Zahl. Die Fakultät von 5 lautet 120, da

$5! = 1*2*3*4*5$

oder allgemein:

$n! = n*(n-1)*(n-2)* \ldots * 2 * 1$

Dies kann über eine Zählerschleife berechnet werden:

```
Sub Fakultät1()
   Dim intZahl As Integer
   Dim dblFakultät As Double
   Dim intZähler As Integer

   intZahl = InputBox("Bitte eine Zahl zur Fakultätsberechnung")
   dblFakultät = 1

   For intZähler = 1 To intZahl
      dblFakultät = dblFakultät * intZähler
   Next

   MsgBox "Die Fakultät von " & intZahl & _
      " lautet: " & dblFakultät

End Sub
```

Oder mit einer Bedingungsschleife:

```
Sub Fakultät2()
   Dim intZahl As Integer
   Dim strMeldung As String
```

```
   Dim dblFakultät As Double

   intZahl = InputBox("Bitte eine Zahl zur Fakultätsberechnung")
   dblFakultät = 1
   strMeldung = "Die Fakultät von " & intZahl

   Do While intZahl > 1
      dblFakultät = dblFakultät * intZahl
      intZahl = intZahl - 1
   Loop

   MsgBox strMeldung & " lautet: " & dblFakultät
End Sub
```

Oder schließlich rekursiv. Die Funktion *Fakultät3* wird solange aufgerufen, bis `intZahl` den Wert 1 erreicht hat (beim Herabzählen).

```
Function Fakultät3(intZahl As Integer) As Double
   If intZahl > 1 Then
      Fakultät3 = intZahl * Fakultät3(intZahl - 1)
   Else
      Fakultät3 = 1
   End If
End Function
```

Dies kann mit folgender Prozedur aufgerufen werden:

```
Sub FakultätBerechnen()
   Dim intZahl As Integer
   Dim dblFakultät As Double
   intZahl = InputBox("Bitte eine Zahl zur Fakultätsberechnung")
   dblFakultät = Fakultät3(intZahl)

   MsgBox "Die Fakultät von " & intZahl & _
      " lautet: " & dblFakultät
End Sub
```

Oder auch mit einer aufsteigenden Zählung:

```
   Dim intZahl As Integer
   Dim intEndZahl As Integer
Function Fakultät4(intZahl As Integer) As Double

   Fakultät4 = 1

   If intZahl <= intEndZahl Then
      Fakultät4 = intZahl * Fakultät4(intZahl + 1)
   End If
End Function

Sub FakultätBerechnen2()
   Dim intZahl As Integer
   Dim dblFakultät As Double

   intZahl = InputBox("Bitte eine Zahl zur Fakultätsberechnung")

   intEndZahl = intZahl
   dblFakultät = Fakultät4(1)

   MsgBox "Die Fakultät von " & intZahl & _
      " lautet: " & dblFakultät
End Sub
```

Zugegeben: die erste Variante ist natürlich eleganter!

7.4 Übungen zu den Schleifen

Übung 1

Eine Schnecke sitzt vor einer 4,5 Meter hohen Mauer. Jeden Tag klettert sie 50 cm nach oben, in jeder Nacht rutscht sie 10% ihrer Gesamthöhe nach unten. Wann ist sie oben?

Also: Sie beginnt bei 0 m, klettert am ersten Tag auf 0,5 m, rutscht um 0,05 m nach unten, so dass sie den zweiten Tag bei 0,45 m beginnt. Von dort klettert sie auf 0,95 m, um in der folgenden Nacht auf 0,95 m – 0,095 m = 0,855 m zu landen. Dann klettert sie auf 1,355 m und rutscht auf 1,2195 m herunter. Und so weiter. Die Rekursion lässt sich gut in eine Schleife einbauen. Versuchen Sie verschiedene Varianten!

Übung 2

Horst wird gefragt, wie alt seine vier Kinder sind. Er gibt als Antwort: „Das Produkt ihrer Alter beträgt 1536, die Summe 30.“ Er überlegt und fügt hinzu: „Die Jüngste heißt Claudia.“ Wie alt sind seine Kinder?

Übung 3

Eine Benutzerin oder ein Benutzer wird nach ihrem oder seinem Geschlecht gefragt. Nun soll diese Frage penetrant so lange wiederholt werden, bis sie oder er ein korrektes „w“ oder „m“ eingibt.

Übung 4

Der Benutzer gibt eine Zahl ein, die daraufhin überprüft wird, ob es sich um eine Primzahl handelt oder nicht.

Übung 5

Der Benutzer gibt zwei Zahlen ein, von denen das kleinste gemeinsame Vielfache (kgV) und der größte gemeinsame Teiler (ggT) ermittelt wird.

Übung 6

Zwar wurde vor einiger Zeit die Fermat'sche These gelöst, aber dennoch gibt es eine Reihe von Problemen, die noch nicht gelöst sind. Das Collatz'sche Problem gehört dazu:

Man nehme eine beliebige Zahl. Ist diese Zahl gerade, dann wird sie durch 2 geteilt. Ist sie dagegen ungerade, dann wird sie mit drei multipliziert und um eins vergrößert; beispielsweise 20:

20 → 10 → 5 → 16 → 8 → 4 → 2 → 1 → 4 → 2 → 1 → 4 → 2 → 1 → ...

oder 21:

21 → 64 → 32 → 16 → 8 → 4 → 2 → 1 → 4 → 2 → 1 → ...

oder 19:

19 → 58 → 29 → 88 → 44 → 22 → 11 → 34 → 17 → 52 → 26 → 13 → 40 → 20 → ...

Jede Reihe endet schließlich in der Folge 1 → 4 → 2 → 1. Schreiben Sie ein Programm, bei dem der Benutzer eine Zahl eingibt, die mit der Collatz'schen Methode auf 1 zurückgeführt wird.

Übung 7

Schreiben Sie eine Funktion, die die Quersumme einer Zahl berechnet. Entwickeln Sie daraus eine rekursive Funktion, die die Endquersumme berechnet.

Übung 8

Leonardo Fibonacci (1170 – 1250) entdeckte eine Reihe, die mit 1 und 1 beginnt. Jede folgende Zahl entsteht als Summe der beiden Vorgänger. Also:

1, 1, 2, 3, 5, 8, 13, 21, 34 und so weiter.

Programmieren Sie eine Fibonacci-Reihe iterativ und rekursiv!

7.5 Tipps zu den Übungen zu den Schleifen

Tipp zu Übung 1

In dieser Aufgabe steckt ein umgangssprachliches Problem! Wenn man sagt, dass man von einer Zahl 10% abzieht, so darf nicht x – 10% gerechnet werden, sondern x – x*10%. Andererseits interessieren nicht die 10%, sondern die übrigen 90%. Und da VBA nicht mit Prozentwerten rechnen kann, so kann die Nachthöhe mit 0.9 multipliziert werden.

Tipp zu Übung 2

Man kann diese Aufgabe recht einfach durch mehrere ineinander verschachtelte Schleifen lösen. Die erste Schleife läuft von der Summe 30 bis 1 herunter. Die zweite Schleife nur noch von der Zahl der ersten Schleife bis 1, die dritte von der Zahl der zweiten Schleife und so weiter. In jeder Schleife wird überprüft, ob der Schleifenzähler ein Teiler von 1536 ist. Falls ja, dann läuft die nächste Schleife los. Im Inneren der vierten Schleife wird die Summe und das Produkt der vier Zahlen gezogen. Beträgt die Summe 30 und das Produkt 1536, dann ist eine Lösung gefunden. Für diese Aufgabe existieren zwei Lösungen: (16/6/4/4) und (12/8/8/2). Da es eine jüngste Tochter gibt, muss die zweite Lösung die korrekte sein. Dies kann übrigens auch in die (innere) Schleife eingebaut werden.

Tipp zu Übung 4

Eine Primzahl ist eine Zahl, die nur durch 1 und durch sich selbst teilbar ist. Also muss man von allen Zahlen zwischen einschließlich 2 und der Zahl –1 überprüfen, ob sie ein Teiler der Zahl sind. Es genügt sogar bei √(Zahl) aufzuhören. Hätte beispielsweise die Zahl 25 einen Teiler < 5, dann hätte sie auch einen (zugehörigen) Teiler > 5.

Tipp zu Übung 5

Natürlich könnte man eine Primfaktorzerlegung vornehmen. Vom programmiertechnischen Aufwand her ist es einfacher, für das ggT alle Zahlen kleiner als die kleinste der beiden Zahlen zu überprüfen, ob sie Teiler von beiden Zahlen ist. Für das kgV werden alle Zahlen größer als die größte der beiden Zahlen überprüft, ob beide Zahlen Teiler von dieser Zahl sind.

Tipp zu Übung 7

Es existieren zwei Lösungsvarianten für dieses Problem. Eine unschöne Variante wandelt die Zahl in eine Zeichenkette um, die nun Zeichen für Zeichen durchlaufen wird, eine elegante Variante löst die Aufgabe „mathematisch", das heißt: es wird mittels geschicktem Runden die letzte Ziffer herausgelöst. Ist eine der beiden Lösungen gefunden, dann kann die Endquersumme schnell berechnet werden.

Tipp zu Übung 8

Die iterative Lösung stellt sicherlich kein Problem dar. Die rekursive Lösung ruft sich selbst auf. Dabei muss man wissen, dass F(x) = F(x-1) + F(x-2).

7.6 Lösungen zu den Übungen zu den Schleifen

Lösung 1

```
Sub Schneckenproblem1()
    Dim intTage As Integer
    Dim dblMorgenHöhe As Double, dblAbendhöhe As Double

    dblMorgenHöhe = 0
    intTage = 0

    Do While dblAbendhöhe < 4.5
        intTage = intTage + 1
        dblAbendhöhe = dblMorgenHöhe + 0.5
        dblMorgenHöhe = dblAbendhöhe * 0.9
    Loop
    MsgBox "Die Schnecke benötigt " & intTage & " Tage."
End Sub
```

Analog kann die Schleife auch begonnen werden:

```
Do Until dblAbendhöhe >= 4.5
```

Oder man formuliert die Bedingung am Schleifenrumpf:

```
Sub Schneckenproblem2()
   Dim intTage As Integer
   Dim dblMorgenHöhe As Double, dblAbendhöhe As Double

   dblMorgenHöhe = 0
   intTage = 0

   Do
      intTage = intTage + 1
      dblAbendhöhe = dblMorgenHöhe + 0.5
      dblMorgenHöhe = dblAbendhöhe * 0.9
   Loop Until dblAbendhöhe >= 4.5

   MsgBox "Die Schnecke benötigt " & intTage & " Tage."
End Sub
```

Oder analog:

```
Loop While dblAbendhöhe < 4.5
```

Lösung 2

```
Sub KindAlterBerechnen()
   Const KProdukt = 1536
   Const KSumme = 30

   Dim intAlter1 As Double
   Dim intAlter2 As Double
   Dim intAlter3 As Double
   Dim intAlter4 As Double

   For intAlter1 = KProdukt To 1 Step -1
      If KProdukt Mod intAlter1 = 0 Then
         For intAlter2 = intAlter1 To 1 Step -1
```

```
            If (KProdukt / intAlter1) Mod intAlter2 = 0 Then
               For intAlter3 = intAlter2 To 1 Step -1
                  If (KProdukt / intAlter2) Mod intAlter3 = 0 Then
                     For intAlter4 = intAlter3 To 1 Step -1
                        If (KProdukt / intAlter3) Mod _
                        intAlter4 = 0 Then
                           If (intAlter1 + intAlter2 + _
                           intAlter3 + intAlter4 = _
                           KSumme) And (intAlter1 * intAlter2 _
                           * intAlter3 * intAlter4 = _
                           KProdukt) Then
                              MsgBox "Horsts Kinder haben " & _
                              "folgendes Alter:" _
                              & vbCr & intAlter1 & "/" & _
                              intAlter2 & "/" & intAlter3 & _
                              "/" & intAlter4
                           End If
                        End If
                     Next
                  End If
               Next
            End If
         Next
      End If
   Next
End Sub
```

Man muss nur die innere Schleife modifizieren in:

```
For intAlter4 = intAlter3  - 1 To 1 Step -1
```

dann wird nur die eine Lösung angezeigt. Natürlich kann man die Lösung noch besser ausfeilen. Die vierte, innere Schleife ist überflüssig, da sich die vierte Zahl als Quotient von `Kprodukt` und dem Produkt aus `intAlter1`, `intAlter2` und `intAlter3` berechnet. Sicherlich könnte man die Schleifen auch in einer Funktion auslagern. Dies sei dem Leser überlassen.

Lösung 3

```
Sub Begrüßung1()
   Dim strName As String
   Dim strGeschlecht As String
   Do
      strGeschlecht = InputBox("Wie lautet Ihr Geschlecht?" & _
      vbCr & "Bitte ""m"" oder ""w"" eingeben!", "Name")

      If strGeschlecht = "w" Or strGeschlecht = "W" Then
         strName = InputBox("Wie lautet Ihr Name?", "Name")
         MsgBox "Hallo, liebe " & strName
      ElseIf LCase(strGeschlecht) = "m" Then
         strName = InputBox("Wie lautet Ihr Name?", "Name")
         MsgBox "Hallo, lieber " & strName
      End If
   Loop Until LCase(strGeschlecht) = "w" Or _
      LCase(strGeschlecht) = "m"
End Sub
```

Die Loop-Schleife kann auch anders formuliert werden:

```
Loop While LCase(strGeschlecht) <> "w" And _
   LCase(strGeschlecht) <> "m"
```

Lösung 4

```
Sub Primzahl()
   Dim dblZahl As Double
   Dim dblZähler As Double

   dblZahl = InputBox _
      ("Von welcher Zahl soll überprüft werden" & _
      ", ob es sich um eine Primzahl handelt?", "Prim")

   For dblZähler = 2 To Sqr(dblZahl)
      If dblZahl Mod dblZähler = 0 Then
         MsgBox dblZahl & " ist keine Primzahl"
```

```
            Exit Sub
        End If
    Next dblZähler

    MsgBox dblZahl & " ist eine Primzahl"
End Sub
```

Man könnte auch in Zweierschritten hoch zählen, da nur die ungeraden Zahlen interessant sind. Dann müssen allerdings die ersten Werte überprüft werden. Oder man arbeitet mit einer Bedingungsschleife:

```
Sub Primzahl2()
    Dim dblZahl As Double
    Dim dblZähler As Double

    dblZahl = InputBox("Von welcher Zahl soll überprüft " & _
        "werden, ob es sich um eine Primzahl handelt?", "Prim")

    dblZähler = 2

    Do Until dblZähler > Sqr(dblZahl)
        If dblZahl Mod dblZähler = 0 Then
            MsgBox dblZahl & " ist keine Primzahl." & _
            vbCr & "Ein Zähler lautet: " & dblZähler
            Exit Sub
        End If
        dblZähler = dblZähler + 1
    Loop

    MsgBox dblZahl & " ist eine Primzahl"

End Sub
```

Lösung 5

```
Sub ggT()
    Dim dblZahl1 As Double
```

```
    Dim dblZahl2 As Double
    Dim dblKleinsteZahl As Double
    Dim dblZähler As Double

    dblZahl1 = InputBox("Von welchen Zahlen soll das " & _
       "ggT berechnet werden?", "ggT: Zahl1")
    dblZahl2 = InputBox("Von welchen Zahlen soll das " & _
       "ggT berechnet werden?", "ggT: Zahl2")

    If dblZahl1 < dblZahl2 Then
       dblKleinsteZahl = dblZahl1
    Else
       dblKleinsteZahl = dblZahl2
    End If

    For dblZähler = dblKleinsteZahl To 1 Step -1
       If dblZahl1 Mod dblZähler = 0 And _
          dblZahl2 Mod dblZähler = 0 Then
             MsgBox "Der ggT von " & _
             dblZahl1 & " und " & dblZahl2 & _
             " lautet: " & dblZähler
             Exit Sub
       End If
    Next dblZähler
End Sub
```

Analog das kgV:

```
Sub kgV()
    Dim dblZahl1 As Double
    Dim dblZahl2 As Double
    Dim dblGrößteZahl As Double
    Dim dblZähler As Double

    dblZahl1 = InputBox("Von welchen Zahlen soll das " & _
       "kgV berechnet werden?", "kgV: Zahl1")
```

```
    dblZahl2 = InputBox("Von welchen Zahlen soll das " & _
       "kgV berechnet werden?", "kgV: Zahl2")

    If dblZahl1 > dblZahl2 Then
       dblGrößteZahl = dblZahl1
    Else
       dblGrößteZahl = dblZahl2
    End If

    For dblZähler = dblGrößteZahl To dblZahl1 * dblZahl2
       If dblZähler Mod dblZahl1 = 0 And _
          dblZähler Mod dblZahl2 = 0 Then
             MsgBox "Das kgV von " & _
             dblZahl1 & " und " & dblZahl2 & _
             " lautet: " & dblZähler
             Exit Sub
       End If
    Next dblZähler
End Sub
```

Lösung 6

```
Sub CollatzschesProblem()
    Dim dblZahl As Double
    Dim strAText As String

    dblZahl = InputBox("Welche Zahl soll getestet werden?")
    strAText = dblZahl

    Do Until dblZahl = 1
       If dblZahl Mod 2 = 0 Then
          dblZahl = dblZahl / 2
       Else
          dblZahl = dblZahl * 3 + 1
       End If
```

```
    strAText = strAText & ", " & dblZahl
    Loop

    MsgBox strAText
End Sub
```

Lösung 7

```
Sub QuerBerechnen()
    Dim dblZahl As Double
    dblZahl = InputBox("Bitte eine Zahl eingeben.", "Quersumme")
    MsgBox "Die Quersumme von " & dblZahl & " lautet: " & _
        Quersumme(dblZahl)
End Sub
```

Die unschöne Variante wandelt die Zahl in eine Zeichenkette um, die nun Zeichen für Zeichen durchlaufen wird:

```
Function Quersumme(Zahl As Double) As Long
    Dim dblÜbergabewert As Double
    Dim dblInkrement As Double
    Dim dblZähler As Long
    dblÜbergabewert = 0
    dblInkrement = 0

    For dblZähler = 1 To Len(Str(Zahl))
        dblInkrement = Val(Mid(Str(Zahl), dblZähler, 1))
        dblÜbergabewert = dblÜbergabewert + dblInkrement
    Next

    Quersumme = dblÜbergabewert
End Function
```

Eleganter ist die „mathematische" Lösung, die vorsieht, mittels der Funktion `Fix` die letzte Ziffer herauszulösen:

```
Function Quersumme(Zahl As Double) As Long
    Dim dblÜbergabewert As Double
    Dim dblInkrement As Double
```

```
    Dim lngZähler As Long
    Dim lngLänge As Long
    Dim dblNeueZahl As Double

    dblÜbergabewert = 0
    dblInkrement = 0

    lngLänge = Fix(Log(Zahl) / Log(10)) + 1
    dblNeueZahl = Zahl

    For lngZähler = 1 To lngLänge
        dblInkrement = dblNeueZahl - Fix(dblNeueZahl / 10) * 10
        dblÜbergabewert = dblÜbergabewert + dblInkrement
        dblNeueZahl = Fix(dblNeueZahl / 10)
    Next
    Quersumme = dblÜbergabewert
End Function
```

Die erste Variante sieht modifiziert dann wie folgt aus:

```
Function EndQuersumme(Zahl) As Long
    Dim dblÜbergabewert As Double
    Dim dblInkrement As Double
    Dim dblZähler As Long
    dblÜbergabewert = 0
    dblInkrement = 0

    For dblZähler = 1 To Len(Str(Zahl))
        dblInkrement = Val(Mid(Str(Zahl), dblZähler, 1))
        dblÜbergabewert = dblÜbergabewert + dblInkrement
    Next
    If dblÜbergabewert > 9 Then
        dblÜbergabewert = EndQuersumme(dblÜbergabewert)
    End If
    EndQuersumme = dblÜbergabewert
End Function
```

Die zweite könnte folgendermaßen aussehen:

```
Function Quersumme(Zahl As Double) As Long
   Dim dblÜbergabewert As Double
   Dim dblInkrement As Double
   Dim lngZähler As Long
   Dim lngLänge As Long
   Dim dblNeueZahl As Double

   dblÜbergabewert = 0
   dblInkrement = 0

   lngLänge = Fix(Log(Zahl) / Log(10)) + 1
   dblNeueZahl = Zahl

   For lngZähler = 1 To lngLänge
       dblInkrement = dblNeueZahl - Fix(dblNeueZahl / 10) * 10
       dblÜbergabewert = dblÜbergabewert + dblInkrement
       dblNeueZahl = Fix(dblNeueZahl / 10)
   Next

   If dblÜbergabewert > 9 Then
      dblÜbergabewert = Quersumme(dblÜbergabewert)
   End If

   Quersumme = dblÜbergabewert
End Function
```

Es werden lediglich die drei Zeilen

```
If dblÜbergabewert > 9 Then
   dblÜbergabewert = Quersumme(dblÜbergabewert)
End If
```

eingefügt.

Lösung 8

```
Sub Fibonacci_Zahlen1()
   Dim i1 As Double, i2 As Double, i3 As Double
   Dim intAntwort As Integer
   Dim strFibonacci As String

   i1 = 1: i2 = 1
   strFibonacci = "1, 1"

   Do Until intAntwort = vbNo
      i3 = i1 + i2
      strFibonacci = strFibonacci & ", " & Format(i3, "#,##0")
      i1 = i2: i2 = i3
      intAntwort = MsgBox("Die letzte Fiboccizahl war " & _
         Format(i3, "#,##0") & _
         "." & vbCr & "Die Reihe lautet: " & _
         strFibonacci & vbCr & vbCr & _
         "Möchten Sie eine weitere sehen?", vbYesNo)
   Loop
End Sub
```

Die rekursive Variante ruft sich selbst auf. Dabei muss man wissen, dass F(x) = F(x-1) + F(x-2). So ergibt sich die rekursive Funktion:

```
Function Fibonacci_Berechnen(dblAnzahl)
   If dblAnzahl < 3 Then
      Fibonacci_Berechnen = 1
   Else
      Fibonacci_Berechnen = Fibonacci_Berechnen(dblAnzahl - 1) _
      + Fibonacci_Berechnen(dblAnzahl - 2)
   End If
End Function
```

Diese Funktion könnte beispielsweise über folgende Prozedur aufgerufen werden:

```
Sub Fibonacci_Zahlen2()
   Dim dblAnzahl As Double
```

```
    dblAnzahl = InputBox("Welche Fibonaccizahl wird berechnet?")
    MsgBox "Die " & dblAnzahl & _
        ". Fibonaccizahl lautet: " & _
        Format(Fibonacci_Berechnen(dblAnzahl), "#,##0")
End Sub
```

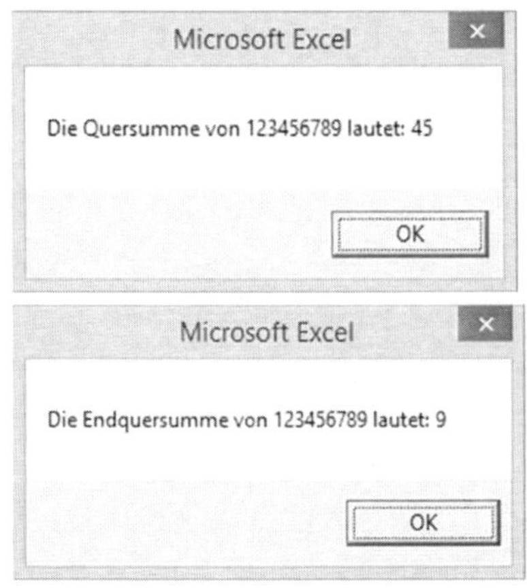

Abbildung 2: Quersumme und Endquersumme aus Übung 7

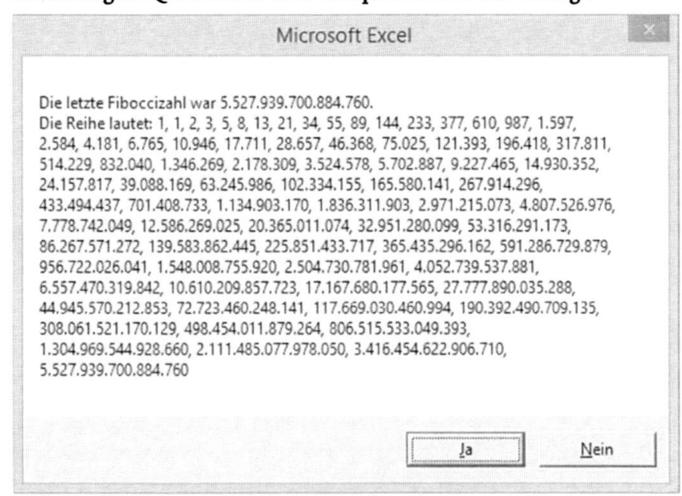

Abbildung 3: Einige Fibonacci-Zahlen aus Übung 8

8 Dateizugriff

Das Kapitel „Zugriff auf Dateien“ hat mehrere Komponenten, die hier besprochen werden sollen. Zum einen geht es generell um die Frage, wie auf Dateien auf einen Dateiträger zugegriffen wird. Dabei stehen die „klassischen“ Themen wie Dateien kopieren, verschieben, löschen, Ordner erstellen und umbenennen im Zentrum. Daneben erlaubt VBA allerdings auch den Zugriff auf „ini-Dateien“ und auf „sequentielle Dateien“. Auch wenn beide Möglichkeiten in der letzten Zeit immer mehr an Bedeutung verlieren, so stellen sie doch interessante, einfache und schnelle Zugriffsmöglichkeiten auf eine überschaubare Menge an Daten zur Verfügung. Auch in der „Registry“ können Informationen (für den Benutzer unsichtbar und fast nicht auffindbar) abgespeichert werden. Auch dies soll angesprochen werden. Aus nicht erklärlichen Gründen funktioniert der Zugriff auf ini-Dateien und auf die ganze Registry leider nur in Word, in den anderen Programmen nur auf einen Ast der Regitry. Jedoch wird in Kapitel 18 angesprochen, wie der Datenaustausch funktioniert. So stehen die Word-VBA-Befehle auch in den anderen Applikationen zur Verfügung, wenn dieses Programm verwendet wird. In Kapitel 11 wird erläutet, wie man durch Einbinden von „api-Funktionen“ die gleiche Funktionalität erreicht. Und schließlich wird auf XML eingegangen, da sehr häufig Informationen in XML-Dateien abgelegt werden müssen, beziehungsweise Informationen aus XML-Dateien weiterverarbeitet werden.

8.1 Der Zugriff auf Dateien

Noch aus „Urzeiten“ der DOS-Ebene stehen Ihnen die bekannten Befehle in VBA zur Verfügung:

Befehl	Bedeutung	Beispiel
GetAttr	bestimmt die Attribute einer Datei.	GetAttr("c:\setuplog.txt")
SetAttr	legt Attribute einer Datei fest. Dabei steht: vbNormal 0 vbReadOnly 1 vbHidden2 vbSystem 4 vbDirectroy 16 vbArchive32	SetAttr("c:\setuplog.txt")

Befehl	Bedeutung	Beispiel
FileDateTime	gibt das Datum und die Zeit der letzten Änderung oder der Erstellung zurück.	FileDateTime("c:\setuplog.txt")
FileLen	gibt die Länge einer Datei in Bytes an.	FileLen("c:\setuplog.txt")
FileCopy	kopiert eine Datei.	FileCopy("c:\setup.txt" "c:\Eigene Dateien\setup.txt")
Name	ändert ein Datei oder Verzeichnisname.	Name "c:\Versuch.txt" As "c:\Test.txt"
Kill	löscht eine oder mehrere Dateien.	Kill("c:\setuplog.txt")

Tabelle 19:Die Befehle für Dateien

Ähnliche Befehle stehen auch für Ordner zur Verfügung:

Befehl	Bedeutung	Beispiel
CurDir	gibt den aktuellen Pfad an.	CurDir("C")
ChDir	wechselt den aktuellen Ordner oder das aktuelle Laufwerk.	ChDir "D:\WINDOWS\SYSTEM"
ChDrive	wechselt das aktuelle Laufwerk.	ChDrive "D"
MkDir	erstellt einen neuen Ordner.	MkDir "D:\Eigene Dateien2"
RmDir	löscht einen vorhandenen Ordner.	RmDir "D:\Eigene Dateien2"
Dir	liefert den Namen einer Datei oder eines Ordners, der in einem Ordner oder auf einem Laufwerk gefunden wird.	Dir("C:\WINDOWS\") siehe auch unten

Tabelle 20:Die Befehle für Ordner

Der Befehl `Dir` funktioniert laut Hilfe folgendermaßen:

```
Dim Datei1, Pfad1 , Name1
' Unter Microsoft Windows:
' Liefert "WIN.INI" (unter Microsoft Windows), falls die Datei
existiert.
Datei1 = Dir("C:\WINDOWS\WIN.INI")

' Liefert einen Dateinamen mit der angegebenen Erweiterung. Existieren
```

```
' mehrere Dateien mit der Erweiterung .INI, so wird der erste gefundene
' Dateiname zurückgegeben.
Datei1 = Dir("C:\WINDOWS\*.INI")

' Dir erneut ohne Argumente aufrufen, um die nächste Datei mit der
' Erweiterung .INI im selben Verzeichnis zurückzugeben.
Datei1 = Dir

' Die erste versteckte Datei mit der Erweiterung *.TXT zurückgeben.
Datei1 = Dir("*.TXT", vbHidden)

' Namen in C:\ anzeigen, die Verzeichnisse darstellen.
Pfad1 = "c:\"    ' Pfad setzen.
Name1 = Dir(Pfad1, vbDirectory)    ' Ersten Eintrag abrufen.
Do While Name1 <> ""    ' Schleife beginnen.
    ' Aktuelles und übergeordnetes Verzeichnis ignorieren.
    If Name1 <> "." And Name1 <> ".." Then
        ' Mit bit-weisem Vergleich sicherstellen, daß Name1 ein
        ' Verzeichnis ist.
        If (GetAttr(Pfad1 & Name1) And vbDirectory) = vbDirectory Then
            Debug.Print Name1    ' Eintrag nur anzeigen, wenn es sich
        End If    ' um ein Verzeichnis handelt.
    End If
    Name1 = Dir    ' Nächsten Eintrag abrufen.
Loop
```

8.2 Übungen zum Zugriff auf die Dateien

Übung 1

Überprüfen Sie, ob auf dem Laufwerk „C:\" ein Ordner *Eigene Dateien* existiert. Falls nicht, dann soll er erstellt werden.

Übung 2

Überprüfen Sie, ob im Ordner *C:\Eigene Dateien* eine Datei *Makro.ini* existiert. Falls ja, ermitteln Sie das Speicherdatum.

Übung 3

Zählen Sie die vorhandenen Dateien im Ordner *C:\Rechnungen* und generieren Sie daraus eine neue Rechnungsnummer.

8.3 Tipps zu den Übungen zum Zugriff auf die Dateien

Mit dem Befehl `Dir` kann sowohl die Existenz einer Datei oder eines Verzeichnisses überprüft werden, als auch alle Dateien eines Ordners durchlaufen werden. Dieser Befehl wird in allen drei Aufgaben verwendet.

8.4 Lösungen zu den Übungen zum Zugriff auf die Dateien

Lösung 1

```
Sub OrdnerPrüfen()
   If Dir("C:\Eigene Dateien\", vbDirectory) <> "" Then
      MsgBox "Der Ordner ""Eigene Dateien"" existiert."
   Else
      MkDir "C:\Eigene Dateien"
   End If
End Sub
```

Lösung 2

```
Sub DateiPrüfen()
   If Dir("C:\Eigene Dateien\Makro.ini") <> "" Then
      MsgBox "Die Datei wurde erstellt am: " & vbCr _
      & FileDateTime("C:\Eigene Dateien\Makro.ini")
   Else
      MsgBox "Die Datei ""Makro.ini"" existiert " & _
      "nicht im Ordner ""Eigene Dateien""."
   End If
End Sub
```

Lösung 3

```
Sub RechnungsNummerErmitteln()
   Dim strDateiname As String
   Dim intRechnungsnummer As Double
```

```
    strDateiname = Dir("C:\Rechnungen\")

    Do While strDateiname <> ""
        If strDateiname <> "." And strDateiname <> ".." Then
            intRechnungsnummer = intRechnungsnummer + 1
        End If
        strDateiname = Dir
    Loop
    MsgBox Year(Date) * 100 + intRechnungsnummer + 1
End Sub
```

8.5 Dateisystemobjekte (File System Objects, FSO)

Mit den VBA-internen Befehlen wie `Dir` und andere kommt man schnell an die Grenzen, wenn es beispielsweise darum geht, sämtliche Ordner rekursiv zu durchlaufen. Deshalb stellt Microsoft seit einigen Windows-Versionen die FSO-Bibliothek zur Verfügung, die ursprünglich zur Scriptprogrammierung gedacht war. Sie binden die Bibliothek *Microsoft Scripting Runtime* im VBA-Editor über das Menü Extras/Verweise ein. Danach können Sie ein Objekt erzeugen:

```
    Dim fso As FileSystemObject
    Set fso = New FileSystemObject
[...]
    Set fso = Nothing
```

Analog können Sie die Instanz auch mit folgendem Befehl erzeugen:

```
Set fso = CreateObject("Scripting.FileSystemObject")
```

Selbstverständlich sollten Sie mit Early Binding arbeiten und das FileSystemObject nicht als Objekt deklarieren. Dann sehen Sie sämtliche Methoden und Eigenschaften, die dieses Objekt Ihnen zur Verfügung stellt. Diese beiden Programmiertechniken werden in Kapitel 18 Austausch zwischen den Programmen erläutert.

3.1.1. Zugriff auf Laufwerke

Nun steht Ihnen der Weg frei, um auf Laufwerke zuzugreifen. Das folgende Beispiel zeigt Ihnen sämtliche Laufwerksbuchstaben mit dem frei verfügbaren Speicher an.

```
Sub Alle_Laufwerke()
    Dim fso As FileSystemObject
```

```
    Dim fsoLW As Drive
    Dim strLW As String
    Set fso = New FileSystemObject
    For Each fsoLW In fso.Drives
       If fsoLW.IsReady Then
          strLW = strLW & fsoLW.DriveLetter & ": " & vbTab & _
          vbTab & vbTab & fsoLW.VolumeName & vbCr & _
          "Dateisystem:" & vbTab & vbTab & fsoLW.FileSystem & _
          vbCr & "Laufwerkstyp:" & vbTab & vbTab & _
          Choose(fsoLW.DriveType + 1, _
          "unbekannt", "Wechseldatenträger", _
          "Festplatte", "Netzwerk", "CD-ROM", "RAM Disk") & _
          vbCr & "Gesamtspeicher:" & vbTab & vbTab & _
          Format(fsoLW.TotalSize, "#,##0") & vbCr & _
          "Verfügbarer Speicher:" & vbTab & _
          Format(fsoLW.AvailableSpace, "#,##0") & vbCr & _
          "Freier Speicher:" & vbTab & vbTab & _
          Format(fsoLW.FreeSpace, "#,##0") & vbCr & _
          "Seriennummer:" & vbTab & vbTab & _
          fsoLW.SerialNumber & vbCr & vbCr
       End If
    Next

    MsgBox strLW

    Set fso = Nothing
End Sub
```

3.1.2. Zugriff auf Verzeichnisse

Und ebenso können auch Informationen eines bestimmten Verzeichnisses ausgelesen werden. Das folgende Listing zeigt Ihnen einige der Eigenschaften:

```
Sub Verzeichnisinfos()
    Dim fso As FileSystemObject
    Dim fsoVerzeichnis As Folder
```

```
    Dim strVerzeichnis As String
    Set fso = New FileSystemObject

    Set fsoVerzeichnis = _
    fso.GetFolder ("C:\Users\" & _
       Environ("username") & "\Documents\")
    With fsoVerzeichnis
       strVerzeichnis = _
       "Name:" & vbTab & vbTab & .Name & vbCr & _
       "Erzeugt am:" & vbTab & .DateCreated & vbCr & _
       "Letzter Zugriff:" & vbTab & .DateLastAccessed & vbCr & _
       "Letzte Änderung:" & vbTab & .DateLastModified & vbCr & _
       "Kurzname" & vbTab & vbTab & .ShortName & vbCr & _
       "Kurzpfad" & vbTab & vbTab & .ShortPath
    End With

    MsgBox strVerzeichnis

    Set fso = Nothing
End Sub
```

3.1.3. Zugriff auf Dateien

Die Sammlung `Files` enthält sämtliche Dateien eines Verzeichnisses. Sie können ausgelesen werden, wie das nächste Beispiel zeigt:

```
Sub DateienAuflisten()
    Dim fso As FileSystemObject
    Dim fsoVerzeichnis As Folder
    Dim fsoDatei As File
    Dim strDateien As String
    Set fso = New FileSystemObject

    Set fsoVerzeichnis = fso.GetFolder ("C:\Users\" & _
       Environ("username") & "\Documents\")
    For Each fsoDatei In fsoVerzeichnis.Files
```

```
        strDateien = strDateien & fsoDatei.Name & vbCr
    Next

    MsgBox strDateien

    Set fso = Nothing
End Sub
```

Ebenso wie beim Verzeichnis können Dateiinfos ermittelt werden:

```
Sub DateiInfos()
    Dim fso As FileSystemObject
    Dim fsoDatei As File
    Dim strInfos As String
    Set fso = New FileSystemObject

    Set fsoDatei = fso.GetFile ("C:\Users\" & _
        Environ("username") & "\Documents\desktop.ini")
    With fsoDatei
        strInfos = _
        "Name:" & vbTab & vbTab & .Name & vbCr & _
        "Dateigröße:" & vbTab & Format(.Size, "#,##0") & vbCr & _
        "Erzeugt am:" & vbTab & .DateCreated & vbCr & _
        "Letzter Zugriff:" & vbTab & .DateLastAccessed & vbCr & _
        "Letzte Änderung:" & vbTab & .DateLastModified & vbCr & _
        "Kurzname" & vbTab & vbTab & .ShortName & vbCr & _
        "Kurzpfad" & vbTab & vbTab & .ShortPath
    End With

    MsgBox strInfos

    Set fso = Nothing
End Sub
```

3.1.4. Unterordner auflisten

Die Sammlung `SubFolders` enthält sämtliche Unterverzeichnisse. Sie können wie in ausgelesen werden:

```
Sub VerzeichnisseAuflisten()
    Dim fso As FileSystemObject
    Dim fsoVerzeichnis1 As Folder
    Dim fsoVerzeichnis2 As Folder
    Dim strVerzeichnisse As String
    Set fso = New FileSystemObject

    Set fsoVerzeichnis1 = fso.GetFolder ("C:\Users\" & _
        Environ("username") & "\Documents\")
    For Each fsoVerzeichnis2 In fsoVerzeichnis1.SubFolders
        strVerzeichnisse = strVerzeichnisse & _
        fsoVerzeichnis2.Name & vbCr
    Next

    MsgBox strVerzeichnisse

    Set fso = Nothing
End Sub
```

3.1.5. Verzeichnis und Dateien überprüfen, erzeugen, verschieben, kopieren und löschen

Die Eigenschaft `FolderExists` überprüft, ob ein Verzeichnis existiert, `FileExists`, ob eine Datei existiert. Auf eine Datei und auf ein Verzeichnis können die Methoden `Copy`, `Move` und `Delete` angewendet werden, ob die Datei, beziehungsweise das Verzeichnis zu kopieren, zu verschieben (oder umzubenennen) und zu löschen.

Das folgende Beispiel überprüft, ob ein Verzeichnis existiert. Falls nicht, dann wird er angelegt. Anschließend wird überprüft, ob in diesem Verzeichnis bereits eine bestimmte Textdatei existiert, falls nicht, dann wird sie erzeugt. In sie werden zwei Zeilen Code geschrieben.

Nun wird das Erstelldatum der Textdatei ausgegeben. Anschließend zeigt ein Meldungsfenster den Inhalt der Textdatei.

Das Verzeichnis wird mit sämtlichen darin befindlichen Dateien ohne Nachfrage (!) gelöscht.

```
Sub Neues_Verzeichnis()
   Dim fso As FileSystemObject
   Dim fsoVerzeichnis As Folder
   Dim fsoTxt As TextStream
   Dim fsoDatei As File
   Dim strInhalt As String
   Set fso = New FileSystemObject
   If fso.FolderExists("C:\test") = False Then
      Set fsoVerzeichnis = fso.CreateFolder("C:\test")
      MsgBox "Das Verzeichnis wurde neu erstellt"
   Else
      Set fsoVerzeichnis = fso.GetFolder("C:\test")
   End If
   If fso.FileExists("C:\test\dummy.txt") = False Then
      Set fsoTxt = fso.CreateTextFile("C:\test\Dummy.txt")
      fsoTxt.WriteLine "Ich bin der neue Inhalt."
      fsoTxt.WriteLine "Ich bin auch Inhalt."
      fsoTxt.Close
   End If

   Set fsoDatei = fso.GetFile("C:\test\Dummy.txt")

   MsgBox "Die Datei ""Dummy.txt"" wurde am " & _
      fsoDatei.DateCreated & " erstellt."
   Set fsoTxt = fso.OpenTextFile("C:\test\Dummy.txt")
   Do While Not fsoTxt.AtEndOfStream
      strInhalt = strInhalt & fsoTxt.ReadLine & vbCr
   Loop
   fsoTxt.Close
   MsgBox strInhalt

   fsoVerzeichnis.Delete
```

```
    MsgBox "Das Verzeichnis wurde nun gelöscht"
    Set fso = Nothing
End Sub
```

Neben der Methode `WriteLine` existieren die Methoden `Write` und `WriteBlankLines`. Neben der Methode `ReadLine` existieren die Methoden `Read`, `Skip`, `SkipLines` und `WriteBlankLines`.

Die wichtigsten Eigenschaften des FileSystemObject-Objektes:

Eigenschaft	Bedeutung
Attributes	die Attribute von Dateien oder Verzeichnissen (Read/Write oder read-only)
DateCreated	Datum und Zeit, wann ein Verzeichnis oder eine Datei erstellt wurden
DateLastAccesed	Datum und Zeit, wann letztmalig auf ein Verzeichnis oder eine Datei zugegriffen wurde
Drive	der Laufwerksbuchstabe, in dem sich eine bestimmte Datei oder ein Verzeichnis befindet
Drives	die Sammlung aller auf dem Computer verfügbarer Laufwerke
FileSystem	der Typ des Dateisystems des Laufwerks
Files	die Auflistung aller File-Objekte in einem Verzeichnis
FreeSpace	der frei verfügbare Platz eines Laufwerks
IsRootFolder	liefert True, wenn ein bestimmtes Verzeichnis das Root-Verzeichnis ist
Line	die Zeilennummer in einem TextStream-Objekt
ParentFolder	das übergeordnete Verzeichnis
Path	der Pfad einer Datei oder eines Verzeichnisses
RootFolder	das Root-Verzeichnis eines bestimmten Laufwerkes
ShortPath	die Pfadangabe der 8.3-Konvention
Size	die Dateigröße in Bytes
SubFolders	die Sammlung aller Unterverzeichnisse eines bestimmten Verzeichnisses
TotalSize	die totale Größe eines Laufwerks in Bytes
Type	der Typ einer Datei
VolumeName	der Volume-Name eines bestimmten Laufwerkes

Tabelle 21:Die wichtigsten Eigenschaften des FileSystemObject

Die wichtigsten Methoden des FileSystemObject-Objektes:

Methode	Bedeutung
BuildPath	erstellt aus Pfad und Dateiname eine vollständige Pfadangabe
CopyFile	kopiert eine Datei
CopyFolder	kopiert ein Verzeichnis
CreateFolder	erzeugt ein Verzeichnis
DeleteFile	löscht ein Verzeichnis
DeleteFolder	löscht einen Verzeichnis
DriveExists	liefert True, wenn das Laufwerk existiert
FileExists	liefert True, wenn die Datei existiert
FolderExists	liefert True, wenn ein Verzeichnis existiert
GetBaseName	der Dateiname ohne Endung
GetDrive	das Laufwerksobjekt
GetDriveName	der Name des Laufwerkes
GetExtensionName	die Eindung einer Datei
GetFile	gibt ein Dateiobjekt zurück
GetFileName	der Dateiname mit Endung
GetFolder	gibt ein Verzeichnis-Objekt zurück
MoveFile	verschiebt eine Datei, beziehungsweise benennt sie um
MoveFolder	verschiebt ein Verzeichnis, beziehungsweise benennt es um
OpenTextFile	öffnet eine Textdatei

Tabelle 22:Die wichtigsten Methoden des FileSystemObject

Mithilfe des TextStream-Objekts kann man lesend und schreibend auf Textdateien zugreifen. Die folgende Tabelle listet alle Eigenschaften des TextStream-Objekts auf:

Eigenschaft	Bedeutung
AtEndOfLine	liefert True, wenn das Zeilenende erreicht ist
AtEndOfStream	liefert True, wenn das Dateiende erreicht ist
Column	Zeichenposition innerhalb der aktuellen Zeile
Line	Aktuelle Zeilennummer

Tabelle 23:Die Eigenschaften des TextStream-Objekts

Die folgende Tabelle listet alle Methoden des TextStream-Objekts auf:

Methode	Bedeutung
Close	schließt die TextStream-Datei
ReadAll	die gesamte Datei einlesen
ReadLine	eine Zeile einlesen
Read	liest eine bestimmte Anzahl Zeichen ein
SkipLine	eine Zeile beim Einlesen überspringen
Skip	überspringt eine bestimmte Anzahl von Zeichen beim Einlesen
WriteBlankLines	erzeugt eine bestimmte Anzahl von Leerzeilen
WriteLine	schreibt eine neue Zeile
Write	schreibt einen Text in eine Datei ohne Zeilenumbruch

Tabelle 24:Die Methoden des TextStream-Objekts

8.6 Übungen zum FileSystemObject

Übung 1

Überprüfen Sie, ob eine Datei existiert. Wenn ja, fragen Sie den Anwender, ob die Datei gelöscht werden soll. Wenn er es bejaht, löschen Sie diese Datei.

Übung 2

Überprüfen Sie, ob ein Ordner existiert. Wenn ja, fragen Sie den Anwender, ob dieser Ordner gelöscht werden soll. Wenn er es bejaht, löschen Sie dieses Verzeichnis.

Übung 3

Erstellen Sie eine Prozedur, die sich rekursiv aufruft und die aus einem Ordner sämtliche Unterordner ausliest.

Lösung 1

```
Sub DateiLöschen()
   Dim fso As FileSystemObject

   Set fso = New FileSystemObject
   If fso.FileExists("C:\test\Dummy.txt") Then
      If MsgBox("Möchten Sie die Datei " & _
```

```
      """Dummy.txt"" wirklich löschen?", _
      vbYesNo + vbDefaultButton2) = vbYes Then
         fso.DeleteFile "C:\test\Dummy.txt"
      End If
   End If
End Sub
```

Lösung 2

```
Sub OrdnerLöschen()
   Dim fso As FileSystemObject

   Set fso = New FileSystemObject
   If fso.FolderExists("C:\test\") Then
      If MsgBox("Möchten Sie das Verzeichnis " & _
      """test"" wirklich löschen?", _
      vbYesNo + vbDefaultButton2) = vbYes Then
         fso.DeleteFolder "C:\test"
      End If
   End If
End Sub
```

Lösung 3

Damit die Unterordner „eingerückt" dargestellt werden, wird mehrmals ein Tabulator erzeugt. Die Tiefe der Ebenen kann über die Variable `intEbene` ermittelt werden, wie Sie im nächsten Beispiel sehen können:

```
Dim intEbene As Integer
Dim strVerzeichnis As String

Sub ZeigeVerzeichnis(fsoVerzeichnis1 As Folder)
   Dim fsoVerzeichnis2 As Folder

   Dim strTabs As String
   Dim i As Integer
   On Error Resume Next
```

```
    intEbene = intEbene + 1
    For Each fsoVerzeichnis2 In fsoVerzeichnis1.SubFolders
        strTabs = ""
        For i = 1 To intEbene
            strTabs = strTabs & vbTab
        Next
        strVerzeichnis = strVerzeichnis & vbCr & strTabs & "\" & _
            fsoVerzeichnis1.Name
        ZeigeVerzeichnis fsoVerzeichnis2
    Next
    intEbene = intEbene - 1
End Sub
```

Dieses Programm muss natürlich noch „von außen", das heißt, von einem anderen Programm aufgerufen werden.

```
Sub StarteUnterverzeichnis()
    Dim fso As FileSystemObject
    Dim fsoVerzeichnis1 As Folder
    Set fso = New FileSystemObject
    Set fsoVerzeichnis1 = _
        fso.GetFolder("C:\Users\" & _
        Environ("username") & "\Documents\")
    intEbene = -1
    strVerzeichnis = ""
    ZeigeVerzeichnis fsoVerzeichnis1
    MsgBox strVerzeichnis
    Set fso = Nothing
End Sub
```

8.7 ini-Dateien

Um Informationen in eine ini-Datei einzutragen oder aus ihr auszulesen, genügt ein Befehl:

```
System.PrivateProfileString (Filename, Section, Key)
```

Dieser Befehl steht Ihnen übrigens nur in Word-VBA zur Verfügung!

8.8 Übungen zu den ini-Dateien

Übung 1

Beim Schließen eines (Word)-Dokuments wird eine Information in die Datei *Makro.ini* eingetragen – beispielsweise den Namen der aktuellen Datei.

Übung 2

Beim Öffnen eines (Word)-Dokuments wird eine Information aus der Datei *Makro.ini* ausgelesen.

Übung 3

Beim Erstellen einer neuen Datei aus einer Word-Dokumentvorlage wird der Benutzer nach seinem Zunamen gefragt. Heißt er „Goethe", „Schiller" oder „Lessing", dann wird er mit seinem korrekten Vornamen begrüßt, der in einer ini-Datei gespeichert ist.

8.9 Lösungen zu den Übungen zu den ini-Dateien

Lösung 1

```
Private Sub Document_Close()
   System.PrivateProfileString _
   (ActiveDocument.Path & "\Makro.ini", "Dateiname", "Letzte Datei") _
   = ActiveDocument.FullName
End Sub
```

Lösung 2

```
Private Sub Document_Open()
   MsgBox System.PrivateProfileString _
      (ActiveDocument.Path & "\Makro.ini", "Dateiname", "Letzte Datei")
End Sub
```

Natürlich ist dieses Beispiel wenig sinnvoll. Man könnte besser in einem Add-In den Befehl hinterlegen, mit dem die zuletzt verwendete Datei geöffnet wird:

```
Sub autoexec()
   Documents.Open FileName:=System.PrivateProfileString _
      (ActiveDocument.Path & "\Makro.ini", "Dateiname", "Letzte Datei")
End Sub
```

Lösung 3

Die ini-Datei *Namen.ini* ist folgendermaßen aufgebaut:

```
[Namen]
Goethe=Johann Wolfgang
Schiller=Johann Christoph Friedrich
Lessing=Gotthold Ephraim
```

Wählt der Benutzer aus der Liste der Dokumentvorlagen eine bestimmte aus, so wird folgendes Makro gestartet:

```
Private Sub Document_New()
   Dim strZuname As String
   Dim strVorname As String
   If Dir(ActiveDocument.Path & "\Namen.ini", vbNormal) <> "" Then
      strZuname = InputBox("Bitte Ihren Namen!", "ini-Datei", "Goethe")
      strVorname = System.PrivateProfileString _
         (ActiveDocument.Path & "\Namen.ini", "Namen", strZuname)
      If strVorname = "" Then
         MsgBox "Schade " & strZuname & _
         ", aber Sie existieren nicht!"
      Else
         MsgBox "Guten Morgen " & strVorname _
         & " " & strZuname
      End If
   End If
End Sub
```

8.10 Zugriff auf die Registry

Der Befehl, mit dem auf die Registry, oder genauer: auf den Ordner

`HKEY_CURRENT_USER`

der Registry zugegriffen werden kann, ist der gleiche, wie im vorigen Kapitel:

```
System.PrivateProfileString
```

Auch er funktioniert, ebenso wie der Zugriff auf die ini-Dateien, leider nur in Word. In Excel (und auch in Word) gibt es andere Befehle. Sie lauten: `GetSetting`, `SaveSettings`, `GetAllSettings` und `DeleteSetting` und gehören zur Klasse VBA. Mit ihrer Hilfe wird in der Registry unterhalb des Schlüssels

```
HKEY_CURRENT_USER\Software\VB and VBA Program Settings
```

ein neuer Bereich erzeugt, in dem einem Schlüssel ein Wert zugewiesen wird

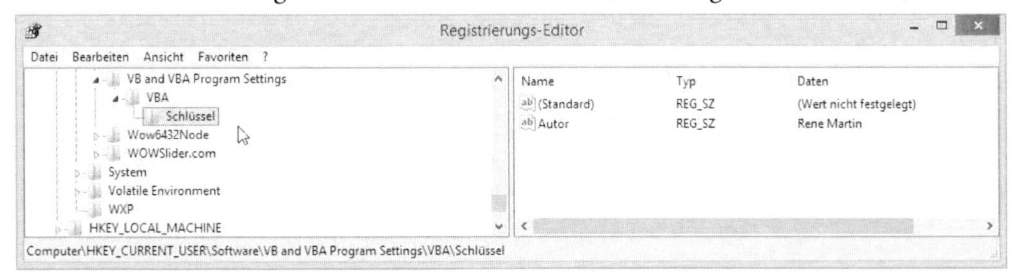

Abbildung 4: Die Registry kann per VBA bearbeitet werden.

```
SaveSetting "VBA", "Schlüssel", "Autor", "Rene Martin"
```

Dieser kann ausgelesen werden:

```
MsgBox GetSetting("VBA", "Schlüssel", "Autor")
```

Möchten Sie aus einem anderen Schlüssel Werte lesen, dann müssen Sie wieder eine API-Funktion verwenden. Mit `DeleteSetting` können Sie den Wert wieder löschen.

8.11 Übung zum Zugriff auf die Registry

Übung

Ermitteln Sie den aktuellen Benutzer!

8.12 Lösung zur Übung zum Zugriff auf die Registry

Lösung

Der Benutzername steht an mehreren Stellen in der Registry. Beispielsweise in Word:

```
Sub NamenErmitteln()
   MsgBox System.PrivateProfileString _
      ("", "HKEY_CURRENT_USER\Software\Microsoft\" _
      & "Office\9.0\Word\Options", "ReplyMessageComment")
End Sub
```

Übrigens kann man ihn auch mit der Umgebungsvariablen (Systemvariablen) `Environ` ermitteln:

```
Environ("USERNAME")
```

Daneben existiert noch:

```
Environ("USERPROFILE") = Pfad des Nutzerprofils
Environ("ALLUSERSPROFILE") = Pfad für Benutzerprofile (ALLE)
Environ("APPDATA") = Pfad Anwendungsdaten
Environ("CommonProgramFiles") = Ordner für Gemeinsame Dateien
Environ("COMPUTERNAME") = Name des Computers
Environ("HOMEDRIVE") = Standardlaufwerk des Benutzers
Environ("OS") = Betriebssystemversion
Environ("Path") = Pfadangaben für Anwendungen
Environ("ProgramFiles") = Pfad zum Programme-Ordner
Environ("SystemDrive") = Laufwerk des Betriebssystems
Environ("SystemRoot") = Pfad des Betriebssystems
Environ("TEMP") = Pfad temporärer Ordner
```

8.13 Sequentielle Dateien

Wie der Name schon sagt, werden die Daten hintereinander in einer Datei gespeichert. Bevor man mit einer sequentiellen Datei arbeiten kann, muss diese mit

```
Open
```

geöffnet werden. Die vollständige Syntax lautet:

```
Open Name$ For Modus As [#]Dateinummer
```

Dabei bedeuten:

Begriff	**Erläuterung**
Name$	ist der vollständige Name der zu öffnenden Datei. Also beispielsweise: "C:\Eigene Dateien\Namensliste.txt" oder auch der Name des Gerätetreibers: "LPT1" Die Namen stehen immer in Hochkommata.
Modus	entspricht der Art, wie die Datei geöffnet werden soll: Input — Die Datei wird zum Lesen geöffnet. Output — Die Datei wird zum Schreiben geöffnet.

Begriff	Erläuterung
	Append — Die Datei wird zum Schreiben geöffnet, aber die neuen Daten überschreiben nicht die alten, sondern hängen sich an sie an. Anmerkung: Wenn Sie eine Datei im Modus For Input öffnen, muss die Datei vorhanden sein, sonst kommt es zu einer Fehlermeldung. „For Output" und „For Append" verlangen dies nicht: Sie erzeugen eine Datei, falls sie nicht gefunden wird.
[#]Dateinummer	ist eine Zahl zwischen 1 und 4. Über diese Zahl kann die geöffnete sequentielle Datei angesprochen werden.

Tabelle 25: Die Elemente des Befehls Open

Hierzu ein Beispiel: Die Datei *Ziel.txt* wird im Modus `For Output` geöffnet. Dabei ist der vollständige Name anzugeben, also zum Beispiel: *C:\Windows\Ziel.txt.* Nun werden die neuen Datensätze eingetragen und die alten gelöscht. Die Nummerierung beginnt bei 1. In die erste Zeile wird mit `Write` die Überschriftenzeile eingetragen, das heißt die Beschriftung der Spalten. Und mit Hilfe einer Schleife werden die einzelnen Personen und deren Geschlecht eingelesen. Nach Beendigung wird die Datei *Ziel.txt* geschlossen.

```
Sub PersonenEinlesen()
   Dim strPersName As String
   Dim strGeschlecht As String
   Dim intAntwort As Integer

   Open "c:\Windows\Ziel.txt" For Output As #1
   Write #1, "Name", "Geschlecht"

   intAntwort = vbYes
   Do While intAntwort = vbYes
      strPersName = InputBox("Bitte einen Namen eingeben!")
      strGeschlecht = InputBox("Bitte das Geschlecht " & _
         " (""m"" oder ""w"") eingeben!")
      Write #1, strPersName, strGeschlecht
      intAntwort = MsgBox("Möchten Sie noch einen " & _
         "Namen eingeben?", vbYesNo)
   Loop

   Close #1
End Sub
```

Umgekehrt können die Datensatzeinträge wieder ausgelesen werden:

```
Sub PersonenAuslesen()
   Dim strPersName As String
   Dim strGeschlecht As String
   Dim i As Integer

   Open "C:\Windows\ziel.txt" For Input As #1
      Do While Not EOF(1)
         Input #1, strPersName, strGeschlecht
         MsgBox strPersName & ", " & strGeschlecht
      Loop

   Close #1
End Sub
```

8.14 Übungen zu den sequentiellen Dateien

Übung 1

In Kapitel 7 „Schleifen, rekursives Programmieren" Übung 2 wird von einer Zahl überprüft, ob es sich um eine Primzahl handelt. Lassen Sie Primzahlen generieren und diese in eine sequentielle Datei schreiben: der Benutzer gibt eine Zahl ein, beispielsweise 5. Nun wird die fünfte Primzahl erzeugt und alle Primzahlen abgespeichert, beispielsweise so:

Nummer	**Primzahl**
1	2
2	3
3	5
4	7
5	11

Übung 2

Lassen Sie alle Primzahlen aus Übung 1 auslesen!

Übung 3

Die Eulersche Zahl e (≈ 2,718) kann durch eine Folge dargestellt werden:

$$e = \lim_{n \to \infty} (1 + \frac{1}{n})^n$$

Das bedeutet, dass e folgendermaßen aufgebaut werden kann:

$e \approx (1+1/1)^1; (1+1/2)^2; (1+1/3)^3; (1+1/4)^4; \ldots$

oder anders dargestellt:

$e \approx 2; 2{,}25; 2{,}3703; 2{,}4414$

Schreiben Sie in eine sequentielle Datei n Glieder dieser Folge!

Übung 4

Lassen Sie alle Glieder aus Übung 3 auslesen!

8.15 Tipp zu den Übungen zu den sequentiellen Dateien

Tipp zu Übung 1

In der folgenden Lösung wird in der Prozedur *PrimzahlenEinlesen* die Datei *Primzahlen.txt* erzeugt oder geöffnet. In sie werden die Überschrift und die ersten beiden Lösungen geschrieben. Ein Zähler läuft dabei durch alle ungeraden Zahlen, die in einer zweiten Prozedur (*PrimErzeugen*) darauf hin überprüft werden, ob es sich um Primzahlen handelt. Falls ja, dann wird das Ergebnis in die (noch geöffnete) Datei geschrieben.

8.16 Lösungen zu den Übungen zu den sequentiellen Dateien

Lösung 1

```
Sub PrimzahlenEinlesen()
   Dim dblEingabezahl As Double
   Dim dblzählerE As Double
   Dim dblZahl As Double

   dblEingabezahl = InputBox("Wie viele Primzahlen sollen " _
      & "generiert werden?")

   Open "c:\Primzahlen.txt" For Output As #1
   Write #1, "Nummer", "Primzahl"
   Write #1, 1; 2
   Write #1, 2; 3

   dblZahl = 5
```

```
    dblzählerE = 3

    Do While dblzählerE <= dblEingabezahl

        PrimErzeugen dblZahl, dblzählerE

        dblZahl = dblZahl + 2

    Loop

    Close #1

    MsgBox "Es wurden " & dblEingabezahl & _
        " Primzahlen generiert."
End Sub

Sub PrimErzeugen(dblZahl, dblzählerE)
    Dim dblZähler As Double

    For dblZähler = 3 To Sqr(dblZahl) Step 2
        If dblZahl Mod dblZähler = 0 Then
            Exit Sub
        End If
    Next dblZähler

    Write #1, dblzählerE, dblZahl
    dblzählerE = dblzählerE + 1
End Sub
```

Lösung 2

```
Sub PrimzahlenAuslesen()
    Dim strNummer As String
    Dim strPrimzahl As String
    Dim strAusgabeText As String
```

```
    Open "c:\Primzahlen.txt" For Input As #1
        Do While Not EOF(1)
            Input #1, strNummer, strPrimzahl
            strAusgabeText = strAusgabeText & vbCr & _
                strNummer & ":" & vbTab & strPrimzahl
        Loop
    Close #1

    MsgBox strAusgabeText
End Sub
```

Lösung 3

```
Sub EulerscheZahlGenerieren()
    Dim dblEingabezahl As Double
    Dim dblzähler As Double
    Dim dblZahl As Double

    dblEingabezahl = InputBox("Wie viele Zahlen sollen " & _
        "generiert werden?")

    Open "c:\EulerscheZahlen.txt" For Output As #1
    Write #1, "Nummer", "Eulersche Zahlen"

    For dblzähler = 1 To dblEingabezahl
        dblZahl = (1 + 1 / dblzähler) ^ dblzähler
        Write #1, dblzähler; dblZahl
    Next

    Close #1
    MsgBox "Es wurden " & dblEingabezahl & " Zahlen generiert."
End Sub
```

Lösung 4

```
Sub EulerZahlenAuslesen()
```

```
    Dim strNummer As String
    Dim strEulerzahl As String
    Dim strAusgabeText As String

    Open "c:\EulerscheZahlen.txt" For Input As #1
        Do While Not EOF(1)
            Input #1, strNummer, strEulerzahl
            strAusgabeText = strAusgabeText & vbCr & _
            strNummer & ":" & vbTab & strEulerzahl
        Loop

    Close #1

    MsgBox strAusgabeText
End Sub
```

8.17 XML-Dateien

In den letzten Jahren hat sich mehr und mehr eine Datenspeicherung beim Datenaustausch im XML-Format durchgesetzt. Viele Anwendungen unterstützen XML, ohne dass der Anwender davon etwas zu sehen bekommt oder besondere Notiz davon nimmt. Selbstverständlich kann in diesem Kapitel nicht die gesamte Komplexität dieser Technologie beschrieben werden. Wer mehr darüber wissen möchten, dem sei weitere Literatur empfohlen. Dennoch können an dieser Stelle einige wichtige Aspekte bezüglich VBA und XML besprochen werden.

XML-Dateien sind Textdateien, für die es einige Regeln gibt. Werden diese Regeln eigehalten, dann wird ein XML-Dokument „wohlgeformt" genannt. Sie können eine XML-Datei in jedem beliebigen Editor erstellen, öffnen und verändern. Um zu überprüfen, ob diese Regeln eingehalten werden, benötigen Sie allerdings einen XML-Editor (beispielsweise den kostenlosen XML Notepad von Microsoft). Zur Überprüfung können Sie jedoch auch den Internet-Explorer verwenden.

3.1.6. Der Aufbau einer XML-Datei

Regel1: Die erste Zeile einer XML-Datei muss eine Processing-Instruction sein. Sie hat die Form:

```
<?xml version="1.0"?>
```

oder

```
<?xml version='1.0'?>
```

Diese Zeile ist unbedingt notwendig. Die Processing-Instruction kann auch aus mehreren Zeilen bestehen, beispielsweise:

```
<?xml version="1.0"?>
<?xml-stylesheet href="XSLFormate.xsl" type="text/xsl"?>
```

Die erste Zeile kann erweitert werden:

```
<?xml version="1.0" encoding="ISO-8859-1" standalone="yes"?>
```

Der Befehl

```
encoding="ISO-8859-1"
```

beschreibt, dass die Datei im ANSI-Code gespeichert wurde und Sonderzeichen, wie beispielsweise Umlaute enthalten kann.

```
encoding="UTF-8"
```

bedeutet, dass die Datei im UTF-8-Format gespeichert wurde, was einen größeren Zeichenumfang erlaubt.

```
standalone="yes"
```

muss eigentlich nicht erklärt werden. Es bedeutet, dass keine weiteren Verknüpfungen zu anderen Dateien vorliegen.

Regel 2: Das Dokument besteht aus Knoten (oder Tags oder Elementen). Diese werden in spitzen Klammern geschrieben:

```
<?xml version='1.0'?>
<VisioDocument></VisioDocument>
```

Regel 3: Der Name „Visiodocument“ ist frei gewählt. Die Regeln für Knotennamen lauten:

- Nur Buchstaben, Ziffern und der Unterstrich sind gültige Zeichen.
- Das erste Zeichen muss ein Buchstabe oder ein Unterstrich sein.
- Das Schlüsselwort `xml` ist reserviert und darf nicht verwendet werden.
- Das schließende Element `</VisioDocument>` muss dem öffnende Element `<VisioDocument>` entsprechen. Groß- und Kleinschreibung müssen übereinstimmen.

Regel 4: Es darf nur genau ein Element höchster Ebene, also ein Wurzelelement existieren. Darunter können sich weitere Elemente befinden:

- Weitere Knoten:

```
<VisioDocument>
  <DocumentProperties>
    <Creator>Rene</Creator>
    <Company>compurem</Company>
    <BuildNumberCreated>805443975</BuildNumberCreated>
    <BuildNumberEdited>805443975</BuildNumberEdited>
  </DocumentProperties>
</VisioDocument>
```

- In dem Knoten befindet sich der Inhalt, beispielsweise im Knoten `TimeCreated`

```
<TimeCreated>2016-08-11T10:25:12</TimeCreated>
```

das aktuelle Erstelldatum.

- Knoten können leer sein. Dann können sie auf zweierlei Arten geschrieben werden:

```
<Colors><Colors>
<Colors/>
```

- Jeder Knoten kann leer sein, ein Kindelement oder beliebig viele Kindelemente besitzen.
- Es gibt keine Beschränkung in der Tiefe der Verschachtelung.
- Wenn die enthaltenen Texte Sonderzeichen enthalten (ä, ö, ü, ß, ñ, ç, ł, ø, Þ, …), dann sollten Sie dies in der Processing-Instruction in der ersten Zeile kennzeichnen:

```
<?xml version="1.0" encoding="UTF-8"?>
```

Regel 5: Lediglich folgende fünf Zeichen müssen codiert werden:

Zeichen	Darstellung
&	&
<	<
>	>
'	'
"	"

Tabelle 26: Diese Zeichen müssen codiert werden

```
<Titel>Hinz &amp; Kunz</Titel>
```

Regel 5: Knoten können Attribute besitzen. Diese bestehen aus einem Attributnamen und einem Attributwert:

```
<ColorEntry IX="1" RGB="#FFFFFF"/>
```

- Der Attributwert muss immer in einfachen oder doppelten Anführungszeichen geschrieben werden.
- Jeder Knoten kann beliebig viele Attribute besitzen.
- Die Attributnamen innerhalb eines Knotens müssen unterschiedlich sein.
- Attribute haben nur einen Wert.

Eine wohlgeformte Datei können Sie sich im Internet-Explorer ansehen:

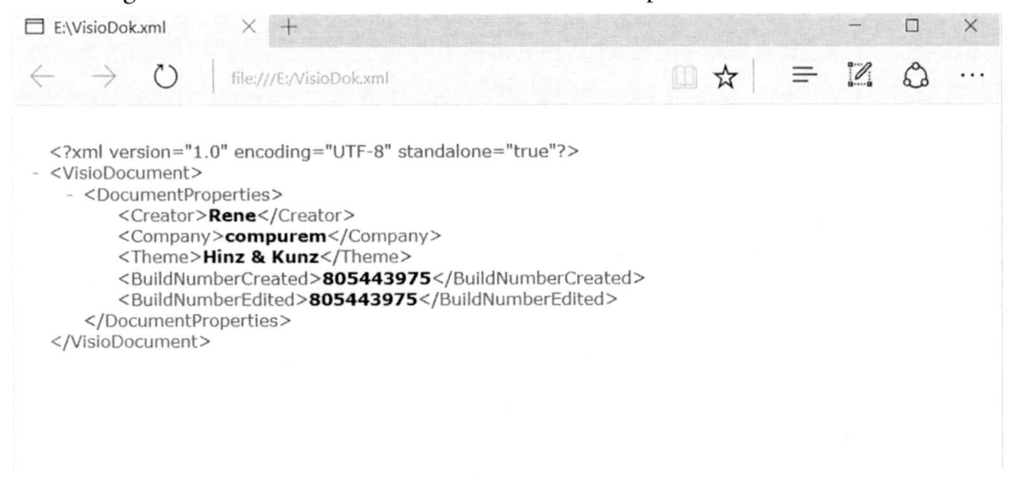

Abbildung 5:Eine wohlgeformte Datei

Sind Fehler in der Datei, das heißt: wird gegen eine der Regeln verstoßen, dann wird dies ebenfalls im Internet Explorer/Edge angezeigt, wie Sie in Abbildung 6 sehen können. Oben die Ansicht in Edge, unten in Mozilla Firefox, der die Stelle lokalisiert, wo der Fehler aufgetreten ist.

Abbildung 6: In der XML-Datei ist mindestens ein Fehler

- XML-Dokumente können Kommentare besitzen. Ein Kommentar wir mit einem <!-- eingeleitet und mit einem --> beendet:

```
<!-- Dieses Dokument wurde von Microsoft Visio generiert -->
```

3.1.7. XML-Dokumente auslesen

Und damit steht schon fast das Gerüst, mit dessen Hilfe die XML-Datei ausgelesen werden kann. Damit Sie von Visio einen Dateizugriff auf eine XML-Datei haben, müssen Sie über den Befehl Extras / Verweise einen Verweis auf eine der Microsoft XML-Bibliotheken einfügen. Alternativ könnten Sie auch mit Late Binding arbeiten, was allerdings etwas mühsam ist, weil Sie unterschiedliche Objekte benötigen. Die verschiedenen XML-Bibliotheken sind alle recht ähnlich. Die Unterschiede werden im Folgenden nicht beschrieben.

Abbildung 7: Ein Beispiel

Das Objekt wird neu instanziiert. Dann kann das Objekt geladen werden:

```
Dim xml As MSXML2.DOMDocument60
Dim xmlKnoten As MSXML2.IXMLDOMNode

If Dir(ActiveDocument.Path & "\Bsp04.xml") = "" Then
   MsgBox "Die XML-Datei ""Bsp04.xml"" ist nicht vorhanden."

Else
   Set xml = New MSXML2.DOMDocument
   xml.Load ActiveDocument.Path & "\Bsp04.xml"
   MsgBox xml.xml
End If
```

Nun kann auf das Wurzelelement zugegriffen werden:

```
Dim strWurzel As String
strWurzel = xml.documentElement.nodeName
Set xmlKnoten = xml.DocumentElement
```

Und wie viele Elemente besitzt das Wurzelelement? Die Anzahl wird mit `length` bestimmt:

```
xml.documentElement.childNodes.Length
```

Und auf diese kann einzeln zugegriffen werden:

```
For intZähler = 0 To xml.documentElement.childNodes.Length - 1
   MsgBox xmlKnoten.ChildNodes(intZähler2).nodeName & _
   vbCr & xmlKnoten.ChildNodes(intZähler2).Text
Next
```

Achtung: Die Zählung beginnt bei 0!

Die Eigenschaft `Length` ist wichtig, da man mit ihrer Hilfe ermitteln kann, ob überhaupt Kindelemente (oder Attribute) vorhanden sind. Alternativ kann die Methode `hasChildNodes` verwendet werden. Das Tag „Buch" besitzt folglich vier Unterelemente, nämlich „Nummer", „Titel", „Autor" und „Preis", die sämtlich ausgelesen werden.

3.1.8. Zugriff auf Attribute

Auf diese Weise können ebenfalls Attribute ausgelesen werden. Das folgende Beispiel liefert den Namen des Attributs („Preis"):

```
xmlKD = xml.documentElement.childNodes(0)
dblPreis = xmlKD.Attributes(0).Text
```

Da nicht sicher ist, ob ein Element ein Attribut besitzt, muss überprüft werden, ob die Eigenschaft `Attributes.Count > 0`. Falls ja, kann auf jedes Attribut zugegriffen wer-den. Auch hier könnte mit einer Objektvariablen vom Typ `IXMLDOMAttribute` gearbeitet werden:

```
For intZähler = 0 To _
   xml.documentElement.childNodes.Length - 1
   Set xmlKD = xml.documentElement.childNodes(intZähler)
   For intZähler2 = 0 To xmlKD.Attributes.Length - 1
      MsgBox xml.documentElement. _
      childNodes(intZähler).nodeName _
      & " hat Attribut:" & vbCr & _
         xml.documentElement.childNodes(intZähler). _
         Attributes(intZähler2).nodeName & " / " & _
         xml.documentElement.childNodes(intZähler). _
         Attributes(intZähler2).Text
   Next intZähler2
Next intZähler
```

Methode	Erläuterung
baseName	der Knotenname
text	Inhalt des Elements
childNodes	die Sammlung der Kindknoten
childNodes.length	die Anzahl der Elemente eines Knotens
getElementsByTagName	Zugriff auf ein Element als Knoten
NodeName	der Name des Elements oder Attributs
Attributes	die Attribute
getAttribute	Zugriff auf ein Attribut
getAttributeNode	Zugriff auf einen Attributknoten
item	ein Element der Liste. Alternative Schreibweisen sind: xml.documentElement.childNodes(0) xml.documentElement.childNodes.item(0)

Tabelle 27: Die wichtigsten Methoden und Eigenschaften der Klasse DOMElement

3.1.9. Weitere XML-Elemente in VBA

Anhand eines Beispiels werden systematisch die Eigenschaften und Methoden der Objektbibliothek „XML“ aufgelistet.

```
<?xml version="1.0" encoding="UTF-8"?>
<!-- **** Dieses Dokument ist für die deutsche Sprache geeignet und folgt den Konventionen der Version 1.0. **** -->
<Autorenliste Status="Öffentlich">
   <Autor>
      <Zuname>Martin</Zuname>
      <Vorname>René</Vorname>
   </Autor>
   <Autor>
      <Zuname>Hehmann</Zuname>
      <Vorname>Robert</Vorname>
   </Autor>
</Autorenliste>
```

Geladen wird es mit

```
xml.Load XMLPFAD & DATEINAME
```

wenn `xml` deklariert wurde:

```
Dim xml As MSXML2.DOMDocument
```

Das Dokument selbst besitzt vier Knoten, wie mit der Eigenschaft

```
xml.childNodes.Count
```

leicht ermittelt werden kann. Jeder Knoten besitzt die Eigenschaft `nodeType`, über den er näher bestimmt werden kann. Dabei entsprechen:

Knotentyp	Nummer
None	0
Element	1
Attribute	2
Text	3
CDATA	4
EntityReference	5
Entity	6

Knotentyp	Nummer
ProcessingInstruction	7
Comment	8
Document	9
DocumentType	10
DocumentFragment	11
Notation	12
Whitespace	13
SignificantWhitespace	14
EndElement	15
EndEntity	16
XmlDeclaration	17

Tabelle 28: Die verschiedenen Knotenarten

Mit der Eigenschaft `nodeType` kann überprüft werden:

```
Set x0 = New MSXML2.DOMDocument
x0.Load ActiveDocument.Path & "\Liste.xml"

For Each xmlKnoten In x0.ChildNodes
   Select Case xmlKnoten.NodeType
      Case NODE_ELEMENT
'              Set x1 = xmlKnoten
         strAusgabe = _
         xmlKnoten.BaseName & ": " & _
            vbCr & xmlKnoten.Text
      Case NODE_ATTRIBUTE
         Set x2 = xmlKnoten
         strAusgabe = x2.Name & ": " & vbCr & x2.Value
      Case NODE_TEXT
         Set x3 = xmlKnoten
         strAusgabe = x3.nodeName & ": " & vbCr & x3.Text
      Case NODE_CDATA_SECTION
         Set x4 = xmlKnoten
```

```
            strAusgabe = x4.Text
        Case NODE_ENTITY_REFERENCE
            Set x5 = xmlKnoten
            strAusgabe = x5.BaseName & ": " & vbCr & x5.Text
        Case NODE_ENTITY
            Set x6 = xmlKnoten
            strAusgabe = x6.BaseName & ": " & vbCr & x6.Text
        Case NODE_PROCESSING_INSTRUCTION
            Set x7 = xmlKnoten
            strAusgabe = x7.nodeName & ": " & vbCr & x7.Text
        Case NODE_COMMENT
            Set x8 = xmlKnoten
            strAusgabe = vbCr & x8.Text
        Case NODE_DOCUMENT
            Set x9 = xmlKnoten
            strAusgabe = x9.Text
        Case NODE_DOCUMENT_TYPE
            Set x10 = xmlKnoten
            strAusgabe = x10.BaseName
        Case NODE_DOCUMENT_FRAGMENT
            Set x11 = xmlKnoten
            strAusgabe = vbCr & x11.Text
        Case NODE_NOTATION
            Set x12 = xmlKnoten
            strAusgabe = vbCr & x12.Text
        Case Else
            strAusgabe = "Unbekannter Knoten"
    End Select
    MsgBox strAusgabe
Next
```

Im Fall des obigen Beispiels werden die Inhalte der vier Knoten x7, x8, x10 und x1 ausgegeben: `xml version="1.0" encoding="UTF-8"`, `**** Dieses Dokument ist für die deutsche Sprache geeignet und folgt den Konventionen der Version 1.0. ****`, `Autorenliste` und `Autorenliste:Martin René Hehmann Robert`.

Wenn Sie lieber mit Zeichenketten arbeiten, dann können Sie den Typ des Knotens als String mit der Eigenschaft `nodeType` oder `getType` ermitteln.

3.1.10. Durchlaufen von mehreren Ebenen

Schwieriger wird es, wenn keine oder keine vollständigen Informationen über das XML-Dokument vorliegen, das heißt, wenn nicht bekannt ist, wie viele Ebenen das Dokument verwendet. Dann muss es von der ersten bis zur letzten Ebene durchlaufen werden. Eine Abfrage überprüft, ob es sich bei einem Element um einen Knoten handelt. Falls ja, dann wird diese Prozedur erneut aufgerufen. Falls nein, dann wird der Text des Elements aufgerufen. Diese rekursive Funktion, die sich selbst aufruft, wird von außen angestoßen und verwendet sich selbst als Möglichkeit. Dies könnte so aussehen:

```
Sub DateiLesen5()
   Const DATEINAME As String = "Liste.xml"
   Dim xml As MSXML2.DOMDocument60
   Dim xmlElement As MSXML2.IXMLDOMElement


   If Dir(ActiveDocument.Path & "\" & DATEINAME) = "" Then
      MsgBox "Die XML-Datei ist nicht vorhanden!", vbInformation
   Else
      Set xml = New MSXML2.DOMDocument
      xml.Load ActiveDocument.Path & "\" & DATEINAME
      strText = xml.documentElement.baseName & vbCr

      Set xmlElement = xml.documentElement60

      Call XMLDurchlauf(xmlElement)
      MsgBox strText
   End If
End Sub

Sub XMLDurchlauf(ByVal xmlElement As IXMLDOMElement)
   Dim i As Integer
   For i = 0 To xmlElement.childNodes.Length - 1
```

```
      With xmlElement.childNodes(i)
         If .nodeType = NODE_ELEMENT Then
            strText = strText & _
            xmlElement.childNodes(i).nodeName & ": "
            XMLDurchlauf xmlElement.childNodes(i)
         ElseIf .nodeType = NODE_TEXT Then
             strText = strText & .Text & vbCr
         Else
             strText = strText & " ** ?? ** "
         End If
      End With
   Next i
End Sub
```

Weitere Eigenschaften, die Sie ebenfalls beim Durchlaufen einer XML-Datei verwenden können, finden Sie in der nachfolgenden Tabelle:

Eigenschaften des Wurzelelements und der Knoten	Erläuterung
firstChild	das erste Kindelement
lastChild	das letzte Kindelement
previousSibling	der vorhergehende Knoten
nextSibling	der nächste Knoten
parentNode	der direkte Vorfahre (das Dokument selbst besitzt keinen parent-Node, der parentNode des Wurzelknotens ist leer)

Tabelle 29: Der erste, letzte, vorhergehende, nächste und darüber liegende Knoten

3.1.11. Ein neues XML-Dokument erzeugen

Da man nicht nur Informationen aus XML-Dokumenten auslesen, sondern auch vom DOM generieren (und manipulieren) möchte, muss das Dokument initialisiert und gespeichert werden. Die Methode `loadXML` initialisiert das DOM. Dies wird gespeichert. Beispielsweise so:

```
Sub XML_DateiSchreiben1()
   Dim xml As MSXML2.DOMDocument60
   On Error GoTo Fehler
```

```
   Set xml = New MSXML2.DOMDocument60
   xml.LoadXML "<Buchliste/>"
   xml.Save ActiveDocument.Path & "\" & "Bsp05.xml"
   MsgBox "Die Datei wurde erfolgreich erstellt."

   Exit Sub
Fehler:
   MsgBox "Es trat ein Fehler auf:" & vbCr & _
      Err.Number & ": " & Err.Description
End Sub
```

Soll das XML-Dokument nicht gespeichert, sondern weiterverarbeitet werden, dann speichert die Eigenschaft `Xml` die Zeichenkette zwischen. Man könnte also mit dem Meldungsfenster

```
MsgBox xml.Xml
```

das erzeugte XML-Dokument betrachten, ohne es zu speichern.

Das DOMDocument erzeugt mit der Methode `createElement` ein neues Element.

Methode	Erläuterung
appendChild	hängt ein neues Element an
length	die Anzahl der Elemente einer Liste
text	Inhalt des Elements
Name	der Name des Elements oder Attributs
Value	der Name des Knotens (entspricht baseName)
setAttribute	setzt den Wert eines Attributs
getAttributeNode	das Attribut wird als Objekt zurückgegeben
item	ein Element der Liste. Alternative Schreibweisen sind: xml.documentElement.childNodes(0) xml.documentElement.childNodes.item(0)

Tabelle 30: Die wichtigsten Methoden und Eigenschaften der Klasse DOMElement

Eine zweite Variante mit dem Befehl `createProcessingInstruction` ist sicherlich eleganter:

```
   Dim xml As MSXML2.DOMDocument60
   Dim xmlWurzel As MSXML2.IXMLDOMElement
   Dim xmlPI As MSXML2.IXMLDOMProcessingInstruction
```

```
    On Error GoTo Fehler

    Set xml = New MSXML2.DOMDocument60
    Set xmlPI = _
      xml.createProcessingInstruction("xml", _
       "version=""1.0"" encoding=""UTF-8""")
    xml.appendChild xmlPI
    Set xmlWurzel = xml.createElement("Liste")
    xml.appendChild xmlWurzel

    xml.Save ActiveDocument.Path & "\" & "Bsp06.xml"
    MsgBox "Die Datei wurde erfolgreich erstellt."
    Exit Sub
Fehler:
    MsgBox "Es trat ein Fehler auf:" & vbCr & Err.Number & ": " &
Err.Description
```

In der Datei befindet sich lediglich der Tag <Liste/>. Damit ist das Dokument sogar wohlgeformt, wie man leicht zeigen kann. Der Befehl

```
xml.documentElement.nodeName
```

liefert den korrekten Namen des Wurzelelements: `Liste`. Wäre kein Wurzelelement vorhanden (was gegen die Gültigkeitsregeln eines XML-Dokuments verstößt), dann würde `Null` zurückgegeben werden. Will man dagegen eine vorhandene Datei öffnen (und nicht neu anlegen), so kann die Methode `Load` verwendet werden. Der Einfachheit halber wurde der Dateipfad auf die Konstante `PFAD` gelegt.

```
    xml.Load PFAD
```

Das Wurzelelement ist die schreibgeschützte Eigenschaft `documentElement`. Ihren Namen (Name) kann man auslesen.

load	lädt ein XML-Dokument aus einer Datei
loadXML	lädt ein XML-Dokument aus einer Zeichenkette
save	speichert das DOM als XML-Datei
xml	der Textinhalt des XML-Dokuments

Tabelle 31: Die wichtigsten Methoden und Eigenschaften des DOMDocuments

3.1.12. Neue Elemente erzeugen

Man kann mit Hilfe des DOM neue Elemente im XML-Dokument generieren lassen. Dazu wird deklariert:

```
Dim xmlKD As Xml.XmlDomElement
```

und anschließend erzeugt:

```
xmlKD = xml.createElement("Artikel")
```

Das Erzeugen alleine genügt noch nicht – das neue Element muss noch angehängt werden:

```
xml.documentElement.appendChild(xmlKD)
```

Die folgende Prozedur

```
...
        Set xml = New MSXML2.DOMDocument60
        xml.Load XMLPFAD & DATEINAME
        Set xmlKD = xml.createElement("Artikel")
        xml.documentElement.appendChild xmlKD
        xml.Save XMLPFAD & DATEINAME
End Sub
```

verändert das XML-Dokument:

Das Tag „Artikel" ist (noch) leer. Soll es gefüllt werden, so muss der Inhalt über ein Textelement hinzugefügt werden. Das nächste Beispiel zeigt, wie ein neuer Knoten erstellt, angefügt und mit Text gefüllt wird.

```
    Set xml = New MSXML2.DOMDocument60
    Set xmlPI = _
        xml.createProcessingInstruction("xml", _
        "version=""1.0"" encoding=""UTF-8""")
    xml.appendChild xmlPI
    Set xmlWurzel = xml.createElement("Liste")
    xml.appendChild xmlWurzel

    Set xmlKD = xml.createElement("Produkt")
    xmlKD.Text = "Word"
    xmlWurzel.appendChild xmlKD
```

Das Ergebnis sieht nun bekannt aus:

```
<?xml version="1.0" encoding="UTF-8"?>
<Liste>
   <Produkt>Word</Produkt>
</Liste>
```

Beachten Sie, dass `xmlKD` sowohl als „XmlElement“ deklariert werden kann als auch als „XmlNode“. Der Text kann mit der Eigenschaft `Text` geschrieben werden oder mit der Methode `createTextNode`:

```
Dim xmlText As MSXML2.IXMLDOMText
...
      Set xmlKD = xml.createElement("Artikel")
      Set xmlText = xml.createTextNode("Excel")
      xmlKD.appendChild xmlText
      xml.documentElement.appendChild xmlKD
      xml.Save XMLPFAD & DATEINAME
```

Übrigens wird beim Laden der Pfad der Datei gespeichert in der Eigenschaft `URL`. Deshalb könnte man die Datei auch speichern mit:

```
xml.Save xml.URL
```

Es können weitere Elemente eingefügt werden.

```
   Dim xml As MSXML2.DOMDocument60
   Dim xmlWurzel As MSXML2.IXMLDOMElement
   Dim xmlPI As MSXML2.IXMLDOMProcessingInstruction
   Dim xmlKD As MSXML2.IXMLDOMElement
   On Error GoTo Fehler

   Set xml = New MSXML2.DOMDocument60
   Set xmlPI = _
      xml.createProcessingInstruction("xml", _
      "version=""1.0"" encoding=""UTF-8""")
   xml.appendChild xmlPI
   Set xmlWurzel = xml.createElement("Liste")
   xml.appendChild xmlWurzel

   Set xmlKD = xml.createElement("Produkt")
   xmlKD.Text = "Word"
```

```
    xmlWurzel.appendChild xmlKD

    Set xmlKD = xml.createElement("Produkt")
    xmlKD.Text = "Excel"
    xmlWurzel.appendChild xmlKD

    Set xmlKD = xml.createElement("Produkt")
    xmlKD.Text = "Visio"
    xmlWurzel.appendChild xmlKD


    xml.Save ActiveDocument.Path & "\" & "Bsp08.xml"
    MsgBox "Die Datei wurde erfolgreich erstellt."

    Exit Sub
Fehler:
    MsgBox "Es trat ein Fehler auf:" & vbCr & _
       Err.Number & ": " & Err.Description
```

Und so können problemlos neue Elemente an ein bestehendes XML-Dokument angefügt werden.

3.1.13. Erzeugen von XML-Objekten und Eigenschaften

Das Objekt DOMDocument besitzt einige „Create"-Methoden. Mit der korrekten Variablendeklaration kann an eine Objektvariable das entsprechende Objekt übergeben werden. Folgende Typen stehen hierbei zur Verfügung:

```
Dim x1 As MSXML2.IXMLDOMAttribute
Dim x2 As MSXML2.IXMLDOMCDATASection
Dim x3 As MSXML2.IXMLDOMComment
Dim x4 As MSXML2.IXMLDOMDocumentFragment
Dim x5 As MSXML2.IXMLDOMElement
Dim x6 As MSXML2.IXMLDOMEntityReference
Dim x7 As MSXML2.IXMLDOMNode
Dim x8 As MSXML2.IXMLDOMProcessingInstruction
Dim x9 As MSXML2.IXMLDOMText
```

Sie werden gesetzt:

```
Set x1 = xml.createAttribute
Set x2 = xml.createCDATASection
Set x3 = xml.createComment
Set x4 = xml.createDocumentFragment
Set x5 = xml.createElement
Set x6 = xml.createEntityReference
Set x7 = xml.createNode
Set x8 = xml.createProcessingInstruction
Set x9 = xml.createTextNode
```

Alle oben aufgelisteten Methoden verlangen eine Zeichenkette. Einige Methoden verlangen mehrere Attribute, wie beispielsweise `createProcessingInstruction`, wie die Informationen `target` und `data`.

Das Hinzufügen von neuen Knoten umfasst immer zwei Phasen: Zuerst muss ein Knoten erzeugt werden. Dann wird der Knoten an das korrekte Elternelement angehängt. Bei den meisten create-Methoden funktioniert es auf die gleiche Weise, lediglich Attribute werden etwas anders angehängt.

Das folgende Beispiel illustriert das Vorgehen:

```
Sub DateiSchreiben7()
   Dim xml As MSXML2.DOMDocument60

   Dim x1 As MSXML2.IXMLDOMAttribute
   Dim x2 As MSXML2.IXMLDOMCDATASection
   Dim x3 As MSXML2.IXMLDOMComment
   Dim x4 As MSXML2.IXMLDOMDocumentFragment
   Dim x5 As MSXML2.IXMLDOMElement
   Dim x6 As MSXML2.IXMLDOMEntityReference
   Dim x7 As MSXML2.IXMLDOMNode
   Dim x8 As MSXML2.IXMLDOMProcessingInstruction
   Dim x9 As MSXML2.IXMLDOMText

   Set xml = New MSXML2.DOMDocument60
```

Es fehlt die Processing Instruction. Sie wird als Erstes erzeugt und eingefügt:

```
Set x8 = _
    xml.createProcessingInstruction("xml", _
    "version=""1.0"" encoding=""UTF-8""")
xml.appendChild x8
```

Im nächsten Schritt wird das Wurzelelement eingefügt.

```
Set x7 = xml.createElement("Wurzel")
xml.appendChild x7
```

Anschließend wird ein Kommentar erzeugt und eingefügt.

```
Set x3 = xml.createComment _
    ("Dieses Beispiel dient lediglich dazu, " & _
    "die create-Methoden zu zeigen.")
xml.appendChild x3
```

Ein Attribut wird erzeugt. Es besteht aus Attributname („Eigenschaft“) und Wert („feucht, lang, dunkel und braun“). Beachten Sie, dass das Attribut nicht mit der Methode `appendChild` hinzugefügt wird, sondern mit der Methode `setNamedItem` an die Sammlung `Attributes` angehängt wird.

```
Set x1 = xml.createAttribute("Eigenschaft")
    x1.Text = "feucht, lang, dunkel und braun"
    x7.Attributes.setNamedItem x1
```

Schließlich wird ein Knoten erzeugt und an das Wurzelelement angefügt.

```
Set x5 = xml.createNode(NODE_ELEMENT, "Knoten", "")
x7.appendChild x5
```

Es funktioniert auch folgendermaßen:

```
Set x5 = xml.createElement("Knoten")
x7.appendChild x5
```

Dem Knoten wird ein Inhalt zugewiesen:

```
Set x9 = xml.createTextNode("und ich bin der Inhalt")
x5.appendChild x9
```

Knoten können auch auf andere Weise erzeugt werden. Der Textinhalt kann als Eigenschaft des Knotens gesehen werden:

```
Set x5 = xml.createElement("Knoten")
x5.Text = "ich auch"
x7.appendChild x5
```

Danach wird ein CDATA-Abschnitt erzeugt, der Zeichendaten enthält, die nicht geparst werden (>>). Dieser Abschnitt wird an den Knoten angehängt.

```
        Set x2 = xml.createCDATASection(">>")
        x7.appendChild x2
```

Und: Vergessen Sie nicht, das gesamte Dokument zu speichern!

```
        xml.Save ActiveWorkbook.Path & "\" & "Bsp09.xml"
End Sub
```

3.1.14. Löschen von Elementen im XML-Dokument

Elemente können neu erzeugt, aber auch gelöscht werden:

```
    x1.removeAttribute("Att1")
    x1.removeAttributeNode(x2)
    x1.removeChild(x3)
```

Beachten Sie, dass das Dokument danach wieder gespeichert werden muss!

8.18 Übungen zu XML-Dateien

Übung 1

Wie sieht das XML-Dokument aus, das durch folgenden VBA-Code erzeugt wird?

```
Sub Uebung01()
    Dim xml As MSXML2.DOMDocument60
    Dim x1 As MSXML2.IXMLDOMProcessingInstruction
    Dim x2 As MSXML2.IXMLDOMComment
    Dim x3 As MSXML2.IXMLDOMElement
    Dim x4 As MSXML2.IXMLDOMAttribute
    Dim x5 As MSXML2.IXMLDOMNode

    Set xml = New MSXML2.DOMDocument60
    xml.loadXML ""

    Set x1 = xml.createProcessingInstruction _
       ("xml", "version=""1.0"" encoding=""UTF-8""")
    xml.appendChild x1
```

```
    Set x2 = xml.createComment("Dieses Beispiel dient lediglich " & _
        "dazu, die sieben Zwerge zu zeigen.")
    xml.appendChild x2

    Set x3 = xml.createElement("Snow_White")
    xml.appendChild x3
    Set x4 = xml.createAttribute("Dwarfs")
    x4.Text = "sieben"
    x3.Attributes.setNamedItem x4
    Set x5 = xml.createElement("Zwerg")
    x5.Text = "Dopey"
    x3.appendChild x5
    Set x5 = xml.createElement("Zwerg")
    x5.Text = "Sleepy"
    x3.appendChild x5
    Set x5 = xml.createElement("Zwerg")
    x5.Text = "Doc"
    x3.appendChild x5
    Set x5 = xml.createElement("Zwerg")
    x5.Text = "Sneezy"
    x3.appendChild x5
    Set x5 = xml.createElement("Zwerg")
    x5.Text = "Grumpy"
    x3.appendChild x5
    Set x5 = xml.createElement("Zwerg")
    x5.Text = "Bashful"
    x3.appendChild x5
    Set x5 = xml.createElement("Zwerg")
    x5.Text = "Happy"
    x3.appendChild x5

    xml.Save "c:\XML\Uebung01.xml"
End Sub
```

Lösung 1:

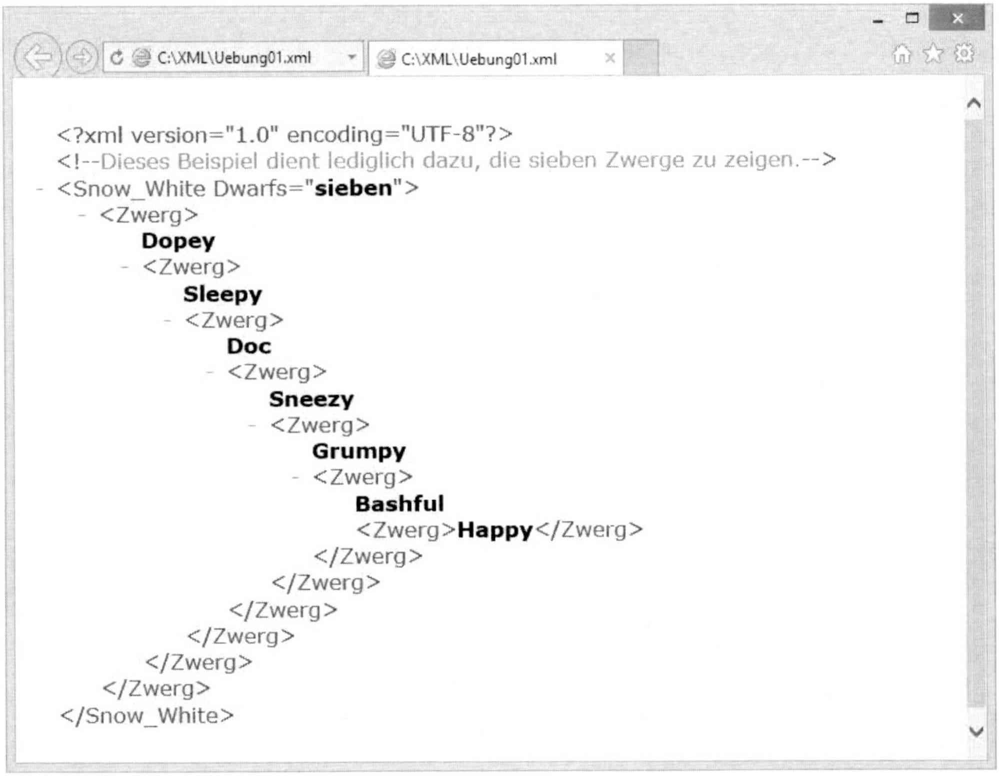

C:\XML\Uebung01.xml

```
<?xml version="1.0" encoding="UTF-8"?>
<!--Dieses Beispiel dient lediglich dazu, die sieben Zwerge zu zeigen.-->
- <Snow_White Dwarfs="sieben">
  - <Zwerg>
      Dopey
    - <Zwerg>
        Sleepy
      - <Zwerg>
          Doc
        - <Zwerg>
            Sneezy
          - <Zwerg>
              Grumpy
            - <Zwerg>
                Bashful
                <Zwerg>Happy</Zwerg>
              </Zwerg>
            </Zwerg>
          </Zwerg>
        </Zwerg>
      </Zwerg>
    </Zwerg>
  </Snow_White>
```

Lösung 2:

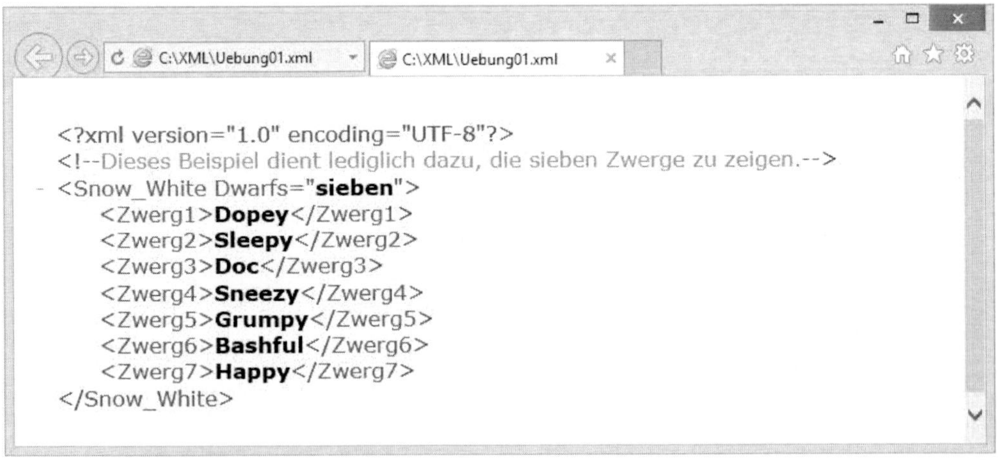

C:\XML\Uebung01.xml

```
<?xml version="1.0" encoding="UTF-8"?>
<!--Dieses Beispiel dient lediglich dazu, die sieben Zwerge zu zeigen.-->
- <Snow_White Dwarfs="sieben">
    <Zwerg1>Dopey</Zwerg1>
    <Zwerg2>Sleepy</Zwerg2>
    <Zwerg3>Doc</Zwerg3>
    <Zwerg4>Sneezy</Zwerg4>
    <Zwerg5>Grumpy</Zwerg5>
    <Zwerg6>Bashful</Zwerg6>
    <Zwerg7>Happy</Zwerg7>
  </Snow_White>
```

Lösung 3

```
C:\XML\Uebung01.xml
<?xml version="1.0" encoding="UTF-8"?>
<!--Dieses Beispiel dient lediglich dazu, die sieben Zwerge zu zeigen.-->
- <Snow_White Dwarfs="sieben">
     <Zwerg>Dopey</Zwerg>
     <Zwerg>Sleepy</Zwerg>
     <Zwerg>Doc</Zwerg>
     <Zwerg>Sneezy</Zwerg>
     <Zwerg>Grumpy</Zwerg>
     <Zwerg>Bashful</Zwerg>
     <Zwerg>Happy</Zwerg>
  </Snow_White>
```

Lösung 4:

```
C:\XML\Uebung01.xml
<?xml version="1.0" encoding="UTF-8"?>
<!--Dieses Beispiel dient lediglich dazu, die sieben Zwerge zu zeigen.-->
- <Snow_White Zwerg7="Happy" Zwerg6="Bashful" Zwerg5="Grumpy"
  Zwerg4="Sneezy" Zwerg3="Doc" Zwerg2="Sleepy" Zwerg1="Dopey">
     <Dwarfs/>
  </Snow_White>
```

Übung 2

Wie muss der Code modifiziert werden, damit die anderen drei Dokumente erstellt werden können?

Übung 3

Was zeigt das Meldungsfenster an?

```
Sub Uebung03()
   Dim xml As New MSXML2.DOMDocument60
   Dim x3 As MSXML2.IXMLDOMElement
   Dim strText As String

   xml.Load "c:\Uebung02.xml"
   For Each x3 In xml.documentElement.childNodes
      strText = strText & vbCr & x3.Text
   Next
   MsgBox strText
End Sub
```

1. Das gesamte XML-Dokument?
2. Alle Attribute des XML-Dokuments?
3. Alle Knotennamen des XML-Dokuments?
4. Die Namen der Kindknoten des Wurzelelements des XML-Dokuments?
5. Die Inhalte der Kindknoten des Wurzelelements des XML-Dokuments?
6. Alle Elemente des Dokuments?

Lösung 1

Das dritte Dokument wird erzeugt. Die Kindknoten hängen alle am Wurzelknoten „Snow_White", der durch das Objekt „x3" erzeugt wird.

Lösung 2

Die anderen drei Dokumente kann man beispielsweise wie folgt erzeugen:

Uebung01:

```
...
   Set x3 = xml.createElement("Snow_White")
   xml.appendChild x3
   Set x4 = xml.createAttribute("Dwarfs")
   x4.Text = "sieben"
   x3.Attributes.setNamedItem x4
```

```
    Set x5 = xml.createElement("Zwerg")
    x5.Text = "Dopey"
    x3.appendChild x5
    Set x3 = xml.createElement("Zwerg")
    x3.Text = "Sleepy"
    x5.appendChild x3
    Set x5 = xml.createElement("Zwerg")
    x5.Text = "Doc"
    x3.appendChild x5
    Set x3 = xml.createElement("Zwerg")
    x3.Text = "Sneezy"
    x5.appendChild x3
    Set x5 = xml.createElement("Zwerg")
    x5.Text = "Grumpy"
    x3.appendChild x5
    Set x3 = xml.createElement("Zwerg")
    x3.Text = "Bashful"
    x5.appendChild x3
    Set x5 = xml.createElement("Zwerg")
    x5.Text = "Happy"
    x3.appendChild x5
    xml.Save "c:\XML\Uebung01.xml"
```

Uebung02:

```
...
    i = 1
    Set x5 = xml.createElement("Zwerg" & i)
    x5.Text = "Dopey"
    x3.appendChild x5
    i = i + 1
    Set x5 = xml.createElement("Zwerg" & i)
    x5.Text = "Sleepy"
    x3.appendChild x5
    i = i + 1
    Set x5 = xml.createElement("Zwerg" & i)
```

```
    x5.Text = "Doc"
    x3.appendChild x5
    i = i + 1
    Set x5 = xml.createElement("Zwerg" & i)
    x5.Text = "Sneezy"
    x3.appendChild x5
    i = i + 1
    Set x5 = xml.createElement("Zwerg" & i)
    x5.Text = "Grumpy"
    x3.appendChild x5
    i = i + 1
    Set x5 = xml.createElement("Zwerg" & i)
    x5.Text = "Bashful"
    x3.appendChild x5
    i = i + 1
    Set x5 = xml.createElement("Zwerg" & i)
    x5.Text = "Happy"
    x3.appendChild x5
    xml.Save "c:\XML\Uebung01.xml"
```

Übung04:

```
...
    Set x5 = xml.createElement("Dwarfs")
    x3.appendChild x5
    i = 1
    x3.setAttribute "Zwerg" & i, "Dopey": i = i + 1
    x3.setAttribute "Zwerg" & i, "Sleepy": i = i + 1
    x3.setAttribute "Zwerg" & i, "Doc": i = i + 1
    x3.setAttribute "Zwerg" & i, "Sneezy": i = i + 1
    x3.setAttribute "Zwerg" & i, "Grumpy": i = i + 1
    x3.setAttribute "Zwerg" & i, "Bashful": i = i + 1
    x3.setAttribute "Zwerg" & i, "Happy": i = i + 1
    xml.Save "c:\XML\Uebung01.xml"
```

3.1.15. Lösung 3

Die Schleife

```
For Each x3 In xml.documentElement.childNodes
Next
```

durchläuft alle Kindknoten des Wurzelelements (`documentElement`). Weitere Unterelemente werden dabei nicht berücksichtigt. Die Eigenschaft Text sammelt die Inhalte, nicht die Namen, ein. Auf die Namen könnte man mit der Eigenschaft `BaseName` zugreifen. Deshalb ist die fünfte Antwort korrekt.

9 Klassen

9.1 Was sind Klassen?

Mit Klassen können Objekte definiert werden. Eine Klasse legt nicht nur die Namen und Datentypen eines Objekts fest, sondern auch seine Methoden und Eigenschaften. Ein Klassenmodul ist ein Modul in einem VBA-Projekt.

Die Syntax einer Eigenschaft lautet:

Property Get

```
[Public | Private] [Static] Property Get Name _
   [(ArgListe)] [As Typ]
[Anweisungen]
[Name = Ausdruck]
[Exit Property]
[Anweisungen]
[Name = Ausdruck]
End Property
```

Property Let

```
[Public | Private] [Static] Property Let Name _
   ([ArgListe,] Wert)
[Anweisungen]
[Exit Property]
[Anweisungen]
End Property
```

Property Set

```
[Public | Private] [Static] Property Set Name _
   ([ArgListe,] Verweis)
[Anweisungen]
[Exit Property]
[Anweisungen]
End Property
```

Statt vieler Erklärungen ein Beispiel. Lassen Sie uns aus einer 3 * 3-Matrix die Determinante berechnen.

Dazu sollen eine neue Methode und eine neue Eigenschaft definiert werden. Zuerst wird ein Klassenmodul erzeugt (über das Menü Einfügen / Klassenmodul). Es wird in den Eigenschaften in „Matrix" umbenannt. Zuerst wird dort eine Variable deklariert, die „intern" verwendet wird:

```
Private MxA1 As Double
```

9.2 Eigenschaften von Objekten

Diese Variable dient zur Ausgabe. Sie wird intern verwendet, wenn innerhalb der beiden folgenden Prozeduren ein Wert übergeben werden kann:

```
Property Let A1(WertA1 As Double)
   MxA1 = WertA1
End Property

Property Get A1() As Double
   A1 = MxA1
End Property
```

Dabei bedeutet `Property Let` das Zuweisen des Werts, `Property Get` ermöglicht das Lesen. Damit ist schon eine Eigenschaft eines Matrixwerts definiert. `Property Let` wird aufgerufen, wenn die Eigenschaft `A1` einen Wert erhält. `Property Get` wird dagegen aufgerufen, wenn die Eigenschaft abgefragt wird. In den Programmen existieren einige (wenige) Eigenschaften, die nur abgefragt und nicht gesetzt werden können, beispielsweise

```
Application.Name
Application.Path
```

und ähnliche. Für sie würde `Property Get` genügen. Diese Eigenschaft für die Zelleigenschaft `A1` wird nun auch für `A2`, `A3`, `B1`, `B2`, `B3`, `C1`, `C2` und `C3` erzeugt. Für sie werden ebenfalls die privaten Variablen `MxA2`, `MxA3`, `MxB1`, ... angelegt.

9.3 Methode

Nun wird eine Methode erstellt, die die Determinante berechnet. Dazu genügt eine einzige Prozedur. Ihr werden die neun Parameter übergeben, in ihr wird die Berechnung ausgeführt; das Ergebnis wird an die Variable `DetErgebnis` übergeben. Die Methode `DeterminanteBerechnen` gibt selbst keinen Wert zurück – sonst wäre sie eine Funktion.

```
Sub DeterminanteBerechnen ()
   DetErgebnis = A1 * B2 * C3 + A2 * B3 * C1 + _
   A3 * B1 * C2 - A3 * B2 * C1 - A1 * B3 * C2 - A2 * B1 * C3
End Sub
```

In der Methode wird lediglich der Wert berechnet. Damit er ausgegeben werden kann, muss er einer Eigenschaft zugewiesen werden:

```
Property Let DetErgebnis(tmpDetErgebnis As Double)
   MxDetErgebnis = tmpDetErgebnis
End Property


Property Get DetErgebnis() As Double
    DetErgebnis = MxDetErgebnis
End Property
```

Natürlich muss die Variable `MxDetErgebnis` für das gesamte Klassenmodul deklariert werden. Damit ist die Klasse „Matrix" komplett. Nun kann in jedem Modul damit gearbeitet werden. Zuerst wird die Klasse instanziert:

```
Private M As Matrix
```

Dann wird auf die Objektvariable (hier: `M`) das Objekt gelegt:

```
Set M = New Matrix
```

Schließlich berechnet die Methode `DeterminanteBerechnen` das Ergebnis. Die Eigenschaft `DetErgebnis` liefert das Ergebnis. Über mehrere Inputboxen könnte dies folgendermaßen gelöst werden:

```
Option Explicit

Private M As Matrix

Sub DetAusrechnen()

   Set M = New Matrix
   M.A1 = InputBox("Bitte einen Wert für A1 eingeben")
   M.B1 = InputBox("Bitte einen Wert für B1 eingeben")
   M.C1 = InputBox("Bitte einen Wert für C1 eingeben")

   M.A2 = InputBox("Bitte einen Wert für A2 eingeben")
   M.B2 = InputBox("Bitte einen Wert für B2 eingeben")
```

```
    M.C2 = InputBox("Bitte einen Wert für C2 eingeben")

    M.A3 = InputBox("Bitte einen Wert für A3 eingeben")
    M.B3 = InputBox("Bitte einen Wert für B3 eingeben")
    M.C3 = InputBox("Bitte einen Wert für C3 eingeben")

    M.DeterminanteBerechnen

    MsgBox M.DetErgebnis
End Sub
```

Weitaus eleganter und bequemer in der Eingabe ist natürlich eine Userform. Diese werden im Kapitel 12 behandelt.

Im Objektkatalog erscheinen nun die Methoden und Eigenschaften der neuen Klasse. Programme, die mit Klassen arbeiten, bieten einige Vorteile: Sie sind klarer strukturiert, leicht erweiterbar, weniger fehleranfällig und können leicht weitergegeben werden, da Klassen (ebenso wie Module) exportiert werden können.

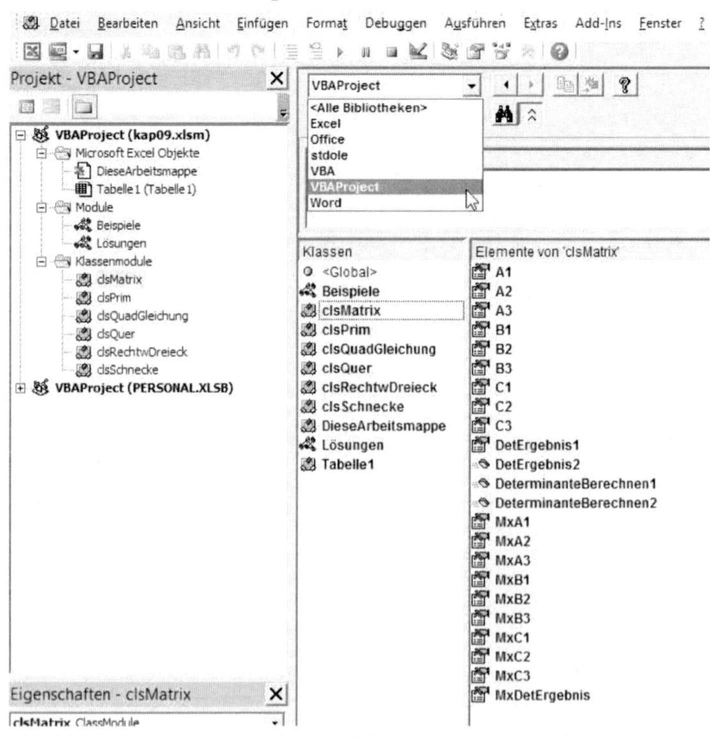

Abbildung 8: Im Objektkatalog wird die neue Klasse mit ihren Eigenschaften und Methoden angezeigt.

Natürlich hätte die Methode `DeterminanteBerechnen` auch einen Wert übergeben können. Dann hätte man sie folgendermaßen aufrufen müssen:

```
Sub DeterminanteBerechnen _
   (A1 As Double, A2 As Double, A3 As Double, _
    B1 As Double, B2 As Double, B3 As Double, _
    C1 As Double, C2 As Double, C3 As Double)

   DetErgebnis = A1 * B2 * C3 + A2 * B3 * C1 + _
   A3 * B1 * C2 - A3 * B2 * C1 - A1 * B3 * C2 - A2 * B1 * C3
End Sub
```

Dann wird sie mit

```
M.DeterminanteBerechnen M.A1, M.A2, M.A3, _
   M.B1, M.B2, M.B3, _
   M.C1, M.C2, M.C3
MsgBox M.DetErgebnis
```

aufgerufen. Die Methode übergibt selbst keinen Wert – sonst wäre es eine Funktion. Aber auch das klappt:

```
Function DetErgebnis(A1 As Double, A2 As Double, _
   A3 As Double, B1 As Double, B2 As Double, B3 As Double, _
   C1 As Double, C2 As Double, C3 As Double)

   DetErgebnis = A1 * B2 * C3 + A2 * B3 * C1 + _
   A3 * B1 * C2 - A3 * B2 * C1 - A1 * B3 * C2 - A2 * B1 * C3

End Function
```

Sie wird folgendermaßen aufgerufen:

```
MsgBox M.DetErgebnis(M.A1, M.A2, M.A3, _
   M.B1, M.B2, M.B3, _
   M.C1, M.C2, M.C3)
```

9.4 Sammlungen

Das Hinzufügen und Entfernen von Mitgliedern geschieht über die Methoden `Add` und `Remove`, über die jede Sammlung verfügt:

```
Sammlung.Add Item, Key, Before, After
```

Mit `Item` ist das Objekt gemeint, das in die Sammlung aufgenommen werden muss. `Key` ist eine optionale Zeichenkette, mit der auf das Element zugegriffen werden kann. `Before` und `After` können verwendet werden, wenn die Reihenfolge der Elemente eine Rolle spielt.

Die Sammlung verfügt auch über die Methoden `Count` und `Item`. Mit ihrer Hilfe kann die Anzahl der Elemente bestimmt, beziehungsweise ein bestimmtes Element über seine Indexnummer oder – falls vorhanden – über seine Bezeichnung aufgerufen werden. Statt vieler theoretischer Bemerkungen ein konkretes Beispiel.

Mehrsprachige Oberflächen mit VBA realisieren

Ein Tool, das mit VBA geschrieben wurde, sollte mehrsprachig laufen.

Eine Lösung könnte so aussehen, dass die Dialoge sich beim Öffnen ihre Oberfläche „übersetzen“:

```
With frmAbteilungen
   If strSprache = "English" Then
      .cmdAbbrechen.Caption = "Cancel"
      .cmdEigeneVorlagen.Caption = "Personal templates"
      .cmdWechsel.Caption = "Change location"
      .cmdSuchen.Caption = "Search"
   ElseIf strSprache = "Francais" Then
      .cmdAbbrechen.Caption = "Interrompre"
      .cmdEigeneVorlagen.Caption = "Modèles personnels"
      .cmdWechsel.Caption = "Change location"
      .cmdSuchen.Caption = "Chercher"
   ElseIf strSprache = "Deutsch" Then
      .cmdAbbrechen.Caption = "Abbrechen"
      .cmdEigeneVorlagen.Caption = "Persönliche Vorlagen"
      .cmdWechsel.Caption = "Standortwechsel"
      .cmdSuchen.Caption = "Suche"
   End If
End With
```

Diese Lösung erweist sich in der Praxis wenig effektiv, da möglicherweise mehrere Sprachen hinzukommen, Begriffe an mehreren Stellen gleichzeitig geändert werden und sich das Programm erweitert, das heißt: weitere Beschriftungen kommen hinzu.

Vernünftig wäre sicherlich die Begriffe in einer (Text-)Datei oder noch besser: in einer Datenbank auszulagern. Man kann bei kleinen Projekten jedoch auch die Texte fest verankert im Code stehen lassen.

Ein Modul greift hier war zu „kurz", ein Klassenmodul ist die geeignete Lösung für dieses Problem. Eine Lösung sieht drei Sammlungen vor. In einer Klasse clsSprache findet sich der Code:

```
Option Explicit

Private colD As Collection
Private colE As Collection
Private colF As Collection

Private Sub Class_Initialize()
Set colD = New Collection
Set colE = New Collection
Set colF = New Collection

' ################ die Liste der französischen Begriffe ################
' ################ und deren deutsche Übersetzungen  ###################
      colF.Add "Favoris", "Favoriten"
      colF.Add "Favoris", "Favoriten öffnen"
      colF.Add "Ajouter aux favoris", "Zu den Favoriten"
      colF.Add "Voulez-vous supprimer cette page ", "FavLöschen1"
      colF.Add "de votre liste de favoris?", "FavLöschen2"
      colF.Add "Supprimer ce favori ", "Favoriten löschen"
      colF.Add "Voulez-vous ajouter cette page ", "FavHinzu1"
      colF.Add "à votre liste de favoris?", "FavHinzu2"
      colF.Add "Ce favori ", "Der Favorit"
      colF.Add "est déjà présent dans votre liste..", _
         "ist bereits vorhanden."
      colF.Add "Voulez-vous ajouter de nouveau cette page à votre " & _
```

```
        liste de favoris?", "Soll die Datei erneut in die Liste " & _
        "der Favoriten aufgenommen werden?"
      colF.Add "Il n'existe pas de favoris.", & _
    "Es existieren keine Favoriten"
      ' == ** == Favoriten == ** ==...

' ###################### die Liste der englischen Begriffe ###########
' ##################### und deren deutsche Übersetzungen ############
      colE.Add "Favorites", "Favoriten"
      colE.Add "Open Favorites", "Favoriten öffnen"
      colE.Add "Add to Favorites", "Zu den Favoriten"
      colE.Add "Do you want to remove the file ", "FavLöschen1"
      colE.Add "from Favorites?", "FavLöschen2"
      colE.Add "Do you want to add the file ", "FavHinzu1"
      colE.Add "to Favorites?", "FavHinzu2"
      colE.Add "Delete Favorites", "Favoriten löschen"
      colE.Add "This Favorite ", "Der Favorit"
      colE.Add "already exists.", "ist bereits vorhanden."
      colE.Add "Do you want to read the file to Favorites?", _
"Soll die Datei erneut in die Liste der Favoriten aufgenommen werden?"
      colE.Add "No Favorites exist.", "Es existieren keine Favoriten"
      ' == ** == Favoriten == ** ==...

' ####################  die Liste der deutschen Begriffe ############
      colD.Add "Favoriten", "Favoriten"
      colD.Add "Favoriten öffnen", "Favoriten öffnen"
      colD.Add "Zu den Favoriten", "Zu den Favoriten"
      colD.Add "Soll die Datei ", "FavLöschen1"
      colD.Add "aus der Liste der Favoriten gelöscht werden?", _
        "FavLöschen2"
      colD.Add "Soll die Datei ", "FavHinzu1"
      colD.Add "zur Liste der Favoriten hinzugefügt werden?", _
        "FavHinzu2"
      colD.Add "Favorit löschen", "Favoriten löschen"
```

```
        colD.Add "Der Favorit", "Der Favorit"
        colD.Add "ist bereits vorhanden.", "ist bereits vorhanden."
        colD.Add "Soll die Datei erneut in die Liste der Favoriten " & _
         "aufgenommen werden?", "Soll die Datei erneut in die Liste " & _
           "der Favoriten aufgenommen werden?"
        colD.Add "Es existieren keine Favoriten.", _
           "Es existieren keine Favoriten"
        ' == ** == Favoriten == ** ==
End Sub
```

Die Klasse wird beim Start initiiert:

```
Set Sp = New clsSprache
```

Damit jeder Befehl übersetzt werden kann, wird eine Funktion in der Klasse eingebaut:

```
Function Übersetzen(Sprache As String, Ausdruck As String) As String
   Select Case Sprache
   Case "Francais"
      Übersetzen = colF(Ausdruck)
   Case "English"
      Übersetzen = colE(Ausdruck)
   Case Else ' -- zum Beispiel Deutsch
      Übersetzen = colD(Ausdruck)
   End Select
End Function
```

Und so können leicht Begriffe in die Liste aufgenommen werden, beispielsweise so:

```
        colF.Add "Ce répertoire n'est pas activé en ce moment", _
           "Dieser Ordner ist derzeit nicht aktiviert."
        colE.Add "Folder is not active at the moment", _
           "Dieser Ordner ist derzeit nicht aktiviert."
        colD.Add "Dieser Ordner ist derzeit nicht aktiviert.", _
           "Dieser Ordner ist derzeit nicht aktiviert."
   If Dir(strArbeitsgruppenPfad) = "" Then
        MsgBox Sp.Übersetzen(strSprache, _
        "Dieser Ordner ist derzeit nicht aktiviert."), vbInformation
        Exit Sub
```

```
End If
' -- Dient zur Überprüfung, ob der Ordner vorhanden ist
```

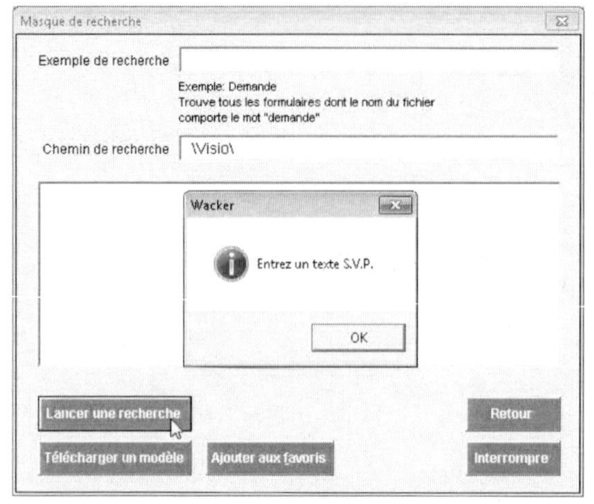

Abbildung 9: Die französischsprachige Oberfläche

9.5 Ereignisse in Klassen

Wer bereits mit Klassen gearbeitet hat, der weiß sicherlich, dass man weitere Ereignisse über

```
Public WithEvents Variablenname As Typ
```

in einer Klasse verwendet werden kann, beispielsweise (in Word):

```
Public WithEvents wdApp As Application
Public WithEvents wdDok As Document.Document
```

Dann stehen Ihnen weitere Ereignisse zur Verfügung:

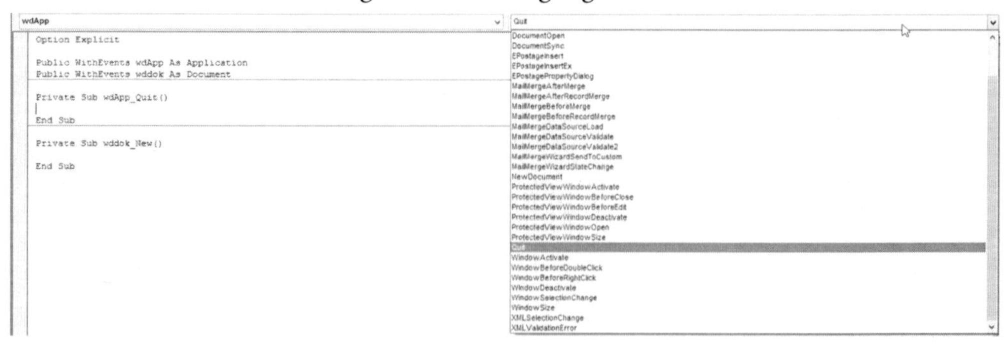

Abbildung 10: Noch mehr Ereignisse ...

9.6 Übungen zu den Klassen

Übung 1

In Kapitel 7 „Schleifen, rekursives Programmieren" Übung 1 wird eine Prozedur geschrieben, die die Anzahl der Tage berechnet, die von der Schnecke benötigt werden. Ändern Sie die Lösung um, indem Sie vier Eigenschaften definieren, in welchen die Morgenhöhe, die Abendhöhe, die Mauerhöhe und die Anzahl der Tage gespeichert wird. Berechnen Sie dann die Aufgabe mit Hilfe einer Methode.

Übung 2

In Kapitel 4 „Operatoren, Verknüpfungen und Verzweigungen" Übung 1 wird die Länge der Hypotenuse eines rechtwinkligen Dreiecks über die Länge der beiden Katheten berechnet. Ändern Sie die Lösung um, indem Sie zwei Eigenschaften definieren, in welchen die eingegebenen Zahlen gespeichert wird. Berechnen Sie dann die Aufgabe mit Hilfe einer Methode.

Übung 3

In Kapitel 7 „Schleifen, rekursives Programmieren" Übung 4 wird eine Prozedur geschrieben, die überprüft, ob eine Zahl eine Primzahl ist. Ändern Sie die Lösung um, indem Sie eine Eigenschaft definieren, in welcher die eingegebene Zahl gespeichert wird. Berechnen Sie dann die Aufgabe mit Hilfe einer Funktion.

Übung 4

In Kapitel 7 „Schleifen, rekursives Programmieren" Übung 7 wird eine Prozedur geschrieben, die die Quersumme einer Zahl ermittelt. Ändern Sie die Lösung um, indem Sie eine Eigenschaft definieren, in welcher die eingegebene Zahl gespeichert wird. Berechnen Sie dann die Aufgabe mit Hilfe einer Methode.

Übung 5

In Kapitel 4 „Operatoren, Verknüpfungen und Verzweigungen" Übung 4 wird die Lösung einer quadratischen Gleichung berechnet. Ändern Sie die Lösung um, indem Sie drei Eigenschaften definieren, in welchen die eingegebenen Zahlen für a und b gespeichert werden und in der der Wert der Diskriminante festgelegt wird. Berechnen Sie dann die Aufgabe.

9.7 Lösungen zu den Übungen zu den Klassen

Lösung 1

Sicherlich gibt es mehrere Lösungen, diese Aufgabe in Klassenmodulen zu lösen. Sie können als Makro in einem beliebigen Modul Folgendes deklarieren:

```
Option Explicit
Private S As clsSchnecke

Sub Schnecki()
   Set S = New clsSchnecke

   S.TageBerechnen
   MsgBox S.TageZahl

End Sub
```

Dazu muss ein Klassenmodul `clsSchnecke` angelegt werden, in dem sich folgender Code befindet:

```
Option Explicit
Private SchneckMorgen As Double
Private SchneckAbend As Double
Private SchneckTage As Integer
Private SchneckMauerhöhe As Double

Private Sub Class_Initialize()
   SchneckMauerhöhe = 4.5
End Sub

Property Get TageZahl() As Integer
   TageZahl = SchneckTage
End Property

Sub TageBerechnen()
   Do While SchneckAbend < SchneckMauerhöhe
      SchneckAbend = SchneckMorgen + 0.5
```

```
      SchneckMorgen = SchneckAbend * 0.9
      SchneckTage = SchneckTage + 1
   Loop
End Sub
```

Man kann die Schleife natürlich auch in der Prozedur laufen lassen:

```
Option Explicit
Private S As clsSchnecke

Sub Schnecki()
   Set S = New clsSchnecke
   Do While S.Abendhöhe < S.Mauerhöhe
      S.Abendhöhe = S.Morgenhöhe + 0.5
      S.Morgenhöhe = S.Abendhöhe * 0.9
      S.TageZahl = S.TageZahl + 1
   Loop

   MsgBox S.TageZahl
End Sub
```

Dann gestaltet sich die Klasse `clsSchnecke` wie folgt:

```
Option Explicit
Private SchneckMorgen As Double
Private SchneckAbend As Double
Private SchneckTage As Integer
Private SchneckMauerhöhe As Double

Property Get Morgenhöhe() As Double
    Morgenhöhe = SchneckMorgen
End Property

Property Let Morgenhöhe(dblMorgenhöhe As Double)
   SchneckMorgen = dblMorgenhöhe
End Property
```

```
Property Get Abendhöhe() As Double
    Abendhöhe = SchneckAbend
End Property

Property Let Abendhöhe(dblAbendhöhe As Double)
   SchneckAbend = dblAbendhöhe
End Property

Property Let TageZahl(intTage As Integer)
    SchneckTage = intTage
End Property

Property Get TageZahl() As Integer
    TageZahl = SchneckTage
End Property

Property Get Mauerhöhe() As Double
    Mauerhöhe = SchneckMauerhöhe
End Property

Sub TageBerechnen()

End Sub

Private Sub Class_Initialize()
   SchneckMauerhöhe = 4.5
End Sub
```

Wie man sieht, ist die Prozedur `Tageberechnen` hier überflüssig.

Sicherlich gibt es hier, wie bei allen anderen Aufgaben, mehrere alternative Lösungen.

Lösung 2

Im Modul findet sich folgender Code:

```
Option Explicit
Private RD As clsRechtwDreieck
```

```
Sub HypoRechnung()
   Set RD = New clsRechtwDreieck
   RD.Kathete1 = InputBox _
      ("Bitte die Länge der ersten Kathete angeben.")
   RD.Kathete2 = InputBox _
      ("Bitte die Länge der zweiten Kathete angeben.")
   RD.HypoBerechnen

   MsgBox "Die Länge der Hypotenuse beträgt: " & RD.Hypothenuse
End Sub
```

In der Klasse `clsRechtwDreieck` stehen folgende Eigenschaften und folgende Methode:

```
Option Explicit

Private RDKathete1 As Double
Private RDKathete2 As Double
Private RDHypothenuse As Integer

Property Get Kathete1() As Double
    Kathete1 = RDKathete1
End Property

Property Let Kathete1(dblKathete1 As Double)
   RDKathete1 = dblKathete1
End Property

Property Get Kathete2() As Double
    Kathete2 = RDKathete2
End Property

Property Let Kathete2(dblKathete2 As Double)
   RDKathete2 = dblKathete2
End Property
```

```
Property Get Hypothenuse() As Double
    Hypothenuse = RDHypothenuse
End Property

Property Let Hypothenuse(dblHypothenuse As Double)
   RDHypothenuse = dblHypothenuse
End Property

Sub HypoBerechnen()
   RDHypothenuse = Sqr(RDKathete1 ^ 2 + RDKathete2 ^ 2)
End Sub
```

Zugegeben: viel zu viel Code für eine einzige Rechenoperation, aber man weiß ja nicht, vielleicht wird die Rechnung ausgebaut ...

Lösung 3

Folgende Prozedur liefert das Ergebnis:

```
Option Explicit
Private P As clsPrim

Sub PrimZahlenTest()
   Set P = New clsPrim
   P.Zahl = InputBox _
      ("Von welcher Zahl soll überprüft werden" & _
      ", ob es sich um eine Primzahl handelt?", "Prim")
   If P.Zahl < 2 Then
      MsgBox "Die eingegebene Zahl ist zu klein!"
      Exit Sub
   ElseIf Fix(P.Zahl) < P.Zahl Then
      MsgBox "Die Zahl darf keine Dezimalstellen haben!"
      Exit Sub
   End If

   If P.PrimPrüf(P.Zahl) = True Then
      MsgBox P.Zahl & " ist eine Primzahl"
```

```
   Else
      MsgBox P.Zahl & " ist keine Primzahl"
   End If
End Sub
```

Und in der Klasse `clsPrim` wird dies berechnet:

```
Option Explicit

Private PZahl As Double

Property Get Zahl() As Double
    Zahl = PZahl
End Property

Property Let Zahl(dblzahl As Double)
   PZahl = dblzahl
End Property

Function PrimPrüf(dblzahl As Double) As Boolean
   Dim dblZähler As Double

   For dblZähler = 2 To Sqr(dblzahl)
      If dblzahl Mod dblZähler = 0 Then
         PrimPrüf = False
         Exit Function
      End If
   Next dblZähler

   PrimPrüf = True
End Function
```

Lösung 4

Die Prozedur im Modul:

```
Option Explicit
Private Q As clsQuer
```

```
Sub QuersummeBerechnen()
   Set Q = New clsQuer
   Q.Zahl = InputBox("Von welcher Zahl soll " _
      & " die Quersumme berechnet werden?")

   MsgBox "Die Quersumme lautet: " & Q.Quersumme(Q.Zahl)
End Sub
```

Und die Klasse `clsQuer`:

```
Option Explicit

Private QZahl As Double

Property Get Zahl() As Double
   Zahl = QZahl
End Property

Property Let Zahl(dblzahl As Double)
   QZahl = dblzahl
End Property

Function Quersumme(dblzahl As Double) As Double
   Dim dblÜbergabewert As Double
   Dim dblInkrement As Double
   Dim lngZähler As Long
   Dim lngLänge As Long

   dblÜbergabewert = 0
   dblInkrement = 0

   lngLänge = Log(dblzahl) / Log(10) + 1

   For lngZähler = 1 To lngLänge
      dblInkrement = dblzahl - Fix(dblzahl / 10) * 10
      dblÜbergabewert = dblÜbergabewert + dblInkrement
```

```
      dblzahl = dblzahl / 10
   Next

   Quersumme = dblÜbergabewert
End Function
```

Analog kann dann auch die Endquersumme berechnet werden:

```
Sub EndQuersummeBerechnen()
   Set Q = New clsQuer
   Q.Zahl = InputBox("Von welcher Zahl soll " _
      & " die Endquersumme berechnet werden?")
   Do Until Q.Zahl < 10
      Q.Zahl = Q.Quersumme(Q.Zahl)
   Loop

   MsgBox "Die Endquersumme lautet: " & Q.Zahl
End Sub
```

Übrigens: Würde man die Stellenanzahl runden, also statt

```
lngLänge = Log(dblzahl) / Log(10) + 1
```

schreiben:

```
lngLänge = Fix(Log(dblzahl) / Log(10)) + 1
```

oder:

```
lngLänge = Int(Log(dblzahl) / Log(10)) + 1
```

dann käme es für die Zahlen 10, 100, 1000, ... zu einem Fehler. VBA berechnet den log(10) intern als einen Wert, der kleiner ist als der echte log(10). Damit wird für log(10)/log(10) mit einem (etwas) kleineren Wert als 1 weitergerechnet. Somit wird mit

```
lngLänge = Fix(Log(dblzahl) / Log(10)) + 1
```

der Wert 1 auf 0 (!) „abgerundet", was zum Schluss zu einem Fehler führt!

Lösung 5

Die Prozedur im Modul:

```
Option Explicit
Private QG As clsQuadGleichung
```

```
Sub QuadratischeGleichungBerechnen()
   Set QG = New clsQuadGleichung
   Dim strZ1 As String
   Dim strZ2 As String
   Dim strGl As String
   Dim dblx1 As Double
   Dim dblx2 As Double

   strZ1 = "0 = x² + a*x + b"
   strZ2 = "Quadratische Gleichung"

   MsgBox "Wir berechnen die Lösung der Gleichung " & _
     strZ1 & ". Bitte gib die Werte für a und für b ein!", _
      , strZ2
   QG.a = InputBox("Wie lautet die Zahl a?", strZ1)
   QG.b = InputBox("Wie lautet die Zahl b?", strZ1)

   strGl = "Die Gleichung 0 = x² + " & QG.a & _
       "*x + " & QG.b

   If QG.Det < 0 Then
   MsgBox strGl & " hat keine Lösung. Schade!", _
       , strZ2
   ElseIf QG.Det = 0 Then
   MsgBox strGl & " hat eine Lösung: " & _
      -QG.a / 2, , strZ2
   ElseIf QG.Det > 0 Then
   dblx1 = -(QG.a / 2) + QG.Det ^ 0.5
   dblx2 = -(QG.a / 2) - QG.Det ^ 0.5
   MsgBox strGl & " hat zwei Lösungen: " & dblx1 & _
       " und " & dblx2, , strZ2
   End If

End Sub
```

Und die Klasse `clsQuadGleichung`:

```
Option Explicit

Private Qa As Double
Private Qb As Double
Private QDet As Double

Property Get a() As Double
   a = Qa
End Property

Property Let a(dbla As Double)
   Qa = dbla
End Property

Property Get b() As Double
   b = Qb
End Property

Property Let b(dblb As Double)
   Qb = dblb
End Property

Property Get Det() As Double
   Det = (a / 2) ^ 2 - b
End Property

Property Let Det(dblDet As Double)
   QDet = dblDet
End Property
```

10 Fehler

Das schlimme und schwierige Kapitel „Fehler" hat zwei Komponenten: Fehler, die Sie als Programmierer beim Erstellen von Routinen machen und Fehler, die während der Laufzeit auftreten oder Fehler, die der Benutzer bei der Eingabe machen kann. Erstere sollten vor dem Ausliefern eines Programms gefunden werden, auf letztere kann (und sollte) per Programmiercode reagiert werden.

10.1 Programmierfehler

An dieser Stelle folgen einige Tipps, wie man weniger Fehler machen kann.

Schalten Sie im Menü Extras / Optionen im Registerblatt „Editor" die Option „Variablendeklaration erforderlich" ein. Dann wird in neuen VBA-Modulen zu Beginn der Befehl

```
Option Explicit
```

auftauchen, der Sie zwingt, jede Variable zu deklarieren. So kann es nicht vorkommen, dass eine als `strEingabe` deklarierte Variable im Code als `strEingaben` durchgehen wird. Sie erhalten beim Testen sofort eine Fehlermeldung, die darauf hinweist.

Rücken Sie ein! So können Anfang und Ende von `With ... End With`-Klammern, von Verzweigungen und Schleifen sichtbar gemacht werden. So vergessen Sie keine Zeile.

Schreiben Sie nach der `If`-Zeile gleich die `End If`-Zeile. Nach `Do While` gleich `Loop`. Und so weiter. Auch so kann man das lästige Vergessen von Zeilen vermeiden.

Vergeben Sie vernünftige Variablennamen. Strukturieren Sie Ihre Programme, indem Sie es in verschiedene Module unterteilen. So halten Sie Ordnung. Kommentieren Sie! Am besten jede Zeile. Schlimm genug, wenn man in einem fremden Makro auf Befehle wie

```
Liste.Füllen
```

stößt. Was das ist, kann nur durch den Einzelschrittmodus getestet werden.

Tippfehler sind lästig. Deshalb sollten Sie alle VBA-Befehle in Kleinbuchstaben eingeben und nach Betätigen der [Enter]-Taste kontrollieren, ob VBA sie in Groß/Kleinschreibung umwandelt, das heißt, ob VBA sie erkennt. Falls nicht, dann liegt ein Tippfehler vor.

Zum Testen stehen Ihnen folgende Optionen zur Verfügung:

Befehl	Menüpunkt	Tastenkombination
Einzelschritt	Debuggen – Einzelschritt	[F8]
Einzelschritt. Unterprozeduren werden übersprungen	Debuggen – Prozedurschritt	[Shift]+[F8]

Befehl	Menüpunkt	Tastenkombination
Aktuelle Werte anzeigen	den Mauszeiger auf die Variable setzen	
Haltepunkte	Debuggen – Haltepunkt EIN/AUS	[F9]
Sprung bis zur Cursorposition	Debuggen – Ausführen Bis Cursorposition	[Strg]+[F8]
Sprung bis zum Prozedurende	Debuggen – Prozedur abschließen	[Shift]+[Strg]+[F8]
Überwachungsausdrücke	Debuggen – Überwachung hinzufügen	
	Ansicht – Überwachungsfenster	
	Ansicht – Lokalsfenster	

Tabelle 32: Die verschiedenen Debug-Optionen

10.2 Fehler zur Laufzeit

Einige Fehler, zum Beispiel bei der Eingabe, können durch einen einfachen `If`-Befehl abgefangen werden. Gibt der Benutzer beispielsweise eine Zahl ein, von der überprüft werden soll, ob es sich um eine Primzahl handelt, dann muss diese Zahl positiv sein. Also kann überprüft werden:

```
If dblEingabezahl < 1 Then
[...]
```

Ebenso können die Informations-Funktionen (`IsDate`, `IsEmpty`, `IsError`, `IsMissing`, `IsNull`, und `IsNumeric`) eingesetzt werden (sie wurden in Kapitel 4 aufgelistet):

```
If Not IsNumeric(dblEingabezahl) Then
[...]
```

Was aber, wenn ein ganz anderer Fehler auftritt? Dann steht Ihnen der Befehl `On Error` zur Verfügung:

```
On Error Resume Next
```

Der Fehler wird übersprungen und das Programm wird mit der Zeile fortgesetzt, die unmittelbar auf die Zeile folgt, die den Fehler verursacht. Dies ist eine gefährliche Sache, da nicht auf den Fehler adäquat reagiert wird.

```
On Error GoTo 0
```

Dieser Befehl deaktiviert alle benutzerdefinierten Fehlerroutinen. Diese Zeile kann für die Testphase und die Analyse eines Programmverhaltens interessant sein.

```
On Error GoTo Sprungmarke
```

Tritt ein Fehler auf, so wird eine Sprungmarke angesprungen, die sich in der Regel am Ende der Prozedur befindet. Dort kann auf den Fehler adäquat reagiert werden. Vor der Sprungmarke sollte allerdings das Programm beendet werden mit:

```
Exit Sub
```

Innerhalb der Sprungmarke kann der Fehler über die Fehlerobjektvariable `Err` spezifiziert werden. `Err` besitzt folgende Eigenschaften und Methoden:

Eigenschaften von Err	**Beschreibung**
Number	eine spezifische Nummer des Fehlers
Description	Beschreibung des Fehlers, die dem Benutzer angezeigt werden kann
Source	Fehlerquelle
HelpContext, HelpFile	Hilfedatei, die an einen bestimmten Fehler gebunden ist
Methoden von Err	**Beschreibung**
Clear	löscht den Fehler.
Raise	erzeugt einen Fehler.

Tabelle 33: Die Eigenschaften und Methoden von Err

Soll nach dem behandelten Fehler die Prozedur an der gleichen Stelle aufgerufen werden und ab dieser Stelle weitergearbeitet werden, dann geschieht dies mit dem Befehl

```
Resume
```

Dazu sollte der Fehlerwert natürlich wieder zurückgesetzt werden. Liegt kein Fehler vor, dann hat er den Wert 0. Also:

```
[...]
Err.Clear
Resume
```

Soll eine Zeile tiefer weitergearbeitet werden, dann mit

```
Resume Next
```

Über Fehler und ihre Behandlungsmöglichkeiten ließe sich noch viel sagen. In Fachzeitschriften werden diese Themen und Strategien dazu stark diskutiert. Was hier vorgestellt wurde, ist lediglich das Gerüst, das nun ausbaufähig ist.

10.3 Übungen zu den Fehlerbehandlungen

Übung 1

Man kann von Visio mit dem Befehl

```
Set xlApp = GetObject(, "Visio.Application")
```

auf das geöffnete Visio zugreifen. Fangen Sie den Fehler ab, der auftaucht, falls Visio nicht offen ist.

Übung 2

Ein Benutzer tippt einen Laufwerksbuchstaben in eine Inputbox, in der sich ein Ordner befindet, in dem eine Datei liegt (*\SCHWUNG\Schwung.ini*). Nun können eine Reihe Fehler überprüft werden:

1. Der Benutzer hat keinen Buchstaben eingetippt.
2. Das Verzeichnis existiert nicht.
3. Der Benutzer hat kein Leserecht auf dieses Verzeichnis.
4. Im (CD-Laufwerk) liegt keine CD.
5. Im angegebenen Laufwerk existiert der Ordner nicht.
6. Das Laufwerk existiert, der Ordner auch, allerdings ist die Datei nicht vorhanden.

Erzeugen Sie (künstliche) Fehler mit dem Befehl `GettAttr`, fangen Sie den Fehler ab und melden Sie ihn dem Benutzer.

Übung 3

In Kapitel 7 Übung 4 wird das kgV berechnet. Fangen Sie mögliche Fehler ab:

1. Der Benutzer gibt statt einer Zahl etwas anderes ein.
2. Der Benutzer gibt keine ganze Zahl ein.
3. Der Benutzer gibt eine Zahl < 1 ein.
4. Das Ergebnis wird zu groß (Überlauf).

Übung 4

Laut „Microsoft Office Visual Basic Programmierhandbuch" sind für das Error-Objekt die ersten 512 Zahlen als Fehlernummern reserviert. Die übrigen Zahlen (bis 65.536) stehen dem Benutzer für eigene Fehler zur Verfügung. Dies ist nicht korrekt, da in einigen Applikationen Fehlernummern vergeben sind, die größer als 512 sind. Dennoch: Lassen Sie sich die ersten 512 Fehlernummern mit ihrer Bedeutung auflisten.

10.4 Lösungen zu den Übungen zu den Fehlerbehandlungen

Lösung 1

Eine direkte Möglichkeit könnte wie folgt aussehen:

```
Sub Visio_Zugriff()
   Dim vsApp  As Object
   Const err_Visio_LäuftNicht = 429
   On Error Resume Next

   Set vsApp = GetObject(, "Visio.Application")
   If Err.Number = err_Visio_LäuftNicht Then
      Set vsApp = CreateObject("Visio.Application")
      On Error GoTo err_handler
      vsApp.Visible = True
   End If

   '[...]
   Set vsApp = Nothing
   '[...]
   Exit Sub
err_handler:
   MsgBox Err.Description
   '[...]

End Sub
```

Lösung 2

```
Sub Laufwerk_und_Ordner_und_Datei()
   Dim strLaufwerk As String

   On Error Resume Next

   strLaufwerk = InputBox("Bitte einen Laufwerksbuchstaben" & _
      " eingeben")
```

```
strLaufwerk = Left(strLaufwerk, 1)
strLaufwerk = UCase(strLaufwerk)

If Asc(strLaufwerk) < Asc("A") Or _
   Asc(strLaufwerk) > Asc("Z") Then
      MsgBox "Sie haben Unsinn getippt!", _
         vbCritical, "SCHWUNG"
      End
End If
   GetAttr strLaufwerk & ":\"
   If Err.Number = 5 Then
       MsgBox "Es wurde keine CD/DVD in Laufwerk " _
       & strLaufwerk & " eingelegt!", vbCritical, "SCHWUNG"
        End
   ElseIf Err.Number = 76 Then
        MsgBox "Das Laufwerk " & strLaufwerk & _
        " existiert nicht auf Ihrem Rechner", _
        vbCritical, "SCHWUNG"
        End
   ElseIf Err.Number = 70 Then
      MsgBox "Sie haben kein Leserecht auf das Laufwerk " & _
      strLaufwerk, vbCritical, "SCHWUNG"
        End
   ElseIf Err.Number > 0 Then
       MsgBox "Es ist ein Fehler eingetreten auf Laufwerk " _
       & strLaufwerk & _
       vbCr & vbCr & Err.Description, vbCritical, "SCHWUNG"
       End
   End If
   GetAttr strLaufwerk & ":\SCHWUNG\Schwung.ini"
   If Err.Number = 76 Then
      MsgBox "Der Ordner ""SCHWUNG"" existiert nicht " & _
         "in Laufwerk " & strLaufwerk, vbCritical, "SCHWUNG"
        End
```

```
        ElseIf Err.Number = 53 Then
            MsgBox "Die Datei ""Schwung.ini"" existiert " & _
               "nicht in " & strLaufwerk & ":\SCHWUNG", _
               vbCritical, "SCHWUNG"
            End
        ElseIf Err.Number > 0 Then
             MsgBox "Es ist ein Fehler eingetreten beim " & _
               "Zugriff auf " & strLaufwerk & _
               ":\SCHWUNG\Schwung.ini" & vbCr & vbCr & _
               Err.Description, vbCritical, "SCHWUNG"
            End
       End If
End Sub
```

Lösung 3

Teile des Abfangens können über `If`-Bedingungen erledigt werden:

```
Sub kgV()
   Dim dblZahl1 As Double
   Dim dblZahl2 As Double
   Dim dblGrößteZahl As Double
   Dim dblZähler As Double
   Const err_Überlauf = 6     'die Fehlerkonstanten
   Const err_KeineZahl = 13
   Const err_NegativeZahl = 998
   Const err_KeineGanzeZahl = 999

   On Error GoTo err_kgV

   dblZahl1 = InputBox("Von welchen Zahlen soll das " & _
      "kgV berechnet werden?", "kgV: Zahl1")
   dblZahl2 = InputBox("Von welchen Zahlen soll das " & _
      "kgV berechnet werden?", "kgV: Zahl2")

   'mögliche Fehler werden erzeugt und abgefangen
```

```
If dblZahl1 < 1 Or dblZahl2 < 1 Then
   Err.Raise err_NegativeZahl
End If

If Fix(dblZahl1) < dblZahl1 Or Fix(dblZahl2) < dblZahl2 Then
   Err.Raise err_KeineGanzeZahl
End If

'der eigentliche Programmteil
If dblZahl1 > dblZahl2 Then
   dblGrößteZahl = dblZahl1
Else
   dblGrößteZahl = dblZahl2
End If

For dblZähler = dblGrößteZahl To dblZahl1 * dblZahl2
   If dblZähler Mod dblZahl1 = 0 And _
      dblZähler Mod dblZahl2 = 0 Then
         MsgBox "Das kgV von " & _
         dblZahl1 & " und " & dblZahl2 & _
         " lautet: " & dblZähler
         Exit Sub
   End If
Next dblZähler

Exit Sub
'die Sprungmarke und Fehlerroutine
err_kgV:

If Err.Number = err_KeineZahl Then
   MsgBox "Es wurde keine Zahl eingegeben"
ElseIf Err.Number = err_KeineGanzeZahl Then
   MsgBox "Es wurde keine ganze Zahl eingegeben"
ElseIf Err.Number = err_NegativeZahl Then
```

```
      MsgBox "Es wurde eine negative Zahl eingegeben"
   ElseIf Err.Number = err_Überlauf Then
      MsgBox "Das Ergebnis kann nicht berechnet werden - " & _
         "es ist zu groß!"
   Else
   MsgBox "Fehlernummer: " & Err.Number & _
      vbCr & "Fehler: " & Err.Description & _
      vbCr & "Fehlerquelle: " & Err.Source
   End If
End Sub
```

Lösung 4

```
Sub Fehlernummern()
   Dim i As Integer
   Dim strFehlerListe As String
   On Error Resume Next

   For i = 1 To 512
   Err.Raise i
      strFehlerListe = strFehlerListe & vbCr & i & ":" _
         & vbTab & Err.Description
      Err.Clear
   Next
   MsgBox strFehlerListe
End Sub
```

Dieses Ergebnis kann man sich natürlich in eine Word- oder Excel-Datei schreiben lassen. Siehe Übung 6 im Abschnitt 13.6 Übungen zum Bewegen, Markieren, Markierung auslesen.

11 Externe DLLs aufrufen

Die vorhergehenden Kapitel haben gezeigt, dass ein Zugriff von VBA bis auf Dateiebene und in die Registry möglich ist. Manchmal genügt das allerdings nicht, und es werden noch weitere Funktionen benötigt. Dazu zählen mathematische Routinen, die mit mehr als 15 Nachkommastellen rechnen, Schnittstellen zu anderen Programmen, die VBA nicht zur Verfügung stellt oder der Zugriff auf Teile des Systems, das nur über das API direkt angesprochen werden kann.

Die meisten der offengelegten Eigenschaften werden in DLLs, in Dynamic Link Libraries, untergebracht. Die damit zur Verfügung gestellte Schnittstelle trägt den Namen API, Application Programming Interface.

Solche DLLs kann man auch in C++, Delphi oder Visual Basic produzieren, womit das VBA-Programm schnell erweitert werden kann.

Für den Zugriff von VBA auf die DLL benötigt man die Dokumentation der Schnittstelle. Dazu muss man den Namen der DLL wissen, den Namen der Funktion und die Parameter, die dabei übergeben werden sollen.

11.1 Aufruf einer API-Funktion

Eine API-Funktion ist eine Funktion, die in einer Systemdatei enthalten ist. Alle API-Funktionen sind in DLLs enthalten. Das Problem: API-Funktionen sind nicht dokumentiert! Weder in der VBA-Hilfe, noch in der Hilfe von Visual Basic, noch in irgendeinem Buch! Sollten Sie Visual Basic besitzen oder die Developer-Version von VBA, dann verfügen Sie über eine Datei *Win32api.txt*, in der der API-Katalog zur Verfügung gestellt wird. In dem Hilfsprogramm *Apiload.exe* kann auf diese Textdatei zugegriffen werden und die Declare-Anweisungen der meisten API-Funktionen und deren Parameter ermittelt werden.

11.2 Die Declare-Anweisung

Jede externe Funktion benötigt in VBA eine Declare-Anweisung. Über sie werden mitgeteilt: der Name der Funktion, der Name der DLL, in der sie sich befindet, die Anzahl der Argumente und ihre Datentypen sowie der Datentyp des Rückgabewerts. Die allgemeine Syntax lautet:

```
[Public | Private] Declare Sub Name Lib "LibName" [Alias "Aliasname"]
[([ArgListe])]
```

oder für eine Funktion:

```
[Public | Private] Declare Function Name Lib "LibName" [Alias
"Aliasname"] [([ArgListe])] [As Typ]
```

Dabei bedeuten:

Teil	Beschreibung
Public	deklariert Prozeduren, die allen anderen Prozeduren in allen Modulen zur Verfügung stehen.
Private	deklariert Prozeduren, die nur innerhalb des Moduls verfügbar sind, in dem sie deklariert wurden.
Sub | Function	bedeutet, dass entweder Sub oder Function auftreten muss.
Name	Ein beliebiger gültiger Name für eine Prozedur. Beachten Sie, dass bei den Namen der DLL- Einsprungpunkte zwischen Groß-/Kleinschreibung unterschieden wird.
Lib	Die deklarierte Prozedur ist in einer DLL oder Code-Ressource enthalten. Der Lib-Abschnitt ist bei allen Deklarationen erforderlich.
LibName	Name der DLL oder Code-Ressource, die die deklarierte Prozedur enthält.
Alias	gibt an, dass die aufgerufene Prozedur in der DLL einen anderen Namen hat. Dies ist sinnvoll, wenn der Name einer externen Prozedur einem Schlüsselwort entspricht. Alias kann auch verwendet werden, wenn eine DLL-Prozedur denselben Namen hat wie eine öffentliche Variable, Konstante oder eine andere Prozedur mit demselben Gültigkeitsbereich. Alias bietet sich darüber hinaus an, wenn bestimmte Zeichen im Namen der DLL-Prozedur aufgrund der Namenskonvention für DLLs nicht zulässig sind.
Aliasname	Name der Prozedur in der DLL oder Code Ressource. Wenn das erste Zeichen nicht das Zeichen # ist, gibt Aliasname den Namen des Einsprungpunktes in der DLL an. Ist das Zeichen # das erste Zeichen, so müssen alle nachfolgenden Zeichen die Ordnungszahl (laufende Nummer) für den Einsprungpunkt in die Prozedur angeben.
ArgListe	Variablenliste mit den Argumenten, die beim Aufruf an die Prozedur übergeben werden.
Typ	Datentyp des Rückgabewerts einer Function-Prozedur. Zulässige Typen sind: Byte, Boolean, Integer, Long, Currency, Single, Double, Decimal (zur Zeit nicht unterstützt), Date, String (nur Zeichenfolgen variabler Länge) oder Variant, ein benutzerdefinierter Typ oder ein Objekttyp.

Abbildung 11: Die Elemente der API-Funktion

Das Argument ArgListe hat die folgende Syntax:

```
[Optional] [ByVal | ByRef] [ParamArray] VarName[( )] [As Typ]
```

11.3 Beispiele für den Einsatz von APIs

Die Funktion `GetSystemMetrics` gibt von 75 Konstanten 75 verschiedene Informationen des Betriebssystems zurück. Die Konstante 0 gibt die horizontale Bildschirmauflösung wieder, die Konstante 1 die vertikale. Nach der Deklaration der Funktion kann sie in einer Prozedur eingebaut werden:

```
Private Declare Function GetSystemMetrics Lib "User32" _
   (ByVal nIndex As Long) As Long

Sub Bildschirmauflösung()
   Dim intBreite As Integer
   Dim intHöhe As Integer
   intBreite = GetSystemMetrics(0)
   intHöhe = GetSystemMetrics(1)

   MsgBox intBreite & " x " & intHöhe

End Sub
```

Die Funktion `ShowCursor` versteckt den Mauscursor oder holt ihn wieder hervor. Sie wird wie folgt deklariert:

```
Private Declare Function ShowCursor Lib "user32" _
   (ByVal lngMouse As Long) As Long
```

Mit dem Wert 0 verschwindet der Cursor, bei –1 erscheint er wieder. Sie wird im folgenden Beispiel realisiert:

```
Dim lngMaus As Long
Sub Mausweg()
   lngMaus = Not lngMaus
   ShowCursor lngMaus
End Sub
```

Da in den Programmen Word, Excel, Visio, ... keine Timer-Funktion zur Verfügung steht, kann auf die beiden Funktionen `SetTimer` und `KillTimer` zurückgegriffen werden:

```
Private Declare SetTimer Lib "user32" _
   (ByVal hWnd As Long, ByVal nIDEvent As Long _
   ByVal uElapse As Long, ByVal lpTimerFunc As Long) As Long
```

```
Private Declare KillTimer Lib "user32" _
   (ByVal hWnd As Long, ByVal nIDEvent As Long) As Long
```

Zum Thema API und dlls ließe sich noch viel sagen und schreiben. Wenn Sie sich auch für dieses Thema interessieren (das hier zugegebenermaßen zu kurz kam), dann informieren Sie sich in weiterführender Literatur. Gerade Bücher über Visual Basic enthalten oft mehrere Kapitel zu diesem Thema.

12 Userforms (Dialoge, Formulare, Masken)

Folgende Standardsteuerelemente für die Dialogprogrammierung stehen Ihnen zur Verfügung:

- Dialogbox (Userform)
- Beschriftungsfeld (Label)
- Textfeld (Textbox)
- Kombinationsfeld (Dropdownfeld, Combobox)
- Listenfeld (Listbox)
- Kontrollkästchen (Checkbox)
- Optionsfeld (Optionbutton)
- Umschaltfeld (Toggelbar)
- Rahmen (Frame)
- Befehlsschaltfläche (Commandbar)
- Register (Tabstrip)
- Multiseiten (Multipage)
- Bildlaufleiste (Scrollbar)
- Drehfeld (Spinbutton)
- Anzeige (Image)

Da die Steuerelemente in der Werkzeugsammlung deutsche Namen tragen, dagegen in der Eigenschaftenliste englisch beschriftet sind, werden im Folgenden beide Bezeichnungen verwendet. Hier nun eine Auflistung der wichtigsten Eigenschaften, Methoden und Ereignisse der Steuerelemente:

12.1 Dialog und Befehlsschaltfläche

Die Eigenschaften des Formulars (Userform, Dialogbox):

Kategorie	Eigenschaft	Beschreibung
Bild	Picture	Die Kategorie „Bild" wird in Abschnitt 12.5 „Textfelder, Beschriftungsfelder und Anzeige" beschrieben.
	PictureAlignment	
	PictureSizeMode	

Kategorie	Eigenschaft	Beschreibung
	PictureTiling	
Bildlauf	KeepScrollBarsVisible	betrifft die Anzeige und Ansicht von möglichen Bildlaufleisten, wenn die Anzeige größer ist als der Bildschirm.
	Scrollbars	betrifft die Anzeige und Ansicht von Bildlaufleisten. Um Bildlaufleisten zu erhalten, müssen KeepScrollBarsVisible und Scrollbars eingeschaltet werden.
	ScrollHeight	gibt die Höhe der Bildlaufleiste an.
	ScrollLeft	gibt die Entfernung des linken Randes des Formulars vom linken Rand der Bildlaufleiste an.
	ScrollTop	gibt die Entfernung des oberen Randes des Formulars vom oberen Rand der Bildlaufleiste an.
	ScrollWidth	gibt die Breite der Bildlaufleiste an.
Darstellung	BackColor	gibt die Hintergrundfarbe an.
	BorderColor	bedeutet die Farbe des Randes (sie ist nur sichtbar, wenn ein Rand eingeschaltet und kein SpecialEffect aktiviert ist).
	BorderStyle	schaltet den Rand ein oder aus.
	Caption	gibt die Beschriftung des Dialogblatts an – erscheint in der Titelleiste.
	ForeColor	zeigt die Farbe der Textbeschriftungen.
	SpecialEffect	beinhaltet fünf verschiedene Effekte, die Randdarstellung betreffend.
Position	Height	ist die Höhe der Dialogbox.
	Left	Wird die StartUpPosition auf Manuell gesetzt, so erscheint die Dialogbox so viele Pixel vom linken Bildschirmrand entfernt.
	StartUpPosition	bestimmt die Lage der Position, wenn die Dialogbox aufgerufen wird – in der Mitte des Bildschirms, links oben (Voreinstellung) oder benutzerdefiniert.
	Top	Wird die StartUpPosition auf Manuell gesetzt, so erscheint die Dialogbox so viele Pixel vom oberen Bildschirmrand entfernt.
	Width	bedeutet die Breite der Dialogbox.

Kategorie	Eigenschaft	Beschreibung
Schriftart	Font	Die Schriftart erscheint überflüssig. Allerdings werden mit der Schriftart und Größe auf dem Formblatt die Standardschrift für die weiteren Elemente auf diesem Dialogblatt festgelegt.
Verhalten	Cycle	Werden die einzelnen Elemente mit der Tabulatortaste durchlaufen, so kann entschieden werden, ob nur die sichtbaren oder alle Elemente angesprungen werden.
	Enabled	Wird der Wert auf „False“ gesetzt, so erscheint zwar die Dialogbox, die Schaltflächen sind aber nicht aktivierbar, das heißt, die Dialogbox ist nicht eingabefähig und kann auch keine Befehle entgegennehmen.
Verschiedenes	(Name)	ist der Name der Dialogbox, mit der sie angesteuert, das heißt aufgerufen und geschlossen, werden kann.
	DrawBuffer	ist der zur Verfügung gestellte Speicher.
	HelpContextID	ist die Nummer einer Hilfedatei.
	MouseIcon	ist der Dateiname eines Mauszeigers.
	MousePointer	Hier kann aus einer Liste von acht verschiedenen Mauszeigern gewählt werden.
	Tag	Hier könnten Kommentare stehen, die möglicherweise ausgelesen werden.
	WhatsThisButton	kann nur in Verbindung mit der Option WhatsThisHelp eingeschaltet werden.
	WhatsThisHelp	fügt eine Schaltfläche für Hilfefunktionen neben dem Schließen-Symbol ein.
	Zoom	Die Ansicht kann vergrößert oder verkleinert werden.

Tabelle 34: Zusammenfassung der Eigenschaften des Formulars

Die Methoden der Userform

Kategorie	Eigenschaft	Beschreibung
Zwischenablage	Copy, Cut Paste	schneidet aus, kopiert und fügt ein.
Anzeige	Hide Show	zeigt die Userform an oder verbirgt sie.
Lage	Move	verschiebt.

Kategorie	Eigenschaft	Beschreibung
Aktionen	PrintForm WhatsThisMode	druckt aus.
	RedoAction UndoAction	macht Rückgängig. wiederholt.

Tabelle 35:Zusammenfassung der Methoden der Userform

Die Ereignisse der Userform

Kategorie	Eigenschaft	Beschreibung
Start	Activate Initialize	Initialize wird nur beim Start ausgeführt, Activate auch, wenn von einer Userform auf eine andere gewechselt wird.
Mausereignisse	Click DblClick MouseDown MouseUp MouseMove	Klick Doppelklick Die Maus wird gedrückt. Die Maus wird über die Form gezogen.
Tastenereignisse	KeyDown KeyPress KeyUp	Eine (beliebige) Taste wird gedrückt.
Bewegung	Resize Scroll Zoom	Größe wird verändert oder gescrollt.
	BeforeDragOver BeforeDropAndPaste	Vor dem Ziehen oder Einfügen
Sonstiges	AddControl RemoveControl Error QueryClose	Ein Steuerelement wird hinzugefügt oder gelöscht. Ein Fehler tritt auf.
	Deactivate Terminate QueryClose	Terminate wird beim Entladen des Formulars gestartet, Deactivate auch, wenn von einem Formular auf ein anderes gesprungen wird. Mit QueryClose können weitere Schließ-Modalitäten abgefangen werden.

Tabelle 36: Zusammenfassung der Ereignisse der Userform

Die Eigenschaften der Befehlsschaltfläche (Commandbutton)

Kategorie	Eigenschaft	Beschreibung
Darstellung	Con-trolTipText	Dieser Text erscheint in einem Quickinfo, wenn der Mauszeiger einige Sekunden auf der Schaltfläche bleibt.
	Visible	Die Schaltfläche ist sichtbar, wenn „True" / „Ja" gewählt wurde.
Verhalten	AutoSize	Wird diese Option auf „True" gesetzt, so verändert sich die Größe der Schaltfläche beim Verändern der Caption automatisch so, dass der gesamte Text gerade noch lesbar ist.
	Cancel	Wird „True" / „Ja" eingeschaltet, so wird diese Schaltfläche mit der Taste [Esc] ausgelöst.
	Default	Eine der Schaltflächen kann als Standard ausgewählt werden und dann nach Aufrufen der Dialogbox mit [Enter] betätigt werden.
	Enabled	Auf „False" / „Nein" gesetzt wäre diese Schaltfläche nicht aktivierbar und die Schrift erschiene in einem hellen Grau.
	Locked	Auf „False" gesetzt wäre diese Schaltfläche nicht aktivierbar, ohne dass die Schrift in einem hellen Grau erscheint.
	TakeFocusOn-Click	Nach dem Klicken auf diese Schaltfläche behält sie den Fokus.
	WordWrap	Erlaubt bei „True" einen Zeilenumbruch bei einem langen Caption-Text, bei „False" ist nur ein einzeiliger Text möglich.
Verschiede-nes	Accelerator	Der Buchstabe, der hier eingegeben wird, muss Teil der Caption sein. Dann erscheint er unterstrichen auf der Schaltfläche. Nun kann die Schaltfläche mit [Alt] + dem Buchstaben aktiviert werden. Wird zweimal derselbe Buchstabe vergeben, so ruft [Alt] + Buchstabe die erste Schaltfläche auf.
	TabIndex	Die Reihenfolge, mit der beim Drücken der [Tab]-Taste die einzelnen Schaltflächen angesprungen werden. Dies kann auch über ANSICHT – AKTIVIERREIHENFOLGE oder mit der rechten Maustaste (Aktivierreihenfolge) gesteuert werden.
	TabStop	Wird „False" / „Nein" eingeschaltet, so kann diese Schaltfläche nicht mit der Tabulatortaste angesprungen werden.

Tabelle 37: Zusammenfassung der Eigenschaften der Befehlsschaltfläche (Commandbutton)

Die Methoden der Befehlsschaltfläche

Kategorie	Eigenschaft	Beschreibung
Aktivieren	SetFocus	Der „Focus“ wird auf die Befehlsschaltfläche gelegt.
Reihenfolge	ZOrder	Die Reihenfolge bei gestapelten Steuerelementen wird festgelegt.

Tabelle 38: Zusammenfassung der Methoden der Befehlsschaltfläche

Die Befehlsschaltfläche verwendet folgende Ereignisse:

Kategorie	Ereignis	Kategorie	Ereignis
Start	Enter	Änderungen	BeforeDragOver BeforeDropAndPaste
Mausereignisse	Click DblClick MouseDown MouseUp MouseMove	Sonstiges	Error
Tastenereignisse	KeyDown KeyPress KeyUp	Ende	Exit

Tabelle 39: Zusammenfassung der Ereignisse der Befehlsschaltfläche

12.2 Übungen zur Dialogbox und zu den Befehlsschaltflächen

Übung 1

Ein Klick auf die ABBRECHEN-Schaltfläche meldet, dass die Userform nun beendet wird und schließt diese.

Übung 2

Ein Klick auf eine Schaltfläche verändert die Farbe der Userform, indem verschiedene Farben nacheinander angezeigt werden.

Übung 3

Ein Klick auf eine Schaltfläche ändert den Mauszeiger der Userform.

Übung 4

Bei einem Formular steht in der Titelzeile immer die aktuelle Position des Cursors.

Übung 5

In einem Formular steht in der Titelzeile das aktuelle Datum.

Übung 6

Auf einem Formular befindet sich eine Befehlsschaltfläche. Versucht der Benutzer darauf zu klicken, dann springt sie zur Seite. Versucht er auf die neue Schaltfläche zu klicken, dann sitzt sie wieder an der alten Position.

Übung 7

Auf einer Userform befindet sich eine Befehlsschaltfläche mit der Beschriftung „Erweitern". Klickt der Benutzer auf diese Schaltfläche, dann wird die Form größer und der Text ändert sich in „Verkleinern". Ein weiterer Klick verkleinert die Form und ändert den Text erneut in „Vergrößern".

Übung 8

Eine UserForm darf nicht mit dem Schließen-Symbol, das mit dem „x" in der Titelzeile geschlossen werden. Der Anwender muss den Dialog über die dafür vorgesehene Schließen-Schaltfläche beenden.

12.3 Tipps zu den Aufgaben der Dialogbox und zu den Befehlsschaltflächen

Tipp zu Übung 1

Bitte verwenden Sie nicht die Methode `Hide`, da dann die Userform noch immer im Arbeitsspeicher wäre. Um sie ganz zu entladen, muss der Befehl `Unload` verwendet werden.

Tipp zu Übung 3

Es gibt sicherlich viele Lösungen mit ganz unterschiedlichen Effekten. Man könnte den Wert von `Me.BackColor` von 0 bis 50.000.000 (in einer bestimmten Schrittfolge) hoch zählen lassen. Oder die Funktion `RGB` verwenden:

Tipp zu Übung 4

Achtung: Bei dieser Übung wird das Steuerelement „Userform" verwendet mit dem Ereignis „MouseMove".

Tipp zu Übung 6

Für diesen kleinen, überflüssigen Scherz existiert eine Reihe von Lösungen. Man könnte mit zwei Schaltflächen arbeiten, von denen die eine sichtbar (`Visible = True`), die andere unsichtbar ist. Dann wird ein Code benötigt, der sie abwechselnd ein- und ausblendet. Die zweite Möglichkeit verwendet die Eigenschaft `Left`, um die Position (vom linken UserForm-Rand) neu zu belegen. Die dritte Möglichkeit verwendet die Methode `Move` und verschiebt die Befehlsschaltfläche (beispielsweise von 12 auf 120 und von 120 auf 12).

Tipp zu Übung 8

Es funktioniert mit dem Ereignis `QueryClose`.

12.4 Lösungen zu den Aufgaben der Dialogbox und zu den Befehlsschaltflächen

Lösung 1

```
Private Sub cmdAbbrechen_Click()
  MsgBox "Das war's dann, Leute."
  Unload Me
End Sub
```

Lösung 2

```
    Dim lngFarbzähler As Long
    Dim intdummy As Integer
    Dim intWiederholung As Integer
    For intWiederholung = 1 To 10
       For lngFarbzähler = 1 To 255
          Me.BackColor = RGB(lngFarbzähler, 255 - lngFarbzähler, _
             255 - lngFarbzähler)
          Me.Repaint
          For intdummy = 1 To 3200
             Sin (Cos(intdummy ^ 2))
```

```
            Next intdummy
        Next lngFarbzähler
    Next intWiederholung
    Unload Me
```

Lösung 3

```
Private Sub cmdAbbrechen_Click()
    If Me.MousePointer <> fmMousePointerSizeAll Then
        Me.MousePointer = Me.MousePointer + 1
    Else
        Me.MousePointer = fmMousePointerDefault
    End If
End Sub
```

Sinnvoll ist dieser Befehl bei länger dauernden Prozeduren. Zu Beginn kann der Mauszeiger auf „Sanduhr" gesetzt werden:

```
Me.MousePointer = fmMousePointerHourGlass
```

Dies wird natürlich am Ende – wenn das Programm korrekt abgelaufen ist oder wenn ein Fehler aufgetreten ist – wieder zurückgesetzt:

```
Me.MousePointer = fmMousePointerDefault
```

Lösung 4

```
Private Sub UserForm_MouseMove(ByVal Button As Integer, _
    ByVal Shift As Integer, ByVal X As Single, ByVal Y As Single)
    Me.Caption = "x: " & Format(X, "000.00") & _
        " y: " & Format(Y, "000.00")
End Sub
```

Lösung 5

```
Private Sub UserForm_Initialize()
    Me.Caption = "Heutiges Datum: " & Date
End Sub
```

Lösung 6

Variante 1:

```
Private Sub UserForm_Initialize()
   cmdGehaltserhöhung1.Visible = True
   cmdGehaltserhöhung2.Visible = False
End Sub

Private Sub cmdGehaltserhöhung1_MouseMove _
   (ByVal Button As Integer, ByVal Shift As Integer, _
   ByVal X As Single, ByVal Y As Single)
   cmdGehaltserhöhung1.Visible = False
   cmdGehaltserhöhung2.Visible = True
End Sub

Private Sub cmdGehaltserhöhung2_MouseMove _
   (ByVal Button As Integer, ByVal Shift As Integer, _
   ByVal X As Single, ByVal Y As Single)
   cmdGehaltserhöhung1.Visible = True
   cmdGehaltserhöhung2.Visible = False
End Sub
```

Variante 2:

```
Private Sub cmdGehaltserhöhung3_MouseMove _
   (ByVal Button As Integer, ByVal Shift As Integer, _
   ByVal X As Single, ByVal Y As Single)
   If cmdGehaltserhöhung3.Left = 24 Then
      cmdGehaltserhöhung3.Left = 282
   Else
      cmdGehaltserhöhung3.Left = 24
   End If
End Sub
```

Variante 3:

```
Private Sub cmdGehaltserhöhung4_MouseMove _
   (ByVal Button As Integer, ByVal Shift As Integer, _
   ByVal X As Single, ByVal Y As Single)
   cmdGehaltserhöhung4.Move Left:=306 - cmdGehaltserhöhung4.Left
End Sub
```

Lösung 7

```
Private Sub cmdErweitern_Click()
   If Me.cmdErweitern.Caption = "Erweitern" Then
      Me.Height = 500
      Me.cmdErweitern.Caption = "Reduzieren"
   Else
      Me.Height = 380
      Me.cmdErweitern.Caption = "Erweitern"
   End If
End Sub
```

Selbstverständlich kann man beim Laden des Formulas die Höhe des Formulars und seine Beschriftung festlegen:

```
Private Sub UserForm_Initialize()
   Me.Height = 200
   Me.cmdErweitern.Caption = "Erweitern"
End Sub
```

Sie können den Wechsel auch erzeugen, indem Sie die Höhe überprüfen (Achtung: Manchmal gibt es hierbei Rundungsfehler!):

```
   If Me.cmdErweitern.Height = 380 Then
[...]
```

Lösung 8

```
Private Sub UserForm_QueryClose _
   (Cancel As Integer, CloseMode As Integer)
   If CloseMode = vbFormControlMenu Then
      MsgBox "Bitte nur über die Schaltfläche " & _
      """Abbrechen""" & vbCr & _
```

```
        "oder mit der Taste <esc> schließen.", _
        vbInformation, "Firmenname"
        Cancel = True
    End If
End Sub
```

12.5 Textfelder, Beschriftungsfelder und Anzeige

Die Eigenschaften des Textfeldes (Textbox):

Kategorie	Eigenschaft	Beschreibung
Darstellung	PasswordChar	Der eingegebene Text wird nicht angezeigt, sondern am Bildschirm nur durch dieses Zeichen dargestellt, beispielsweise: *.
Daten	ControlSource	bezeichnet die Stelle, wo Daten gespeichert sein können oder von wo sie geholt werden können.
	Text	Vorgabetext
Verhalten	AutoSize	vergrößert die Textbox automatisch bei der Eingabe von Text.
	AutoTab	Ist bei MaxLength ein Wert > 0 eingetragen, so wird nach dieser Zeichenanzahl die Textbox verlassen.
	AutoWordSelect	Beim Markieren wird das zweite, dritte, ... Wort immer ganz markiert.
	Enabled	Text kann eingegeben werden, wenn der Wert auf „True"/„Ja" steht.
	EnterKeyBehavior	Das Drücken der [Enter]-Taste bewirkt einen Zeilenumbruch, wenn MultiLine eingeschaltet ist. Sonst wird der OK-Button aufgerufen, wenn sein Default-Wert auf „True" gesetzt ist.
	HideSelection	gibt an, ob ausgewählter Text weiter markiert bleibt, wenn das Textfeld nicht den Fokus hat.
	IntegralHeight	zeigt an, ob ein Textfeld ganze Textzeilen oder Teile von Zeilen angezeigt werden.
	Locked	keine Texteingabe möglich.
	MaxLength	Maximale Anzahl der Zeichen, die eingegeben werden können. Die Vorgabe 0 bedeutet beliebig viele, das heißt: maximal.
	MultiLine	längerer Text bricht automatisch in die nächste Zeile um
	SelectionMargin	gibt an, ob der Benutzer eine Textzeile durch Klicken im Bereich links vom Text markieren kann.

Kategorie	Eigenschaft	Beschreibung
	TabKeyBehavior	ermöglicht die Eingabe eines Tabulators (wenn AutoTab auf „False" gesetzt wurde).
	TextAlign	Ausrichtung (linksbündig, rechtsbündig, zentriert)
	WordWrap	bewirkt einen automatischen Zeilenumbruch (wenn MultiLine auf „True" gesetzt wurde).
Verschiedenes	DragBehavior	Drag & Drop innerhalb der Textbox möglich.
	EnterFieldBehavior	Ein Sprung mit der Tabulatortaste in die Textbox bewirkt eine Markierung des Vorgabetexts oder des geschriebenen Texts.
	HelpContextID	die Nummer der Hilfedatei
	IMEMode	IME steht für Input Method Editor, mit dem Zeicheneingaben in Sprachen wie Japanisch oder Chinesisch übersetzt werden.

Tabelle 40: Zusammenfassung der Eigenschaften des Textfeldes

Die Ereignisse der Textbox:

Kategorie	Ereignis	Kategorie	Ereignis
Start	Enter	Änderungen	BeforeUpdate AfterUpdate DropButtonClick
Mausereignisse	DblClick MouseDown MouseUp MouseMove		BeforeDragOver BeforeDropAndPaste
Tastenereignisse	KeyDown KeyPress KeyUp Change	Sonstiges	Error
		Ende	Exit

Tabelle 41: Zusammenfassung der Ereignisse der Textbox

Die Eigenschaften der Anzeige (Image):

Kategorie	Eigenschaft	Beschreibung
Bild	Picture	gibt das anzuzeigende Bild an.
	PictureAlignment	zeigt die Ausrichtung des Bildes.

Kategorie	Eigenschaft	Beschreibung
	PictureSizeMode	präsentiert die Größe des Bildes.
	PictureTiling	legt fest, ob das Bild mehrmals nebeneinander gekachelt dargestellt wird oder nicht.

Tabelle 42: Zusammenfassung der Eigenschaften der Anzeige (Image):

Bezeichnungsfeld (Label)

Alle Eigenschaften der Bezeichnungsfelder und der Anzeigen wurden schon bei den obengenannten Steuerelementen beschrieben. Es gibt keine Eigenschaft, die sich per Programmierung einstellen lässt. Die einzigen drei Methoden, die bei beiden Steuerelementen zur Verfügung stehen, sind `Move`, `SetFocus` und `ZOrder`. `SetFocus` setzt beim Bezeichnungsfeld den Focus auf das nächste Steuerelement, das in der Aktivierreihe festgelegt wurde.

Da ein Bezeichnungsfeld und die Anzeige von außen nur durch die Maus angestoßen werden können, stehen nur folgende Ereignisse zur Verfügung:

`Click`, `DblClick`, `MouseDown`, `MouseUp`, `MouseMove`, `BeforeDragOver`, `BeforeDropAndPaste` und `Error`.

Excel stellt für die Eingabe eines Zellbereichs ein Steuerelement mit Namen REFEDIT zur Verfügung. Damit kann der Benutzer auf einer Tabelle einen Bereich markieren, der dann in der Form

`Tabelle1!$B$4:$D$10`

im Steuerelement angezeigt und abgefangen werden kann. Das folgende Beispiel zeigt die Zielwertsuche in Excel:

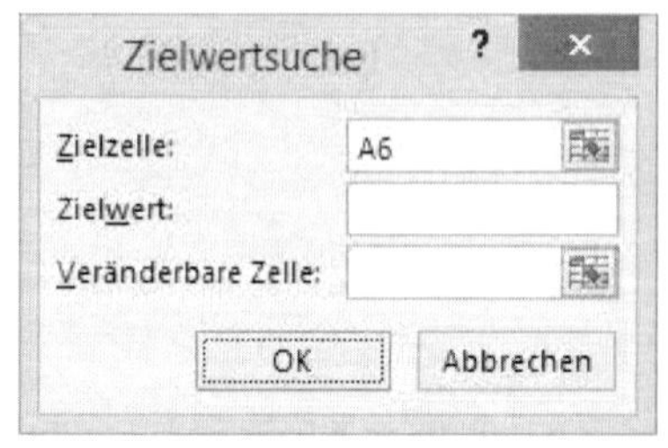

Abbildung 12: Ein Beispiel aus Excel für zwei RefEdit-Felder

12.6 Übungen zu den Textfeldern und den Bezeichnungsfeldern

Übung 1

Bei einem Klick auf eine Befehlsschaltfläche soll der Inhalt eines Textfeldes in einem Meldungsfenster angezeigt werden.

Übung 2

Bei der Texteingabe soll der Text auf einem Bezeichnungsfeld angezeigt werden.

Übung 3

Beim Verlassen eines Textfeldes soll der Text in der Titelzeile der Userform angezeigt werden.

Übung 4

Beim Verlassen eines Textfeldes wird überprüft, ob der eingegebene Wert eine Zahl ist. Falls nicht, dann erfolgt eine Fehlermeldung und der Inhalt des Textfelds wird geleert oder der Inhalt wird markiert.

Übung 5

Der Benutzer kann in einem Textfeld nur Zahlen und Kommata eingeben.

Übung 6

Die Farbe der Beschriftung eines Bezeichnungsfeldes ändert sich, wenn der Mauszeiger darüberfährt.

Übung 7

Ein Text „wandert" über eine Userform. Es wird eine Laufschrift simuliert.

Übung 8

Ein Klick auf eine Bildbeschriftung (Label) lädt ein anderes Bild und ändert den vorhandenen Text.

Übung 9

Klickt der Benutzer mit gedrückter [Strg]-Taste auf ein Bild, dann erscheinen Kommentare zum Bild, bei gedrückter [Shift]-Taste der Name des Malers und bei [Alt] das Erstellungsjahr. Werden mehrere Tasten gedrückt, dann erfolgt ein Hinweis, dass nur eine Taste zu drücken ist.

Übung 10

Ein Klick auf eine Schaltfläche bewirkt, dass alle Textfelder gelöscht werden.

12.7 Tipps zu den Übungen zu Textfeldern und den Bezeichnungsfeldern

Tipp zu Übung 1 – 4

Achten Sie auf das richtige Ereignis und verwechseln Sie nicht Caption, Name und Value!

Tipp zu Übung 5

Die folgende Lösung überprüft die vom Benutzer gedrückte Taste. Liegt der Ascii-Wert unter `Asc("0")`, so könnte es sich um ein Komma handeln. Hat der Benutzer ein Komma (oder einen Punkt) gedrückt, so wird nachgeschaut, ob schon ein Komma innerhalb der bereits eingegebenen Zeichenkette vorhanden ist. Falls nein, so wird ein Komma erzeugt. Ausgeschlossen sind weiterhin alle Zeichen mit einem Asciiwert über dem der 9. Bei ihnen geschieht keine Reaktion. Alle anderen Zeichen (die Ziffern von 0 bis 9) werden problemlos dargestellt. Man könnte statt des Ereignisses KeyPress auch KeyDown verwenden, allerdings nicht KeyUp! Bei KeyDown werden andere Werte für die übergebene Variable KeyCode verwendet. Außerdem muss nun noch die Taste [Entf] und [Rück] abgefangen werden.

Tipp zu Übung 6

Wichtig ist hierbei, dass die Farbe des Labels wieder ausgeschaltet wird, beispielsweise, wenn sich der Mauszeiger auf der Userform bewegt.

Tipp zu Übung 9

Die Tasten [Shift], [Strg] und [Alt] können nicht über das Ereignis `Click` abgefangen werden, sondern über das Ereignis `MouseDown`. In der Hilfe finden sich die Werte für die Variable `Shift`, um die gedrückten Tasten abzufangen.

Tipp zu Übung 10

Natürlich kann man jedes einzelne Textfeld „leeren" – schneller geht es sicherlich mit einer Schleife.

12.8 Lösungen zu den Übungen zu Textfeldern und den Bezeichnungsfeldern

Lösung 1

Es existieren mehrere Varianten zum Abfangen eines Textes. Man kann die „Objektkascade" hinabsteigen:

```
Private Sub cmdOk_Click()
   MsgBox "Bitte zahlen Sie: " & Me.txtBetrag.Text
End Sub
```

Oder man kann mit der Eigenschaft `Value` arbeiten:

```
Private Sub cmdOk_Click()
   MsgBox "Bitte zahlen Sie: " & Me.txtBetrag.Value
End Sub
```

Auf das Me kann verzichtet werden:

```
Private Sub cmdOk_Click()
   MsgBox "Bitte zahlen Sie: " & txtBetrag.Value
End Sub
```

Da `Value` die Standardeigenschaft des Textfelds ist, kann auch darauf verzichtet werden:

```
Private Sub cmdOk_Click()
   MsgBox "Bitte zahlen Sie: " & txtBetrag
End Sub
```

Da VBA nicht das Objet txtBetrag an das Meldungsfenster übergeben kann, wird die Standardeigenschaft verwendet. Der besseren Lesbarkeit sollten Sie auf diesen Code verzichten und stets die korrekte Eigenschaft angeben!

Lösung 2

```
Private Sub txtBetrag_Change()
   Me.lblBezeichnung.Caption = Me.txtBetrag.Value
End Sub
```

Oder in der kurzen – aber nicht sehr „schönen" Variante, die Sie eher vermeiden sollten:

```
Private Sub txtBetrag_Change()
   lblBezeichnung = txtBetrag
End Sub
```

Siehe hierzu meinen Kommentar aus Lösung 1 zu Übung 1.

Lösung 3

```
Private Sub txtBetrag_Exit _
   (ByVal Cancel As MSForms.ReturnBoolean)
      Me.Caption = Me.txtBetrag.Value
End Sub
```

Lösung 4

```
Private Sub txtBetrag_Exit _
   (ByVal Cancel As MSForms.ReturnBoolean)
   If Not IsNumeric(Me.txtBetrag.Value) Then
      MsgBox "Es wurde keine Zahl eingegeben!"
      Me.txtBetrag.Value = ""
   End If
End Sub
```

Die Bedingung könnte auch formuliert werden:

```
If IsNumeric(Me.txtBetrag.Value) = False Then
[...]
```

Ein wenig schwierig wird es, wenn der Cursor bei einer falschen Eingabe wieder in das Textfeld zurückgesetzt werden soll. Die Ursache der Schwierigkeit liegt darin, dass VBA die Steuerelemente in einer bestimmten Reihenfolge abarbeitet – zuerst wird der Code abgearbeitet und anschließend das Textfeld verlassen. Um dies zu unterbinden, können Sie den Parameter `Cancel` auf `False` setzen

Wenn Sie den Inhalt markieren möchten, müssen Sie wie folgt vorgehen:

```
   Me.TextBox1.SetFocus
   Me.TextBox1.SelStart = 0
   Me.TextBox1.SelLength = Len(Me.TextBox1.Value)
```

Lösung 5

```
Private Sub txtWert_KeyPress _
      (ByVal KeyAscii As MSForms.ReturnInteger)
   Select Case KeyAscii
   Case Is < Asc("0")
      If (KeyAscii = Asc(",") Or KeyAscii = Asc(".")) _
         And InStr(Me.txtWert.Value, ",") = 0 Then
         KeyAscii = Asc(",")
      Else
         KeyAscii = 0
      End If
   Case Is > Asc("9")
        KeyAscii = 0
   End Select
End Sub
```

oder alternativ:

```
Private Sub txtWert_KeyUp _
      (ByVal KeyCode As MSForms.ReturnInteger, _
      ByVal Shift As Integer)
   Select Case KeyCode
   Case 8, 46
   Case Is < Asc("0")
         KeyCode = 0
   Case Is > Asc("9")
      If (KeyCode = 188 Or KeyCode = 190) _
         And InStr(Me.txtWert.Value, ",") = 0 Then
         KeyCode = 188
      Else
         KeyCode = 0
      End If
   End Select
End Sub
```

Lösung 6

```
Private Sub lblBezeichnung_MouseMove _
   (ByVal Button As Integer, ByVal Shift As Integer, _
   ByVal X As Single, ByVal Y As Single)
      Me.lblBezeichnung.ForeColor = &HFF0000
End Sub
Private Sub UserForm_MouseMove _
   (ByVal Button As Integer, ByVal Shift As Integer, _
   ByVal X As Single, ByVal Y As Single)
      Me.lblBezeichnung.ForeColor = &H80000012
End Sub
```

Lösung 7

```
Private Sub UserForm_MouseMove _
   (ByVal Button As Integer, ByVal Shift As Integer, _
   ByVal X As Single, ByVal Y As Single)
   Dim i As Integer
   Do
      If Me.Label1.Left = 10 Then
         For i = 1 To 1000
            Me.Label1.Left = Me.Label1.Left + 0.2
            Me.Repaint
         Next
      Else
         Me.Label1.Left = 10
      End If
   Loop
End Sub
```

Dieses Beispiel hat zwei Nachteile. Zum einen kann es nur noch mit der Tastenkombination [Strg]+[Unterbrechen] beendet werden. Zum anderen können keine weiteren Ereignisse verarbeitet werden, während diese Prozedur läuft. Vielleicht sollte man die Schleife nur ein Mal durchlaufen lassen ...

Lösung 8

```
Option Explicit
Dim strInfo(1 To 7) As String
Dim strBildPfad As String

Private Sub lblBildInfo_Click()
   Select Case Left(lblBildInfo.Caption, 5)
   Case "Leona"
      lblBildInfo.Caption = strInfo(2)
      imgKunst.Picture = LoadPicture(strBildPfad & "\Botti.bmp")
   Case "Botti"
      lblBildInfo.Caption = strInfo(3)
      imgKunst.Picture = LoadPicture(strBildPfad & "\Michel.bmp")
   Case "Miche"
      lblBildInfo.Caption = strInfo(4)
      imgKunst.Picture = LoadPicture(strBildPfad & "\Rembr.bmp")
   Case "Rembr"
      lblBildInfo.Caption = strInfo(5)
      imgKunst.Picture = LoadPicture(strBildPfad & _
         "\VanGogh.bmp")
   Case "Van G"
      lblBildInfo.Caption = strInfo(6)
      imgKunst.Picture = LoadPicture(strBildPfad & "\Seurat.bmp")
   Case "Seura"
      lblBildInfo.Caption = strInfo(7)
      imgKunst.Picture = LoadPicture(strBildPfad & "\Monet.bmp")
   Case Else
      lblBildInfo.Caption = strInfo(1)
      imgKunst.Picture = LoadPicture(strBildPfad & "\Vinci.bmp")
   End Select

End Sub
```

```
Private Sub UserForm_Initialize()
   strBildPfad = ActiveWorkbook.Path

   strInfo(1) = "Leonardo da Vinci" & vbCr & vbCr & _
   "ital. Maler, Bildhauer, Architekt, Kunstteheoretiker " & _
   "Naturforscher u. Mechaniker" & vbCr & _
   "*1452 - 1519; zuerst Schüler Verocchios in Florenz, " & _
   " dann (1482 - 99) in Mailand am Hofe, nach Etappen in " & _
   "Florenz, Mailand und Rom; zuletzt in Frankreich; " & _
   "universales Genie der Renaissance. In seinen Gemälden " & _
   "verband L. Körper und Raum durch Umrisse verschleiernde" & _
   " Lichtwirkung (sfumato). Hptw.: ""Abendmahl"", " & _
   """Mona Lisa"" und ""Anna Selbdritt"""

   strInfo(2) = "Botticelli, Sandro" & vbCr & vbCr & _
   "ital. Maler *1444 - 1510;" & vbCr & _
   "neben wichtigen Porträts " & _
   "religiöse und allegorische Bilder. Hauptw.: " & _
   """Frühling"", ""Geburt d. Venus"", Madonnen, Fresken in" & _
   " der Sixtinischen Kapelle."

   strInfo(3) = "Michelangelo Buonarotti" & vbCr & vbCr & _
   [...]

   strInfo(7) = "Manet, Edouard" & vbCr & vbCr & _
   [...]
   imgKunst.Picture = LoadPicture(strBildPfad & "\Vinci.bmp")
   lblBildInfo.Caption = strInfo(1)
End Sub
```

Das Ergebnis kann sich sehen lassen:

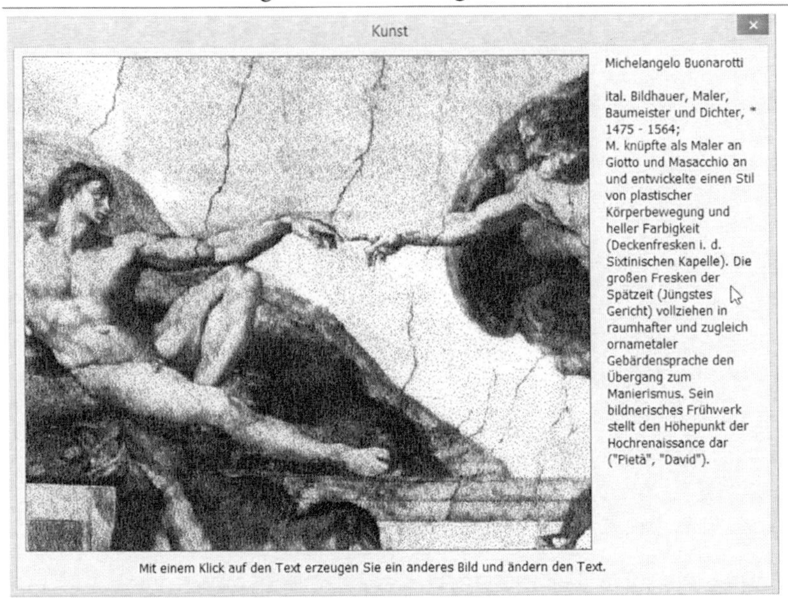

Abbildung 13: Das Ergebnis

Übrigens scheint VBA an dieser Stelle einen Bug zu haben: Klickt der Benutzer auf das Bild, dann wird zwar der Text geändert allerdings nicht mehr das Bild!

Lösung 9

```
Private Sub imgKunst_MouseDown _
      (ByVal Button As Integer, _
      ByVal Shift As Integer, _
      ByVal X As Single, ByVal Y As Single)
   Select Case Shift
   Case 0
   Case 1
      MsgBox "Leonardo da Vinci"
   Case 2
      MsgBox "Die einen halten sie für einen Ausdruck " & _
      "kosmischer Sanftmut und Güte, die anderen halten " & _
      "das Gemälde für puren Kitsch."
   Case 4
      MsgBox "Die Mona Lisa wurde 1503 gemalt."
```

```
    Case Else
        MsgBox "Bitte nur eine Taste drücken!"
    End Select
End Sub
```

Lösung 10

```
Private Sub cmdAlleLeeren_Click()
    Dim ctl As Control
    For Each ctl In Me.Controls
        If TypeName(ctl) = "TextBox" Then
            ctl.Value = ""
        End If
    Next
End Sub
```

Selbstverständlich können Sie auch überprüfen, ob es sich bei dem Steuerelement um ein Textfeld handelt, indem Sie auf den Namen zugreifen. Beginnt beispielsweise jedes Textfeld mit „txt" könnte man es so übeprüfen:

```
        If Left(ctl.Name, 3) = "txt" Then
```

12.9 Rahmen, Optionsfeld, Kontrollkästchen und Umschaltfeld

Die Eigenschaften der Optionsfelder (Optionbutton), Kontrollkästchen (Checkbox) und Umschaltfelder (Togglebutton)

Kategorie	Eigenschaft	Beschreibung
Verschiedenes	GroupName	Hier kann manuell der Name des Gruppenfelds eingetragen werden.
Darstellung	Value	„False" bedeutet nicht angeklickt, „True" heißt, dass das Optionsfeld eingeschaltet ist und „Null" heißt weder noch.
Verhalten	TripleState	legt fest, ob „Null" möglich ist.

Tabelle 43: Zusammenfassung der Eigenschaften der Optionsfelder, Kontrollkästchen und Umschaltfelder

Die Ereignisse unterschieden sich nicht von den Ereignissen der Textfelder.

Der Rahmen hat eine ästhetische Bedeutung zur Gliederung auf einer Userform. Er hat aber auch eine pragmatische Funktion: Soll aus Gruppen von mehreren Optionsfeldern jeweils eines ausgewählt werden, dann müssen sie in einem Rahmen zusammengefasst werden. Dazu sollte zuerst der Rahmen gezeichnet werden und dann sollten die Optionsfelder hineingezogen werden.

Alle Eigenschaften und Methoden des Rahmens sind bereits erwähnt worden. Lediglich per VBA ist es möglich, über die Eigenschaft `ActiveControl` den Optionsbutton zu bestimmen, der ausgewählt wurde. Allerdings setzt dies ein Auswählen des Benutzers voraus. Beim Start der Userform muss deshalb mit der Methode `SetFocus` ein Steuerelement aktiviert werden, welches so nun zum `ActiveControl` wurde, falls der Benutzer nichts auswählt. Mit der Sammlung `Controls` kann auf alle Steuerelemente innerhalb des Rahmens zugegriffen werden.

Ein wichtiger Unterschied existiert zwischen den Optionsfeldern und Kontrollkästchen (beziehungsweise Umschaltfeldern). Jedes Kontrollkästchen kann ein- und ausgeschaltet werden. Aus einer Reihe von Optionsfeldern kann allerdings immer nur eines ausgewählt werden.

12.10 Übungen zu Rahmen, Optionsfeld, Kontrollkästchen und Umschaltfeld

Übung 1

Auf einer Userform befinden sich zwei Rahmen. Der erste enthält fünf Optionsfelder, der zweite vier. Ein Klick auf eine Befehlsschaltfläche zeigt an, welche beiden Optionsfelder angeklickt wurden. Es existieren mehrere Lösungen!

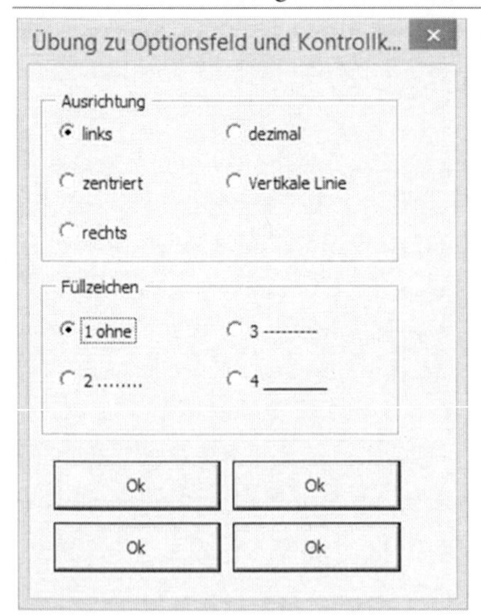

Abbildung 14: Ein Beispiel (von Word abgeschaut), bei dem zwei Gruppen von jeweils fünf beziehungsweise vier Optionsfeldern vorliegen

Übung 2

Auf einer Userform befinden sich mehrere Kontrollkästchen. Ein Klick auf eine Befehlsschaltfläche zeigt an, welche der Kontrollkästchen angeklickt wurden. Es existieren mehrere Lösungen!

Übung 3

Eine Umschaltfläche leert ein Textfeld.

Übung 4

Wird ein Kontrollkästchen angeklickt, dann steht in einem Textfeld der Vorgabewert 12, wird es ausgeschaltet, dann wird das Textfeld geleert.

Übung 5

Wird ein Kontrollkästchen eingeschaltet, dann können in zwei Textfelder Daten eingetragen werden. Wird es deaktiviert, dann ist die Eingabe nicht möglich.

Übung 6

In einem Rahmen befinden sich fünf Optionsfelder. Wird der letzte angeklickt, dann erscheint ein Textfeld, in das der Benutzer etwas eingeben kann. Bei den anderen vier verschwindet das Textfeld wieder.

Übung 7

Auf einem Bewertungsformular befinden sich mehrere Reihen (Kategorien) von Kontrollkästchen. Sie sind jeweils mit den Notenwerten 1 bis 5 bezeichnet. Der Benutzer kann nun aus jeder Reihe ein Kästchen auswählen oder zwei nebeneinanderliegende auswählen (zum Beispiel für die Noten 2 oder 2 – 3). Es ist aber verboten, aus einer Reihe drei Kästchen anzuklicken, ebenso wie die zwei ausgewählten Kästchen nebeneinander liegen müssen.

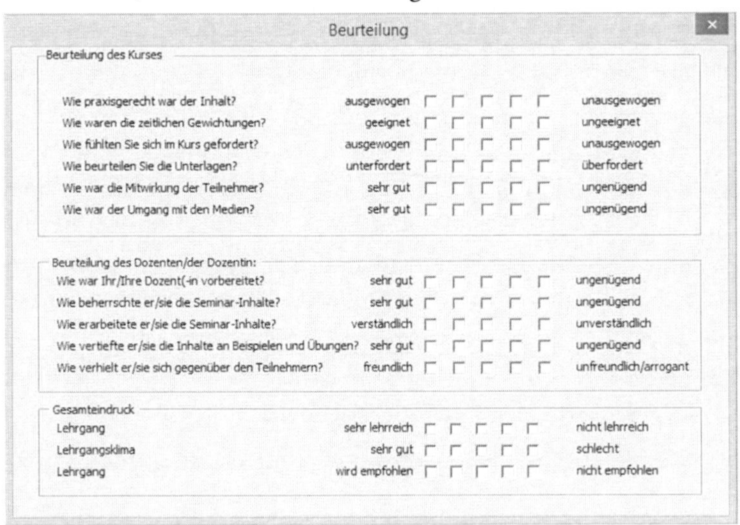

Abbildung 15: So könnte der Bewertungsbogen aussehen.

12.11 Tipps zu den Übungen zu Rahmen, Optionsfeld und Kontrollkästchen

Tipp zu Übung 1

Um zwei Gruppen von Optionsfeldern zu erhalten, können entweder zwei Rahmen gezogen werden, in die die Optionsfelder eingefügt werden, oder den Optionsfeldern wird in der Eigenschaft `GroupName` ein Gruppenname zugewiesen – für die zwei Gruppen also zwei Namen.

Um den Wert des ausgewählten Optionsfeldes zu bestimmen, stehen mehrere Varianten zur Verfügung. Mit einer `If`-Abfrage können alle Optionsfelder einzeln überprüft werden. Als weitere Möglichkeit kann die Sammlung der Controls durchlaufen werden.

Eine weitere, elegante Variante übergibt einen Wert an eine Variable, wenn ein Optionsfeld angeklickt wird. Da die Variable immer mit dem letzten Wert gefüllt ist, kann dieser schließlich ausgegeben werden. Achtung: wenn nichts angeklickt wurde, dann wird auch kein Wert übergeben. Folglich muss bei der Initialisierung ein Wert festgelegt werden. Und: die Variable, die diesen Wert speichert, muss global, das heißt modulweit, deklariert werden.

Tipp zu Übung 2

Wie in Aufgabe 1 kann jedes Kontrollkästchen einzeln abgefragt werden:

Eine Schleife könnte auch alle Controls des Rahmens durchlaufen.

Es existiert allerdings noch eine weitere, sehr elegante Lösung: In einer globalen Variablen wird ein Wert gespeichert. Dabei übergibt `chkAkzent` den Wert 1, `chkAusschneiden` 2, `chkEinfügen` 4 und so weiter. Um nicht mit einer Modulo-Funktion überprüfen zu müssen, welche Werte die Variable enthält, kann die Funktion `Xor` verwendet werden. Enthält der Wert schon die Zahl, dann wird sie abgezogen, enthält der Wert sie noch nicht, dann wird sie addiert. Beispielsweise ergibt 3 `Xor` 1 das Ergebnis 2, dagegen liefert 2 `Xor` 1 den Wert 3. So lässt `Xor` den Wert der Variablen stets zwischen zwei Werten springen und funktioniert als Umschaltfunktion. Achtung: Wenn mehr als acht Werte gespeichert werden sollen, dann muss der Typ der Variablen größer sein als Byte!

Tipp zu Übung 3

Es existieren für diese Aufgabe mehrere Lösungen. Soll ein einfacher Klick das Feld löschen, dann genügt eine Anweisung. Soll nur beim Hineindrücken das Feld gelöscht werden und beim erneuten Eingeben von Text der Schalter wieder zurückgesetzt werden, dann wird eine zweite Prozedur benötigt.

Tipp zu Übung 5

Beim Initialisieren wird die Eigenschaft `Enabled` der beiden Textfelder ausgeschaltet. Damit der Benutzer dies sieht, wird die Hintergrundfarbe auf grau gesetzt. Auch die Farbe der beiden Bezeichnungsfelder wird grau formatiert.

Im Kontrollkästchen wird nun die Farbe bestimmt. Bei Eigenschaften, die nur zwei Möglichkeiten zulassen, wird die jeweils andere verwendet. Bei Farben ist dies nicht möglich, da dort mehrere Optionen zur Verfügung stehen.

Tipp zu Übung 6

In den Eigenschaften oder beim Initialisieren der Userform wird die Eigenschaft `Visible` auf „False" gesetzt. Ein Klick auf ein Optionsfeld schaltet die Eigenschaft auf „True". Auf allen anderen Optionsfeldern muss diese Eigenschaft wieder zurückgesetzt werden.

Bei sehr vielen Optionsfeldern könnte man diese Prozedur auch auslagern.

Tipp zu Übung 7

Sicherlich gibt es zu diesem Problem eine ganze Reihe verschiedener Lösungen. An dieser Stelle sollen zwei vorgestellt werden.

Vernünftigerweise sollte man sich ein System für die Namen der Kontrollkästchen überlegen, da auf diese zugegriffen wird. Im folgenden Beispiel wurden sie so benannt:

chk0101	chk0102	chk0103	chk0104	chk0105
chk0201	chk0202	chk0203	chk0204	chk0205
chk0301	chk0302	chk0303	chk0304	chk0305

und so weiter bis:

chk1201	chk1202	chk1203	chk1204	chk1205

Die erste Lösung speichert in zwei Variablen (`intWert` und `intSchalter`) ab, wie viele Werte schon angeklickt wurden (`intSchalter`) und welche (`intWert`). Diese beiden Werte werden beim Einschalten herausgezählt, beim Ausschalten herabgezählt. Wird dem Benutzer das fälschlicherweise eingeschaltete Kästchen per Programmierung wieder ausgeschaltet (`Me.ActiveControl.Value = False`), dann wird leider der Code erneut aufgerufen, dies muss bei der Programmierung beachtet werden.

Die zweite Lösung überprüft alle Kontrollkästchen. Dabei läuft eine Schleife durch sämtliche Steuerelemente (Controls). Von ihnen wird überprüft, ob es sich um ein Kontrollkästchen handelt (der Name beginnt mit „chk"). Falls ja, so wird „nachgeschaut", ob es in der gleichen Zeile liegt, wie das Steuerelement, auf das der Benutzer geklickt hat. Falls dies der Fall ist, dann wird überprüft, ob das Klicken ein Einschalten bewirkt. Falls ja, so wird getestet, ob bereits zwei Kontrollkästchen eingeschaltet sind. In diesem Falle erhält der Benutzer eine Meldung. Falls nur eines eingeschaltet ist, dann wird überprüft, ob das neu

„hinzugeschaltete" direkt neben dem schon eingeschalteten liegt. Falls nicht, dann erhält der Benutzer erneut eine Meldung.

12.12 Lösungen zu den Übungen zu Rahmen, Optionsfeld und Kontrollkästchen

Lösung 1

Variante 1:

```
Private Sub cmdOk_Click()
   Dim strAusgabe As String
   If Me.optLinks.Value = True Then
      strAusgabe = "links"
   ElseIf Me.optZentriert.Value = True Then
      strAusgabe = "zentriert"
   ElseIf Me.optRechts.Value = True Then
      strAusgabe = "rechts"
   ElseIf Me.optDezimal.Value = True Then
      strAusgabe = "dezimal"
   ElseIf Me.optVertikaleLinie.Value = True Then
      strAusgabe = "vertikale Linie"
   End If

   If Me.opt1.Value = True Then
      strAusgabe = strAusgabe & " 1"
   ElseIf Me.opt2.Value = True Then
      strAusgabe = strAusgabe & " 2"
   ElseIf Me.opt3.Value = True Then
      strAusgabe = strAusgabe & " 3"
   ElseIf Me.opt4.Value = True Then
      strAusgabe = strAusgabe & " 4"
   End If
   MsgBox strAusgabe
End Sub
```

Dies ist sicherlich eine einfache, wenn auch eine unübersichtliche Methode. Wenn mit Rahmen gearbeitet wird, dann muss zuvor mit `SetFocus` ein Optionsbutton aktiviert werden.

Variante 2:

```
Private Sub UserForm_Initialize()
   Me.OptLinks.SetFocus
   Me.opt1.SetFocus
End Sub

Private Sub cmdOk2_Click()
   Dim strAusrichtung1 As String
   Dim strAusrichtung2 As String
   strAusrichtung1 = Me.fraAusrichtung.ActiveControl.Name
   strAusrichtung1 = Mid(strAusrichtung1, 4)
   strAusrichtung2 = Me.fraFüllzeichen.ActiveControl.Name
   strAusrichtung2 = Mid(strAusrichtung2, 4)

   MsgBox strAusrichtung1 & " " _
      & strAusrichtung2
End Sub
```

Variante 3:

```
Private Sub cmdOk1_Click()
   Dim ctOptButton As Control
   Dim strAusgabe As String

   For Each ctOptButton In Me.fraAusrichtung.Controls
      If ctOptButton.Value = True Then
         strAusgabe = Right(ctOptButton.Name, _
             Len(ctOptButton.Name) - 3)
      End If
   Next
```

```
   For Each ctOptButton In Me.fraFüllzeichen.Controls
      If ctOptButton.Value = True Then
         strAusgabe = strAusgabe & Right(ctOptButton.Name, _
            Len(ctOptButton.Name) - 3)
      End If
   Next

   MsgBox strAusgabe
End Sub
```

Variante 4:

```
Dim strAusrichtung As String
Dim bytFüllzeichen As Byte

Private Sub UserForm_Initialize()
   strAusrichtung = "links "
   bytFüllzeichen = 1
End Sub

Private Sub opt1_Click()
   bytFüllzeichen = 1
End Sub

Private Sub opt2_Click()
   bytFüllzeichen = 2
End Sub

Private Sub opt3_Click()
   bytFüllzeichen = 3
End Sub

Private Sub opt4_Click()
   bytFüllzeichen = 4
End Sub
```

```
Private Sub optDezimal_Click()
   strAusrichtung = "dezimal "
End Sub

Private Sub optLinks_Click()
   strAusrichtung = "links "
End Sub

Private Sub optRechts_Click()
   strAusrichtung = "rechts "
End Sub

Private Sub optVertikaleLinie_Click()
   strAusrichtung = "vertikale Linie "
End Sub

Private Sub optZentriert_Click()
   strAusrichtung = "zentriert "
End Sub

Private Sub cmdOk3_Click()
   MsgBox strAusrichtung & bytFüllzeichen
End Sub
```

Lösung 2

Variante 1:

```
Private Sub cmdOk1_Click()
   Dim strAusgabe As String
   If Me.chkAkzent.Value = True Then
      strAusgabe = "Akzent"
   End If
   If Me.chkAusschneiden.Value = True Then
      strAusgabe = strAusgabe & vbCr & "Ausschneiden"
   End If
```

```
   If Me.chkEinfügen.Value = True Then
      strAusgabe = strAusgabe & vbCr & "Einfügen"
   End If
   If Me.chkEingabe.Value = True Then
      strAusgabe = strAusgabe & vbCr & "Eingabe"
   End If
   If Me.chkGroßbuchstaben.Value = True Then
      strAusgabe = strAusgabe & vbCr & "Großbuchstaben"
   End If
   If Me.chkTab.Value = True Then
      strAusgabe = strAusgabe & vbCr & "Tab"
   End If
   If Me.chkTextbearbeitung.Value = True Then
      strAusgabe = strAusgabe & vbCr & "Textbearbeitung"
   End If
   If Me.chkÜberschreiben.Value = True Then
      strAusgabe = strAusgabe & vbCr & "Überschreiben"
   End If

   If strAusgabe = "" Then
      MsgBox "Es wurde nichts ausgewählt"
   Else
      MsgBox strAusgabe
   End If
End Sub
```

Variante 2:

```
Private Sub cmdOk2_Click()
   Dim ctKästchen As Control
   Dim strausgabe As String

   For Each ctKästchen In Me.fraBearbeiten.Controls
      If ctKästchen.Value = True Then
         strausgabe = strausgabe & vbCr & _
```

```
            Right(ctKästchen.Name, Len(ctKästchen.Name) - 3)
        End If
    Next

    If strausgabe = "" Then
        MsgBox "Es wurde nichts ausgewählt"
    Else
        MsgBox strausgabe
    End If
End Sub
```

In der Praxis ist diese Lösung sicherlich wenig brauchbar, da auf jedes Kontrollkästchen anders reagiert werden muss.

Wenn auf ein Optionsfeld geklickt wird, dann ist dieses ausgewählt. Wird auf ein Kontrollkästchen geklickt, dann ist es entweder ausgewählt oder nicht. Würde man, wie in Beispiel 1 mit dem Klick-Ereignis und einer globalen Variablen arbeiten, dann müsste man sehr umständlich bei jedem Klick-Ereignis prüfen:

Variante 3:

```
Private Sub chkAkzent_Click()
    If Me.chkAkzent.Value = True Then
        strAusgabe = "Akzent"
    Else
        strAusgabe = ""
    End If
End Sub
```

Variante 4:

```
Dim bytWert As Byte
Private Sub chkAkzent_Click()
    bytWert = bytWert Xor 1
End Sub
```

```
Private Sub chkAusschneiden_Click()
   bytWert = bytWert Xor 2
End Sub
Private Sub chkEinfügen_Click()
   bytWert = bytWert Xor 4
End Sub
Private Sub chkEingabe_Click()
   bytWert = bytWert Xor 8
End Sub
[...]
```

Es wird nun überprüft:

```
Private Sub cmdOk3_Click()
   Dim strAusgabe As String
   If (bytWert Xor 1) < bytWert Then
      strAusgabe = "Akzent"
   End If
   If (bytWert Xor 2) < bytWert Then
      strAusgabe = strAusgabe & vbCr & "Ausschneiden"
   End If
   If (bytWert Xor 4) < bytWert Then
      strAusgabe = strAusgabe & vbCr & "Einfügen"
   End If
   If (bytWert Xor 8) < bytWert Then
      strAusgabe = strAusgabe & vbCr & "Eingabe"
   End If
   If (bytWert Xor 16) < bytWert Then
      strAusgabe = strAusgabe & vbCr & "Großbuchstaben"
   End If
   If (bytWert Xor 32) < bytWert Then
      strAusgabe = strAusgabe & vbCr & "Tab"
   End If
   If (bytWert Xor 64) < bytWert Then
      strAusgabe = strAusgabe & vbCr & "Textbearbeitung"
   End If
```

```
   If (bytWert Xor 128) < bytWert Then
      strAusgabe = strAusgabe & vbCr & "Überschreiben"
   End If

   If strAusgabe = "" Then
      MsgBox "Es wurde nichts ausgewählt"
   Else
      MsgBox strAusgabe
   End If
End Sub
```

Lösung 3

Variante 1:

```
Private Sub togUmschalt_Click()
   Me.txtBetrag.Value = ""
End Sub
```

Variante 2:

```
Private Sub txtBetrag_Change()
   Me.togUmschalt.Value = False
End Sub
```

Allerdings wird diese Prozedur beim Ereignis `togUmschalt_Click` auch schon aufgerufen. Damit erhält die Umschaltfläche die Funktion einer Befehlsschaltfläche.

Lösung 4

```
Private Sub chkUnterschneidung_Click()
   If Me.chkUnterschneidung.Value = True Then
      Me.txtUnterschneidung.Value = 12
      Me.txtUnterschneidung.SetFocus
   Else
      Me.txtUnterschneidung.Value = ""
   End If
End Sub
```

Oder etwas eleganter und übersichtlicher mit einer `With`-Anweisung:

```
Private Sub chkUnterschneidung_Click()
   With txtUnterschneidung
      If chkUnterschneidung.Value = True Then
         .Value = 12
         .SetFocus
      Else
         .Value = ""
      End If
   End With
End Sub
```

Lösung 5

```
Private Sub UserForm_Initialize()
   txtFormatvorlage.Enabled = True
   txtTrennzeichen.Enabled = True
   txtFormatvorlage.BackColor = &H8000000F
   txtTrennzeichen.BackColor = &H8000000F
   lblFormatvorlage.ForeColor = &H80000011
   lblTrennzeichen.ForeColor = &H80000011
End Sub
```

Und für das Ereignis `Click` wird folgende Prozedur benötigt:

```
Private Sub chkKapitelnummer_Click()
   txtFormatvorlage.Locked = Not txtFormatvorlage.Locked
   txtFormatvorlage.Enabled = Not txtFormatvorlage.Enabled
   txtTrennzeichen.Locked = txtFormatvorlage.Locked
   txtTrennzeichen.Enabled = Not txtTrennzeichen.Enabled

   If chkKapitelnummer.Value = False Then
      txtFormatvorlage.BackColor = &H80000000
      txtTrennzeichen.BackColor = &H80000000
      lblFormatvorlage.ForeColor = &H80000011
      lblTrennzeichen.ForeColor = &H80000011
      Me.txtFormatvorlage.Value = ""
      Me.txtTrennzeichen.Value = ""
```

```
   Else
      txtFormatvorlage.BackColor = &H80000005
      txtTrennzeichen.BackColor = &H80000005
      lblFormatvorlage.ForeColor = &H80000012
      lblTrennzeichen.ForeColor = &H80000012
   End If
End Sub
```

Der sehr unübersichtliche Code kann mittels Konstanten anschaulicher dargestellt werden:

```
Private Sub chkKapitelnummer_Click()
   Const weiß = &H80000005
   Const hellgrau = &H80000000
   Const dunkelgrau = &H80000011
   Const schwarz = &H80000012

   txtFormatvorlage.Locked = Not txtFormatvorlage.Locked
   txtFormatvorlage.Enabled = Not txtFormatvorlage.Enabled
   txtTrennzeichen.Locked = txtFormatvorlage.Locked
   txtTrennzeichen.Enabled = Not txtTrennzeichen.Enabled

   If chkKapitelnummer.Value = False Then
      txtFormatvorlage.BackColor = hellgrau
      txtTrennzeichen.BackColor = hellgrau
      lblFormatvorlage.ForeColor = dunkelgrau
      lblTrennzeichen.ForeColor = dunkelgrau
      Me.txtFormatvorlage.Value = ""
      Me.txtTrennzeichen.Value = ""
   Else
      txtFormatvorlage.BackColor = weiß
      txtTrennzeichen.BackColor = weiß
      lblFormatvorlage.ForeColor = schwarz
      lblTrennzeichen.ForeColor = schwarz
   End If
End Sub
```

Werden die Konstanten global deklariert, dann können sie auch für die Initialisierungsroutine verwendet werden. Die Farbkonstanten finden Sie in der Eigenschaftenliste. Übrigens: Da die Farben weiß und hellgrau vom System als Fensterhintergrund und als inaktiver Bereich festgelegt sind, benötigt man keine `Enabled`-Eigenschaft. Es genügt, lediglich die Farben umzuschalten. Und: statt weiß und schwarz könnten auch die Systemfarben `vbWhite` und `vbBlack` verwendet werden.

Lösung 6

Das Initialisieren:

```
Private Sub UserForm_Initialize()
   txtAnderesProgramm.Visible = False
End Sub
```

Ein Klick auf ein Optionsfeld schaltet die Eigenschaft auf „True“:

```
Private Sub optAnderes_Click()
   txtAnderesProgramm.Visible = True
   Me.txtAnderesProgramm.SetFocus
End Sub
```

Auf allen anderen Optionsfeldern muss diese Eigenschaft wieder zurückgesetzt werden:

```
Private Sub optExcel_Click()
   txtAnderesProgramm.Visible = False
End Sub

Private Sub optPowerPoint_Click()
   txtAnderesProgramm.Visible = False
End Sub

Private Sub optWord_Click()
   txtAnderesProgramm.Visible = False
End Sub
```

Bei sehr vielen Optionsfeldern könnte man diese Prozedur auch auslagern. Beispielsweise so:

```
Sub ProgrammEinAus()
   If optAnderes.Value = True Then
      txtAnderesProgramm.Visible = True
```

```
      txtAnderesProgramm.SetFocus
   Else
      txtAnderesProgramm.Visible = False
      txtAnderesProgramm.Value = ""
   End If
End Sub
```

Diese Routine wird von allen Optionsfeldern aufgerufen:

```
Private Sub optAnderes_Click()
   ProgrammEinAus
End Sub

Private Sub optExcel_Click()
   ProgrammEinAus
End Sub

Private Sub optPowerPoint_Click()
   ProgrammEinAus
End Sub

Private Sub optWord_Click()
   ProgrammEinAus
End Sub
```

Lösung 7

Variante 1:

```
Sub WerteTest()
   Dim intZeile As Integer
   Dim intSpalte As Integer
   intZeile = Mid(Me.ActiveControl.Name, 4, 2)
   intSpalte = Mid(Me.ActiveControl.Name, 6, 2)
   Select Case intSchalter(intZeile)
   Case 2
      If Me.ActiveControl.Value = True Then
```

```
            Me.ActiveControl.Value = False
            intWert(intZeile) = intWert(intZeile) + intSpalte
            MsgBox "Es wurden bereits zwei Kästchen angekreuzt!"
            intSchalter(intZeile) = 2
         Else
            intSchalter(intZeile) = 1
            intWert(intZeile) = intWert(intZeile) - intSpalte
         End If
      Case 1
         If Me.ActiveControl.Value = True Then
               intSchalter(intZeile) = 2
            If Abs(intWert(intZeile) - intSpalte) > 1 Then
               Me.ActiveControl.Value = False
               MsgBox "Dieses Kästchen kann nicht " & _
               "angekreuzt werden!"
               intSchalter(intZeile) = 1
               intWert(intZeile) = intWert(intZeile) + intSpalte
            Else
               intWert(intZeile) = intWert(intZeile) + intSpalte
            End If
         Else
            intSchalter(intZeile) = intSchalter(intZeile) - 1
            intWert(intZeile) = intWert(intZeile) - intSpalte
         End If
      Case 0
         If Me.ActiveControl.Value = True Then
            intWert(intZeile) = intSpalte
            intSchalter(intZeile) = intSchalter(intZeile) + 1
         Else
            intSchalter(intZeile) = intSchalter(intZeile) - 1
            intWert(intZeile) = 0
         End If
   End Select
End Sub
```

Dabei werden global deklariert:

```
Option Explicit
Dim intWert(1 To 6) As Integer
Dim intSchalter(1 To 6) As Integer
```

Diese Prozedur wird von allen Kontrollkästchen aufgerufen:

```
Private Sub chk0101_Click()
   WerteTest
End Sub

Private Sub chk0102_Click()
   WerteTest
End Sub

Private Sub chk0103_Click()
   WerteTest
End Sub
[...]
```

Variante 2:

```
Sub WerteTest02()
   Dim intZeile As Integer
   Dim intSpalte As Integer
   Dim bytSchalter As Byte
   Dim ctl As Control

   fMeldungErfolgt = False
   intZeile = Mid(Me.fraGesamt.ActiveControl.Name, 4, 2)
   intSpalte = Mid(Me.fraGesamt.ActiveControl.Name, 6, 2)

   For Each ctl In Me.fraGesamt.Controls
      If Left(ctl.Name, 3) = "chk" Then
         If Mid(ctl.Name, 4, 2) = intZeile Then
            If ctl.Value = True Then
               If bytSchalter = 2 Then
```

```
                    Me.fraGesamt.ActiveControl.Value = False
                    If fMeldungErfolgt = False Then
                       MsgBox "Es wurden bereits zwei " & _
                          Kästchen angekreuzt!"
                       fMeldungErfolgt = True
                    End If
                    Exit Sub
                 ElseIf bytSchalter = 1 Then
                  If Abs(Mid(ctl.Name, 6, 2) - intSpalte) > 1 Then
                       Me.fraGesamt.ActiveControl.Value = False
                       If fMeldungErfolgt = False Then
                          MsgBox "Dieses Kästchen kann " & _
                             nicht angekreuzt werden!"
                          fMeldungErfolgt = True
                       End If
                       Exit Sub
                    Else
                       bytSchalter = 2
                    End If
                 Else
                    bytSchalter = 1
                 End If
              End If
           End If
        End If
     Next
  End Sub
```

Diese Prozedur benötigt ebenfalls die Deklaration einer globalen Variablen `fMeldungErfolgt`. Sie dient dazu, dass nicht mehrmals ein Meldungsfenster angezeigt wird:

```
Dim fMeldungErfolgt As Boolean
```

Und schließlich kann auch diese Prozedur von mehreren Kontrollkästchen aufgerufen werden:

```
Private Sub chk1201_Click()
   WerteTest02
End Sub

Private Sub chk1202_Click()
   WerteTest02
End Sub

Private Sub chk1203_Click()
   WerteTest02
End Sub
[...]
```

12.13 Kombinationsfeld und Listenfeld

Die Eigenschaften des Kombinationsfelds (Combobox) und des Listenfelds (Listbox)

Kategorie	Eigenschaft	Beschreibung
Darstellung	DropButtonStyle (nur bei Kombinationsfeld)	Darstellung des Pfeils des Kombinationsfelds
	Style (nur bei Kombinationsfeld)	Art, wie die Liste geöffnet wird
Daten	BoundColumn, ...	die Anzahl der gebundenen Datenfelder
	ColumnCount	die Anzahl der Spalten
	ColumnHeads	legt fest, ob es eine Überschriftszeile gibt.
	ColumWidth	Breite der Spalten
	ControlSource	Datenquelle, an die das Steuerelement gebunden ist
	ListRows (nur bei Kombinationsfeld)	die angezeigten Zeilen, wenn das Kombinationsfeld geöffnet wird
	ListStyle	zeigt den vollständigen Text zum Markieren an oder gibt vor dem Text Kästchen zum Ankreuzen.

Kategorie	Eigenschaft	Beschreibung
	ListWidth (nur bei Kombinationsfeld)	Breite der Zeilen
	RowSource	Datenquelle der Zeilen
	Text	ändert die ausgewählte Zeile in einem Kombinationsfeld-Steuerelement oder in einem Listenfeld-Steuerelement.
	TextColumn	gibt die Spalte in einem Kombinationsfeld-Steuerelement oder Listenfeld-Steuerelement an, die in der Text-Eigenschaft gespeichert werden soll, wenn der Benutzer eine Zeile markiert.
	TopIndex	Bei diesem Wert beginnt die Zählung.
Verhalten	MultiSelect	legt fest, ob nur ein Eintrag oder mehrere ausgewählt werden können. Bei der Option fmMultiSelectMulti muss der Benutzer die [Shift]- oder die [Strg]-Taste gedrückt halten, bei fmMultiSelectExtended führt jeder weitere Mausklick zu einer Auswahl.
Eigenschaften, die in VBA festgelegt werden	CurTargetX	ruft die bevorzugte horizontale Position der Einfügemarke in einem Kombinationsfeld ab.
	CurX	gibt die aktuelle horizontale Position der Einfügemarke im Kombinationsfeld an.
	Default	legt die Standardbefehlsschaltfläche eines Formulars fest.
	SelectionMargin	gibt an, ob der Benutzer eine Textzeile durch Klicken im Bereich links vom Text markieren kann.
	SelLength	die Anzahl der Zeichen, die in einem Textfeld oder im Textbereich eines Kombinationsfeldes ausgewählt sind.
	SelStart	bestimmt den Anfang des ausgewählten Textes oder die Position der Einfügemarke, wenn kein Text ausgewählt ist.
	SelText	gibt den ausgewählten Text eines Steuerelements zurück oder legt diesen fest.
	List	gibt die Listeneinträge zurück oder legt diese fest. Achtung: die Zählung beginnt bei 0!
	ListCount	gibt die Anzahl der Listeneinträge zurück.
	ListIndex	bezeichnet das momentan ausgewählte Element.

Tabelle 44: Zusammenfassung der Eigenschaften des Kombinationsfelds und des Listenfelds

Die Methoden des Kombinationsfelds und des Listenfelds

Kategorie	Eigenschaft	Beschreibung
	Add	Fügt einen neuen Eintrag hinzu
	Clear	Löscht alle Einträge
	RemoveItem	Löscht einen Eintrag

Tabelle 45: Zusammenfassung der Methoden des Kombinationsfelds und des Listenfelds

Die Ereignisse des Kombinationsfelds und des Listenfelds

Kategorie	Ereignis	Kategorie	Ereignis
Start	Enter	Änderungen	BeforeUpdate AfterUpdate DropButtonClick
Mausereignisse	DblClick MouseDown MouseUp MouseMove		BeforeDragOver BeforeDropAndPaste
Tastenereignisse	KeyDown KeyPress KeyUp Change	Sonstiges	Error
		Ende	Exit

Tabelle 46: Zusammenfassung der Ereignisse des Kombinationsfelds und des Listenfelds

Die Unterschiede zwischen Listenfeld und Kombinationsfeld sind gering: Das Listenfeld ist immer geöffnet, das Kombinationsfeld wird vom Benutzer geöffnet. Im Listenfeld können mehrere Einträge ausgewählt werden (wird in der Eigenschaft `MultiSelect` nicht `fmMultiSelectSingle` festgelegt), im Kombinationsfeld nur einer. Das Kombinationsfeld lässt neben seinen Einträgen eine freie Texteingabe zu (wenn die Eigenschaft `Style` auf `fmStyleDropDownCombo` festgelegt wurde), das Listenfeld niemals.

12.14 Übungen zu Kombinationsfeld und Listenfeld

Übung 1

Füllen Sie ein Listenfeld.

Übung 2

Eine Befehlsschaltfläche fügt neue Einträge in das Listenfeld hinzu.

Übung 3

Eine Befehlsschaltfläche löscht alle Einträge eines Listenfelds.

Übung 4

Eine Befehlsschaltfläche löscht den ausgewählten Eintrag eines Listenfelds.

Übung 5

Eine Befehlsschaltfläche zeigt an, welcher und der wievielte Eintrag eines Listenfelds ausgewählt wurde.

Übung 6

Eine Umschaltfläche wechselt zwischen Einzel- und Mehrfachauswahl.

Übung 7

Ändern Sie den Code aus Übung 4 und 5, da nun mehrere Einträge ausgewählt werden können.

Übung 8

Füllen Sie ein Kombinationsfeld mit zwei Spalten und lassen Sie beim Start der Userform den ersten Eintrag angezeigt.

12.15 Tipps zu den Übungen zu Kombinationsfeld und Listenfeld

Tipp zu Übung 1

Das Listenfeld und das Kombinationsfeld müssen beim Laden des Formulars gefüllt werden.

Tipp zu Übung 2

Es kann der gleiche Befehl `AddItem` wie in Aufgabe 1 verwendet werden.

Tipp zu Übung 4 und 5

Mit dem Befehl `ListeIndex` = -1 kann überprüft werden, ob nichts ausgewählt wurde.

Tipp zu Übung 7

Die Anzeige kann durch eine Schleife geändert werden, indem alle markierten Einträge (`Selected = True`) „eingesammelt" werden. Dabei kann der „alte" Code verwendet werden.

Das Löschen ist weitaus schwieriger. Hier kann nicht in einer Schleife hochgezählt werden, da „zwischenzeitlich" einige Einträge nicht mehr existieren. Wenn beispielsweise der Benutzer den ersten und den letzten (`ListIndex - 1`) Eintrag auswählt, die Schleife löscht den ersten Eintrag, dann ist der letzte Eintrag auf Position `ListIndex - 2` gerutscht. Eine Lösungsmöglichkeit besteht darin, den Zähler rückwärts laufen zu lassen.

Tipp zu Übung 8

Hier muss mit einem Array gearbeitet werden, der an die Eigenschaft `List` der Listbox übergeben wird.

12.16 Lösungen zu den Übungen zu Kombinationsfeld und Listenfeld

Lösung 1

```
Private Sub UserForm_Initialize()
   With Me.lstOrte
      .AddItem "Berlin"
      .AddItem "Frankfurt"
      .AddItem "Leipzig"
      .AddItem "Köln"
      .AddItem "Hamburg"
      .AddItem "München"
   End With
End Sub
```

Lösung 2

```
Private Sub cmdNeu_Click()
   Me.lstOrte.AddItem "Entenhausen " & Me.lstOrte.ListCount + 1
End Sub
```

Lösung 3

```
Private Sub cmdAlleLöschen_Click()
   Me.lstOrte.Clear
End Sub
```

Lösung 4

```
Private Sub cmdEinerWeg_Click()
   If Me.lstOrte.ListIndex >= 0 Then
      Me.lstOrte.RemoveItem Me.lstOrte.ListIndex
   End If
End Sub
```

Lösung 5

```
Private Sub cmdAuswahlZeigen_Click()
   If Me.lstOrte.ListIndex = -1 Then
      MsgBox "Es wurde nichts ausgewählt!"
   Else
      MsgBox "Es wurde Nr. " & Me.lstOrte.ListIndex + 1 & _
         " ausgewählt: " & Me.lstOrte.Value
   End If
End Sub
```

Wie schon in Aufgabe 4, wird überprüft, ob nichts ausgewählt wurde (`ListeIndex = -1`). Falls etwas ausgewählt wurde, dann kann die Nummer mit `ListIndex`, der Eintrag mit `ListValue` ausgegeben werden. Beides setzt voraus, dass in den Eigenschaften der `TopIndex` nicht verändert wurde. Falls dies nicht sicher ist, dann muss statt

```
If Me.lstOrte.ListIndex = -1 Then
```

geschrieben werden:

```
If Me.lstOrte.ListIndex = Me.lstOrte.TopIndex Then
```

Lösung 6

```
Private Sub togUmschalt_Click()
   If Me.togUmschalt.Value = True Then
      Me.lstOrte.MultiSelect = fmMultiSelectSingle
      Me.togUmschalt.Caption = "Einfach"
   Else
```

```
      Me.lstOrte.MultiSelect = fmMultiSelectMulti
      Me.togUmschalt.Caption = "Mehrfach"
   End If
End Sub
```

Lösung 7

```
Private Sub cmdAuswahlZeigen_Click()
   Dim i As Integer
   Dim strAusgabe
   If Me.lstOrte.MultiSelect = fmMultiSelectSingle Then

      If Me.lstOrte.ListIndex = -1 Then
         MsgBox "Es wurde nichts ausgewählt!"
      Else
         MsgBox "Es wurde Nr. " & Me.lstOrte.ListIndex + 1 & _
            " ausgewählt: " & Me.lstOrte.Value
      End If
   Else
      For i = 0 To Me.lstOrte.ListCount - 1
         If Me.lstOrte.Selected(i) = True Then
            strAusgabe = strAusgabe & vbCr & "Nr. " & _
            (i +1) & ": " & Me.lstOrte.List(i)
         End If
      Next

      If strAusgabe = "" Then
         MsgBox "Es wurde nichts ausgewählt!"
      Else
         MsgBox "Es wurde(n) ausgewählt:" & strAusgabe
      End If
   End If
End Sub
```

Und das Löschen:

```
Private Sub cmdEinerWeg_Click()
    Dim i As Integer
    If Me.lstOrte.MultiSelect = fmMultiSelectSingle Then

        If Me.lstOrte.ListIndex >= 0 Then
            Me.lstOrte.RemoveItem Me.lstOrte.ListIndex
        End If
    Else
        For i = Me.lstOrte.ListCount - 1 To 0 Step -1
            If Me.lstOrte.Selected(i) = True Then
                Me.lstOrte.RemoveItem i
            End If
        Next
    End If
End Sub
```

Lösung 8

```
Private Sub UserForm_Initialize()
    Dim strLänder(1 To 6, 1 To 6) As String
    strLänder(1, 1) = "Deutschland": strLänder(1, 2) = "Berlin"
    strLänder(2, 1) = "Schweiz": strLänder(2, 2) = "Bern"
    strLänder(3, 1) = "Österreich": strLänder(3, 2) = "Wien"
    strLänder(4, 1) = "Frankreich": strLänder(4, 2) = "Paris"
    strLänder(5, 1) = "Italien": strLänder(5, 2) = "Rom"
    strLänder(6, 1) = "Niederlande": strLänder(6, 2) = "Den Haag"

    Me.cmbListe.ColumnCount = 2
    Me.cmbListe.List = strLänder
    Me.cmbListe.ListIndex = 0
End Sub
```

12.17 Bildlaufleiste und Drehfeld

Die Eigenschaften der Bildlaufleiste (Scrollbar) und des Drehfelds (Spinbutton)

Kategorie	Eigenschaft	Beschreibung
Bildlauf	Delay	beeinflusst die Zeitdauer zwischen aufeinander folgenden SpinUp-, SpinDown- und Change-Ereignissen, die ausgelöst werden, wenn der Benutzer auf ein Drehfeld-Steuerelement oder auf ein Bildlaufleiste-Steuerelement klickt und die Maustaste gedrückt hält. Das erste Ereignis wird sofort ausgelöst. Die Verzögerung bis zum zweiten Auftreten des Ereignisses ist fünfmal so groß, wie der für Delay angegebene Wert.
	Max	Maximalwert
	Min	Minimalwert
	SmallChange	gibt an, um welche Zahl weiter gezählt wird, wenn der Benutzer auf einen der beiden Pfeile klickt.
	LargeChange (nur bei Bildlauf)	gibt an, um welche Zahl weiter gezählt wird, wenn der Benutzer in die Bildlaufleiste klickt.
Darstellung	Orientation	Ausrichtung

Tabelle 47: Zusammenfassung der Eigenschaften der Bildlaufleiste und des Drehfelds

Die Ereignisse und Methoden unterschieden sich nicht von den Ereignissen anderer Steuerelemente.

Bildlaufleiste und Drehfeld verwenden folgende Ereignisse:

Kategorie	Ereignis	Kategorie	Ereignis
Start	Enter	Änderungen	BeforeUpdate AfterUpdate
Mausereignisse	SpinDown SpinUp (bei Drehfeld) Scroll (bei Bildlaufleiste)		BeforeDragOver BeforeDropAndPaste
Tastenereignisse	KeyDown KeyPress KeyUp Change	Sonstiges	Error
		Ende	Exit

Tabelle 48: Zusammenfassung der Ereignisse der Bildlaufleiste und des Drehfelds

Wichtig beim Drehfeld und bei der Bildlaufleiste ist der `Value`. In ihm wird ein interner Wert gespeichert, der einen aktuellen Zustand bestimmt.

12.18 Übungen zu Bildlaufleiste und Drehfeld

Übung 1

Neben einem Textfeld befindet sich ein Drehfeld. Im Textfeld steht die Zahl 10. Wird nun im Drehfeld der Pfeil nach oben angeklickt, so erhöht sich der Wert um 1, wird der Pfeil nach unten angeklickt, so verringert sich die Zahl um 1. Die untere Grenze liegt bei 1.

Übung 2

Über ein Drehfeld wird die Schriftgröße eines Bezeichnungsfeldes vergrößert und verkleinert.

Übung 3

In einem Formular befindet sich ein Rahmen. Neben dem Rahmen sitzen drei Bildlaufleisten (rot, grün und blau) über die man die Farbe (`Backcolor`) des Rahmens einstellen kann.

Übung 4

Mit einer Bildlaufleiste wird ein Buchstabe von „A" bis „Z" „hochgezählt".

Übung 5

Beim Starten einer Userform werden in einem Array mehrere Werte gespeichert. Der Inhalt des ersten Werts wird in einem Textfeld angezeigt. Mit einer Bildlaufleiste kann nun zwischen den anderen Werten gescrollt werden. Änderungen in den Textfeldern werden im Array gespeichert.

12.19 Tipps zu den Übungen zu Bildlaufleiste und Drehfeld

Tipp zu Übung 1 und 2

Wählen Sie das Maximum des Drehfelds groß genug, aber nicht zu groß!

Tipp zu Übung 3 und 4

Diese beiden Übungen sind nur Varianten. In Übung 3 wird die Funktion `RGB` verwendet, in Übung 4 wird mit `Asc` und `Chr`, mit denen die Zahl des Ascii-Codes ermittelt, beziehungsweise eine Zahl in einen Buchstaben verwandelt wird, gearbeitet.

Tipp zu Übung 5

Auch in diesem Beispiel wird erneut die Initialisierung der Userform verwendet. Darin werden die beiden Arrays für Vor- und Zuname gefüllt und in die beiden Textfelder eingetragen. Ein Ändern der Bildlaufleiste bewirkt ein Ändern des Inhalts in der Variablen. Sollen die Werte zurückgeschrieben werden, dann muss auf das Ändern in den Textfeldern reagiert werden:

12.20 Lösungen zu den Übungen zu Bildlaufleiste und Drehfeld

Lösung 1

Folgende Werte können beim Aktivieren der Userform oder in den Eigenschaften eingetragen werden:

```
Private Sub UserForm_Activate()
   txtWert.Value = 10
   With spnWert
      .Value = 10
      .Min = 1
      .Max = 1000
      .SmallChange = 1
   End With
End Sub
```

Wählen Sie dabei das Maximum des Drehfelds groß genug, aber nicht zu groß. Eine Änderung auf das Drehfeld bewirkt nun Folgendes:

```
Private Sub spnWert_Change()
   txtWert.Value = spnWert.Value
End Sub
```

Lösung 2

Auch in diesem Beispiel muss nicht mit den beiden Ereignissen `SpinUp` und `SpinDown` gearbeitet werden. Es genügt das Ereignis `Change`. Wie in Lösung 1 werden die Eigenschaften auch hier beim Initialisieren festgelegt:

```
Private Sub UserForm_Activate()
   With spnSchriftgröße
      .Value = 8
      .Min = 4
      .Max = 200
      .SmallChange = 1
   End With
End Sub

Private Sub spnSchriftgröße_Change()
   lblKommentar.Font.Size = Me.spnSchriftgröße.Value
End Sub
```

Lösung 3

Beim Aktivieren wird eine Startfarbe festgelegt. Den drei Bildlaufleisten sind die Werte `Min = 0`, `Max = 255`, `SmallChange = 1` und `LargeChange = 5` zugewiesen.

```
Private Sub UserForm_Activate()
   Me.fraBunt.BackColor = RGB(0, 0, 0)
End Sub

Private Sub scrBlau_Change()
   Me.fraBunt.BackColor = _
      RGB(scrRot.Value, scrGrün.Value, scrBlau.Value)
End Sub

Private Sub scrGrün_Change()
   Me.fraBunt.BackColor = _
      RGB(scrRot.Value, scrGrün.Value, scrBlau.Value)
End Sub
```

```
Private Sub scrRot_Change()
   Me.fraBunt.BackColor = _
      RGB(scrRot.Value, scrGrün.Value, scrBlau.Value)
End Sub
```

Lösung 4

```
Private Sub UserForm_Activate()
   Me.txtBuchstabe.Value = "A"
   Me.txtBuchstabe.Enabled = False
   With scrAlphabeth
      .Min = Asc("A")
      .Max = Asc("Z")
      .Value = .Min
      .SmallChange = 1
      .LargeChange = 3
   End With
End Sub

Private Sub scrAlphabeth_Change()
   Me.txtBuchstabe.Value = Chr(Me.scrAlphabeth.Value)
End Sub
```

Lösung 5

```
Option Explicit
Dim strVorname(1 To 5) As String
Dim strZuname(1 To 5) As String

Private Sub UserForm_Activate()
   strVorname(1) = "Anna": strZuname(1) = "Weiß"
   strVorname(2) = "Bert": strZuname(2) = "Schwarz"
   strVorname(3) = "Claudia": strZuname(3) = "Blau"
   strVorname(4) = "Dieter": strZuname(4) = "Gelb"
   strVorname(5) = "Erna": strZuname(5) = "Farblos"
```

```
    With Me.scrListe
        .Min = 1
        .Max = 5
        .Value = 1
        .SmallChange = 1
        .LargeChange = 2
    End With

    Me.txtVorname.Value = strVorname(1)
    Me.txtZuname.Value = strZuname(1)
End Sub

Private Sub scrListe_Change()
    txtVorname.Value = strVorname(scrListe.Value)
    txtZuname.Value = strZuname(scrListe.Value)
End Sub

Private Sub txtVorname_Change()
    strVorname(scrListe.Value) = txtVorname.Value
End Sub

Private Sub txtZuname_Change()
    strZuname(scrListe.Value) = txtZuname.Value
End Sub
```

12.21 Register und Multiseiten

Ein zentraler Unterschied beim Einrichten von Register und Multiseiten findet sich zu den bisher besprochenen Steuerelementen. Bei ihnen kann das ganze Steuerelement oder eines der Registerblätter ausgewählt werden. Nun finden sich im Kontextmenü die Befehle, um eine Seite zu löschen, zu verschieben oder hinzuzufügen. Die Beschriftung der „Tabs" kann ebenfalls über die rechte Maustaste oder über die Eigenschaft `Caption` verändert werden. Das gesamte Steuerelement stellt folgende, weitere Eigenschaften zur Verfügung:

Die Eigenschaften der Register und Multiseiten:

Kategorie	Eigenschaft	Beschreibung
Darstellung	TabOrientation	bestimmt die Lage der Tabs (oben, unten, links oder rechts)
Tabulatoren	MultiRow	ordnet mehrere Tabs untereinander an
	TabFixedHeight	die exakte Höhe. Bei 0 wird die Standardhöhe verwendet.
	TabFixedWidth	die exakte Breite. Bei 0 wird die Standardbreite verwendet.

Tabelle 49: Die Eigenschaften der Register und Multiseiten

Die Eigenschaften (der Objekte) der Register (Tabstrips) und Multiseiten (Pages):

Objekt	Eigenschaft	Beschreibung
SelectedItem		das ausgewählte Blatt
	.Accelerator	Alle Eigenschaften werden bei den Befehlsschaltflächen beschreiben.
	.Caption	
	.ControlTipText	
	.Enabled	
	.Index	
	.Name	
	.Tag	
	.Visible	
TabIndex		die Position des ausgewählten Blatts

Tabelle 50: Zusammenfassung der Eigenschaften (der Objekte) der Register und Multiseiten

Register und Multiseiten verwenden folgende Ereignisse:

Kategorie	Ereignis	Kategorie	Ereignis
Start	Enter	Positionsänderung	Click DblClick BeforeDragOver BeforeDropAndPaste
Mausereignisse	MouseDown MouseMove MouseUp	Fehler	Error

Kategorie	Ereignis	Kategorie	Ereignis
Tastenereignisse	KeyDown KeyPress KeyUp Change	Sonstiges (nur Multiseiten)	Layout AddControl RemoveControl
Änderung (nur Multiseiten)	Scroll Zoom	Ende	Exit

Tabelle 51: Zusammenfassung der Ereignisse der Register und Multiseiten

Der zentrale Unterschied zwischen diesen beiden Steuerelementen liegt in den einzelnen Blättern. Bei den Mulitseiten ist jede Seite von den übrigen getrennt. Beim Register jedoch werden Steuerelemente, die auf einer Seite erzeugt werden, durch alle Seiten „gepaust", das heißt, sie sind auf allen Seiten gleich. Nun kann mit dem Ereignis `Change` abgefangen werden, auf welches Blatt der Benutzer klickt.

12.22 Übungen zu Registern und Multiseiten

Übung 1

Auf einem Multiseiten-Objekt, das aus verschiedenen Registern besteht, werden verschiedene Informationen zu einem Benutzer eingetragen. Auf allen Seiten befindet sich das Textfeld `txtName`. Dessen Inhalt soll auf allen Seiten angezeigt werden.

Übung 2

Erstellen Sie einen Datei-Neu-Dialog, wie er aus Word, Excel oder PowerPoint für die benutzerdefinierten Vorlagen verwendet wurde.

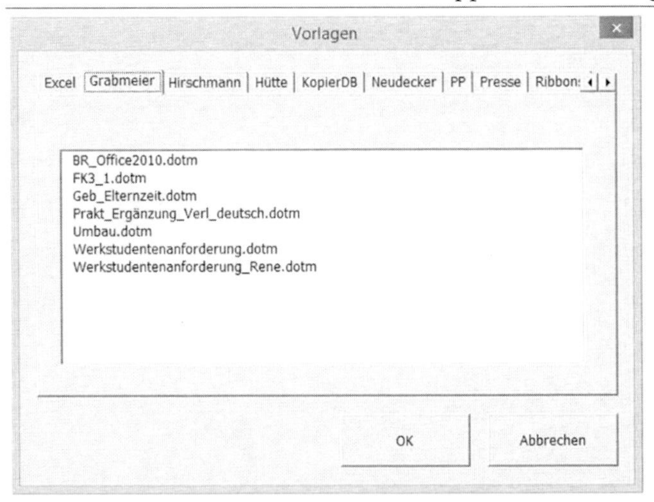

Abbildung 16: Der Dialog zeigt die Vorlagen und die entsprechenden Ordner an.

12.23 Tipps zu den Übungen zu Register und Multiseiten

Tipp zu Übung 1

Achtung: Am besten verwendet man hier das Ereignis `Change` der Textfelder. Das Ereignis `Exit` erweist sich nicht als sinnvoll, denn ein Klicken auf ein anderes Registerblatt bedeutet für die Steuerelemente der Dialoge in VBA noch kein „Verlassen".

Tipp zu Übung 2

Auf einer Userform wird ein Register (`tabDateiNeu`) erzeugt, das einen Registerhenkel besitzt, der mit „Allgemein" beschriftet ist. Auf ihm befindet sich ein Listenfeld mit dem Namen `lstDateiKatalog`. Beim Öffnen wird die Listenbox gefüllt.

Danach werden weitere Registerblätter hinzugefügt. Klickt der Benutzer nun auf ein anderes Blatt, dann wird überprüft, auf welchem Blatt er sich befindet und die Liste erneut gefüllt.

12.24 Lösungen zu den Übungen zu Register und Multiseiten

Lösung 1

Bei drei Textfeldern könnte dies wie folgt aussehen:

```
Private Sub txtName1_Change()
   txtName2.Value = txtName1.Value
```

```
   txtName3.Value = txtName1.Value
End Sub

Private Sub txtName2_Change()
   txtName1.Value = txtName2.Value
   txtName3.Value = txtName2.Value
End Sub

Private Sub txtName3_Change()
   txtName1.Value = txtName3.Value
   txtName2.Value = txtName3.Value
End Sub
```

Lösung 2

```
Private Sub UserForm_Initialize()
   Dim strPfad As String
   Dim strVorlagenPfad As String

   On Error Resume Next

      strVorlagenPfad = _
        Application.Options.DefaultFilePath(wdUserTemplatesPath)

   If Right(strVorlagenPfad, 1) <> "\" Then
      strVorlagenPfad = strVorlagenPfad & "\"
   End If

   Me.TabDatei.Tabs(0).Caption = "Allgemein"

   strPfad = Dir(strVorlagenPfad, vbDirectory)
   Do While strPfad <> ""
        If strPfad <> "." And strPfad <> ".." Then
            If GetAttr(strVorlagenPfad & strPfad) = _
                vbDirectory Then
```

```
                Me.TabDatei.Tabs.Add bstrcaption:=strPfad
            End If
        End If
        strPfad = Dir
    Loop
     Call TabDatei_Change
End Sub
```

Klickt der Benutzer nun auf ein anderes Registerblatt, dann wird überprüft, auf welchem Blatt er sich befindet und die Liste erneut gefüllt:

```
Private Sub TabDatei_Change()
    Dim strVorlagenPfad As String
    Dim strDatei As String

    On Error Resume Next

    Me.lstDateiKatalog.Clear

    strVorlagenPfad = _
       Application.Options.DefaultFilePath(wdUserTemplatesPath)

    If Me.TabDatei.SelectedItem.Caption <> "Allgemein" Then
       strVorlagenPfad = strVorlagenPfad & "\" & _
          Me.TabDatei.SelectedItem.Caption
    End If

    If Right(strVorlagenPfad, 1) <> "\" Then
        strVorlagenPfad = strVorlagenPfad & "\"
    End If

   strDatei = Dir(strVorlagenPfad, vbNormal)
   Do While strDatei <> ""
        If Right(strDatei, 4) = "dotx" Or _
            Right(strDatei, 4) = "dotm" Then
            If InStr(1, strDatei, "~") = 0 Then
```

```
                Me.lstDateiKatalog.AddItem strDatei
            End If
        End If
        strDatei = Dir
   Loop
End Sub
```

Hinter der Ok-Schaltfläche verbirgt sich folgender Text:

```
Private Sub cmdOk_Click()
   Dim strVorlagenPfad As String
   On Error Resume Next

   strVorlagenPfad = _
        Application.Options.DefaultFilePath _
           (wdUserTemplatesPath)

    If Me.TabDatei.SelectedItem.Caption <> "Allgemein" Then
       strVorlagenPfad = strVorlagenPfad & "\" & _
          Me.TabDatei.SelectedItem.Caption
    End If

    If Right(strVorlagenPfad, 1) <> "\" Then
        strVorlagenPfad = strVorlagenPfad & "\"
    End If

   Documents.Add Template:= _
      strVorlagenPfad & Me.lstDateiKatalog.Value

   Unload Me
End Sub
```

Und bei Abbrechen natürlich:

```
Unload Me
```

12.25 Steuerelemente zur Laufzeit erzeugen

Bislang wurde die Dynamik in Dialogboxen dadurch erzeugt, dass Eigenschaften von vorhandenen Steuerelementen geändert wurden. Zum Beispiel ändert ein Klick auf eine Befehlsschaltfläche die Eigenschaft Größe (`Height`) der Dialogbox. Das führt dazu, dass ein größerer Teil angezeigt wird. Im Folgenden wird erläutert, wie ein Ereignis (zum Beispiel ein Klick auf eine Befehlsschaltfläche) nicht die Eigenschaft eines vorhandenen Objekts ändert, sondern ein neues Steuerelement erzeugt. Das folgende Dialogblatt besteht neben zwei Beschriftungen und einem Textfeld aus drei Befehlsschaltflächen. Eine der Befehlsschaltfläche wird zur Laufzeit beschriftet:

```
Private Sub UserForm_Initialize()
   Me.cmdAnzeige.Caption = "Erweitern"
End Sub
```

Beim Vergrößern der Userform werden neue Steuerelemente erzeugt. Das neue Steuerelement muss deklariert werden. Da mehrere Ereignisse darauf zugreifen, wird es vor der ersten Prozedur deklariert:

```
Dim NeuesSteuerelement As Control
```

Die neuen Kontrollkästchen (Chk1 – Chk5) besitzen folgende Eigenschaften:

Name	High	Left	Top	Width
Chk1	15	10	180	140
Chk2	15	10	200	140
Chk3	15	10	220	140
Chk4	15	10	240	140
Chk5	15	10	260	140

```
Private Sub cmdAnzeige_Click()
   If Me.Height = 165 Then
      Me.Height = 265
      Me.cmdAnzeige.Caption = "Reduzieren"

      Set NeuesSteuerelement = Controls.Add("forms.checkbox.1")
         With NeuesSteuerelement
            .Left = 10
            .Top = 180
            .Width = 140
```

```
            .Height = 15
        End With
    Else
        Me.Height = 165
        Me.cmdAnzeige.Caption = "Erweitern"
    End If

End Sub
```

Statt des Namens des Dialogblatts muss `Forms` stehen; das zugehörige Objekt (die Eigenschaft) ist eine Textbox, die Anzahl ist 1.

Natürlich sollte dem Kontrollkästchen eine Beschriftung zugewiesen werden:

```
[...]
        .Caption = "Groß/Kleinschreibung"
        .Accelerator = "ß"
[...]
```

Besser wäre es, dem neuen Objekt einen selbstdefinierten Namen zu geben. Also:

```
Set NeuesSteuerelement = Controls.Add("forms.Checkbox.1", _
      "Chk1")
```

Über einen Zähler `intZähler` können weitere Steuerelemente hinzugefügt werden:

```
Private Sub cmdAnzeige_Click()
   Dim ctrNeuesSteuerelement As Control
   Dim intZähler As Integer

   If Me.cmdAnzeige.Caption = "Erweitern" Then
      Me.Height = 325
      Me.cmdAnzeige.Caption = "Reduzieren"

      For intZähler = 1 To 5
         Set ctrNeuesSteuerelement = _
         Controls.Add("forms.checkbox.1", "Chk" & intZähler)
         With ctrNeuesSteuerelement
              .Left = 10
              .Top = 160 + intZähler * 20
```

```
            .Width = 140
            .Height = 15
            Select Case intZähler
            Case 1
                .Caption = "Groß/Kleinschreibung"
                .Accelerator = "ß"
            Case 2
                .Caption = "Nur ganzes Wort suchen"
                .Accelerator = "N"
            Case 3
                .Caption = "Mit Mustervergleich"
                .Accelerator = "M"
            Case 4
                .Caption = "Ähnliche Schreibweise"
                .Accelerator = "h"
            Case 5
                .Caption = "Alle Wortformen"
                .Accelerator = "f"
            End Select

        End With
    Next intZähler

  Else
[...]
```

Die Anzahl der Steuerelemente auf dem Dialogblatt beträgt:

```
Controls.Count
```

Das Alternativereignis der Befehlsschaltfläche soll nun diese wieder löschen:

```
Else
   For intZähler = 1 To 5
      Me.Controls.Remove "Chk" & intZähler
   Next intZähler
```

```
    MsgBox "Alle weg", vbCritical

    Me.Height = 165
    Me.cmdAnzeige.Caption = "Erweitern"
End If
```

Das Meldungsfenster dient zum Unterbrechen des Codes, um zu zeigen, dass die Steuerelemente wirklich gelöscht wurden. Und schließlich kann über eine Schaltfläche abgefragt werden, welche Kontrollkästchen angekreuzt wurden:

```
Private Sub cmdWeitersuchen_Click()
    Dim i As Integer
    Dim strAusgabetext As String

    strAusgabetext = ""

    For i = 0 To Controls.Count - 1
        If Left(Controls(i).Name, 3) = "Chk" Then
            If Controls(i).Value = _
                True And Controls(i).Visible = True Then
                strAusgabetext = _
                   strAusgabetext & vbCr & Controls(i).Caption
            End If
        End If
    Next
    If strAusgabetext = "" Then
        MsgBox "Es wurde nichts angeklickt"
    Else
        MsgBox "Folgende Kontrollkästchen sind angeklickt:" _
            & vbCr & strAusgabetext
    End If
End Sub
```

12.26 Übungen zu Steuerelemente zur Laufzeit erzeugen

Übung 1

Beim Initialisieren einer Userform werden ihr zwei Textfelder, zwei Bezeichnungsfelder und zwei Befehlsschaltflächen hinzugefügt.

Übung 2

Ein Muliseiten-Blatt besteht aus zwei Seiten. Auf der ersten Seite befinden sich einige Steuerelemente. Klickt der Benutzer auf das zweite Blatt, dann werden einige Optionsfelder hinzugefügt. Eine Schaltfläche fragt nun die einzelnen Optionen ab.

12.27 Tipps zu den Übungen zu Steuerelemente zur Laufzeit erzeugen

Tipp zu Übung 1 und 2

Damit man einem Steuerelement ein Ereignis zuweisen kann, muss dieses global mit `WithEvents` deklariert werden. Beispielsweise so:

```
Dim WithEvents ctlOk As CommandButton
```

Die Namen der Steuerelemente werden so definiert. Und so können ihnen nun die bekannten Ereignisse hinzugefügt werden. Dabei ist zu beachten, dass auf andere Steuerelemente, die zu Beginn noch nicht existieren, nicht mit

```
Me.txtName.Value
```

zugegriffen werden kann, sondern nur mit:

```
Me.Controls("txtName").Value
```

12.28 Lösungen zu den Übungen zu Steuerelemente zur Laufzeit erzeugen

Lösung 1

Im Ereignis `Initialize` der Userform werden Textfelder und Bezeichnungsfelder hinzugefügt. Dabei sollten die wichtigsten Eigenschaften gesetzt werden:

```
Private Sub UserForm_Initialize()
    Dim ctl As Control
    Set ctl = Controls.Add("forms.textbox.1", "txtName", True)
    With ctl
```

```
        .Left = 10
        .Top = 5
        .Width = 100
        .Height = 20
    End With

    Set ctl = Controls.Add("forms.label.1", "lblName", True)
    With ctl
        .Left = 10
        .Top = 30
        .Caption = "Name"
        .Accelerator = "N"
    End With
[...]
```

Damit man einem Steuerelement ein Ereignis zuweisen kann, muss dieses global mit `WithEvents` deklariert werden:

```
Option Explicit
Dim WithEvents ctlAbbrechen As CommandButton
Dim WithEvents ctlOk As CommandButton
Dim WithEvents ctlAlter As TextBox

Private Sub UserForm_Initialize()
    [...]
    Set ctlAlter = Controls.Add("forms.textbox.1", "txtAlter", True)
    With ctlAlter
        .Left = 10
        .Top = 60
        .Width = 100
        .Height = 20
    End With

    Set ctl = Controls.Add("forms.label.1", "lblAlter", True)
    With ctl
        .Left = 10
```

```
        .Top = 85
        .Caption = "Alter"
        .Accelerator = "A"
    End With

    Set ctlAbbrechen = Controls.Add("forms.commandbutton.1", _
        "cmdAbbrechen", True)
    With ctlAbbrechen
        .Left = 100
        .Top = 120
        .Caption = "Abbrechen"
        .Accelerator = "A"
        .Width = 60
        .Height = 20
        .Cancel = True
    End With

    Set ctlOk = Controls.Add("forms.commandbutton.1", _
        "cmdOk", True)
    With ctlOk
        .Left = 170
        .Top = 120
        .Caption = "Ok"
        .Accelerator = "O"
        .Width = 60
        .Height = 20
        .Default = True
    End With
End Sub
```

Die Namen der Steuerelemente sind definiert. Und so können ihnen nun die bekannten Ereignisse hinzugefügt werden. Dabei ist zu beachten, dass auf andere Steuerelemente, die zu Beginn noch nicht existieren, nicht mit

```
Me.txtName.Value
```

zugegriffen werden kann, sondern nur mit:

```
Me.Controls("txtName").Value
```

Im Folgenden drei Ereignisse von drei der Steuerelemente:

```
Private Sub ctlAbbrechen_Click()
   End
End Sub

Private Sub ctlOk_Click()
   MsgBox Me.Controls("txtName").Value & _
   " ist " & _
   Me.Controls("txtAlter").Value & _
   " Jahre alt."
End Sub

Private Sub ctlAlter_KeyPress _
   (ByVal KeyAscii As MSForms.ReturnInteger)
   If KeyAscii < Asc("0") Or KeyAscii > Asc("9") Then
      KeyAscii = 0
   End If
End Sub
```

Lösung 2

Das Multiseiten-Objekt trägt den Namen `MultiPage1`. Es besitzt zwei Seiten mit den Namen `pagAllgemein` und `pagWeitere`. Im ersten Teil der Bedingung wird gezeigt, wie ein Rahmen mit vier Optionsfeldern zur Laufzeit hinzugefügt werden. Im zweiten Teil werden diese Steuerelemente wieder gelöscht, wenn der Benutzer auf das erste Blatt klickt. Klickt der Benutzer auf eine Befehlsschaltfläche, dann wird das ausgewählte Optionsfeld des zweiten Blatts angezeigt. Achtung: die Nummerierung der Blätter beginnt bei 0!

```
Private Sub MultiPage1_Change()
   Dim ctl As Control
   If Me.MultiPage1.SelectedItem.Name = "pagWeitere" Then

   Set ctl = MultiPage1.Pages(1).Controls. _
      Add("forms.frame.1", "fraGruppe", True)
```

```
With ctl
   .Left = 10
   .Top = 5
   .Width = 100
   .Height = 100
End With

Set ctl = MultiPage1.Pages(1).Controls("fraGruppe"). _
   Add("forms.optionbutton.1", "optStandard", True)
With ctl
   .Left = 15
   .Top = 10
   .Caption = "Standard"
   .Value = True
End With

Set ctl = MultiPage1.Pages(1).Controls("fraGruppe"). _
   Add("forms.optionbutton.1", "optDaten1", True)
With ctl
   .Left = 15
   .Top = 30
   .Caption = "Daten1"
   .Accelerator = "1"
End With

Set ctl = MultiPage1.Pages(1).Controls("fraGruppe"). _
   Add("forms.optionbutton.1", "optDaten2", True)
With ctl
   .Left = 15
   .Top = 50
   .Caption = "Daten2"
   .Accelerator = "2"
End With
```

```
    Set ctl = MultiPage1.Pages(1).Controls ("fraGruppe"). _
       Add("forms.optionbutton.1", "optDaten3", True)
    With ctl
       .Left = 15
       .Top = 70
       .Caption = "Daten3"
       .Accelerator = "3"
    End With

    MultiPage1.Pages(1).Controls("optStandard").SetFocus

    ElseIf Me.MultiPage1.SelectedItem.Name = "pagAllgemein" Then
       MultiPage1.Pages(1).Controls.Clear
    End If
End Sub

Private Sub cmdOk_Click()
    If Me.MultiPage1.SelectedItem.Name = "pagWeitere" Then
       MsgBox MultiPage1.Pages(1).Controls _
          ("fraGruppe").ActiveControl.Name
    End If
End Sub
```

12.29 Weitere Steuerelemente

Im Menü Extras / Zusätzliche Steuerelemente und im Kontextmenü der Werkzeugsammlung finden sich noch weitere Steuerelemente. Es würde den Rahmen des Buches sprengen alle aufzulisten, die Microsoft mit seinem Office-Paket zur Verfügung stellt. Daneben können noch weitere Steuerelemente dazugekauft werden. Exemplarisch sollen einige wenige hier Erwähnung finden.

Steuerelement	Bedeutung
ImageList	Dieses Steuerelement wird nicht angezeigt. Damit kann eine Liste von Abbildungen und Symbole erstellt werden, die von anderen Elementen genutzt wird.
ListView	Eine Auswahlliste, die nicht nur Text, sondern auch Symbole anzeigt.

Steuerelement	Bedeutung
TreeView	Hierarchische Listen, die eine Baumstruktur darstellen
ProgressBar	Fortschrittsanzeige. Zeigt den Ablauf eines Vorgangs visuell an. Zur Steuerung werden die Eigenschaften Min, Max und Value verwendet.
Slider	Alternative zur Bildlaufleiste
StatusBar	Bindet eine Statuszeile in eine Userform ein.
ToolBar	Bindet eine Symbolleiste in die Userform ein.

Tabelle 52: Weitere Steuerelemente

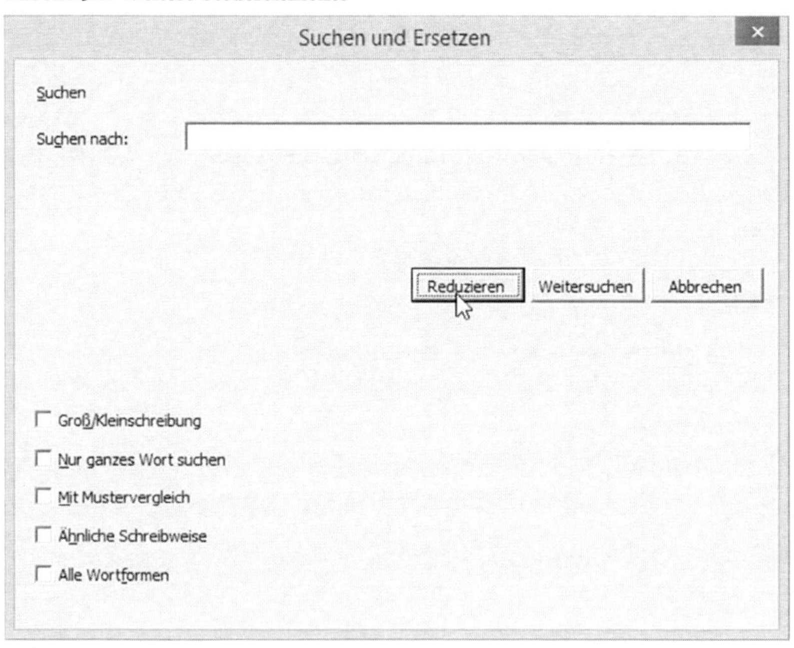

Abbildung 17: Der Dialog aus Abschnitt 12.25

13 Word VBA

Ein wichtiges Element, mit dem man den Code ermitteln kann, mit dem auf Word zugegriffen wird, ist der Makrorekorder. Mit seiner Hilfe können die meisten Word-Befehle aufgezeichnet werden.

13.1 Programmzugriff (Application)

Oberstes Objekt, das heißt Word selbst, heißt Application. Die Schreibung ist optional. Es ist also gleichgültig, ob Sie

```
Application.ActiveWindow.View.ShowAll = True
```

oder

```
ActiveWindow.View.ShowAll = True
```

schreiben, um sich in Word die Formatierungszeichen anzeigen zu lassen. Weitere Beispiele und Eigenschaften von Application finden Sie in Abschnitt 13.26 Einige nützliche, erstaunliche und lustige Befehle.

13.2 Dateizugriff

Das Objekt, mit dem man in Word auf Dokumente zugreifen kann, heißt `Document`. Sicherlich sind die Methoden Öffnen, Speichern und Schließen, Neu und Drucken die wichtigsten.

Eine neue Vorlage wird mit dem Befehl

```
Documents.Add(Template, NewTemplate, DocumentType, Visible)
```

oder mit:

```
Application.Documents.Add _
    (Template, NewTemplate, DocumentType, Visible)
```

geöffnet. Eine gespeicherte Datei wird folgendermaßen geöffnet:

```
Documents.Open(FileName, ConfirmConversions, ReadOnly, _
AddToRecentFiles, PasswordDocument, PasswordTemplate, _
Revert, WritePasswordDocument, WritePasswordTemplate, _
Format, Encoding, Visible, OpenAndRepair, DocumentDirection, _
NoEncodingDialog, XMLTransform)
```

Dabei bedeuten:

Parameter	Bedeutung
FileName	Der Dateiname (unbedingt erforderlich – er sollte mit dem Pfad angegeben werden)
ConfirmConversions	„True" bedeutet, dass die Datei nicht im WinWord-Format vorliegt und deshalb konvertiert werden muss.
ReadOnly	„True" bedeutet, dass die Datei schreibgeschützt geöffnet wird.
AddToRecentFiles	„False" bedeutet, dass die Datei nicht zur Liste der zuletzt geöffneten Dateien hinzugefügt wird.
PasswordDocument	Hier wird das Kennwort des Dokuments festgelegt.
PasswordTemplate	Hier wird das Kennwort der Dokumentenvorlage festgelegt.
Revert	Sollte das Dokument schon geöffnet sein, so bedeutet „True", dass das alte Dokument ohne Änderungen geschlossen und neu geöffnet wird. „False" dagegen heißt, dass das alte Dokument aktiviert wird.
WritePasswordDocument	Kennwort zum Speichern von Änderungen
WritePasswordTemplate	Kennwort zum Speichern von Änderungen der Vorlage
Format	legt das Konvertierungsprogramm für Dateien fest.
Encoding	gibt die Dokumentcodierung (Codepage oder Zeichensatz) zurück, die beim Betrachten eines gespeicherten Dokuments vom Webbrowser verwendet werden soll, oder legt diese fest.
Visible	könnte das Dokument für den Benutzer unsichtbar öffnen. Diese Funktion dient dazu, per Programmierung Teile eines Dokuments auszulesen, ohne dass es der Benutzer sieht.
OpenAndRepair	True, um das Dokument zu reparieren und so dessen Beschädigung zu vermeiden.
DocumentDirection	Bestimmt den horizontalen Textfluss in einem Dokument. Der Standardwert ist wdLeftToRight.
NoEncodingDialog	True, um die Anzeige des Dialogfelds Codierung zu übergehen, das in Word angezeigt wird, wenn die Textcodierung nicht erkannt wird. Der Standardwert ist False.
XMLTransform	Führt eine XMLTransformation durch

Tabelle 53: Die Parameter von Documents.Open

Die Methoden `Add` und `Open` geben ein Objekt vom Typ `Document` zurück, das in einer Variable gespeichert werden kann:

```
Dim wdDok as Document
Set wdDok = Documents.Open("C:\Eigene Dateien\Test.docx")
```

Alle geöffneten Dokumente können mit der Sammlung `Documents` durchlaufen werden. Dabei gibt die Eigenschaft `Count` die Anzahl der offenen Dateien an. Das Objekt `Window` und `Document` sind dabei identisch, so lange eine Datei nur einem einzigen Fenster geöffnet wurde. Ist dies nicht der Fall, dann muss die Sammlung Windows durchlaufen werden.

VBA stellt für Word (neben `ActivePrinter`) zwei „aktive Objekte" zur Verfügung: `ActiveDocument` und `ActiveWindow`. Sie stellen das „obenliegende" Dokument dar, in dem sich der Benutzer gerade befindet. Dieses kann mit folgenden beiden Methoden gespeichert werden:

```
ActiveDocument.Save
ActiveDocument.SaveAs2(FileName, FileFormat, LockComments, _
Password, AddToRecentFiles, WritePassword, _
ReadOnlyRecommended, EmbedTrueTypeFonts, _
SaveNativePictureFormat, SaveFormsData, SaveAsAOCELetter, _
Encoding, InsertLineBreaks, AllowSubstitution, LineEnding, _
AddBiDiMarks, CompatibilityMode)
```

Dabei bedeuten:

Parameter	Bedeutung
FileName	Dateiname
FileFormat	Das Dokumentenformat, beispielsweise wdFormatDOSText oder wdFormatText
LockComments	„True" bedeutet, dass die Kommentare im Text gespeichert werden.
Password	Hier wird das Passwort festgelegt.
AddToRecentFiles	„True" bedeutet, dass das Dokument zur Liste der zuletzt verwendeten Dateien hinzugefügt wird.
WritePassword	Passwort zum Speichern von Änderungen des Dokuments
ReadOnlyRecommended	„True" bedeutet, dass Word beim Öffnen den Schreibschutz vorschlägt.
EmbedTrueTypeFonts	„True" bedeutet, dass die TrueType-Schriften eingebettet werden.
SaveNativePictureFormat	„True" bedeutet, dass von importierten Grafiken nur die Windows-Versionen gespeichert werden.
SaveFormsData	„True" speichert nur die Daten, die der Benutzer in ein Formular eingegeben hat.

Parameter	Bedeutung
SaveAsAOCELetter	„True" speichert das Adressfeld mit dem Dokument.
Encoding	
InsertLineBreaks	
AllowSubstitution	
LineEnding	
AddBiDiMarks	
CompatibilityMode	

Tabelle 54: Die Parameter von ActiveDocument.Save

Es wird geschlossen:

```
ActiveDocument.Close(SaveChanges, _
   OriginalFormat, RouteDocument)
```

Parameter	Bedeutung
SaveChanges	Hier wird festgelegt, ob der Benutzer Änderungen speichern will (wdSaveChanges), ob der Benutzer entscheiden darf, dass sie gespeichert werden (wdPromptToSaveChanges), oder ob das Dokument ohne Änderungen verworfen wird (wdDoNotSaveChanges).
OriginalFormat	Hier wird entschieden, ob das Dokument als WordDokument oder in einem anderen Format gespeichert wird.
RouteDocument	Hier kann festgelegt werden, ob das Dokument an den nächsten Empfänger weitergeleitet wird.

Tabelle 55: Die Parameter von ActiveDocument.Close

Und Drucken? So wird gedruckt:

```
ActiveDocument.PrintOut(Background, Append, Range, _
OutputFileName, From, To, Item, Copies, Pages, PageType, _
PrintToFile, Collate, FileName, ActivePrinterMacGX, _
ManualDuplexPrint, PrintZoomColumn, PrintZoomRow, _
PrintZoomPaperWidth, PrintZoomPaperHeight)
```

13.3 Übungen zum Dateizugriff

Übung 1

Es wird überprüft, ob die Datei *Mahnung.docx* geöffnet ist. Falls ja, so wird sie in den Vordergrund geholt, falls nein, so wird sie geöffnet.

Übung 2

Der Benutzer wird gefragt, wie oft ein Dokument ausgedruckt werden soll. Dann wird es so oft ausgedruckt, wie der Benutzer es vorgegeben hat, und automatisch geschlossen.

Übung 3

Ein Makro holt die Dokumentvorlage *Rechnungsvorlage.dotx* her und speichert sie unter „Re"+Tagesdatum.

Übung 4

Überprüfen Sie, ob das aktuelle Dokument auf der Vorlage „Aufhebungsbvertrag.dotm" basiert. Dies ist wichtig, weil es in Word leider nur das Objekt `ActiveDocument` und nicht `ThisDocument` (wie beispielsweise in Excel oder Visio gibt). Möglicherweise sollen die Daten in das Dokument geschrieben werden, in dem sich der VBA-Code befindet und nicht in das „obenliegende" Dokument.

13.4 Lösungen zu den Übungen zum Dateizugriff

Lösung 1

```
Sub Mahnung()
   Dim wdDoc As Document
   For Each wdDoc In Documents
      If wdDoc.Name = "Mahnung.docx" Then
         wdDoc.Activate
         Exit Sub
      End If
   Next
   Documents.Open "C:\Eigene Dateien\Mahnung.docx"
End Sub
```

Selbstverständlich können Sie die Schleife auch so bauen:

```
   For i = 1 To Documents.Count
      If Documents(i).Name = "Mahnung.docx" Then
```

Lösung 2

```
Sub DruckMakro()
   Dim intAnzahl As Integer
   intAnzahl = InputBox("Wie oft soll die Datei " & _
      "ausgedruckt werden?")
   ActiveDocument.PrintOut Copies:=intAnzahl
   ActiveDocument.Close wdSaveChanges
End Sub
```

Lösung 3

```
Sub NeueRechnung()
   Documents.Add "Rechnungsformular.dotx", False
   ActiveDocument.SaveAs2 "Re" & Format(Date, "ddmmyyyy")
End Sub
```

Etwas eleganter wäre:

```
   Dim wdDok As Document
   Set wdDok = Application.Documents.Add _
      ("Rechnungsformular.dotx", False)
   wdDok.SaveAs2 "Re" & Format(Date, "ddmmyyyy")
```

Lösung 4

```
   If LCase(ActiveDocument.AttachedTemplate.Name) <> _
      "aufhebungsvertrag.dotm" Then
      MsgBox "Sie arbeiten nicht im richtigen Dokument."
   Else
      MsgBox "Hier ist alles okay."
   End If
```

13.5 Bewegen, Markieren, Markierung auslesen

Das Objekt `Selection` stellt die Position des Cursors oder der Markierung dar. Er ist eine Eigenschaft von `Application`, `GlobalPane` und von `Window`; nicht von `Document`. Vielleicht ist es trivial: Es gibt nur ein Selection-Object in Word.

Neuer Text wird in ein Dokument an die Cursorposition mit folgendem Befehl eingefügt (oder ausgelesen):

```
Selection.TypeText
```

Mit folgender Methoden wird ein [Enter] eingefügt:

```
Selection.TypeParagraph
```

Wenn Sie das Schlüsselwort `Selection`, erscheinen nach dem Punkt mehr als 100 Methoden und Eigenschaften.

Folgende Tabelle listet die wichtigsten Selection-Methoden auf:

Methode/Eigenschaft von Selection	Beschreibung	Tastenkombination und Befehle in Word	Beispiel
Text einfügen			
.TypeText Text:="..."	fügt Text ein		Selection.TypeText Text:= "Lehrer"
.Text = "..."	fügt Text ein		Selection.Text = "Lehrer"
.TypeParagraph	fügt einen Absatz ein	[Enter]	Selection.TypeParagraph
Löschen			
.TypeBackspace	löscht ein Zeichen links des Cursors	[Backspace]	Selection.TypeBackspace
.Delete(Unit, Count) Unit kann ein Zeichen sein (wdCharacter) oder ein Wort (wdWord). Count ist eine ganze Zahl.	löscht ein oder mehrere Zeichen rechts des Cursors	[Entf]	Selection.Delete löscht das nächste Zeichen oder die Markierung Selection.Delete Count:=3 löscht die nächsten drei Zeichen Selection.Delete unit:=wdWord, Count:=3 löscht die nächsten drei Wörter.
.InsertBreak(Type) Type kann sein: wdPageBreak, wdColumnBreak, wdSectionBreakNextPage, wdSectionBreakContinuous, wdSectionBreakEvenPage, wdSectionBreakOddPage oder wdLineBreak		[Strg]+[Enter] LAYOUT – SEITE EINRICHTEN – UMBRÜCHE	Selection.InsertBreak fügt einen Seitenumbruch ein. Selection.InsertBreak (wdPageBreak) fügt einen Seitenumbruch ein.

Methode/Eigenschaft von Selection	Beschreibung	Tastenkombination und Befehle in Word	Beispiel
.InsertSymbol(CharacterNumber, Font, Unicode) CharacterNumber ist die Zeichennummer für das angegebene Sonderzeichen. Font Variant optional. Der Name der Schriftart, die das Sonderzeichen enthält Unicode ist False bei einem ANSI-Zeichen, True, wenn das Unicode-Zeichen eingefügt werden soll, das durch CharacterNumber spezifiziert wurde.	fügt an Stelle des angegebenen Bereichs oder der Markierung ein Sonderzeichen ein	EINFÜGEN – SYMBOL – SONDERZEICHEN	Selection.InsertSymbol Font:="Wingdings", CharacterNumber:=-4022, Unicode :=True fügt einen Smilie ein: ☺ Selection.InsertSymbol Font:="Wingdings", CharacterNumber:=74 (74 = 31 + 43) fügt einen Smilie ein: ☺
Text kann auch eingefügt werden mit .InsertAfter, .InsertBefore			
Bewegen im Text			
.Move(Unit, Count) Unit kann sein: wdCharacter, wdWord, wdSentence, wdParagraph, wdSection, wdStory (der gesamte Text), wdCell, wdColumn, wdRow oder wdTable.	bewegt den Cursor.	[Pfeil←], [Pfeil↑], [Pfeil→], [Pfeil↓], Strg]+[Pfeil←], [Strg]+[Pfeil↑], [Strg]+[Pfeil→], [Strg]+[Pfeil↓],	Selection.Move Count:=3 bewegt den Cursor drei Zeichen nach rechts. Selection.Move Count:=-3 bewegt den Cursor drei Zeichen nach links. Selection.Move unit:=wdSentence, Count:=3 bewegt den Cursor drei Sätze nach rechts.
.Movedown und .Moveup (Unit, Count, Extent) Unit kann sein:	bewegt den Cursor über den Text	[Pfeil↑], [Pfeil↓] [Bild↓], [Bild↑], [Strg]+[Pfeil↓], [Strg]+[Pfeil↑]	Selection.MoveDown Unit:=wdLine, Count:=3 bewegt den Cursor drei Zeilen nach unten

Methode/Eigenschaft von Selection	Beschreibung	Tastenkombination und Befehle in Word	Beispiel
wdLine, wdParagraph, wdWindow oder wdScreen (eine Bildschirmseite)			Selection.MoveDown Unit:=wdScreen, Count:=3 bewegt den Cursor drei Bildschirmseiten nach unten (entspricht [Bildu], [Bildu], [Bildu])
MoveLeft, MoveRight (Unit, Count, Extent) Unit kann sein: wdCell, wdCharacter, wdWord oder wdSentence.	bewegt den Cursor über den Text.		Selection.MoveRight Unit:=wdWord, Count:=3 bewegt den Cursor drei Wörter nach rechts.
.EndKey (Unit, Extend) Unit kann sein: wdStory, wdColumn, wdLine oder wdRow.	bewegt den Cursor über den Text nach unten.	[Strg]+[Ende]	Selection.EndKey Unit:=wdStory bewegt den Cursor ans Ende des Dokuments.
.HomeKey (Unit, Extend) Unit kann sein: wdStory, wdColumn, wdLine oder wdRow	bewegt den Cursor über den Text nach oben.	[Strg]+[Pos1]	Selection.HomeKey Unit:=wdStory bewegt den Cursor an den Anfang des Dokuments.
Zum Bewegen dient auch: .EndOf, .MoveEndUntil, .MoveEndWhile, .MoveStartUntil, .MoveStrtWhile, MoveUntil, .MoveWhile		[Pfeil←], [Pfeil↑], [Pfeil→], [Pfeil↓],	
Markieren von Text:			
.MoveDown, .MoveUp, .MoveLeft, .MoveRight, .EndKey, .HomeKey	markiert.	[Shift]+[Pfeil←], [Shift]+[Pfeil↑], [Shift]+[Pfeil→], [Shift]+[Pfeil↓], [Shift]+[Bild↑], [Shift]+[Bild↓], [Shift]+[Strg]+[Pfeil↓],	Selection.MoveRight unit:=wdCharacter, Count:=3, Extend:=wdExtend markiert drei Zeichen rechts vom Cursor. Selection.MoveUp unit:=wdParagraph, Count:=3, Extend:=wdExtend

Methode/Eigenschaft von Selection	Beschreibung	Tastenkombination und Befehle in Word	Beispiel
		[Shift]+[Strg]+[Pfeil↑]	markiert drei Absätze über dem Cursor.
.WholeStory	markiert den gesamten Text.	[Strg]+[a] Bearbeiten – Alles Markieren	Selection.WholeStory markiert den ganzen Text.
zum Markieren dient auch .Expand, .EndOf, .Extend, .Select, .StartOf			
.Collapse(Direction) Direction kann sein: wdCollapseEnd oder wdCollapseStart	löst Markierung auf.	[Pfeil←]	Selection.Collapse setzt den Cursor vor den markierten Text.

Tabelle 56: Die wichtigsten Selection-Methoden

Umgekehrt kann nicht nur eine bestimmte Stelle innerhalb eines Dokuments angesprungen, sondern auch ein Teil eines markierten Texts ausgelesen werden.

Auslesen von markiertem Text			
.Text	gibt den Text zurück, der markiert wurde.		MsgBox Selection.Text
.Characters	gibt ein Zeichen zurück.		MsgBox Selection.Characters(2)
.Words	gibt ein Wort zurück.		MsgBox Selection.Words(2)
.Sentences	gibt einen Satz zurück.		MsgBox Selection.Sentences(2)
.EscapeKey	bricht einen Modus ab, beispielsweise den Erweiterungsmodus.	[Esc]	Selection.EscapeKey

Tabelle 57: Die wichtigsten Selection-Methoden zum Auslesen von Text

Schwierig wird es, wenn überprüft werden soll, ob ein Text markiert ist. Denn leider liefert die Eigenschaft:

```
Selection.Characters.Count
```

die Zahl 1, also die gleiche Zahl, wie wenn ein Zeichen markiert wäre. Dafür steht eine andere Eigenschaft zur Verfügung.

Trotz der vielen Möglichkeiten, sich über den Text zu bewegen, bleibt als beste und sicherste Methode das Anspringen von Textmarken. Sie können über die Optionen (Erweitert / Textmarken Anzeigen) sichtbar gemacht werden, sollten in Dokumenten, oder noch besser in Dokumentvorlagen, vorhanden sein, damit sie angesprungen werden können, damit der Text exakt an einer vorgesehenen Position zu stehen kommt.

Der Befehl `Selection.GoTo` besitzt eine Reihe Sprungmöglichkeiten. Die allgemeine Syntax lautet:

```
Selection.GoTo(What, Which, Count, Name)
```

`What` kann folgende Konstanten annehmen:

What	Bedeutung
wdGoToAbsolute	Bildschirm
wdGoToBookmark	Textmarke
wdGoToComment	Kommentar
wdGoToEndnote	Endnote
wdGoToEquation	Formel
wdGoToField	Feldfunktion
wdGoToFootnote	Fußnote
wdGoToGrammaticalError	Grammatikfehler
wdGoToGraphic	Grafik
wdGoToHeading	Überschrift
wdGoToLine	Zeile
wdGoToObject	OLE-Objekt
wdGoToPage	Seite
wdGoToPercent	Prozentualer Teil des Dokuments
wdGoToProofreadingError	Änderung
wdGoToSection	Abschnitt

What	Bedeutung
wdGoToSpellingError	Rechtschreibfehler
wdGoToTable	Tabelle

Tabelle 58: Die Konstanten des Parameters `What`

Mit `Which` ist das Element gemeint, auf das der Cursor gesetzt werden soll. Dafür sind folgende Konstanten erlaubt:

`wdGoToAbsolute, wdGoToFirst, wdGoToLast, wdGoToNext, wdGoToPrevious oder wdGoToRelative`

Mit `Count` ist die Anzahl gemeint. Folgende Befehlszeilen springen auf die erste Überschrift im Text:

```
Selection.GoTo What:=wdGoToHeading, Which:=wdGoToFirst
Selection.GoTo What:=wdGoToHeading, Which:=wdGoToAbsolute, _
   Count:=1
```

Bei den Konstanten

`wdGoToBookmark`, `wdGoToComment`, `wdGoToField` und `wdGoToObject` ist zwingend ein Name nötig. Aufgrund der Eindeutigkeit des Namens sind die Richtung (`Which`) und die Anzahl (`Count`) überflüssig.

13.6 Übungen zum Bewegen, Markieren, Markierung auslesen

Übung 1

Ein Makro liest das erste Zeichen, das erste Wort, den ersten Satz und den ersten Absatz einer Markierung aus, wenn etwas markiert wurde.

Übung 2

Ein Makro springt ans Ende des Dokuments, erzeugt dort zwei leere Absätze und schreibt dann „Mit freundlichen Grüßen“.

Übung 3

Ein Makro merkt sich den Zustand der Ansicht (Gliederung, Weblayout, Entwurf oder Seitenlayout). Danach stellt es die Seitenansicht auf „Seitenlayout“ ein und setzt dann den Cursor in die Fußzeile. Dort wird der Name der aktuellen Dokumentvorlage hineingeschrieben. Der Cursor wird in das Dokument zurückgesetzt. Die ursprüngliche Ansicht wird wieder hergestellt.

Übung 4

Im markierten Text ersetzt ein Makro die Umlaute, also aus „Ä“ wird „Ae“, aus „Ö“ wird „Oe“, aus „Ü“ wird „ue“, aus „ä“ wird „ae“, aus „ö“ wird „oe“, aus „ü“ wird „ue“ und aus „ß“ wird „ss“.

Übung 5

Im markierten Text wird die Schrift um jeweils zwei Punkte vergrößert.

Übung 6

Schreiben Sie die VBA-Fehlernummern in ein neues, leeres Word-Dokument.

13.7 Tipps zu den Übungen zum Bewegen, Markieren, Markierung auslesen

Tipp zu Übung 1

Beachten Sie bitte, dass Absatz-Objekte etwas anders behandelt werden, als Zeichen, Wörter oder Sätze.

Tipp zu Übung 2, 3 und 4

Die Lösung erhält man zum größten Teil, wenn man den Befehl mit dem Makrorekorder aufzeichnet.

Tipp zu Übung 4

Sie sollten die Warnmeldung (ob die Suche im restlichen Dokument durchgeführt werden soll) ausschalten und am Ende des Makros wieder einschalten:

```
Application.DisplayAlerts = wdAlertsNone
```

Tipp zu Übung 5

Für diese Aufgabe gibt es sicherlich mehrere Lösungen: Entweder Sie lassen eine Zählerschleife über eine Reihe Zahlen laufen und wenden diese Zahlen mit dem Ersetzen-Befehl auf die Schriftgröße des Bereichs an. Oder Sie lassen eine Schleife über alle Zeichen des Bereichs laufen und vergrößern die Schriftgröße jedes einzelnen Zeichens.

Tipp zu Lösung 6

Ein Fehler wird generiert mit

```
Err.Raise
```

Damit Sie keine Fehlermeldung erhalten, müssen Sie diese mit

```
On Error Resume Next
```

ausschalten. Und: Nach dem Eintragen wird der Fehler mit

```
Err.Clear
```

wieder gelöscht.

13.8 Lösungen zu den Übungen zum Bewegen, Markieren, Markierung auslesen

Lösung 1

```
Sub Auslesen()
   Dim strZeichen As String
   Dim strWort As String
   Dim strSatz As String
   Dim strAbsatz As String
   Dim strText As String

   With Selection
      strZeichen = .Characters(1).Text
      strWort = .Words(1).Text
      strSatz = .Sentences(1).Text
      strAbsatz = .Paragraphs(1).Range.Text
      strText = .Text
   End With
   MsgBox "Der markierte Text lautet:" & vbCr & _
      strText & vbCr & vbCr & _
      "Das erste Zeichen:" & vbTab & strZeichen _
      & vbCr & "Das erste Wort:" & vbTab & strWort _
      & vbCr & "Der erste Satz:" & vbTab & strSatz _
      & vbCr & "Der erste Absatz:" & vbTab & strAbsatz
End Sub
```

Lösung 2

```
Sub mfg()
   With Selection
      .EndKey unit:=wdStory
      .TypeParagraph
      .TypeParagraph
      .TypeText Text:="Mit freundlichen Grüßen"
   End With
End Sub
```

Lösung 3

```
Sub DokVorlagenNameInFußzeile()
   Dim bytFensterZustand As Byte

   With ActiveWindow.ActivePane.View
      bytFensterZustand = .Type
      .Type = wdPrintView
      .SeekView = wdSeekCurrentPageFooter
      Selection.TypeText Text:=ActiveDocument.AttachedTemplate
      .SeekView = wdSeekMainDocument
      .Type = bytFensterZustand
   End With
End Sub
```

Diese Aufgabe funktioniert auch ohne „Springen“. Dazu wird die Nummer des aktuellen Abschnitts abgefragt und dort in die Fußzeile der Text geschrieben:

```
Sub DokVorlagenNameInFußzeile2()
   Dim intAbschnittNr As Integer

   intAbschnittNr = _
      Selection.Information(wdActiveEndSectionNumber)
   ActiveDocument.Sections(intAbschnittNr). _
      Footers(wdHeaderFooterPrimary).Range.Text = _
      ActiveDocument.AttachedTemplate
End Sub
```

Lösung 4

Der Makrorekorder liefert den Code, der etwas modifiziert wird – vor allem die Warnmeldungen warden ausgeschaltet und am Ende des Makros wieder eingeschaltet:

```
Sub Ersetze()
   Application.DisplayAlerts = wdAlertsNone
   Selection.Find.ClearFormatting
   Selection.Find.Replacement.ClearFormatting
   With Selection.Find
      .Text = "Ä"
      .Replacement.Text = "Ae"
      .MatchCase = True
   End With
   Selection.Find.Execute Replace:=wdReplaceAll
   With Selection.Find
      .Text = "Ö"
      .Replacement.Text = "Oe"
      .MatchCase = True
   End With
   Selection.Find.Execute Replace:=wdReplaceAll
[...]
   With Selection.Find
      .Text = "ü"
      .Replacement.Text = "ue"
      .MatchCase = True
   End With
   Selection.Find.Execute Replace:=wdReplaceAll
   With Selection.Find
      .Text = "ß"
      .Replacement.Text = "ss"
      .MatchCase = True
   End With
   Selection.Find.Execute Replace:=wdReplaceAll
   Application.DisplayAlerts = wdAlertsAll
```

```
    MsgBox "Die Ersetzungen wurden erfolgreich durchgeführt."
End Sub
```

Natürlich kann man die Zeichen in einem Array speichern und dieses mit einer Schleife durchlaufen lassen:

```
Sub Ersetze2()
    Dim strZeichen(1 To 7, 1 To 2) As String
    Dim i As Integer

    strZeichen(1, 1) = "Ä": strZeichen(1, 2) = "Ae"
    strZeichen(2, 1) = "Ö": strZeichen(2, 2) = "Oe"
    strZeichen(3, 1) = "Ü": strZeichen(3, 2) = "Ue"
    strZeichen(4, 1) = "ä": strZeichen(4, 2) = "ae"
    strZeichen(5, 1) = "ö": strZeichen(5, 2) = "oe"
    strZeichen(6, 1) = "ü": strZeichen(6, 2) = "ue"
    strZeichen(7, 1) = "ß": strZeichen(7, 2) = "ss"

    Application.DisplayAlerts = wdAlertsNone

    Selection.Find.ClearFormatting
    Selection.Find.Replacement.ClearFormatting
    For i = 1 To 7
        With Selection.Find
            .Text = strZeichen(i, 1)
            .Replacement.Text = strZeichen(i, 2)
            .MatchCase = True
        End With
        Selection.Find.Execute Replace:=wdReplaceAll
    Next i
    Application.DisplayAlerts = wdAlertsAll
End Sub
```

Lösung 5

```
Sub SchriftVergrößern()
   Dim i As Integer

   Application.DisplayAlerts = wdAlertsNone

   Selection.Find.ClearFormatting
   Selection.Find.Replacement.ClearFormatting

   For i = 72 To 1 Step -1
      Selection.Find.Font.Size = i
      Selection.Find.Replacement.Font.Size = i + 2
      Selection.Find.Execute Replace:=wdReplaceAll
   Next i

   Application.DisplayAlerts = wdAlertsAll
   MsgBox "Die Schrift wurde vergrößert."
End Sub
```

Beachten Sie bei dieser Lösung, dass der Zähler von „oben“ nach „unten“ laufen muss. Natürlich könnte man den Startwert größer als 72 wählen. Oder Sie durchlaufen jedes einzelne Zeichen, was bei längerem Text sicherlich eine Weile dauern kann. Dafür würde aber auch 11,5 Punkt in 13,5 Punkt vergrößert werden, wenn es Schriftgrößen mit Dezimalwerten gäbe.

```
Sub SchriftVergrößern2()
   Dim i As Long

   For i = 1 To Len(Selection.Text)
      Selection.Range.Characters(i).Font.Size = _
         Selection.Range.Characters(i).Font.Size + 2
   Next i
   MsgBox "Die Schrift wurde vergrößert."
End Sub
```

Lösung 6

```
Sub Fehlernummern()
   Dim i As Integer
   On Error Resume Next
   Documents.Add
   For i = 1 To 100
      Err.Raise i
         Selection.TypeText i & ": " & Err.Description & vbCr
      Err.Clear
      Selection.EndKey
   Next i
End Sub
```

Wenn Sie nicht die vielen Texte „Anwendungs- oder objektdefinierter Fehler" sehen möchten, können Sie diese Meldungen unterdrücken:

```
      If Err.Description <> _
        "Anwendungs- oder objektdefinierter Fehler" Then
         Selection.TypeText i & ": " & Err.Description & vbCr
      End If
```

13.9 Position des Cursors bestimmen

Mit der Eigenschaft

```
Selection.Range
```

kann auf einen markierten Bereich zugegriffen werden. Ist dieser leer, dann gibt

```
Selection.Range.Text
```

nichts zurück. Darüber hinaus kann eine ganze Reihe weiterer Informationen abgefragt werden. Dazu dient

```
Selection.Information(Type)
```

Konstante (Type)	Bedeutung
wdActiveEndAdjustedPageNumber	Die Seitennummer mit dem aktiven Ende der angegebenen Auswahl oder des Bereichs
wdActiveEndPageNumber	Die Seitennummer mit dem aktiven Ende der angegebenen Auswahl oder des Bereichs gezählt, von Beginn des Dokuments
wdActiveEndSectionNumber	Die Nummer des Abschnitts

Konstante (Type)	Bedeutung
wdFirstCharacterLineNumber	Die Zeilennummer des ersten Zeichens in der Auswahl
wdWithInTable	„True“, wenn sich die Auswahl in einer Tabelle befindet.
wdAtEndOfRowMarker	„True“, wenn sich der Cursor an der Zeilenendmarke in einer Tabelle befindet.
wdFrameIsSelected	„True“, wenn es sich bei der Auswahl oder beim Bereich um einen gesamten Rahmen oder Textfeld handelt.
wdInCommentPane	„True“, wenn sich der Cursor in einem Kommentarausschnitt befindet.
wdInEndnote	„True“, wenn sich der Cursor in einem Endnotenbereich befindet.
wdInFootnote	„True“, wenn sich der Cursor in einem Fußnotenbereich befindet.
wdInMasterDocument	„True“, wenn sich der Cursor in einem Zentraldokument befindet.
wdEndOfRangeColumnNumber	Die Tabellenspaltennummer
wdEndOfRangeRowNumber	Die Tabellenzeilennummer
wdStartOfRangeColumnNumber	Die Nummer der Tabellenspalte in einem neuen Abschnitt
wdStartOfRangeRowNumber	Die Nummer der Tabellenzeile in einem neuen Abschnitt
wdCapsLock	„True“, wenn die FESTSTELLTASTE aktiviert ist.
wdNumLock	„True“, wenn „Num“ aktiv ist.
wdOverType	„True“, wenn der Überschreibmodus aktiv ist. Mit der Overtype-Eigenschaft ändern Sie den Zustand des Überschreibmodus.
wdSelectionMode	Auswahlmodus: 0 Normale Auswahl 1 Erweiterte Auswahl (in der Statusleiste erscheint "ERW") Dies entspricht der Tastenkombination [Shift]+[Strg]+[F8].

Konstante (Type)	Bedeutung
	2 Spaltenauswahl (in der Statusleiste erscheint "SP"). Dies entspricht der Tastenkombination [Shift]+[Strg]+[F8].
wdRevisionMarking	„True", wenn die Änderungsverfolgung aktiv ist
wdHeaderFooterType	Art der Kopf- oder Fußzeile: Wert Art der Kopf- oder Fußzeile -1 Keine (die Auswahl oder der Bereich befindet sich nicht in einer Kopf- oder Fußzeile) 0 Gerade Kopfzeile 1 Ungerade Kopfzeile oder die einzige Kopfzeile 2 Gerade Fußzeile 3 Ungerade Fußzeile oder die einzige Fußzeile 4 Erste Kopfzeile 5 Erste Fußzeile
wdHorizontalPositionRelativeToPage	die horizontale Position zum Seitenrand
wdHorizontalPositionRelativeToTextBoundary	die horizontale Position zur Textumgrenzung
wdVerticalPositionRelativeToPage	die vertikale Position zum Seitenrand
wdVerticalPositionRelativeToTextBoundary	die vertikale Position zur Textumgrenzung
wdNumberOfPagesInDocument	die Anzahl der Seiten im Dokument, das mit der Auswahl oder dem Bereich verbunden ist.
wdZoomPercentage	gibt den aktuellen Wert zurück, der mit der Percentage-Eigenschaft festgelegt wurde, für die Vergrößerung in Prozent.

Tabelle 59:Die Konstanten bei Type von `Selection.Information(Type)`

13.10 Range – ein polymorphes Wesen

`Range` liegt in Word in drei Varianten vor: als Objekt, als Methode und als Eigenschaft. Ganz allgemein stellt `Range` eine Position oder einen fortlaufenden Bereich in einem Dokument dar. Jedes Range-Objekt wird durch eine Anfangs- und eine Endzeichenposition oder einen bestimmten Bereich definiert, beispielsweise den zweiten Absatz:

```
Dim wdRange As Range
Set wdRange = wdDok.Paragraphs(2).Range
```

Ähnlich wie bei Textmarken werden Range-Objekte zur Identifizierung bestimmter Abschnitte eines Dokuments verwendet. Ein Range-Objekt kann jedoch – im Gegensatz zu einer Textmarke – nicht an ein Dokument gebunden, das heißt mit ihm gespeichert werden.

Achtung: Range-Objekte haben nichts mit dem von Anwender markierten Text oder mit der Cursorposition zu tun. Folglich ist es möglich, mit Hilfe des Range-Objektes Texte zu definieren und modifizieren, ohne die aktuelle Markierung zu ändern. Deshalb kann man in einem Dokument mehrere Bereiche definieren, während pro Fenster nur eine Markierung zugelassen ist.

Die Range-Methode

Das Objekt `Document` stellt die Methode `Range` mit den beiden optionalen Parametern `Start` und `End` zur Verfügung. Sie definieren den Anfang und das Ende des Bereichs. Diese Methode gibt ein Range-Objekt zurück. So kann man beispielsweise auf die ersten zehn Zeichen im Dokument verweisen:

```
Set wdRange = wdDok.Range(Start:=0, End:=10)
```

Die Range-Eigenschaft

Etwas anders arbeitet dagegen die Range-Eigenschaft. Sie gibt ein Range-Objekt zurück, das durch ein anderes Objekt definiert ist, beispielsweise Paragraph, Bookmark und Cell – insgesamt fast 30 Objekte. Im folgenden Beispiel wird ein Range-Objekt zurückgegeben, das auf die Position einer Textmarke, auf die erste Fußnote oder auf eine Zelle in der dritten Tabelle verweist:

```
Set wdRange = wdDok.Bookmarks("Straße").Range
Set wdRange = wdDok.Footnotes(1).Range
Set wdRange = wdDok.Tables(3).Rows(3).Cells(2).Range
```

Im letzten Beispiel kann auf die Tabelle, auf die Zeile und die Zelle ebenfalls ein Verweis mit Hilfe einer Objektvariablen gesetzt werden. Das nächste Beispiel gibt ein Range-Objekt zurück, das auf den zweiten bis vierten Absatz im Dokument verweist.

```
Set wdRange = _
    wdDok.Range(Start:=wdDok.Paragraphs(2).Range.Start, _
    End:=wdDok.Paragraphs(4).Range.End)
```

Die Start-, End- und StoryType-Eigenschaften kennzeichnen das Range-Objekt eindeutig. Die Start- und End-Eigenschaften geben die Anfangs- oder Endzeichenposition des Range-Objekts zurück oder legen sie fest. Die Zeichenposition am Anfang des Dokuments ist Null, die Position nach dem ersten Zeichen Eins usw. Die `WdStoryType`-Konstante der StoryType-Eigenschaft repräsentiert elf verschiedene Dokumentkomponentenarten, beispielsweise `wdMainTextStory`, `wdCommentsStory`, `wdEvenPagesFooterStory` und so weiter.

Wie eine Textmarke kann Range eine Stelle in einem Dokument kennzeichnen oder eine Gruppe von Zeichen umfassen. Das Range-Objekt im folgenden Beispiel hat denselben Start- und Endpunkt, folglich keine Ausdehnung und keinen Text. An seiner Stelle wird Text eingefügt.

```
Set wdRange = wdDok.Range(Start:=10, End:=10)
wdRange.InsertAfter "Books on Demand"
```

Analog hätte man die Methode `InsertBefore` verwenden können. Weitere Methoden, um etwas einzufügen, lauten: `InsertAutoText`, `InsertBreak`, `InsertDateTime`, `InsertFile`, `InsertParagraph`, `InsertSymbol` und acht weitere mit den entsprechenden Parametern und Konstanten.

Neudefinieren eines Range-Objekts

ein vorhandenes Range-Objekt wird mit der SetRange-Methode neu definiert, beispielsweise um die nächsten zehn Zeichen.

```
Dim wdRange As Range
Set wdRange = Selection.Range
wdRange.SetRange Start:=wdRange.Start, End:=wdRange.End + 10
```

13.11 Übungen zum Objekt Range

Übung 1

Schreiben Sie den Text „Firmenname“ in die Kopfzeile

Übung 2

Schreiben Sie den Text „10.000 €“ an die Stelle der Textmarke „Betrag“.

Übung 3

Formatieren Sie den Absatz, in dem sich die Textmarke „Information" befindet, mit der Ausrichtung Blocksatz, mit einem zweizeiligen Zeilenabstand und einem Anfangs.- und Endabstand von 6 Punkten.

Übung 4

Der Anwender gibt einen Namen in eine Inputbox ein. Dieser Name wird in den Text an die Textmarke „Auftraggeber" geschrieben und in der Arial, 12 Punkt, fett und mit Kapitälchen formatiert.

Übung 5

Setzen Sie vor den vom anwender markierten Text das Zeichen „»", dahinter ein „«".

Übung 6

Überprüfen Sie, ob es eine Textmarke „Unterschrift" im aktuellen Dokument gibt.

13.12 Tipps zu den Übungen zum Objekt Range

Tipp zu Übung 1

Die Kopfzeile ist keine Eigenschaft des Dokumentes, sondern des Abschnitts. Außerdem gibt es drei verschiedene Kopfzeilen: die der ersten Seite, auf geraden Seiten und auf allen übrigen Seiten.

Tipps zu Übung 3 und 4

Wenn Sie nicht die Befehlen für die Absatzformate kennen, verwenden Sie den Makrorekorder.

Tipp zu Übung 5

Sie müssen die Anfangsposition und die Endposition des markierten Textes ermitteln.

Tipp zu Übung 6

Hier müssen Sie keine Schleife programmieren – es gibt einen Befehl für die Überprüfung von Textmarken.

13.13 Lösungen zu den Übungen zum Objekt Range

Lösung 1

```
With Application.ActiveDocument.Sections(1)
   .Headers(wdHeaderFooterEvenPages).Range.Text = "Firmenname"
   .Headers(wdHeaderFooterFirstPage).Range.Text = "Firmenname"
   .Headers(wdHeaderFooterPrimary).Range.Text = "Firmenname"
End With
```

Lösung 2

```
ActiveDocument.Bookmarks("Betrag").Range.Text = "10.000 €"
```

Lösung 3

```
With ActiveDocument.Bookmarks("Information").Range.Paragraphs(1)
   .Alignment = wdAlignParagraphJustify
   .LineSpacingRule = wdLineSpaceDouble
   .SpaceBefore = 6
   .SpaceAfter = 6
End With
```

Statt der Eigenschaft LineSpacingRule = wdLineSpaceDouble kann man auch die Methode Space2 verwenden.

Lösung 4

```
Sub Zeichen()
   Dim strAuftraggeber As String
   Dim wdAuftraggeberRange As Range
   strAuftraggeber = InputBox("Bitte geben Sie den Namen des
Auftraggebers ein!")
   ActiveDocument.Bookmarks("Auftraggeber").Range.Text = _
    strAuftraggeber
   Set wdAuftraggeberRange = _
   ActiveDocument.Range(ActiveDocument. _
      Bookmarks("Auftraggeber").Range.Start, _
      ActiveDocument.Bookmarks("Auftraggeber"). _
      Range.Start + Len(strAuftraggeber))
```

```
    With wdAuftraggeberRange.Font
        .Name = "Arial"
        .Size = 12
        .Bold = True
        .SmallCaps = True
    End With
End Sub
```

Natürlich können Sie die übrigen Zeichenformate explizit ausschalten:

```
    .Italic = False
    .Underline = wdUnderlineNone
    .UnderlineColor = wdColorAutomatic
    .StrikeThrough = False
    .DoubleStrikeThrough = False
    .Outline = False
    .Emboss = False
    .Shadow = False
    .Hidden = False
    .Engrave = False
    .Superscript = False
    .Subscript = False
    .Spacing = 0
    .Scaling = 100
    .Position = 0
    .Kerning = 0
```

Lösung 5

```
Sub ZeichenSetzen()
   Dim lngPositionAnfang As Long
   Dim lngPositionEnde As Long

   lngPositionAnfang = Selection.Range.Start
   lngPositionEnde = Selection.Range.End
   ActiveDocument.Range _
      (lngPositionAnfang, lngPositionAnfang).InsertSymbol _
      CharacterNumber:=187, Unicode:=True
```

```
    ActiveDocument.Range _
        (lngPositionEnde + 1, lngPositionEnde + 1).InsertSymbol _
        CharacterNumber:=171, Unicode:=True
End Sub
```

Lösung 6

```
    If ActiveDocument.Bookmarks.Exists("Unterschrift") Then
        MsgBox "Textmarke vorhanden"
    Else
        MsgBox "Textmarke nicht vorhanden."
    End If
```

13.14 Tabellen

Eine Tabelle wird mit folgender Anweisung erzeugt:

```
ActiveDocument.Tables.Add (Range, NumRows, NumColumns,
DefaultTableBehavior, AutoFitBehavior)
```

Jede Zeile und jede Spalte hat eine Nummer (dies ist für das Rechnen wichtig). Diese kann erfragt werden mit `wdStartOfRangeColumnNumber` und mit `wdStartOfRangeRowNumber` (beides Eigenschaften von `Range` oder `Selection`).

Eine bestimmte Tabelle, beispielsweise `Tables(1)` besitzt als Objekte die Sammlung der Zeilen (`Rows`) und der Spalten (`Columns`). Diese wiederum besitzen die Sammlung der Zellen (`Cells`), die jeweils von 1 bis zur letzten nummeriert werden. Jede Zelle hat wiederum eine Reihe von Formatierungseigenschaften, wie `Width`, `Height`, `Shading`, `Borders`, `LeftPadding`, `TopPadding` (Abstand des Textes zum Zellrand), ... Sie sollen an dieser Stelle nicht besprochen werden, da sie per Makrorekorder bestimmt werden können.

13.15 Übungen zu den Tabellen

Übung 1

Es wird überprüft, ob sich der Cursor in einer Tabelle befindet oder nicht. Sitzt er in der Tabelle, wird dies dem Benutzer mitgeteilt. Sonst wird eine Tabelle mit drei Zeilen und fünf Spalten erzeugt.

Übung 2

Erzeugen Sie eine Tabelle, die drei Zeilen und zwei Spalten hat, und deren erste Zeile eine graue Schattierung von 25% besitzt.

Übung 3

Schreiben Sie ein Makro, das ein neues Dokument erzeugt und dort eine Tabelle für den ANSI-Code einfügt.

Übung 4

Schreiben Sie ein Programm, das die Einträge der Autokorrektur in eine Wordtabelle ausgibt. Schreiben Sie ein weiteres Programm, das diese Einträge von der Tabelle nach Word zurückschreibt.

13.16 Tipps zu den Übung zu den Tabellen

Tipp zu Übung 1 bis 4

Viel Tipp- und Sucharbeit kann man sich durch den Makrorekorder ersparen!

Tipp zu Übung 4

Wenn Sie den Text einer Zelle auslesen, steht am Ende das Tabellenbregrenzungszeichen. Es entspricht zwei Zeichen. Sie müssen gelöscht werden.

13.17 Lösungen zu den Übung zu den Tabellen

Lösung 1

```
Sub InTabelleOderNicht()
   If Selection.Information(wdWithInTable) = True Then
      MsgBox "Der Cursor befindet sich in der Tabelle!"
   Else
      ActiveDocument.Tables.Add Range:=Selection.Range, _
      NumRows:=3, NumColumns:=5
   End If
End Sub
```

Lösung 2

```
Sub TabelleGrauerKopf()
   Dim wdTabelle As Table

   Set wdTabelle = ActiveDocument.Tables.Add( _
      Range:=Selection.Range, NumRows:=3, NumColumns:=2)
```

```
    With wdTabelle

        .Rows(1).Shading.Texture = wdTexture25Percent
        .Rows(1).Shading.ForegroundPatternColor = wdColorAutomatic
        With .Borders
            .InsideLineStyle = wdLineStyleSingle
            .OutsideLineStyle = wdLineStyleSingle
        End With
    End With
End Sub
```

Lösung 3

```
Sub ANSICode()
    Dim intZähler1 As Integer
    Dim intZähler2 As Integer
    Dim wdDokument As Document
    Dim wdTabelle As Table
    Set wdDokument = Documents.Add
    Set wdTabelle = wdDokument.Tables.Add( _
        Range:=Selection.Range, NumRows:=24, _
        NumColumns:=11)
    For intZähler1 = 0 To 9
        wdTabelle.Rows(1).Cells(intZähler1 + 2).Range.Text = _
        intZähler1
    Next intZähler1
    For intZähler2 = 3 To 24
        wdTabelle.Columns(1).Cells(intZähler2 - 1).Range.Text = _
        intZähler2 * 10
        For intZähler1 = 0 To 9
            wdTabelle.Columns(intZähler1 + 2). _
                Cells(intZähler2 - 1).Range.Text = _
                Chr(intZähler2 * 10 + intZähler1)
        Next intZähler1
    Next intZähler2
```

```
    wdTabelle.Columns(1).Cells(24).Range.Text = 250
        For intZähler1 = 0 To 5
            wdTabelle.Columns(intZähler1 + 2). _
                Cells(24).Range.Text = _
                Chr(250 + intZähler1)
        Next intZähler1
    wdTabelle.Rows(1).Shading.Texture = wdTexture15Percent
    For intZähler2 = 2 To 24
        wdTabelle.Columns(1).Cells(intZähler2). _
            Shading.Texture = wdTexture15Percent
    Next intZähler2
End Sub
```

¤	0¤	1¤	2¤	3¤	4¤	5¤	6¤	7¤	8¤	9¤	¤
30¤	-¤	¬¤	·¤	!¤	"¤	#¤	$¤	%¤	&¤	'¤	¤
40¤	(¤	)¤	*¤	+¤	,¤	-¤	.¤	/¤	0¤	1¤	¤
50¤	2¤	3¤	4¤	5¤	6¤	7¤	8¤	9¤	:¤	;¤	¤
60¤	<¤	=¤	>¤	?¤	@¤	A¤	B¤	C¤	D¤	E¤	¤
70¤	F¤	G¤	H¤	I¤	J¤	K¤	L¤	M¤	N¤	O¤	¤
80¤	P¤	Q¤	R¤	S¤	T¤	U¤	V¤	W¤	X¤	Y¤	¤
90¤	Z¤	[¤	\¤	]¤	^¤	_¤	`¤	a¤	b¤	c¤	¤
100¤	d¤	e¤	f¤	g¤	h¤	i¤	j¤	k¤	l¤	m¤	¤
110¤	n¤	o¤	p¤	q¤	r¤	s¤	t¤	u¤	v¤	w¤	¤
120¤	x¤	y¤	z¤	{¤	|¤	}¤	~¤	⍰¤	€¤	⍰¤	¤
130¤	‚¤	ƒ¤	„¤	…¤	†¤	‡¤	ˆ¤	‰¤	Š¤	‹¤	¤
140¤	Œ¤	⍰¤	Ž¤	⍰¤	⍰¤	‘¤	’¤	“¤	”¤	•¤	¤
150¤	–¤	—¤	˜¤	™¤	š¤	›¤	œ¤	⍰¤	ž¤	Ÿ¤	¤
160¤	°¤	¡¤	¢¤	£¤	¤¤	¥¤	¦¤	§¤	¨¤	©¤	¤
170¤	ª¤	«¤	¬¤	-¤	®¤	¯¤	°¤	±¤	²¤	³¤	¤
180¤	´¤	µ¤	¶¤	·¤	¸¤	¹¤	º¤	»¤	¼¤	½¤	¤

Abbildung 18: Die fertige ANSI-Tabelle

Lösung 4

```
Sub AutokorrekturAuslesen()
   Dim wdNeu As Document
   Dim wdTabelle As Table
   Dim lngAutokorrektureinträge As Long
   Dim lngZeilen As Long

   lngAutokorrektureinträge = _
      Application.AutoCorrect.Entries.Count
   Set wdNeu = Documents.Add
   Set wdTabelle = _
      wdNeu.Tables.Add(wdNeu.Range(0, 0), _
      lngAutokorrektureinträge + 1, 2)
   wdTabelle.Rows(1).Cells(1).Range.Text = "Kürzel"
   wdTabelle.Rows(1).Cells(2).Range.Text = "Ersetzungstext"

   For lngZeilen = 1 To lngAutokorrektureinträge
      wdTabelle.Rows(lngZeilen + 1).Cells(1).Range.Text = _
         Application.AutoCorrect.Entries(lngZeilen).Name
      wdTabelle.Rows(lngZeilen + 1).Cells(2).Range.Text = _
         Application.AutoCorrect.Entries(lngZeilen).Value
   Next lngZeilen
End Sub

Sub AutokorrekturEinlesen()
   Dim wdDokument As Document
   Dim wdTabelle As Table
   Dim lngAutokorrektureinträge As Long
   Dim lngZeilen As Long
   Dim strText As String
   Dim strEintrag As String

   lngAutokorrektureinträge = _
      Application.AutoCorrect.Entries.Count
```

```
    Set wdDokument = ActiveDocument
    Set wdTabelle = ActiveDocument.Tables(1)

    lngAutokorrektureinträge = _
       Application.AutoCorrect.Entries.Count
    For lngZeilen = lngAutokorrektureinträge To 2 Step -1
       Application.AutoCorrect.Entries(lngZeilen).Delete
    Next lngZeilen

    lngAutokorrektureinträge = wdTabelle.Rows.Count
    For lngZeilen = 2 To lngAutokorrektureinträge
       strText = wdTabelle.Rows(lngZeilen).Cells(1).Range.Text
       strText = Left(strText, Len(strText) - 2)

       strEintrag = _
       wdTabelle.Rows(lngZeilen).Cells(2).Range.Text
       strEintrag = Left(strEintrag, Len(strEintrag) - 1)
       Application.AutoCorrect.Entries.Add _
          Name:=strText, Value:=strEintrag
    Next lngZeilen
    MsgBox "Die AutoKorrektur wurde erneut eingelesen." & _
       vbCr & "Sie enthält " & lngAutokorrektureinträge & _
       " Einträge."
End Sub
```

13.18 Formularfelder

In einer Dokumentvorlage können Formularfelder enthalten sein. Diese befinden sich in der Regel in einem geschützten Abschnitt. Sie werden über die Symbolleiste „Formular" eingefügt. Und an diese können Makros gebunden werden, die beim Verlassen oder beim Betreten aktiviert werden. Formularfelder haben einen Namen (der in den Eigenschaften eingestellt wird). Über diesen werden sie gesteuert. Drei Arten von Formularfeldern stehen zur Verfügung: Textfelder, Kontrollkästchen und Dropdownfelder. Im Folgenden finden Sie die Liste der wichtigsten Eigenschaften der Formularfelder:

Befehl	Bedeutung
ActiveDocument.FormFields(Name).CheckBox.Value	liefert 1 („True"), wenn das Kontrollkästchen angekreuzt ist. Sonst 0 („False").
ActiveDocument.FormFields(Name).DropDown.Value	liefert die Nummer des ausgewählten Eintrags.
ActiveDocument.FormFields(Name).DropDown.List-Entries	greift auf alle Listeneinträge zurück.
ActiveDocument.FormFields(Name).Result	liefert den ausgewählten Text eines Dropdownfelds oder den eingegebenen Text eines Textfelds.
ActiveDocument.FormFields(Name).Enabled	sperrt Feld gegen Änderungen oder lässt Änderungen zu.
ActiveDocument.FormFields(Name).TextInput.Default	ändert den Standardeintrag eines Textfeldes.

Tabelle 60: Wichtige Eigenschaften der Formularfelder

Da Word-Formulare immer geschützt sind (oder zumindest geschützte Abschnitte besitzen), muss zuweilen per Programmierung der Schutz aufgehoben werden:

```
ActiveDocument.Unprotect
```

Liegt auf dem geschützten Dokument ein Passwort, so wird es als Parameter dahinter eingefügt, also beispielsweise so:

```
ActiveDocument.Unprotect "Passwort"
```

Soll der Schutz wieder eingeschaltet werden, geschieht dies mit der Methode `Protect`:

```
ActiveDocument.Protect Type, [NoReset], [Password]
```

beispielsweise so:

```
ActiveDocument.Protect Type:=wdAllowOnlyFormFields, _
   NoReset:=True, Password:=""
```

Der Parameter `Type` ist notwendig und lautet `wdAllowOnlyFormFields`, da es um die Freigabe der Formularfelder geht. `Password` ist optional, kann weggelassen oder durch "" explizit als "kein Passwort" gekennzeichnet werden. Wird `NoReset` auf `False` gesetzt, dann werden nach dem Einschalten des Dokumentschutzes alle Feldinhalte gelöscht und nur die Vorgabewerte angezeigt. Sollen die Inhalte jedoch erhalten bleiben, dann ist dieser Wert auf `True` zu setzen.

13.19 Übungen zu den Formularfeldern

Übung 1

In einem Dropdownfeld stehen eine Reihe Namen, in einem zweiten die zugehörigen Telefondurchwahlen. Ändert der Benutzer einen Namen, dann wird auch die Telefonnummer verändert und umgekehrt.

Übung 2

Der in Übung 1 aus dem Dropdownfeld ausgewählte Name soll zugleich in ein Textfeld geschrieben werden, wo es überschrieben werden kann.

Übung 3

Wird auf dem Formular in Frage 11 „verheiratet" angekreuzt, dann „springt" der Cursor nach der Tabulatoreingabe auf Frage 12 (Angaben zum Partner). Falls nicht, so „geht" es mit Frage 17 weiter.

Übung 4

Angenommen, in einem Textformularfeld sollen Zahlen stehen, die nach dem Verlassen vom Typ "#.##0,00 €;(#.##0,00 €)" formatiert werden. Das Feld soll aber auch die Eingabe "Keine Auszahlung möglich" zulassen.

Übung 5

Ein Makro soll nur ein Mal ausgeführt werden. Wird das Formularfeld erneut betreten und wieder verlassen, soll das Makro nicht mehr ausgeführt werden.

Übung 6

Beim Verlassen eines Textfeldes wird überprüft, ob sich Absatzmarken (↵ oder ¶) darin befinden. Falls ja, dann werden sie gelöscht.

Übung 7

In mehreren Textfeldern oder Dropdowns steht der gleiche Text (beispielsweise Namen, Telefon- oder Faxnummern). Der Benutzer soll ihn jedoch nur einmal eingeben müssen.

Übung 8

Ein Dropdownfeld hat die maximale Zeichenlänge von 50 Zeichen. Es wird ein Text benötigt, der länger ist. In einem Textfeld wird der „fehlende" Text angezeigt.

Übung 9

Bilden Sie mit den Kontrollkästchen Optionsfelder nach – nur eines darf ausgewählt werden.

Übung 10

Synchronisieren Sie Kontrollkästchen

Übung 11

Melden Sie den Inhalt eines Inhaltssteuerlements.

13.20 Tipps zu den Übungen zu den Formularfeldern

Tipp zu Übung 1

Es sind zwei Makros nötig, die die Namen der entsprechenden Dropdown-Formularfelder (`drpTelDurchwahl` und `drpNamen`) und die Eigenschaft `Value` verwenden.

Tipp zu Übung 5

Man kann nach seiner Ausführung das Makro selbst löschen lassen.

Tipp zur Übung 11

Beachten Sie, dass die Inhaltssteuerelemente – anders als die übrigens Steuerelemente – keine Ereignisse besitzen.

13.21 Lösungen zu den Übungen zu den Formularfeldern

Lösung 1

```
Sub DropdownSynchronNameNachTel()
   ActiveDocument.FormFields("drpTelDurchwahl"). _
      DropDown.Value = _
      ActiveDocument.FormFields("drpNamen"). _
      DropDown.Value
End Sub

Sub DropdownSynchronTelNachNamen()
   ActiveDocument.FormFields("drpNamen"). _
      DropDown.Value = _
```

```
        ActiveDocument.FormFields("drpTelDurchwahl"). _
        DropDown.Value
End Sub
```

Vergessen Sie nicht, diese Makros an die Formularfelder, das heißt, an das Ereignis „Beim Beenden“ zu binden!

Lösung 2

Das erste Makro muss erweitert werden um folgende Befehlszeile:

```
Sub DropdownSynchronNameNachTel()
    [...]
    ActiveDocument.FormFields("txtNamen").Result = _
    ActiveDocument.FormFields("drpNamen").Result
End Sub
```

Lösung 3

```
Sub SprungBeiNichtVerheiratet()
    If ActiveDocument.FormFields("chk11"). _
        CheckBox.Value = True Then
            Selection.GoTo What:=wdGoToBookmark, Name:="chk17"
    Else
            Selection.GoTo What:=wdGoToBookmark, Name:="chk12"
    End If
End Sub
```

Lösung 4

```
Sub ZahlFormatieren()
    If IsNumeric(ActiveDocument.FormFields _
        ("Betrag").Result) Then
        ActiveDocument.FormFields("Betrag").Result = _
        Format(ActiveDocument.FormFields("Betrag").Result, _
        "#,##0.00") & " Euro"
    End If
End Sub
```

Lösung 5

```
Sub StartMakro2()
   ' Hier stehen die eigentlichen Anweisungen
   ActiveDocument.FormFields("Start").ExitMacro = ""
End Sub
```

Lösung 6

Es wird überprüft, ob sich ein Absatzzeichen im Text befindet. Falls ja, dann wird seine Position ermittelt, und alle Zeichen danach werden gelöscht. Danach wird die Zeichenschaltung (Chr(11) ; erstaunlicherweise nicht Chr(10)) gesucht. Wird diese gefunden, dann werden alle Zeichen danach gelöscht.

```
Sub EnterEntfernen()
   With ActiveDocument.FormFields("Ort")
      If InStr(.Result, vbCr) > 0 Then
         .Result = Left(.Result, InStr(.Result, vbCr) - 1)
      End If
      If InStr(.Result, Chr(11)) > 0 Then
         .Result = Left(.Result, InStr(.Result, Chr(11)) - 1)
      End If
   End With
End Sub
```

Sollen dagegen die Absatzmarken und Zeilenschaltungen gelöscht werden, dann muss ein anderer Weg gegangen werden:

```
Sub EnterEntfernen2()
   Dim strInhalt As String
   Dim i As Integer
   With ActiveDocument.FormFields("Ort")
      strInhalt = .Result
      If InStr(strInhalt, vbCr) > 0 Or _
         InStr(strInhalt, Chr(11)) > 0 Then
         For i = Len(strInhalt) To 1 Step -1
            If Mid(strInhalt, i, 1) = vbCr Or _
               Mid(strInhalt, i, 1) = Chr(11) Then
               strInhalt = Left(strInhalt, i - 1) & _
```

```
                Right(strInhalt, Len(strInhalt) - i)
            End If
        Next
    End If
    .Result = strInhalt
  End With
End Sub
```

Sie können es auch mit einer Do … Loop-Schleife formulieren:

```
  Do Until InStr(strInhalt, vbCr) = 0 And _
    InStr(strInhalt, Chr(11)) = 0
    For i = Len(strInhalt) To 1 Step -1
      If Mid(strInhalt, i, 1) = vbCr Or _
        Mid(strInhalt, i, 1) = Chr(11) Then
        strInhalt = Left(strInhalt, i - 1) & _
          Right(strInhalt, Len(strInhalt) - i)
      End If
    Next
  Loop
...
```

Auch hier wird überprüft, ob sich eine Absatzmarke oder Zeilenschaltung im Feld befinden. Falls ja, dann wird die Zeichenkette Buchstabe für Buchstabe durchlaufen. Wird an der Position Nummer `i` ein ↵- oder ¶-Zeichen gefunden, dann wird die Zeichenkette in den linken und den rechten Teil vor und nach dem Zeichen zerlegt (ohne das Zeichen) und danach (ohne das Zeichen) wieder zusammengesetzt. Schneller geht es mit den Funktionen `Split` und `Join`, die den Code zwar nicht verkürzen, aber dennoch vereinfachen und beschleunigen, da auf die Schleife verzichtet wird:

```
Sub EnterEntfernen2()
  Dim strInhalt As String
  Dim strTeile() As String
  Dim i As Integer
  With ActiveDocument.FormFields("Ort")
    strInhalt = .Result
    If InStr(strInhalt, vbCr) > 0 Then
      strTeile = Split(strInhalt, vbCr)
```

```
            strInhalt = ""
            strInhalt = Join(strTeile, "")
        End If
        If InStr(strInhalt, Chr(11)) > 0 Then
            strTeile = Split(strInhalt, Chr(11))
            strInhalt = ""
            strInhalt = Join(strTeile, "")
        End If
        .Result = strInhalt
    End With
End Sub
```

Lösung 7

Beim Verlassen eines Feldes kann sein Wert abgefangen und in ein anderes eingetragen werden. Die beiden Textfelder heißen „Name1" und „Name2". Das kann dann wie folgt realisiert werden:

```
Sub Name1ÄndertName2()
    With ActiveDocument
        .FormFields("Name2").Result = .FormFields("Name1").Result
    End With
End Sub
```

Das Ergebnis kann auch in die andere Richtung geschrieben werden, dann allerdings müssen die Werte in einem zweiten Makro vertauscht werden.

Übrigens: Wenn der Feldinhalt an einer anderen Stelle auftauchen soll, dann kann er auch mit einer Feldfunktion `{REF}` eingefügt werden.

Lösung 8

```
Sub Info()
    If ActiveDocument.FormFields("Info").Result = _
        "Wir bitten Sie, die vorstehend aufgeführte" Then
        ActiveDocument.FormFields("InfoZusatz").Result = _
        " Kundenverbindung zu überprüfen und uns darüber " & _
        "in Kenntnis zu setzen."
    ElseIf ActiveDocument.FormFields("Info").Result = _
```

```
      "Bereits Pfändungen vorhanden." Then
      ActiveDocument.FormFields("InfoZusatz").Result = _
      " Keine weitere Info an Kunden erforderlich."
   Else
      ActiveDocument.FormFields("InfoZusatz").Result = ""
   End If
End Sub
```

Lösung 9

Die drei Kontrollkästchen heißen „Pfänd“, „Pfändbeschl“ und „Vorpfänd“. Beim ersten Kontrollkästchen wird überprüft, ob eines der beiden anderen eingeschaltet ist. Man könnte es nun stillschweigend ausschalten – vernünftiger ist es sicherlich, mit dem Anwender in Kommunikation zu treten und ihn darauf hinzuweisen, dass er nur ein Feld ankreuzen darf:

```
Sub PfändKlickoben()
   If ActiveDocument.FormFields("Pfänd").CheckBox.Value = _
      True And (ActiveDocument.FormFields("Vorpfänd"). _
      CheckBox.Value = True Or ActiveDocument.FormFields _
      ("Pfändbeschl").CheckBox.Value = True) Then
         MsgBox "Bitte nur ein Feld auswählen!"
         ActiveDocument.FormFields("Pfänd"). _
         CheckBox.Value = False
   End If
End Sub
```

Dieses Makro muss dreimal vorliegen – für jedes Kontrollkästchen einmal.

Lösung 10

```
Sub K1SteuertK2()
   ActiveDocument.FormFields("K2").CheckBox.Value = _
      ActiveDocument.FormFields("K1").CheckBox.Value
End Sub
```

Lösung 11

Sie müssen in den Word-Objekten `ThisDocument` bei `Document` das Ereignis `ContentControlOnExit` verwenden. Leider kann man nicht direkt auf ein Inhaltssteuerelement zugreifen, sondern meldet entweder bei jedem Element den Inhalt:

```
Private Sub Document_ContentControlOnExit _
   (ByVal ContentControl As ContentControl, Cancel As Boolean)
   MsgBox ContentControl.Range.Text
End Sub
```

Oder man „grenzt" das Element ein:

```
If ContentControl.Tag = "Info" Then
```

13.22 Ereignisse in Word

In Word stehen Ihnen in den „Microsoft Word Objekten" in „ThisDocument" folgende Ereignisse zur Verfügung:

`BuildingBlockInsert, Close, ContentControllAfterAdd, ContentControllBeforeContentUpdate, ContentControllBeforeDelete, ContentControlBeforeStoreUpdate, ContentControlOnEnter, ContentControlOnExit, New Open, Sync, XMLAfterInsert` und `XMLBeforeDelete.`

Dabei bezieht sich `New` auf das Öffnen einer Dokumentvorlage über den Befehl Datei / Neu. Wird dagegen eine Word-Datei (*.docx oder *.dotx) über Datei / Öffnen aufgemacht, so wird das Ereignis `Open` aktiviert.

Ein weiteres Ereignis finden Sie unter dem Befehl

```
Application.OnTime
```

Dort kann ein Zeitpunkt festgelegt werden, an dem ein Makro gestartet wird.

Wird in einem Klassenmodul der Befehl

```
Public WithEvents wdapp As
```

eingefügt, so stehen Ihnen die beiden Objekte

`Word.Application` und `Word.Document` zur Verfügung. Während letzteres keine weiteren Ereignisse liefert (neben den oben genannten), so stellt `Word.Application` folgende Ereignisse zur Verfügung. Hier einige der Ereignisse:

```
wdapp_DocumentBeforeClose(ByVal Doc As Document, Cancel As Boolean),
wdapp_DocumentBeforePrint(ByVal Doc As Document, Cancel As Boolean),
wdapp_DocumentBeforeSave(ByVal Doc As Document, SaveAsUI As Boolean,
Cancel As Boolean), wdapp_DocumentChange(), wdapp_DocumentOpen(ByVal
Doc As Document), wdapp_NewDocument(ByVal Doc As Document),
```

```
wdapp_Quit(), wdapp_WindowActivate(ByVal Doc As Document, ByVal Wn As
Window), wdapp_WindowBeforeDoubleClick(ByVal Sel As Selection, Cancel
As Boolean), wdapp_WindowBeforeRightClick(ByVal Sel As Selection,
Cancel As Boolean), wdapp_WindowDeactivate(ByVal Doc As Document,
ByVal Wn As Window), wdapp_WindowSelectionChange(ByVal Sel As
Selection)
```

13.23 Übungen zu den Ereignissen in Word

Übung 1

Beim Öffnen eines Formulars (über Datei / Neu) wird eine Userform geöffnet.

Übung 2

Beim Öffnen eines bestimmten Dokuments wird die Textstelle angesprungen, wo zuletzt gearbeitet wurde.

Übung 3

Beim Starten von Word soll das Lineal eingeschaltet sein, die Ansicht auf „Entwurf“ und 100% gestellt werden.

Übung 4

Beim Öffnen einer bestimmten Datei wird eine Sicherheitskopie auf dem Server abgelegt, wobei zum Dateinamen das aktuelle Datum gespeichert wird.

Übung 5

Beim Start von Word wird die zuletzt verwendete Datei geöffnet.

Übung 6

Wird ein Dokument geschlossen, dann wird überprüft, ob das Dokument gespeichert wurde. Wurde es schon gespeichert, so wird erneut automatisch, das heißt ohne nachzufragen, gespeichert. Hat das Dokument allerdings noch keinen Namen, das heißt, der Dateiname beginnt mit „Dokument“, so wird der Benutzer gebeten, das Dokument abzuspeichern. Und zwar penetrant, weil ihm keine Möglichkeit des Abbrechens gegeben werden soll! Erst wenn er es gespeichert hat, wird ein neues Dokument geöffnet.

Übung 7

Zehn Sekunden nach Öffnen einer bestimmten Datei wird der Benutzer gelobt.

Übung 8

Bevor der Benutzer eine Datei ausdruckt, wird er darauf hingewiesen, dass das Papier sehr teuer ist.

13.24 Tipps zu den Übungen zu den Ereignissen in Word

Tipp zu Übung 2

Die Tastenkombination [Shift]+[F5], die auf zuletzt benutzte Textstelle springt kann aufgezeichnet werden. Dieser Befehl (GoBack) kann nun in das Öffnen-Ereignis eingebunden werden.

Tipp zu Übung 3

Die benötigten Befehlszeilen können über den Makrorekorder ermittelt werden und in das New-Ereignis eingefügt werden.

Tipp zu Übung 6

Zur Lösung dieses Problems wird ein Trick verwendet: Da das Ereignis Close verwendet wird, muss das Makro schon beim Start zur Verfügung stehen. Um dies zu ermöglichen, ruft das Ereignis Document_New das Makro AutoClose auf, das dann aktiviert wird, wenn ein beliebiges Dokument geschlossen wird.

Tipp zu Übung 7

Auch diese Lösung benötigt zwei Makros. Das eine (Lob) enthält das eigentliche Makro. Das andere Document_Open ruft das erstere auf, wenn vom jetzigen Zeitpunkt zehn Sekunden vergangen sind.

13.25 Lösungen zu den Übungen zu den Ereignissen in Word

Lösung 1

```
Private Sub Document_New()
   frmHaupt.Show
End Sub
```

Lösung 2

```
Private Sub Document_New()
   Application.GoBack
```

Lösung 3

```
Private Sub Document_New()
   With Application.ActiveWindow.ActivePane
      .DisplayRulers = True
      .View.Zoom.Percentage = 100
      If Application.ActiveWindow.View.SplitSpecial = _
         wdPaneNone Then
         .View.Type = wdNormalView
      Else
         Application.ActiveWindow.View.Type = wdNormalView
      End If
   End With
End Sub
```

Erstaunlicherweise muss bei diesen Befehlszeilen, wenn sie mit dem Makrorekorder ermittelt wurden, das oberste Objekt `Application` hinzugefügt werden!

Lösung 4

```
Private Sub Document_Open()
   Dim strGanzerDateiName As String
   Dim strDateiName As String
   strDateiName = ActiveDocument.Name
   strGanzerDateiName = ActiveDocument.FullName

   ActiveDocument.SaveAs "C:\Eigene Dateien\Sonstiges\" & _
      Format(Date, "ddmmyy") & strDateiName
   ActiveDocument.SaveAs strGanzerDateiName
End Sub
```

Lösung 5

In einem Add-In muss folgendes Makro erstellt werden:

```
Private Sub Document_New()
   Application.RecentFiles(1).Open
End Sub
```

Lösung 6

```
Private Sub Document_New()
   ActiveDocument.RunAutoMacro Which:=wdAutoClose
End Sub

Sub AutoClose()
   Dim intAbbrechen As Integer
   If Left(ActiveDocument.Name, 8) = "Dokument" Then
      intAbbrechen = 0
      Do While intAbbrechen = 0
         intAbbrechen = Dialogs(wdDialogFileSaveAs).Show
      Loop
   Else
      ActiveDocument.Save
   End If
End Sub
```

Die Erläuterungen zu den Dialogen (`Dialogs`) finden Sie am Ende des Word-Kapitels im Abschnitt „Einige nützliche, erstaunliche und lustige Befehle“.

Lösung 7

```
Sub Lob()
   MsgBox "Guten Morgen, junger, schöner Mann!"
End Sub

Private Sub Document_Open()
   Application.OnTime When:=Now + TimeValue("00:00:10"), _
      Name:="Lob"
End Sub
```

Lösung 8

In einem Klassenmodul befinden sich folgende Zeilen:

```
Option Explicit
Public WithEvents wdapp As Application
```

```
Private Sub wdapp_DocumentBeforePrint _
   (ByVal Doc As Document, Cancel As Boolean)
   MsgBox "Das Papier ist sehr teuer! " & _
      & vbCr & "Bitte gehen Sie sparsam damit um!"
End Sub
```

Es wird ein Objekt `wdapp` vom Typ (Word-)Application deklariert. Nun kann in einer Ereignisprozedur dieses Objekts das Ereignis `BeforePrint` gestartet werden. Damit dieses Ereignis dieser Eigenschaft des Objekts gestartet werden kann, wird ein Makro benötigt. Beispielsweise:

```
Dim x As New Klasse1


Sub DruckStart()
   Set x.wdapp = Word.Application
End Sub
```

Dieses Makro wird gestartet. Wird nun irgendwann irgendein Dokument gedruckt, dann startet das `BeforePrint`-Ereignis. Sinnvollerweise wird nicht das Makro gestartet, sondern diese Routine in ein weiteres Ereignis gestellt. Beispielsweise in einem Add-In.

13.26 Einige nützliche, erstaunliche und lustige Befehle

Application.Caption

Jedes der Anwendungsprogramme hat eine `Caption`. Damit ist der Text in der Titelzeile gemeint. Wird in Word die `Application.Caption` abgefragt, so zeigt das Meldungsfenster „Microsoft Word“. Erstaunlicherweise kann diese Eigenschaft nicht nur abgefragt, sondern auch gesetzt werden:

```
Application.Caption = "libreOffice"
```

zeigt einen veränderten Text in der Titelzeile an. Dies kann beim Initialisieren von Word eingebunden werden. Wird dieser Befehl an ein Makro gebunden, dann verschwindet der Text wieder, sobald Word neu gestartet wird. Explizit ausschalten kann man diesen albernen Scherz entweder über:

```
Application.Caption = "Microsoft Word"
```

oder auch mit:

```
Application.Caption = ""
```

Application.GetAdress

Mit `Application.GetAdress` wird das Outlook-Adressbuch angezeigt. Man kann neue Kontakte aufnehmen oder vorhandene verändern. So könnte man einen Kontakt auswählen und sich die Informationen direkt in Word anzeigen lassen. Übrigens funktioniert dies auch mit

```
Application.LookNameProperties
```

Application.ListCommands

Die Methode `ListCommands` des Objekts `Application` verlangt einen boolschen Wert: „True“ oder „False“. Wird „True“ angegeben und der Befehl

```
Application.ListCommands True
```

gestartet, dann wird ein neues Dokument erzeugt, in das alle Word-Befehle, alle Tastenkombinationen und alle Menüpunkte aufgelistet werden. Bei „False“ sind es „nur“ die Befehle, die einen Menüeintrag und/oder eine Tastenkombination besitzen.

Application.System

Mit der Eigenschaft `System` der Application-Objekts können interessante Informationen ausgelesen werden. Sie wurden bereits erwähnt beim Zugriff auf ini-Dateien und auf die Registry (siehe Kapitel 8). Daneben finden sich folgende Eigenschaften:

`ComputerType`, `MathCoprocessorInstalled`, `FreeDiskSpace` und `ProcessorType`

`Country` und `LanguageDesignation`

`Cursor`, `HorizontalResolution` und `VerticalResolution`

`OperatingSystem` und `Version`

Der Befehl

```
Application.System.MSInfo
```

startet das „Microsoft Systeminfo“.

Application.Tasks

Nur in Word kann man auf die laufenden Prozesse zugreifen. Hierzu steht die Sammlung Tasks zur Verfügung. Das folgende Beispiel listet alle Tasks auf:

```
Sub Programme()
    Dim t As Task
    Dim strN As String
    For Each t In Application.Tasks
        strN = strN & vbCr & t.Name
```

```
    Next
    MsgBox strN
End Sub
```

Für einen Task stehen die Methoden `Activate`, `Close`, `Resize` und `SendWindowMessage` zur Verfügung.

Die Word-OPTIONEN

Alle Word-Optionen, die über die Dialoge des Menüs Datei / Optionen eingestellt werden, können aufgezeichnet werden. Das Makro ergibt – je nach ausgewähltem Dialog – die Befehle der Objekte `ActiveDocument`, `ActiveWindow` und `Application`. Sehr viele Einstellungen werden in

```
Application.Options
```

gespeichert. Müßig, sie alle hier aufzuzählen. Einige interessante `Application`-Eigenschaften seien an dieser Stelle erwähnt:

```
Application.DisplayStatusBar = True
Application.DisplayRecentFiles = True
Application.RecentFiles.Maximum = 9
Application.DefaultSaveFormat = ""
```

Auf die Sammlung der Sprache, Wörterbücher, und so weiter kann zurückgegriffen werden:

```
Application.Languages
Application.CustomDictionaries
```

und Grundeinstellungen finden sich:

```
Application.UserName = "René Martin"
Application.UserInitials = "rem"
Application.UserAddress = ""
```

Interessant in diesem Zusammenhang ist sicherlich die Eigenschaft

```
ActiveWindow.View
```

mit der eine Reihe von Einstellungen geregelt werden, die das Aussehen der Darstellung betreffen.

Datei – Informationen – Eigenschaften

Jedes Word-Dokument besitzt Eigenschaften, die Sie im Menü Datei / Informationen / Eigenschaften finden. Insgesamt existieren 30 Dokumenteigenschaften, auf die man mit der Eigenschaft `.BuiltInDocumentProperties` zugreifen kann. Leider kann man den

Zugriff auf die Eigenschaften nicht per Makrorekorder aufzeichnen. Da die Namen in Word auf Deutsch stehen, per Programmierung allerdings auf Englisch abgefragt werden müssen, ist es leichter statt

```
ActiveDocument.BuiltInDocumentProperties("Author").Value
```

mit

```
ActiveDocument.BuiltInDocumentProperties(3).Value
```

zuzugreifen. Das folgende Makro listet alle Eigenschaften des aktiven Dokuments auf und schreibt sie in ein neues Word-Dokument:

```
Sub Dokumenteigenschaften()
   Dim docAltesdok As Document
   Dim i As Integer
   On Error Resume Next
   Set docAltesdok = ActiveDocument
   Application.Documents.Add
   For i = 1 To 30
      Selection.TypeText i & ": "
      Selection.TypeText _
         docAltesdok.BuiltInDocumentProperties(i).Name & ": "
      Selection.TypeText _
         docAltesdok.BuiltInDocumentProperties(i).Value
      Selection.TypeParagraph
   Next
End Sub
```

Umgekehrt können natürlich auch Dokumenteigenschaften gesetzt werden:

```
ActiveDocument.BuiltInDocumentProperties("Author").Value = _
   "E.T.A. Hoffmann"
```

Benutzerdefinierte Eigenschaften können gesetzt, abgefragt und gelöscht werden. Sie erscheinen im Eigenschaftendialog im Registerblatt „Anpassen“:

```
Sub EigeneDokumenteigenschaften()
   ActiveDocument.CustomDocumentProperties.Add _
   Name:="Meine Eigenschaften", Type:=msoPropertyTypeString, _
   LinkToContent:=False, Value:="reich, schön und berühmt"
End Sub
```

```
Sub EigeneDokumenteigenschaftenLesen()
    On Error Resume Next
    MsgBox ActiveDocument.CustomDocumentProperties _
        ("Meine Eigenschaften").Value
End Sub

Sub EigeneDokumenteigenschaftenLöschen()
    On Error Resume Next
    ActiveDocument.CustomDocumentProperties _
        ("Meine Eigenschaften").Delete
End Sub
```

Selbstverständlich können Eigenschaften der Auflistung `BuiltInDocumentProperties` nicht gelöscht werden.

Integrierte Dialoge

Word und Excel stellen Möglichkeiten zur Verfügung, auf deren Standarddialoge zuzugreifen. Die Kollektion `Dialogs` ist eine Eigenschaft von `Application`. Nach Eingabe der Klammer erhält man die komplette Liste aller vordefinierten Dialoge. Zum Anzeigen wird die Methode `Show` verwendet:

```
Application.Dialogs(xlDialogAlignment).Show
```

Sollen Werte voreingestellt werden, so muss man herausfinden, wie diese Optionen heißen. Die Intellisense-Liste verrät darüber nichts. In der Hilfe steht die vollständige Referenz über alle Optionen im Kapitel „Arbeiten mit Steuerelementen“ im Unterkapitel „Anzeigen von integrierten Dialogfeldern“.

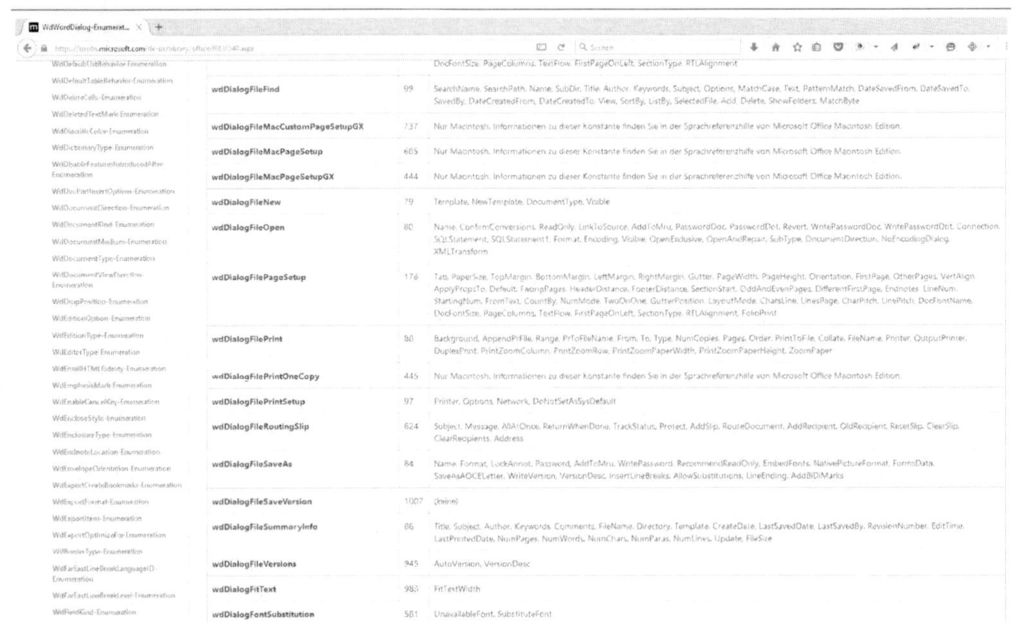

		DocFontSize, PageColumns, TextFlow, FirstPageOnLeft, SectionType, RTLAlignment
wdDialogFileFind	99	SearchName, SearchPath, Name, SubDir, Title, Author, Keywords, Subject, Options, MatchCase, Text, PatternMatch, DateSavedFrom, DateSavedTo, SavedBy, DateCreatedFrom, DateCreatedTo, View, SortBy, ListBy, SelectedFile, Add, Delete, ShowFolders, MatchByte
wdDialogFileMacCustomPageSetupGX	737	Nur Macintosh. Informationen zu dieser Konstante finden Sie in der Sprachreferenzhilfe von Microsoft Office Macintosh Edition.
wdDialogFileMacPageSetup	685	Nur Macintosh. Informationen zu dieser Konstante finden Sie in der Sprachreferenzhilfe von Microsoft Office Macintosh Edition.
wdDialogFileMacPageSetupGX	444	Nur Macintosh. Informationen zu dieser Konstante finden Sie in der Sprachreferenzhilfe von Microsoft Office Macintosh Edition.
wdDialogFileNew	79	Template, NewTemplate, DocumentType, Visible
wdDialogFileOpen	80	Name, ConfirmConversions, ReadOnly, LinkToSource, AddToMru, PasswordDoc, PasswordDot, Revert, WritePasswordDoc, WritePasswordDot, Connection, SQLStatement, SQLStatement1, Format, Encoding, Visible, OpenExclusive, OpenAndRepair, SubType, DocumentDirection, NoEncodingDialog, XMLTransform
wdDialogFilePageSetup	178	Tab, PaperSize, TopMargin, BottomMargin, LeftMargin, RightMargin, Gutter, PageWidth, PageHeight, Orientation, FirstPage, OtherPages, VertAlign, ApplyPropsTo, Default, FacingPages, HeaderDistance, FooterDistance, SectionStart, OddAndEvenPages, DifferentFirstPage, Endnotes, LineNum, StartingNum, FromText, CountBy, NumMode, TwoOnOne, GutterPosition, LayoutMode, CharsLine, LinesPage, CharPitch, LinePitch, DocFontName, DocFontSize, PageColumns, TextFlow, FirstPageOnLeft, SectionType, RTLAlignment, FolioPrint
wdDialogFilePrint	88	Background, AppendPrFile, Range, PrToFileName, From, To, Type, NumCopies, Pages, Order, PrintToFile, Collate, FileName, Printer, OutputPrinter, DuplexPrint, PrintZoomColumn, PrintZoomRow, PrintZoomPaperWidth, PrintZoomPaperHeight, ZoomPaper
wdDialogFilePrintOneCopy	445	Nur Macintosh. Informationen zu dieser Konstante finden Sie in der Sprachreferenzhilfe von Microsoft Office Macintosh Edition.
wdDialogFilePrintSetup	97	Printer, Options, Network, DoNotSetAsSysDefault
wdDialogFileRoutingSlip	624	Subject, Message, AllAtOnce, ReturnWhenDone, TrackStatus, Protect, AddSlip, RouteDocument, AddRecipient, OldRecipient, ResetSlip, ClearSlip, ClearRecipients, Address
wdDialogFileSaveAs	84	Name, Format, LockAnnot, Password, AddToMru, WritePassword, RecommendReadOnly, EmbedFonts, NativePictureFormat, FormsData, SaveAsAOCELetter, WriteVersion, VersionDesc, InsertLineBreaks, AllowSubstitutions, LineEnding, AddBiDiMarks
wdDialogFileSaveVersion	1007	(keine)
wdDialogFileSummaryInfo	86	Title, Subject, Author, Keywords, Comments, FileName, Directory, Template, CreateDate, LastSavedDate, LastSavedBy, RevisionNumber, EditTime, LastPrintedDate, NumPages, NumWords, NumChars, NumParas, NumLines, Update, FileSize
wdDialogFileVersions	945	AutoVersion, VersionDesc
wdDialogFitText	983	FitTextWidth
wdDialogFontSubstitution	581	UnavailableFont, SubstituteFont

Abbildung 19: Sämtliche Dialoge werden in der Hilfe beschrieben.

Soll beispielsweise als Standard im Dialog Inhaltsverzeichnis einfügen die Zahl 6 als Anzahl der Ebenen voreingestellt sein, dann leistet dies das folgende Programm:

```
Sub Word_Dialoge_Verändern1()
    Dim dlgMeinDialog As Dialog
    Set dlgMeinDialog = Dialogs(wdDialogInsertTableOfContents)
    dlgMeinDialog.To = 6
    dlgMeinDialog.Show
End Sub
```

Umgekehrt kann abgefangen werden, welcher Wert vom Benutzer ausgewählt wurde:

```
Sub Word_Dialoge_Verändern2()
    Dim dlgMeinDialog As Dialog
    Set dlgMeinDialog = Dialogs(wdDialogFormatFont)
    dlgMeinDialog.Show
    MsgBox dlgMeinDialog.Font
End Sub
```

Soll abgefangen werden, welcher der Schaltflächen gewählt wurde, dann kann dies über folgende Liste geschehen:

Nummer der Schaltfläche	Beschriftung
– 2	Schließen
– 1	OK
0	Abbrechen
>0	1 bedeutet die erste Schaltfläche, 2, die zweite und so weiter

Tabelle 61: Mit diesen Werten kann abgefangen werden, welche Schaltfläche vom Benutzer ausgewählt wurde.

Word und Excel stellen neben `Show` noch die Methode `Display` zur Verfügung. Sie zeigt die Dialoge an, ohne sie auszuführen. Umgekehrt führt die Methode `Execute` den Dialog aus, ohne ihn anzuzeigen.

Ändern von Word-Menübefehlen

Dialoge können sicherlich an bestimmte Funktionalitäten gebunden werden, wie beispielsweise an Schaltfläche von selbsterstellten Dialogboxen, oder an bestimmte Ereignisse. Die Steuerung der Standarddialoge kann allerdings auch über die Standardmenüs erfolgen. Soll beispielsweise im Dialog „Drucken“ der Optionsbutton auf „Aktuelle Seite“ gestellt werden, so kann dies mit folgendem Makro eingerichtet werden:

```
Sub Drucken_AktualSeite()
   Dim dlg As Dialog
   Set dlg = Dialogs(wdDialogFilePrint)
   dlg.Range = 2
   dlg.Show
End Sub
```

Damit dieses Makro aufgerufen wird, wenn der Benutzer auf Datei / Drucken klickt, muss das Makro in *DateiDrucken* umbenannt werden:

```
Sub DateiDrucken()
   Dim dlg As Dialog
   Set dlg = Dialogs(wdDialogFilePrint)
   dlg.NumCopies = 2
   dlg.Show
End Sub
```

So kann jede Funktion, die hinter einem Menüpunkt steht, umbelegt werden.

Feldfunktionen

Über Felder oder Feldfunktionen ließe sich sicherlich auch noch eine ganze Reihe Dinge schreiben. An dieser Stelle sollen jedoch einige Bemerkungen genügen:

`Fields` ist eine Eigenschaft des Objekts `Document`, `Range` oder `Selection`.

Mit der Methode `Update` werden alle Felder aktualisiert, beispielsweise aktualisiert

```
Selection.Fields.Update
```

alle Felder einer Markierung,

```
ActiveDocument.Fields.Update
```

aktualisiert alle Felder des Dokuments. Soll ein neues Feld hinzugefügt werden, so geschieht dies mit der Methode `Add`.

```
Sub SeitenNummerHinzu()
   ActiveDocument.Fields.Update
      Selection.Fields.Add _
      Range:=Selection.Range, _
      Type:=wdFieldEmpty, _
      Text:= "NUMPAGES ", _
      PreserveFormatting:=True
End Sub
```

Dabei verwendet der Parameter `Text` den Namen der Feldfunktion. Felder können zwischen der Ansicht der Funktion und der Ansicht des Ergebnisses hin- und herschalten. Dafür dient folgende Methode:

```
ActiveDocument.Fields.ToggleShowCodes
```

Welche Seite der Feldfunktion gerade angezeigt wird, wird mit `ShowCodes` abgefragt. Analog wird mit `PrintFieldCodes` die Feldfunktion anstelle des Ergebnisses gedruckt.

```
Options.PrintFieldCodes = True
```

Mit der Eigenschaft `UpdateFieldsAtPrint` werden Felder vor dem Druck aktualisiert.

```
Options.UpdateFieldsAtPrint = True
```

Verstecken von Infos in einer Word-Datei

In jedem Word-Dokument werden im Kopf eine Menge Informationen gespeichert: Seiteneinstellungen, verwendete Schriftarten und noch vieles mehr. Per Programmierung kann nun in ein Dokument eine Dokumentenvariable eingefügt werden, die mit Inhalt gefüllt wird. Dazu wird die Sammlung `Variables` verwendet.

Folgendes Beispiel fügt eine Variable hinzu und füllt sie mit einem geheimen Text:

```
Sub TextVerstecken()
   Dim docvar As Variable
   Set docvar = ActiveDocument.Variables.Add _
      (Name:="Freimaurer", _
      Value:="Wenn Tugend und Gerechtigkeit" & vbCr & _
      "Den großen Pfad mit Ruhm bestreut," & vbCr & _
      "Dann ist die Erd' ein Himmelreich" & vbCr & _
      "Und Sterbliche den Göttern gleich.")
End Sub
```

Wenn man den Variablennamen kennt, kann man den Inhalt direkt auslesen:

```
Sub TextFinden()
   Dim docvar As Variable
   Set docvar = ActiveDocument.Variables("Freimaurer")
   MsgBox docvar.Value
End Sub
```

Natürlich können alle Dokumentvariablen durchlaufen werden und die Inhalte ausgelesen werden:

```
Sub AlleTexteFinden()
   Dim docvar As Variable
   For Each docvar In ActiveDocument.Variables
      MsgBox docvar.Name & ":" & vbCr & _
      docvar.Value
   Next
End Sub
```

Mit der Methode `Delete` wird eine Variable gelöscht. Nun kann allerdings der Inhalt einer solchen Variablen auch verschlüsselt werden. Der Ascii-Code eines Zeichens liegt zwischen 32 und 255. Man könnte den Text also als Zahlenfolge dechiffrieren:

```
Sub TextAlsAsciiVerstecken()
   Dim docvar As Variable
   Dim strText As String
   Dim intLängenZähler As Integer
   Dim strKrypt As String
   strText = "Wenn Tugend und Gerechtigkeit" & vbCr & _
   "Den großen Pfad mit Ruhm bestreut," & vbCr & _
```

```
    "Dann ist die Erd' ein Himmelreich" & vbCr & _
    "Und Sterbliche den Göttern gleich."
    For Each docvar In ActiveDocument.Variables
       If docvar.Name = "Freimaurer" Then
          docvar.Delete
          Exit For
       End If
    Next
    For intLängenZähler = 1 To Len(strText)
    strKrypt = strKrypt & _
       Format(Asc(Mid(strText, intLängenZähler, 1)), "000")
    Next
    Set docvar = ActiveDocument.Variables.Add _
       (Name:="Freimaurer", _
       Value:=strKrypt)
End Sub
```

Die Dechiffrierung ist nicht allzu schwierig:

```
Sub TextAlsAsciiFinden()
    Dim docvar As Variable
    Dim strText As String
    Dim intLängenZähler As Integer
    Dim strKrypt As String

    For Each docvar In ActiveDocument.Variables
       If docvar.Name = "Freimaurer" Then
          strKrypt = docvar.Value
          Exit For
       End If
    Next
    If strKrypt = "" Then
       MsgBox "Es wurde kein verborgener Inhalt abgespeichert."
    Else
       For intLängenZähler = 1 To Len(strKrypt) Step 3
```

```
            strText = strText & Chr(Mid(strKrypt, _
               intLängenZähler, 3))
         Next
         MsgBox strText
      End If
   End Sub
```

Da man ein Word-Dokument als Archiv entzippt, könnte man den verborgenen Text hinter der Dokumentenvariablen „Freimaurer“ im Ordner `word` in der Datei `settings.xml` entdecken. Man könnte ihn durch etwas Ausprobieren schnell dechiffrieren. Also muss der Text besser verschlüsselt werden. Ein Passwort wäre die geschickte Methode hierfür. Wie kann man nun den Text mit einem Passwort ver- und entschlüsseln? Jedes Zeichen des zu verschlüsselnden Texts und des Passworts besitzt einen eindeutigen Ascii-Code. Mit der Funktion `Xor` können sie verknüpft werden – das Ergebnis ist eine andere Zahl. Beispiel: Der Text beginnt mit dem Buchstaben „W“, das den Ascii-Code 87 hat. Das Schlüsselwort beginnt mit dem Buchstaben „x“, das heißt Ascii 120. Nun ergibt `87 Xor 120` den Wert 47, welches dem Zeichen „/“ entspricht. Umgekehrt liefert `47 Xor 120` den Wert 87. Da nun Passwort und zu verschlüsselnder Text unterschiedliche Längen haben, wird das Passwort so oft durchlaufen, bis der eigentliche Text verschlüsselt ist. Die folgende Tabelle verdeutlicht das Ver- und Entschlüsseln am Text „Wenn Tugend“ und am Passwort „xyz“:

Text	W	E	n	n		T	u	g	e	n	d
Ascii	87	101	110	110	32	84	117	103	101	110	100
Passwort	x	y	z	x	y	z	x	y	z	x	y
Ascii	120	121	122	120	121	122	120	121	122	120	121
Xor	47	28	20	22	89	46	13	30	31	22	29
Ascii	/	|	|	|	Y	.		|	|	|	|
Passwort	x	y	z	x	y	z	x	y	z	x	y
Xor	47	28	20	22	89	46	13	30	31	22	29
Text	W	e	n	n		T	u	g	e	n	d

Die Zeichen mit Ascii < 32 können nicht dargestellt werden, werden aber als Sonderzeichen abgespeichert. So kann nun mit einer Funktion der Text verschlüsselt und entschlüsselt werden. Die Objektvariable sollte eine wenig auffällige Bezeichnung bekommen, wie beispielsweise „Margin“ oder „Footer“ oder „Number“.

Die folgende Prozedur verwendet die Funktion `Krypto`, um einen Text mit Hilfe eines Passworts zu verschlüsseln und speichert diesen in einer Dokumentvariablen ab.

```
Sub TextAlsKryptoVerstecken()
   Dim docvar As Variable
   Dim strText As String
   Dim strPass As String

   strText = InputBox("Welcher Text soll versteckt werden)")
   strPass = InputBox("Wie lautet das Passwort?")
   For Each docvar In ActiveDocument.Variables
      If docvar.Name = "Margin" Then
         docvar.Delete
         Exit For
      End If
   Next
   Set docvar = ActiveDocument.Variables.Add _
      (Name:="Margin", _
      Value:=Krypto(strText, strPass))
End Sub

Function Krypto(strText As String, _
      strPass As String) As String
   Dim intTextLänge As Integer
   Dim intTextAsc As Integer
   Dim intPassLänge As Integer
   Dim intPassAsc As Integer
   Dim intAscNeu As Integer
   Dim strAusgabeText As String
```

```
    For intTextLänge = 1 To Len(strText)
        intTextAsc = Asc(Mid(strText, intTextLänge, 1))
        intPassLänge = ((intTextLänge - 1) Mod Len(strPass)) + 1
        intPassAsc = Asc(Mid(strPass, intPassLänge, 1))
        intAscNeu = intTextAsc Xor intPassAsc
        strAusgabeText = strAusgabeText & Chr(intAscNeu)
    Next
    Krypto = strAusgabeText
End Function
```

Und nun die Prozedur zum Dechiffrieren. Sie verwendet die gleiche Funktion Krypto:

```
Sub TextAlsKryptoFinden()
    Dim docvar As Variable
    Dim strText As String
    Dim strPass As String

    strPass = InputBox("Wie lautet das Passwort?")
    For Each docvar In ActiveDocument.Variables
        If docvar.Name = "Margin" Then
            strText = docvar.Value
            Exit For
        End If
    Next
    If strText = "" Then
        MsgBox "Es wurde kein verborgener Inhalt abgespeichert."
    Else
        MsgBox Krypto(strText, strPass)
    End If
End Sub
```

14 Das Objektmodell von Excel

Da man in Excel neben Daten in Tabellenblättern auch Diagramme und PivotTabellen programmieren kann, besitzt dieses Programm eine große Objektbibliothek, das heißt: sehr viele Objekte und damit auch Eigenschaften, Methoden und Ereignisse. Wir beschränken uns auf die wichtigsten Objekte: Programm, Datei, Tabellenblatt, Zelle und Diagramm.

14.1 Programmzugriff

Oberstes Objekt von Excel ist `Application`. Dieses Objekt hat eine Reihe von Eigenschaften:

```
Application.Name
```

liefert den Namen des Programms, also „Microsoft Excel".

```
Application.Path
```

liefert den Pfad der Programmdatei „Excel.exe".

```
Application.Caption
```

gibt den Text der Titelzeile zurück. Dieser kann, da es sich um eine Eigenschaft handelt, geändert werden, beispielsweise in

```
Application.Caption = "libreOffice Calc"
```

Mit der Eigenschaft `Version` kann die Versionsnummer des Programms ausgelesen werden.

Eine ganze Reihe von Grundeinstellungen findet sich im Objekt `Application`:

`AddIns`, `AlertBeforeOverwriting`, `AltStartupPath`, `AnswerWizard`, `AskToUpdateLinks`, `Assistant`, `AutoPercentEntry`, `CalculationVersion`, `CellDragAndDrop`, `ControlCharacters`, `Cursor` [...]

Einige wichtige Grundeinstellungen von Excel, die geändert und abgefragt werden können

Eigenschaft	Beschreibung
EditDirectlyInCell	direkte Zellbearbeitung
EnableAutoComplete	Autovervollständigen ist aktiviert.
ErrorCheckingOptions	Fehlerprüfung ist aktiviert.
ExtendList	erweitert Formatierungen für Formeln und Daten
MoveAfterReturn	Die aktive Zelle wird nach Drücken der Taste <ENTER> verschoben.
MoveAfterReturnDirection	die Richtung des Verschiebens

Eigenschaft	Beschreibung
AutoPercentEntry	Einträge in Zellen, die als Prozentzahlen formatiert sind, werden bei der Eingabe automatisch mit 100 multipliziert.
Calculation	die Berechnungsart (xlCalculationAutomatic oder xlCalculationManual)
ReferenceStyle	die Zellbezüge (xlA1 oder xlR1C1)
DecimalSeparator	Dezimaltrennzeichen
ThousandsSeparator	Tausendertrennzeichen
FixedDecimal	Formatiert eine feste Anzahl an Dezimalstellen.
StandardFont	die Standardschriftart
StandardFontSize	die Standardschriftgröße
DefaultSaveFormat	das Standardspeicherformat (xlExcel7, xlTextWindows, ...)
PromptForSummaryInfo	Beim Speichern einer Datei werden die Dateiinformationen abgefragt.
ShowStartupDialog	Der Aufgabenbereich wird angezeigt.
ShowToolTips	QuickInfo ist aktiviert.
ShowWindowsInTaskbar	Jede geöffnete Arbeitsmappe wird in der Taskleiste angezeigt.
NetworkTemplatesPath	Netzwerkpfad der Vorlagen
TemplatesPath	lokaler Vorlagenordner
StartupPath	Startordner
UserLibraryPath	Pfad zum Speicherort, an dem die COM-Add-Ins installiert sind
LibraryPath	Pfad des Bibliotheksordners
die dargestellte Größe von Excel: Height, Width, Left, Top die verwendbare Größe von Excel: UsableHeight und UsableWidth	
WindowState	die Darstellung (xlMaximized, xlMinimized und xlNormal)

Tabelle 62:Einige wichtige Eingenschaften von Application

Einige Sammlungen von Excel:

Sammlung	Beschreibung
CommandBars	Symbolleisten und Menüleiste(n) (bis Excel 2003)
Charts	Diagramme
AddIns	Add-Ins
CustomListCount, GetCustomListContents	benutzerdefinierte Listen sie werden gelöscht mit: DeleteCustomList
PreviousSelections	die Liste der letzten Markierungen
RecentFiles	zuletzt geöffnete Dateien sie können angezeigt werden mit: DisplayRecentFiles
Windows	offene Fenster
Names	vom Anwender definierte Namen
Workbooks	(alle geöffneten) Arbeitsmappen

Tabelle 63: Einige Sammlungen von Application

Der Zugriff auf interne Dialoge ist möglich über:

Name	Beschreibung
Dialogs	Die Sammlung aller Dialoge
FileDialog (msofiledialogfilepicker)	Datei | Öffnen (dateien)
FileDialog(msofiledialogfolderpicker)	Datei | Öffnen (ordner)
FileDialog (msofiledialogopen)	Datei | Öffnen (allgemein)
FileDialog (msofiledialogsaveas)	Datei | Speichern unter
GetOpenFilename	Datei | Öffnen
GetSaveasFilename	Datei | Speichern unter

Tabelle 64: Application und die Dialoge

Einige wichtige Methoden von Excel:

Methode	Beschreibung
Calculate	Neuberechnung
Volatile	Eine benutzerdefinierte Funktion wird neu berechnet (wird in Kapitel 8 beschrieben).
Repeat	Wiederholen
Undo	Rückgängig

Methode	Beschreibung
Run	Ein Makro kann gestartet werden.
OnKey	Tastenbelegung
OnRepeat	beim Wiederholen
OnTime	bei einer bestimmten Uhrzeit
Wait	Bei einer bestimmten Uhrzeit wird ein Makro unterbrochen.
OnUndo	bei Rückgängig
EnableCancelKey	Es kann abgefangen werden, ob der Benutzer das Makro mit <STRG> + <UNTERBR> unterbricht.
Quit	Beenden

Tabelle 65: Application und einige Methoden

Einige interessante interne Befehle

Befehl	Beschreibung
International	länderspezifische Einstellungen, beispielsweise: xlCountryCode, xlCountrySetting, xlCurrencyCode, xl24HourClock, xlMetric, xlDecimalSeparator ... (siehe Kapitel 20)
LanguageSettings	einige Spracheinstellungen
PathSeparator	verwendetes Trennzeichen
Hinstance	die Instanzzugriffsnummer, mit der Excel aufgerufen wurde
Hwnd	die Fensterzugriffsnummer der obersten Ebene des Microsoft Excel-Fensters
OperatingSystem	Betriebssystem
UserName	Benutzername
OrganizationName	Name der Organisation
ProductCode	Produktcode von Excel
MathCoprocessorAvailable	mathematischer Koprozessor verfügbar
MouseAvailable	Maus verfügbar
Interactive	interaktiver Modus (Maus und Tastatur können blockiert werden)
UserControl	Wurde Excel vom Benutzer oder per Programmierung gestartet?
Visible	Ist Excel sichtbar?

Befehl	Beschreibung
Version	die Versionsnummer von Excel
WorksheetFunction	Excel-Funktionen können in VBA verwendet werden (wird in Kapitel 8 erläutert).

Tabelle 66: Einige interessante Befehle von Application

Die Bildschirmanzeige

Die Bildschirmanzeige kann ausgeschaltet werden:

```
Application.ScreenUpdating = False
```

Danach sieht der Benutzer nicht mehr, wenn der Cursor bewegt wird. Auch das lästige Flackern, das aufgrund von Bildschirmaktualisierungen entsteht (beispielsweise beim Öffnen und Schließen von Dateien) wird dadurch vermieden. Am Ende des Programms sollte es selbstredend wieder eingeschaltet werden:

```
Application.ScreenUpdating = True
```

Übrigens kann man bei lange laufenden Makros den Mauszeiger auf „Sanduhr" umschalten:

```
Application.Cursor = xlWait
```

und am Ende wieder „zurück":

```
Application.Cursor = xlDefault
```

Ebenso kann man die Statuszeile beschriften:

```
Application.StatusBar = "Makro läuft. Bitte warten Sie ..."
```

und am Ende des Programms wieder ausschalten:

```
Application.StatusBar = False
```

Warnmeldungen

Eigene Excelaktionen lösen Warnmeldungen aus, beispielsweise das Überschreiben einer Datei oder das Löschen von Tabellenblättern. Sie können diese Meldung ausschalten mit:

```
Application.DisplayAlerts = False
ActiveSheet.Delete
```

Sie sollten es nach dem durchgeführten Befehl sofort wieder einschalten:

```
Application.DisplayAlerts = True
```

Erstaunlicherweise warnt Excel beim Verschieben von Zellen in einen anderen Bereich, in dem sich bereits Daten befinden. Jedoch löst der Befehl

```
xlBereich2.Cut Destination:=xlBereich1
```

keine Fehlermeldung aus. Wollte man die Fehlermeldung unterdrücken, die für den Benutzer beim Verschieben angezeigt wird, dann könnte man dies beim Starten von Excel oder beim Öffnen einer Datei mit folgendem Befehl erledigen:

```
Application.AlertBeforeOverwriting = False
```

Evaluate

Werte von Funktionen können mit `Evaluate` ausgewertet werden. Beachten Sie, dass der Funktionsname in der englischen Schreibweise vorliegen muss. So liefern beispielsweise

```
MsgBox Application.Evaluate("=SUM(A1:A5)")
MsgBox Application.Evaluate("=AVERAGE(A1:A5)")
MsgBox Application.Evaluate("=COUNTA(A1:A5)")
```

die Summe, der Durchschnitt und die Anzahl der Zahlen der Zellen A1:A5. Und wer benötigt so etwas? In Abschnitt 14.14 (Diagramme) wird der Benutzer über einen Dialog aufgefordert eine Formel einzugeben. Diese wird in die US-amerikanische Schreibweise konvertiert. Um nun zu überprüfen, ob der Benutzer eine falsche Formel eingegeben hat, kommt `Evaluate` zum Einsatz:

```
On Error Resume Next
MsgBox Application.Evaluate("=SUM(A1 bis A5)")
If Err.Number <> 0 Then
   MsgBox "Ihre Formel ist falsch"
End If
Err.Clear
MsgBox Application.Evaluate("=AVERAGE(A1:A5)")
[...]
Exit Sub
If Err.Number <> 0 Then
   MsgBox "Ihre Formel ist falsch"
End If
Err.Clear
```

14.2 Dateizugriff

Die aktuelle Excel-Datei heißt

```
Application.ActiveWorkbook
```

oder:

```
Application.ThisWorkbook
```

Alle offenen Dateien können auf folgende Art angesprochen werden:

```
Application.Workbooks
```

Man kann mit einem Zähler alle Dateien durchlaufen lassen und sie somit ansprechen:

```
For i = 1 To Application.Workbooks.Count
MsgBox Application.Workbooks(i).Name
```

oder direkt alle Objekte ansprechen, wie im folgenden Beispiel:

```
Sub Alle_Dateien()
    Dim xlDatei As Workbook
    Dim strDatName As String
    For Each xlDatei In Workbooks
        strDatName = strDatName & vbCr & xlDatei.Name
    Next
    MsgBox strDatName
End Sub
```

Ähnlich wie das Word-Objektmodell besitzt Excel für die Sammlung der `Workbooks`, beziehungsweise für ein `Workbook`, folgende Methoden:

Datei / Schliessen

```
Workbooks(1).Close(SaveChanges, FileName, RouteWorkbook)
```

Datei / Speichern

```
Workbooks(1).Save
```

Datei / Speichern Unter

```
Workbooks(1).SaveAs(Filename, FileFormat, Password, WriteResPassword, ReadOnlyRecommended, CreateBackup, AccessMode, ConflictResolution, AddToMru, TextCodePage, TextVisualLayout, Local)
Workbooks(1).SaveCopyAs(Filename)
```

Letzte Methode sichert die Datei unter einem anderen Namen, ohne die Datei dabei zu verändern.

Datei / Drucken

```
Workbooks(1).PrintOut(From, To, Copies, Preview, ActivePrinter, PrintToFile, Collate, PrToFileName, IgnorePrintAreas)
```

Datei / Öffnen

```
Workbooks.Open(FileName, UpdateLinks, ReadOnly, Format, Password, WriteResPassword, IgnoreReadOnlyRecommended, Origin, Delimiter, Editable, Notify, Converter, AddToMRU, Local, CorruptLoad)
```

Datei / Neu

```
Workbooks.Add(Template)
```

Die Eigenschaft `Saved` prüft, ob eine Arbeitsmappe seit der letzten Änderung gespeichert wurde. Falls ja, wird der Wert „True" zurückgegeben.

Die wichtigsten Methoden für ein Workbook-Objekt:

Methode	Erläuterung
Close	Schließen
PrintOut	Drucken
PrintPreview	Seitenansicht
Save	Speichern
SaveAs	Speichern unter
SaveCopyAs	Speichern als Kopie
Activate	aktiviert die Arbeitsmappe, das heißt, bringt sie nach vorne.
RefreshAll	aktualisiert externe Datenbereiche.
Protect	legt einen Schutz auf die Datei.
Unprotect	hebt den Schutz auf.

Tabelle 67: Die wichtigsten Methoden für das Workbook-Objekt

Die wichtigsten Sammlungen für ein Workbook-Objekt:

Sammlung	Erläuterung
Worksheets und Sheets	Tabellenblätter
BuiltinDocumentProperties	Dokumenteigenschaften der Arbeitsmappe
CustomDocumentProperties	benutzerdefinierte Dokumenteigenschaften
Charts	Diagramme
Colors	definierte Farben
CustomViews	benutzerdefinierte Arbeitsmappenansichten

Tabelle 68: Die wichtigsten Sammlungen für das Workbook-Objekt

Einige wichtige Eigenschaften des Workbook-Objekts

Eigenschaft	Erläuterung
Name	Dateiname
Path	Speicherort
Fullname	Speicherort und Dateiname
IsAddin	Ist die Datei ein Add-In?
Saved	Wurde die Datei schon gespeichert?
DisplayDrawingObjects	zeigt Zeichnungsobjekte an
DisplayInkComments	zeigt Freihandkommentare an
HasPassword	Besitzt die Datei ein Passwort?
Password	gibt das Kennwort zurück oder legt es fest.
WritePassword	setzt ein Schreibkennwort.
Permission	die Berechtigungseinstellungen der Datei
ReadOnly	schreibgeschützt
RemovePersonalInformation	entfernt persönliche Informationen
VBProject	das VB-Projekt, das den VBA-Code enthält
Parent	das übergeordnete Objekt – hier: Application

Tabelle 69: Einige Eigenschaften des Workbook-Objekts

14.3 Zugriff auf Tabellenblätter

Jede Excel-Datei hat eine oder mehrere Tabellenblätter. Dabei ist das Objekt von `Workbook` entweder `Sheet` oder `WorkSheet`. `Sheet` ist dabei allgemeiner, da Tabellenblätter auch Diagramme beinhalten können. Deklariert wird es allerdings vom Objekttyp `Worksheet`. Folgendes Beispiel durchläuft alle Tabellenblätter und meldet die Blattnamen:

```
Sub TabellenBlätterDurchlaufen()
   Dim xlTabBlatt As Worksheet
   Dim strBlattName As String
   On Error Resume Next
   For Each xlTabBlatt In Sheets
      strBlattName = strBlattName & vbCr & xlTabBlatt.Name
   Next
   MsgBox strBlattName
End Sub
```

Leider stellt Excel-VBA keine Funktion zur Verfügung, mit deren Hilfe überprüft werden kann, ob ein Blatt vorhanden ist. Dies kann programmiert werden:

```
Function BlattExistiert(strBlattname As String) As Boolean
   Dim blnBlattEx As Boolean
   Dim xlBlatt As Worksheet
   blnBlattEx = False
   For Each xlBlatt In ActiveWorkbook.Worksheets
      If xlBlatt.Name = strBlattname Then
         blnBlattEx = True: Exit For
      End If
   Next
   BlattExistiert = blnBlattEx
End Function
```

Ein Blatt wird mit der Methode `Activate` aktiviert. Ist es verborgen, so kann dies mit der Eigenschaft `Visible` überprüft werden, beziehungsweise sichtbar gemacht werden. Übrigens besitzt Visible drei Eigenschaften: sichtbar oder unsichtbar (`xlSheetVisible`, `xlSheetHidden` und `xlSheetVeryHidden`). Mit `xlSheetVeryHidden` kann es vom Anwender in Excel nicht mehr eingeblendet werden. Gelöscht wird ein Blatt mit der Methode `Delete`, hinzugefügt mit `Add`. Die Eigenschaft `Name` übergibt den Namen.

Einige wichtige Methoden des Tabellenblattes

Methode	Erläuterung
SaveAs	speichert das Tabellenblatt – dient zum Exportieren.
PrintOut	druckt das Tabellenblatt.
PrintPreview	Die Seitenansicht
Copy, Paste, PasteSpecial, Move	kopieren und einfügen
Delete	löscht das Tabellenblatt.
Calculate	berechnet die Formeln neu.
Activate, Select	aktiviert das Blatt.
ClearArrows	löscht die Spurpfeile der Formelüberwachung.
ClearCircles	löscht Kreise von ungültigen Einträgen.
DisplayPageBreaks	zeigt die Seitenumbrüche an.
Protect, Unpotect	schützt das Blatt und hebt den Schutz auf.

Tabelle 70: Einige Methoden des Tabellenblatts

Einige wichtige Eigenschaften

Eigenschaft	Beschreibung
Name	der Name des Tabellenblattes
PageSetup	Seitenlayout | Seite einrichten
Visible	sichtbar oder unsichtbar (xlSheetVisible, xlSheetHidden und xlSheetVeryHidden)
Parent	das übergeordnete Objekt – die Arbeitsmappe
ProtectionMode	Art des Schutzes
FilterMode, AutoFilter, AutoFilterMode, ShowAllData, EnableAutoFilter	der Autofilter
EnableOutlining	Gliederungssymbole
CircleInvalid	kreist ungültige Einträge ein.

Tabelle 71: Einige Eigenschaften des Tabellenblatts

Die wichtigsten Sammlungen des Tabellenblattes

Sammlung	Erläuterung
Columns und Rows	Spalten und Zeilen
Cells, Range, UsedRange	Zellen
Comments	Kommentare
ChartObjects	Diagramme
PivotTables	Pivot-Tabelen
Hyperlinks	Hyperlinks
Scenarios	Szenarien (Extras | Szenarien)
Shapes	Zeichnungsobjekte

Tabelle 72: Einige Sammlungen des Tabellenblatts

Wenn Sie ein Blatt schützen möchten, dann steht Ihnen die Methode `Protect` zur Verfügung. Sie verwendet eine Reihe optionaler Parameter:

Die Parameter der Methode Protect

Parameter	Bedeutung
Password	Eine Zeichenfolge, mit der für das Arbeitsblatt oder die Arbeitsmappe ein Kennwort mit Unterscheidung der Groß-/Kleinschreibung festlegt wird. Wenn Sie dieses Argument weglassen, kann der Schutz des Arbeitsblatts oder der Arbeitsmappe ohne Angabe eines Kennworts aufgehoben werden. Wenn dies nicht möglich sein soll, müssen Sie ein Kennwort festlegen. Wenn Sie das Kennwort vergessen, können Sie den Schutz des Arbeitsblatts oder der Arbeitsmappe nicht wieder aufheben.
DrawingObjects	True, um Formen zu schützen. Der Standardwert lautet True.
Contents	True, um den Inhalt zu schützen. Bei einem Diagramm wird das gesamte Diagramm geschützt. Bei einem Arbeitsblatt werden die gesperrten Zellen geschützt. Der Standardwert ist True.
Scenarios	True, um Szenarios zu schützen. Das Argument ist nur für Arbeitsblätter gültig. Der Standardwert ist True.
UserInterfaceOnly	True, um die Benutzeroberfläche, jedoch keine Makros zu schützen. Ohne Angabe dieses Arguments wird der Schutz auf Makros und die Benutzeroberfläche angewendet.
AllowFormattingCells	Mit True können Benutzer jede Zelle eines geschützten Arbeitsblatts formatieren. Der Standardwert ist False.
AllowFormattingColumns	Mit True können Benutzer jede Spalte eines geschützten Arbeitsblatts formatieren. Der Standardwert ist False.
AllowFormattingRows	Mit True können Benutzer jede Zeile eines geschützten Arbeitsblatts formatieren. Der Standardwert ist False.
AllowInsertingColumns	Mit True können Benutzer Spalten in ein geschütztes Arbeitsblatt einfügen. Der Standardwert ist False.
AllowInsertingRows	Mit True können Benutzer Zeilen in ein geschütztes Arbeitsblatt einfügen. Der Standardwert ist False.
AllowInsertingHyperlinks	Mit True können Benutzer Hyperlinks auf dem Arbeitsblatt einfügen. Der Standardwert ist False.
AllowDeletingColumns	Mit True können Benutzer Spalten im geschützten Arbeitsblatt löschen, wobei keine Zelle in der zu löschenden Spalte gesperrt ist. Der Standardwert ist False.
AllowDeletingRows	Mit True können Benutzer Zeilen im geschützten Arbeitsblatt löschen, wobei keine Zelle in der zu löschenden Zeile gesperrt ist. Der Standardwert ist False.
AllowSorting	Mit True können Benutzer für das geschützte Arbeitsblatt eine Sortierung vornehmen. Für jede Zelle im Sortierbereich muss die Sperre oder der Schutz aufgehoben werden. Der Standardwert ist False.

Parameter	Bedeutung
AllowFiltering	Mit True Benutzer Filter für das geschützte Arbeitsblatt festlegen. Die Benutzer können Filterkriterien ändern, jedoch keinen AutoFilter aktivieren oder deaktivieren. Die Benutzer können Filter für einen vorhandenen AutoFilter festlegen. Der Standardwert ist False.
AllowUsingPivotTables	Mit True können Benutzer PivotTable-Berichte für das geschützte Arbeitsblatt verwenden. Der Standardwert ist False.

Tabelle 73: Die Parameter der Methode Protect

Der bekannte Dialog aus der Registerkarte Layout / Seite einrichten kann mithilfe des Makrorekorders aufgezeichnet werden. Er liefert zu dem zugehörigen Blatt das Objekt `PageSetup` mit einer Reihe Eigenschaften.

Das folgende Beispiel schaltet in der Fußzeile den Benutzernamen ein und schaltet ihn beim zweiten Klick (auf die auslösende Schaltfläche) wieder aus:

```
Sub Fußzeile()
   Dim xlDatei As Workbook
   Dim xlBlatt As Worksheet
   Dim xlSeiteEinrichten As PageSetup

   Set xlDatei = ThisWorkbook
   Set xlBlatt = xlDatei.Worksheets(2)
   Set xlSeiteEinrichten = xlBlatt.PageSetup

   With xlSeiteEinrichten
      If .RightFooter = "" Then
         .RightFooter = Environ("username")
      Else
         .RightFooter = ""
      End If
   End With
End Sub
```

Die Eigenschaften des Objektes PageSetup

Name	Beschreibung
Papierformat	
Orientation	Gibt einen XlPageOrientation-Wert zurück, der den Druckmodus im Hochformat oder im Querformat darstellt, oder legt diesen fest.
Zoom	Gibt einen Variant-Wert zurück, der den Prozentsatz (zwischen 10 % und 400 %) darstellt, um den das Arbeitsblatt beim Drucken von Microsoft Excel vergrößert oder verkleinert wird, oder legt diesen fest.
FitToPagesWide	Gibt die Anzahl der Seiten zurück (oder legt diese fest), auf die das Arbeitsblatt während des Druckens in der Breite skaliert wird. Nur gültig für Arbeitsblätter.
FitToPagesTall	Gibt die Anzahl der Seiten zurück (oder legt diese fest), auf die das Arbeitsblatt während des Druckens in der Höhe skaliert wird. Nur gültig für Arbeitsblätter.
Draft	True, wenn das Blatt ohne Grafiken gedruckt wird.
PaperSize	Gibt die Größe des Papiers zurück oder legt sie fest.
PrintQuality	Gibt die Druckqualität zurück oder legt diese fest.
Seitenränder	
TopMargin	Gibt die Breite des oberen Randes in Punkt zurück oder legt diese fest. Double-Wert mit Lese-/Schreibzugriff.
BottomMargin	Gibt die Breite des unteren Rands in Punkt zurück oder legt diese fest. Double-Wert mit Lese-/Schreibzugriff.
LeftMargin	Gibt die Breite des linken Randes in Punkt zurück oder legt sie fest. Double-Wert mit Lese-/Schreibzugriff.
RightMargin	Gibt die Breite des rechten Rands in Punkt zurück oder legt sie fest. Double-Wert mit Lese-/Schreibzugriff.
CenterHorizontally	True, falls das Arbeitsblatt horizontal auf der Druckseite zentriert ist.
CenterVertically	True, falls das Arbeitsblatt vertikal auf der Druckseite zentriert ist.
FooterMargin	Gibt den Abstand der Fußzeile vom unteren Rand der Seite in Punkt zurück oder legt ihn fest.
HeaderMargin	Gibt den Abstand der Kopfzeile vom oberen Rand der Seite in Punkt zurück oder legt ihn fest.
Kopfzeile/Fußzeile	
LeftHeader	Gibt die Ausrichtung von Text in der linken Kopfzeile einer Arbeitsmappe oder eines Abschnitts zurück oder legt diese fest.

Name	Beschreibung
LeftHeaderPicture	Gibt ein Graphic-Objekt zurück, das die Grafik für den linken Abschnitt der Kopfzeile darstellt. Wird dazu verwendet, Attribute zur Grafik festzulegen.
CenterHeader	Zentriert die Kopfzeileninformationen im PageSetup-Objekt.
CenterHeaderPicture	Gibt ein Graphic-Objekt zurück, das die Grafik für den mittleren Abschnitt der Kopfzeile darstellt. Wird verwendet, um Attribute zur Grafik festzulegen.
RightHeader	Gibt den rechten Teil der Kopfzeile zurück oder legt ihn fest.
RightHeaderPicture	Gibt die Grafik an, die in der rechten Kopfzeile angezeigt werden soll. Schreibgeschützt.
LeftFooter	Gibt die Ausrichtung von Text in der linken Fußzeile einer Arbeitsmappe oder eines Abschnitts zurück oder legt diese fest.
LeftFooterPicture	Gibt ein Graphic-Objekt zurück, das die Grafik für den linken Abschnitt der Fußzeile darstellt. Wird dazu verwendet, Attribute zur Grafik festzulegen.
CenterFooter	Zentriert die Fußzeileninformationen im PageSetup-Objekt.
CenterFooterPicture	Gibt ein Graphic-Objekt zurück, das die Grafik für den mittleren Abschnitt der Fußzeile darstellt. Wird verwendet, um Attribute zur Grafik festzulegen.
RightFooter	Gibt den Abstand (in Punkt) zwischen dem rechten Rand der Seite und dem rechten Rand der Fußnote zurück oder legt den Abstand fest.
RightFooterPicture	Gibt ein Graphic-Objekt zurück, das die Grafik für den rechten Abschnitt der Fußzeile darstellt. Wird dazu verwendet, Attribute zur Grafik festzulegen.
AlignMarginsHeaderFooter (ab Excel 2007)	Gibt True zurück, wenn die Kopf- und Fußzeile in Excel an den Rändern ausgerichtet werden soll, die in den Seiteneinrichtungsoptionen festgelegt sind.
DifferentFirstPageHeaderFooter (ab Excel 2007)	True, wenn auf der ersten Seite eine andere Kopf- oder Fußzeile verwendet wird.
EvenPage (ab Excel 2007)	Gibt die Ausrichtung von Text auf den geraden Seiten einer Arbeitsmappe oder eines Abschnitts zurück oder legt diese fest.
FirstPage (ab Excel 2007)	Gibt die Ausrichtung von Text auf der ersten Seite einer Arbeitsmappe oder eines Abschnitts zurück oder legt diese fest.
FirstPageNumber (ab Excel 2007)	Gibt die Seitenzahl für die erste Seite zurück, die beim Drucken dieses Blatts verwendet wird, oder legt diese fest. Wenn die Eigenschaft auf xlAutomatic festgelegt ist, wird die erste Seitenzahl von Microsoft Excel ausgewählt.

Name	Beschreibung
OddAndEvenPagesHeaderFooter (ab Excel 2007)	True, wenn das angegebene PageSetup-Objekt für Seiten mit geraden und ungeraden Seitenzahlen unterschiedliche Kopf- und Fußzeilen verwendet.
ScaleWithDocHeaderFooter (ab Excel 2007)	Gibt zurück oder legt fest, ob Kopf- und Fußzeile mit dem Dokument skaliert werden sollen, wenn die Größe des Dokuments geändert wird.

Tabelle	
BlackAndWhite	True, wenn die Elemente des Dokuments in schwarzweiß gedruckt werden. Boolean-Wert mit Lese-/Schreibzugriff.
Order	Gibt einen XlOrder-Wert zurück, der die von Microsoft Excel beim Drucken eines umfangreichen Arbeitsblatts zum Nummerieren von Seiten verwendete Reihenfolge darstellt, oder legt diesen fest.
Pages	Gibt die Anzahl der Seiten in der Pages-Auflistung zurück oder legt diese fest.
PrintArea	Gibt den Druckbereich als Zeichenfolge in der Sprache des Makros zurück oder legt ihn fest. Die Zeichenfolge verwendet den Bezug in der A1-Schreibweise.
PrintComments	Gibt die Art zurück, in der Kommentare zusammen mit dem Blatt gedruckt werden, oder legt sie fest.
PrintErrors	Gibt eine XlPrintErrors-Konstante zurück oder legt diese fest, die den Typ des angezeigten Druckfehlers angibt. Diese Funktion ermöglicht es den Benutzern, beim Drucken eines Arbeitsblatts die Anzeige von Fehlerwerten zu unterdrücken.
PrintGridlines	True, wenn Gitternetzlinien gedruckt werden sollen. Gilt nur für Arbeitsblätter.
PrintHeadings	True, falls Zeilen- und Spaltenköpfe mit dieser Seite gedruckt werden sollen. Gilt nur für Arbeitsblätter.
PrintNotes	True, wenn Notizen als Endnoten zusammen mit dem Blatt gedruckt werden. Gilt nur für Arbeitsblätter.
PrintTitleColumns	Gibt die Spalten, die links auf jeder Seite als Beschriftung wiederholt werden sollen, als Zeichenfolge in der Sprache des Makros zurück oder legt sie fest. Die Zeichenfolge verwendet den Bezug in der A1-Schreibweise.
PrintTitleRows	Gibt die Zeilen, die oben auf jeder Seite als Beschriftung wiederholt werden sollen, als Zeichenfolge in der Sprache des Makros zurück oder legt sie fest. Die Zeichenfolge verwendet den Bezug in der A1-Schreibweise.

Tabelle 74: Die Eigenschaften von PageSetup

14.4 Übungen zum Programmzugriff, Dateizugriff, Tabellenzugriff

Übung 1

Öffnen Sie den Speichern-Dialog. Wenn der Anwender auf „Abbrechen“ Klickt, erhält er eine Meldung darüber. Speichert er dagegen die Datei, wird der Dateiname angezeigt.

Übung 2

Überprüfen Sie, ob eine bestimmte Datei schon geöffnet ist oder nicht. Falls ja, so wird sie nach vorne geholt, falls nein, dann wird sie geöffnet.

Übung 3

Der Benutzer wird nach dem Namen eines Tabellenblatts gefragt. Existiert es, so wird es angesprungen, existiert es nicht, so erhält der Benutzer eine Fehlermeldung.

Übung 4

Wie in Übung 3 wird der Benutzer nach einem Tabellenblattnamen gefragt. Er hat die Möglichkeit, statt des gesamten Namens einen Teil des Namens einzugeben. Existiert das Blatt, dann wird es angesprungen, falls nicht, so erhält der Benutzer eine Fehlermeldung.

Übung 5

Listen Sie sämtliche Blätter der aktuellen Datei auf ein kennzeichnen Sie die Blätter, die Diagramme sind.

Übung 6

Schreiben Sie ein Makro, das eine neue Datei erzeugt, sämtliche Blätter bis auf eines löscht und elf neue Blätter hinzufügt. Diese werden anschließend Januar, Februar, März, ... Dezember benannt.

Übung 7

Fügen Sie hinter das letzte Blatt ein neues Blatt ein und nennen es „gesamt“.

Übung 8

Erstellen Sie einen Assistenten, mit dessen Hilfe der Benutzer seine Blätter verschieben oder sortieren kann.

Übung 9

Erstellen Sie zwei Makros: Das erste schütz sämtliche Tabellenblätter, das zweite hebt den Blattschutz von allen Blättern auf.

14.5 Lösungen zu den Übungen zum Programmzugriff, Dateizugriff, Tabellenzugriff

Lösung 1

```
Sub SpeichernDialog()
   Dim strfileSaveName As String
   strfileSaveName = Application.GetSaveAsFilename _
   (InitialFileName:=ActiveWorkbook.Name, _
   FileFilter:="Excel File ohne Makros (*.xlsx),*.xlsx," & _
   "Excel File mit Makros (*.xlsm),*.xlsm,Text Files (*.txt),*.txt", _
   Title:="Mein Speichern-Dialog")
   If strfileSaveName = "Falsch" Then
       MsgBox "Die Datei wurde nicht gespeichert."
   Else
       MsgBox "Die Datei wurde gespeichert unter: " & vbCr & _
            strfileSaveName
   End If
End Sub
```

Lösung 2

```
Sub DateiÖffnen()
   Dim xlDatei As Workbook
   Dim strDatName As String
   On Error Resume Next
   For Each xlDatei In Workbooks
      If xlDatei.Name = "Rechnung.xlsx" Then
         xlDatei.Activate
          Exit Sub
      End If
   Next
```

```
    Workbooks.Open Filename:= _
       "C:\Eigene Dateien\Uebungsdateien\Excel\Rechnung.xlsx"
End Sub
```

Lösung 3

```
Sub BlattSprung1()
   Dim strBlattName As String
   On Error Resume Next
   strBlattName = InputBox("Wie lautet das gesuchte Blatt?")
   ActiveWorkbook.Sheets(strBlattName).Activate
   If Err.Number = 9 Then
      MsgBox "Das Blatt " & strBlattName & " existiert nicht."
   End If
End Sub
```

Lösung 4

```
Sub BlattSprung2()
   Dim xlTabBlatt As Worksheet
   Dim strBlattName As String

   On Error Resume Next

   strBlattName = InputBox("Wie lautet das gesuchte Blatt?")

   For Each xlTabBlatt In Sheets
      If InStr(LCase(xlTabBlatt.Name), LCase(strBlattName)) > 0 Then
            xlTabBlatt.Activate
            Exit Sub
      End If
   Next

   MsgBox "Das Blatt " & strBlattName & " existiert nicht."
End Sub
```

Die Methode aus Lösung 2 – das direkte Anspringen ist sicherlich die schnellere Möglichkeit als die, die in Lösung 3 vorgestellt wird. Allerdings auch die unsicherere, denn bei einer falschen Eingabe wird ein Fehler erzeugt. In Lösung 3 wird der Name jedes Tabellenblatts, oder genauer, die kleingeschriebene Variante mit dem in Kleinbuchstaben konvertierten, eingegebenen Text verglichen. Diese ist sicherlich mehr Rechenaufwand, allerdings auch die sicherere Variante und die Möglichkeit, dass der Code weiter ausgebaut werden kann.

Statt der zweimaligen Verwendung der Funktion `LCase` können Sie auch `Option Compare Text` verwenden – dieser Befehl muss über dem ersten Modul stehen. Statt der Funktion `InStr` können Sie auch den LIKE-Operator verwenden:

```
If xlTabBlatt.Name LIKE "*" & strBlattName & "" Then
```

Und schließlich kann man natürlich auch mit einer Zählerschleife arbeiten:

```
For i = 1 to ActiveWorkbook.Sheets.Count
   If ActiveWorkbook.Sheets(i).Name = ...
```

Lösung 5

```
Sub AlleBlätter()
    Dim intBlattZähler As Integer
    Dim strBlattName As String

    For intBlattZähler = 1 To ActiveWorkbook.Sheets.Count
      strBlattName = strBlattName & vbCr & _
      ActiveWorkbook.Sheets(intBlattZähler).Name & _
        IIf(TypeName(ActiveWorkbook.Sheets(intBlattZähler)) = _
        "Chart", " (Diagramm)", "")
   Next
   MsgBox strBlattName
End Sub
```

Lösung 6

```
Sub NeueDateiMitMonatsblättern()
   Dim xlDateiNeu As Workbook
   Dim intBlattZähler As Integer

   Set xlDateiNeu = Application.Workbooks.Add
   Application.DisplayAlerts = False
```

```
    For intBlattZähler = xlDateiNeu.Worksheets.Count _
       To 2 Step -1
       xlDateiNeu.Worksheets(intBlattZähler).Delete
    Next
    Application.DisplayAlerts = True
    For intBlattZähler = 2 To 12
       xlDateiNeu.Worksheets.Add
    Next
    For intBlattZähler = 1 To 12
       xlDateiNeu.Worksheets(intBlattZähler).Name = _
          Format(DateSerial(2017, intBlattZähler, 1), "MMMM")
    Next
End Sub
```

Noch eleganter hätte man anstelle des Löschens mit einem Befehl neue Blätter erzeugen können:

```
    Set xlDateiNeu = Application.Workbooks.Add
    If xlDateiNeu.Worksheets.Count < 12 Then
       xlDateiNeu.Worksheets.Add _
          Count:=12 - xlDateiNeu.Worksheets.Count
    Else
       Application.DisplayAlerts = False
       For intBlattZähler = xlDateiNeu.Worksheets.Count _
          To 13 Step -1
          xlDateiNeu.Worksheets(intBlattZähler).Delete
       Next
       Application.DisplayAlerts = True
    End If
```

Lösung 7

```
Sub NeuesBlatt()
    Dim xlBlätter As Sheets
    Dim intBlattAnzahl As Integer

    Set xlBlätter = ActiveWorkbook.Sheets
```

```
    intBlattAnzahl = xlBlätter.Count
    xlBlätter.Add After:=xlBlätter(intBlattAnzahl)
    xlBlätter(intBlattAnzahl + 1).Name = "gesamt"
End Sub
```

Natürlich geht das Erzeugen eines neuen Blattes auch als Einzeiler – was allerdings nicht die Lesbarkeit erhöht:

```
ActiveWorkbook.Sheets.Add _
    After:=ActiveWorkbook.Sheets(ActiveWorkbook.Sheets.Count)
```

Lösung 8

Beim Laden des Assistenten werden sämtliche Blattnamen in einem Listenfeld angezeigt:

```
Private Sub UserForm_Initialize()
    Dim intBlattAnzahl As Integer
    Dim intBlattZähler As Integer

    intBlattAnzahl = ActiveWorkbook.Worksheets.Count

    If intBlattAnzahl = 1 Then
        MsgBox "Der Assistent benötigt eine Datei mit mindestens " & _
            "zwei Blättern", vbInformation
    Else
        For intBlattZähler = 1 To intBlattAnzahl
            Me.lstTabellenblätter.AddItem _
                ActiveWorkbook.Worksheets(intBlattZähler).Name
        Next

        Me.cmdNachOben.Enabled = False
        Me.cmdNachUnten.Enabled = False
        blnSortiervorgang = False
    End If
End Sub
```

Abbildung 20: Die Blattnamen werden angezeigt.

Wird ein Eintrag ausgewählt, dann wird überprüft, ob es der erste, der letze oder ein anderer ist. Dementsprechende werden die beiden Schaltflächen `cmdNachOben` oder `cmdNachUnten` inaktiv.

```
Private Sub lstTabellenblätter_Change()
   If blnSortiervorgang = False Then
      If Me.lstTabellenblätter.Selected(0) = True Then
         Me.cmdNachOben.Enabled = False
         Me.cmdNachUnten.Enabled = True
      ElseIf Me.lstTabellenblätter. _
         Selected(Me.lstTabellenblätter.ListCount - 1) = True Then
         Me.cmdNachOben.Enabled = True
         Me.cmdNachUnten.Enabled = False
      Else
         Me.cmdNachOben.Enabled = True
         Me.cmdNachUnten.Enabled = True
      End If
   End If
End Sub
```

Nun kann ein ausgewählter Eintrag nach oben, beziehungsweise nach unten verschoben werden. Er wird hierzu aus der Liste gelöscht und eine Position darüber wieder eingefügt. Danach wird er markiert.

```
Private Sub cmdNachOben_Click()
    Dim intBlattZähler As Integer
    Dim intAusgewähltesBlatt As Integer
    Dim strBlattName As String

    For intBlattZähler = 0 To Me.lstTabellenblätter.ListCount - 1
        If Me.lstTabellenblätter.Selected(intBlattZähler) = True Then
            intAusgewähltesBlatt = intBlattZähler
            strBlattName = Me.lstTabellenblätter.Value
        End If
    Next
    Me.lstTabellenblätter.RemoveItem intAusgewähltesBlatt
    Me.lstTabellenblätter.AddItem strBlattName, intAusgewähltesBlatt - 1
    Me.lstTabellenblätter.ListIndex = intAusgewähltesBlatt - 1
End Sub
```

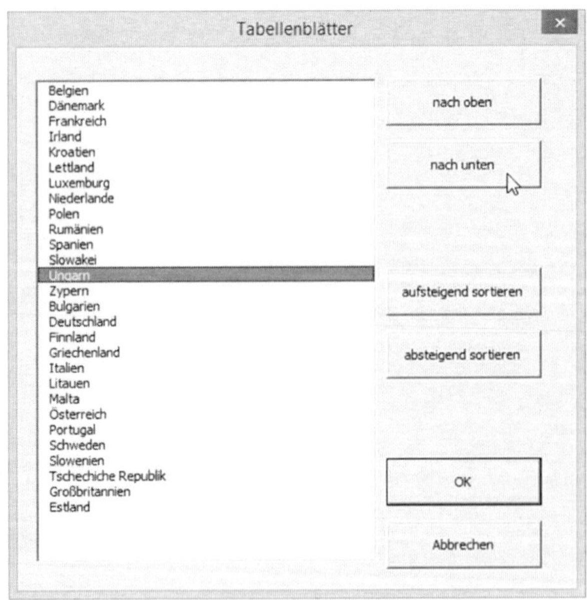

Abbildung 21: Ein Eintrag wird nach oben (oder unten) verschoben.

Soll die Liste sortiert werden, dann wird sie in einen Array eingelesen. Dieses kann mit dem Bubblesort-Algorithmus sortiert werden. Anschließend wird die Liste geleert und die Daten wieder zurückgeschrieben.

```
Private Sub cmdSortAufsteigend_Click()
   Dim strTemp As String
   Dim intBlattZähler1 As Integer
   Dim intBlattZähler2 As Integer
   Dim strListe()
   ReDim strListe(1 To Me.lstTabellenblätter.ListCount)

   blnSortiervorgang = True

   For intBlattZähler1 = 1 To Me.lstTabellenblätter.ListCount
      strListe(intBlattZähler1) = _
         Me.lstTabellenblätter.List(intBlattZähler1 - 1)
   Next

   For intBlattZähler1 = 1 To UBound(strListe)
      For intBlattZähler2 = intBlattZähler1 To UBound(strListe)
         If strListe(intBlattZähler2) < strListe(intBlattZähler1) Then
            strTemp = strListe(intBlattZähler2)
            strListe(intBlattZähler2) = strListe(intBlattZähler1)
            strListe(intBlattZähler1) = strTemp
         End If
      Next intBlattZähler2
   Next intBlattZähler1

   Me.lstTabellenblätter.Clear

   For intBlattZähler1 = 1 To UBound(strListe)
      Me.lstTabellenblätter.AddItem strListe(intBlattZähler1)
   Next
   blnSortiervorgang = False
End Sub
```

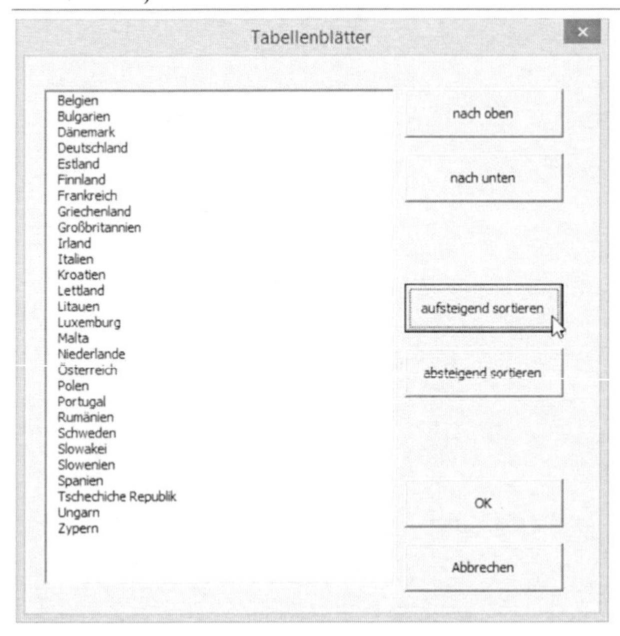

Abbildung 22: Die Liste wird sortiert.

Beim Sortieren wird das Ereignis lstTabellenblätter_`Change` ausgelöst. Dies führt zu einem Fehler, wenn die Liste leer ist. Deshalb wird mit einer globalen Variable dieses Ereignis „temporär" ausgeschaltet.

Damit „Österreich" nicht nach Zypern einsortiert wird, sondern zwischen „Niederlande" und „Polen" muss am Anfang des Userform der folgende Befehl stehen:

```
Option Compare Text
```

Der Benutzer kann nun die Tabellenblätter der Datei so verschieben, wie er es in der Listesortiert oder verschoben hat. In dieser Reihenfolge werden die Tabellenblätter der Datei verschoben. Das erste Blatt wird ausgewählt und der Dialog geschlossen.

```
Private Sub cmdOK_Click()
   Dim intBlattZähler As Integer
   Dim xlBlatt As Worksheet
   For intBlattZähler = 1 To Me.lstTabellenblätter.ListCount - 1
      Set xlBlatt =          ActiveWorkbook.Worksheets _
         (Me.lstTabellenblätter. List(intBlattZähler - 1))
      xlBlatt.Move Before:=ActiveWorkbook.Worksheets(intBlattZähler)
   Next
```

```
    ActiveWorkbook.Worksheets(1).Activate
    Unload Me
End Sub
```

Diese Userform könnte an ein Add-In gebunden werden, welches beim Start von Excel zur Verfügung steht.

Lösung 9

```
Sub AlleBlätterSchützen()
    Dim xlBlatt As Worksheet
    Dim i As Integer

    For Each xlBlatt In ActiveWorkbook.Sheets
        xlBlatt.Protect
    Next
```

Sie können die Blätter auch mit einer Zählerschleife durchlaufen:

```
    For i = 1 To ActiveWorkbook.Sheets.Count
        ActiveWorkbook.Sheets(i).Protect
    Next
    MsgBox "Blätter wurden erfolgreich geschützt"
End Sub
```

Selbstverständlich können Sie der Methode `Protect` weitere Parameter hinzufügen, beispiesweise `Password:= "geheim"`.

```
Sub Blattschutzaufheben()
    Dim xlBlatt As Worksheet

    For Each xlBlatt In ActiveWorkbook.Sheets
        xlBlatt.Unprotect
    Next
    MsgBox "Schutz wurde entfernt."
End Sub
```

14.6 Zugriff auf Zellen

Die wohl häufigste Zugriffsart ist sicherlich der Zellzugriff. Dabei kann der Cursor auf eine Zelle gesetzt werden, und diese kann dann modifiziert werden oder der Zugriff kann indirekt über einen Objektzugriff erfolgen. Für beide Varianten stehen eine ganze Reihe von Möglichkeiten zur Verfügung.

Angenommen, Sie möchten auf die Zelle B9 des Tabellenblatts „Filmliste" der Datei *Sammlung.xlsx* zugreifen. Ist diese Datei offen, dann kann sie angesprungen werden. Danach wird das Tabellenblatt aktiviert und schließlich die Zelle. Der Zugriff darüber erfolgt mit dem Objekt `Range`:

```
Sub AufB9Zugreifen()
   Application.Workbooks("Sammlung.xlsx").Activate
   ActiveWorkbook.Sheets("Filmliste").Activate
   ActiveSheet.Range("B9").Activate
End Sub
```

Nun sitzt der Cursor auf der Zelle B9. Den Inhalt dieser Zelle könnte man mit

```
MsgBox ActiveCell.Value
```

auslesen.

Es geht auch ohne „Anspringen":

```
MsgBox Application.Workbooks("Sammlung.xlsx"). _
   Sheets("Filmliste").Range("B9").Value
```

Solch eine riesige Befehlszeile ist weder übersichtlich noch praktisch zum Fehlerabfangen. Deshalb empfiehlt sich das Aufsplitten und Aufteilen an Objektvariablen. Beispielsweise so:

```
Sub AufB9Zugreifen3()
   Dim xlDatei As Workbook
   Dim xlTabelle As Worksheet
   Dim xlZelle As Range

   Set xlDatei = Application.Workbooks("Sammlung.xlsx")
   Set xlTabelle = xlDatei.Sheets("Filmliste")
   Set xlZelle = xlTabelle.Range("B9")
   MsgBox xlZelle.Value
End Sub
```

Eigenschaften zur Zelladressierung (xlZelle verweist auf A2, xlBereich auf A1:C7)

Eigenschaft	liefert
xlZelle.Address	$A$2
xlZelle.AddressLocal	$A$2
xlZelle.Name	Name, falls festgelegt
xlZelle.Offset(1, 0).AddressLocal	$A$3
xlZelle.Range("A2").AddressLocal	$A$3
xlZelle.Cells(2, 1).AddressLocal	$A$3
xlZelle.Column	1
xlZelle.Columns.AddressLocal	$A$2
xlZelle.Row	2
xlZelle.Rows.AdressLocal	$A$2
xlZelle.Count	1
xlZelle.CurrentRegion.Rows.Count	1
xlZelle.EntireColumn.AddressLocal	$A:$A
xlZelle.EntireRow.AddressLocal	$2:$2
xlBereich.Address	$A$1:$C$7
xlBereich.AddressLocal	$A$1:$C$7
xlBereich.Name	Name, falls festgelegt
xlBereich.Offset(1, 0).AddressLocal	$A$2:$C$8
xlBereich.Range("A2").AddressLocal	$A$2
xlBereich.Cells(2, 1).AddressLocal	$A$2
xlBereich.Column	1
xlBereich.Columns.AddressLocal	$A$1:$C$7
xlBereich.Row	1
xlBereich.Columns.Count	3
xlBereich.Rows.AdressLocal	$A$1:$C$7
xlBereich.Rows.Count	7
xlBereich.Count	21
xlBereich.CurrentRegion.Rows.Count	1
xlBereich.EntireColumn.AddressLocal	$A:$C
xlBereich.EntireRow.AddressLocal	$1:$7

Eigenschaft	liefert
End	die letzte gefüllte Zelle (xlDown, xlUp, xlToLeft, xlToRight)
xlCellTypeLastCell	bestimmte Zellen (xlLastCell, xlCellTypeLastCell, xlCell-TypeFormulas ...)

Tabelle 75: Verschiedene Zugriffsmöglichkeiten auf eine Zelle oder Zellen

Zellinhalte können abgefragt (wie oben) oder auch gesetzt werden. Der Befehl

```
xlZelle.Value = "Titanic"
```

schreibt den Wert „Titanic" in die Zelle `xlZelle`. `Activate` oder `Select` sind zwei Methoden, mit denen Zellen aktiviert werden. Statt des Objekts `Range` kann auch `Cells` als Kollektion verwendet werden:

```
Set xlZelle = xlTabelle.Cells(9, 2)
```

Dabei wird zuerst die Zeile (`Rows`) und dann die Spalte (`Columns`) angegeben. Der Zugriff über `Cells` eignet sich sehr gut, wenn mit Variablen gearbeitet wird.

Wenn Sie auf den Inhalt einer Zelle zugreifen möchten, stehen Ihnen drei Eigenschaften zur Verfügung: `Text`, `Value` und `Value2`. Steht in einer Zelle ein Text, dann .liefern alle drei Eigenschaften das gleiche Ergebnis – den Inhalt der Zelle. Steht dagegen eine Zahl in der Zelle, dann gibt `Text` die formatierte Zahl zurück, `Value` dagegen den eigentlichen Wert, der sich in der Zelle befindet. Also beispielsweise 200,00 € oder 200. Steht in einer Zelle eine Datumsangabe, dann liefert `Text` den (formatierten) Datumswert (beispielsweise „Dienstag, 16. Oktober 2016"), `Value` den (unformatierten) Datumswert (beispielsweise „16.10.2016") und `Value2` die interne Zahl (beispielsweise 42659).

```
ActiveCell.ClearContents
```

löscht den Inhalt der aktiven Zelle. Sollen die Formatierungen gelöscht werden, so ist

```
ActiveCell.ClearFormats
```

zu verwenden. Weitere Löscheigenschaften finden sich mit:

```
ActiveCell.ClearComments
ActiveCell.ClearNotes
```

Beide löschen unterschiedslos die Kommentare der aktiven Zelle. Und alles wird gelöscht mit:

```
ActiveCell.Clear
```

Schrift-Formatierungen können mit

```
ActiveCell.Font
```

festgelegt werden. Beispielsweise:

```
ActiveCell.Font.Bold = True
ActiveCell.Font.Name = "Times"
ActiveCell.Font.Size = 24
```

Eleganter natürlich:

```
With ActiveCell.Font
    .Bold = True
    .Name = "Times"
    .Size = 24
End With
```

Für das Font-Objekt stehen folgende wichtige Eigenschaften zur Verfügung

Eigenschaft	Beschreibung
Bold	Fett
Italic	Kursiv
Underline	unterstrichen. Dafür stehen die Systemkonstanten xlUnderlineStyleNone xlUnderlineStyleSingle xlUnderlineStyleDouble xlUnderlineStyleSingleAccounting xlUnderlineStyleDoubleAccounting zur Verfügung
Name	Schriftart
Size	Schriftgröße – die Angabe muss als Zahl erfolgen
Color, ColorIndex	Schriftfarbe
Strikethrough	Durchgestrichen
Subscript, Superscript	Hochgestellt, tiefgestellt

Tabelle 76: Die Eigenschaften des Font-Objekts

Weitere wichtige Zellformatierungen

Eigenschaft	Beschreibung
HorizontalAlignment	horizontale Ausrichtung mit den Werten: xlCenter, xlDistributed, xlJustify, xlLeft, xlRight
VerticalAlignment	vertikale Ausrichtung mit den Werten: xlBottom, xlCenter, xlDistributed, xlJustify, xlTop
WrapText	Zeilenumbruch

Eigenschaft	Beschreibung
Orientation	Orientierung (in Grad)
AddIndent	Einzug
MergeCells	Zellen verbinden

Tabelle 77: Einige wichtige Zellformatierungen

Noch relativ leicht zu verstehen sind Zahlenformate in der Form:

```
Selection.NumberFormat = "0.00"
Selection.NumberFormat = "#,##0.00 $"
Selection.NumberFormat = "m/d/yyyy"
Selection.NumberFormat = "0.00%"
Selection.NumberFormat = "# ?/?"
Selection.NumberFormat = "0.00E+00"
```

Dagegen nehmen schon fast kryptischen Charakter folgende Formate an:

```
Selection.NumberFormat = _
    "_($* #,##0.00_);_($* (#,##0.00);_($* ""-""??_);_(@_)"
Selection.NumberFormat = "[$-F800]dddd, mmmm dd, yyyy"
Selection.NumberFormat = "[$-F400]h:mm:ss AM/PM"
```

Wenn Sie nur für den deutschsprachigen raum programmieren sollten Sie auf die englische Schreibweise verzichten und nicht mit der Eigenschaft `NumberFormat` arbeiten, sondern die für uns Mitteleuropäer leichter zu lesende Formatanweisung `NumberFormatLocal` benutzen. Sie kann im Dialog Zellen formatieren | Zahlen eingesehen werden:

```
xlZelle.NumberFormatLocal = "#.##0,00 ""Taler"""
xlZelle.NumberFormatLocal = """München, den ""TT.MM.JJJJ"
xlZelle.NumberFormatLocal = "#..,# ""Mio"""
```

Auch Kommentare können eingefügt werden:

```
Dim xlKommentar As Comment
Set xlKommentar = xlZelle.AddComment("Bitte nicht!")
```

Soll der Kommentar wieder ausgelesen werden, so kann dies mit der Eigenschaft `Comment.Text` geschehen:

```
MsgBox ActiveCell.Comment.Text
```

Die Methode `Copy` wird auf eine Range angewandt. Sie kann entweder den Bereich in den Zwischenspeicher kopieren oder gleich an eine andere Stelle kopieren. Im zweiten Fall geben Sie den Parameter `Destination` ein:

```
    Set xlDatei = ActiveWorkbook
    Set xlBlatt = xlDatei.Worksheets(3)
    Set xlQuellBereich = xlBlatt.Range("D1:D11")
    Set xlZielBereich = xlBlatt.Range("J1")

    xlQuellBereich.Copy Destination:=xlZielBereich
```

Analog können Sie die Methode `Cut` verwenden:

```
xlQuellBereich.Cut Destination:=xlZielBereich
```

Oder die Methode PasteSpecial für Inhalte einfügen:

```
    xlBereich.Copy
    xlBereich.PasteSpecial Paste:=xlPasteValues, _
       Operation:=xlNone, SkipBlanks :=False, Transpose:=False
```

Die Lage der angeklickten Zelle, die oft überprüft wird, kann mit folgenden Eigenschaften abgefragt werden:

```
Sub ZellenLage()
    Dim strZellInfo As String
    With ActiveCell
    strZellInfo = "Adresse: " & vbTab & vbTab & .Address & _
      vbCr & "Lokale Adresse: " & vbTab & .AddressLocal & _
      vbCr & "Spalte: " & vbTab & vbTab & .Column & _
      vbCr & "Zeile: " & vbTab & vbTab & .Row
    End With

    MsgBox strZellInfo
End Sub
```

Der umgekehrte Fall ist der Zugriff auf eine (oder mehrere) Zellen. Hierfür steht die Methode `Range` zur Verfügung. Das Verfahren

```
Range("A4").Activate
```

wählt die Zelle A4 aus. Soll ein Bereich markiert werden, so kann dies mit

```
Range("A4:D7").Activate
```

geschehen. Ebenso wählt

```
Range("A1:D7").Select
```

diesen Bereich aus. Mit `Activate` kann zusätzlich eine Zelle innerhalb des markierten Bereichs ausgewählt werden:

```
Range("A1:F7").Select
Range("C3").Activate
```

Auf den ersten Blick umständlicher funktioniert das Auswählen über den Bereich:

```
Range(Cells(1, 1), Cells(6, 7)).Activate
```

Der Vorteil davon ist allerdings, dass die Eckkoordinaten getrennt berechnet werden können:

```
x1 = 1
x2 = 6
y1 = 1
y2 = 7

Range(Cells(x1, y1), Cells(x2, y2)).Activate
```

Statt `Range` steht Ihnen auch der Befehl `Evaluate` zur Verfügung:

```
Evaluate(Cells(x1, y1), Cells(x2, y2)).Activate
```

führt zum gleichen Ergebnis, wie `Range`. `Evaluate` führt über `Range` hinaus und kann auf weitere Elemente angewendet werden.

Ähnlich wie die Range-Methode einen Bereich auswählt (oder bearbeitet), kann mit dem Objekt, beziehungsweise der Methode `Worksheets` ein Arbeitsblatt aktiviert werden. Soll beispielsweise der Zellbereich A1:C3 des Blatts „Tabelle3“ fett formatiert werden, so kann dies folgendermaßen eingegeben werden:

```
Worksheets("Tabelle3").Activate
x1 = 1
x2 = 3
y1 = 1
y2 = 3

With Range(Cells(x1, y1), Cells(x2, y2))
    .Select
    .Font.Bold = True
End With
```

Oder analog per indirektem Zellzugriff so:

```
Dim x1 As Integer, x2 As Integer
Dim y1 As Integer, y2 As Integer
Dim xlTab As Worksheet
Dim xlZelle1 As Range, xlZelle2 As Range
Dim xlBereich As Range

Set xlTab = Application.ActiveWorkbook. _
   Worksheets("Tabelle3")
x1 = 1
x2 = 3
y1 = 1
y2 = 3
Set xlZelle1 = xlTab.Cells(x1, y1)
Set xlZelle2 = xlTab.Cells(x2, y2)
Set xlBereich = xlTab.Range(xlZelle1, xlZelle2)

xlBereich.Font.Bold = False
```

Mit einem ähnlichen Objekt wir `Cells` kann man sich bewegen. Sitzt der Cursor auf der Zelle B9, so wird er auf die Zelle B10 mit dem Befehl

```
ActiveCell.Offset(1, 0).Activate
```

gesetzt. Von B9 wird er auf B8 mit

```
ActiveCell.Offset(-1, 0).Activate
```

bewegt, auf C9 mit:

```
ActiveCell.Offset(0, 1).Activate
```

Soll dagegen nur ein Wert überprüft oder gesetzt werden, so genügt:

```
MsgBox ActiveCell.Offset(1, 0).Value
```

Der Cursor bleibt auf der alten Zelle sitzen und zeigt den Wert der darunter liegenden Zelle an. Wird nun ein bestimmter Bereich durchlaufen, so hilft hierbei das Objekt `CurrentRegion`. Es hat die beiden Eigenschaften `Rows` und `Columns`, die beide wiederum die Eigenschaft `Count` besitzen. Darüber kann die Anzahl der Zeilen oder Spalten aus einem ausgefüllten Bereich ermittelt werden.

Einige wichtige Methoden für eine Zelle oder einen Zellbereich

Methode	Erläuterung
Activate, Select	wählt Zelle aus.
Clear, ClearComments, ClearFormats, Clear-Notes, ClearOutline, Delete	verschiedene Löschmethoden
Copy, Cut, PasteSpecial, Insert	kopieren, ausschneiden und einfügen
FillDown, FillLeft, FillUp, FillRight, AutoFill	Reihe ausfüllen (Bearbeiten | Ausfüllen | Reihe)
Calculate	berechnet die Zelle neu.
Merge	Zellen verbinden
Group	Zellen gruppieren
Sort	Bereiche sortieren
Subtotal	Teilergebnisse
AddComment	Kommentare einfügen
AutoFilter	Autofilter
AdvancedFilter	Spezialfilter
ApplyNames, CreateNames	Namen einfügen
FunctionWizard	Funktionsassistent
GoalSeek	Zielwertsuche
AutoFit	optimale Breite oder Höhe

Tabelle 78: Einige Methoden für eine einzelne Zelle oder einen Zellbereich

Einige Zellformatierungen

Eigenschaft	Beschreibung
NumberFormat, NumberFormatLocal	Zahlenformat
Font	Schriftart, Größe, fett, kursiv ...
FormatConditions	bedingte Formatierung
Interior	Muster
Borders	Linien
Orientation	Ausrichtung
Height und Width	Breite und Höhe
Hidden	verborgene Zelle
WrapText	Zeilenumbruch
HorizontalAlignment und VerticalAlignment	Ausrichtung
Text, Value, Value2	Inhalt der Zelle

Tabelle 79: EInige Zellformatierungen

Einige weitere Eigenschaften

Eigenschaft	Beschreibung
AllowEdit	schreibgeschützt
Comment	Kommentar
DataSeries	Datenreihe
Hyperlinks	Hyperlinks
Locked	gesperrte Zelle

Tabelle 80: Weitere Eigenschaften von Range

14.7 Zeilen und Spalten

Wenn Sie eine Zeile vergrößern (verkleinern) möchten, dann müssen Sie ausgehend von einer Zelle oder einem Zellbereich eine gesamte Zeile definieren:

```
    Dim xlZeile As Range
    Set xlZeile = ActiveSheet.Range("A1").EntireRow
```

Erstaunlicherweise kann man ohne Fehlermeldung von einer Zeile die Zeile bilden:

```
Set xlZeile = xlZeile.EntireRow
Set xlZeile = xlZeile.EntireRow
```

Beachten Sie, dass Sie von diesem Zellbereich nicht die `Height`, sondern die `RowHeight` festlegen müssen:

```
xlZeile.EntireRow.RowHeight = 66
```

Die Methode AutoFit passt eine ganze Zeile auf die optimale Höhe an. Analog funktioniert die Spaltenbreite:

```
Dim xlSpalte As Range
    Set xlSpalte = ActiveSheet.Range("D1").EntireColumn
    xlSpalte.ColumnWidth = 20
    If MsgBox("Ist das breit genug?", vbYesNo) = vbNo Then
        xlSpalte.AutoFit
    End If
```

Um eine Spalte oder eine Zeile auszublenden, können Sie die `EntireRow`, beziehungsweise `EntireColumn` auf `False` setzen. Da Sie beim Einblenden natürlich nicht wissen, wie breit die Spalte oder Zeile wird, sollten Sie die Eigenschaften `ColumnWidth` oder `RowHeight` auf einen Zahlenwert setzen.

Häufig muss in Excel geprüft werden, in wie vielen Zeilen Daten stehen. Hierbei leistet das Objekt CurrentRegion wertvolle Dienste. Es beschreibt den zusammenhängenden Bereich. Er kann vom Anwender mit [Strg]+[Shift]+[*] markiert werden. Mit seiner Hilfe können leicht die Anzahl der Zeilen (oder Spalten) ermittelt werden:

```
xlZelle.CurrentRegion.Rows.Count
```

Ist jedoch nicht sicher, ob die Daten sich in einem zusammenhängenden Bereich befinden, dann kann mit `SpecialCells` gearbeitet werden:

```
Set xlZelleRechtsUnten = xlZelle.SpecialCells(xlLastCell)
```

Der Parameter `xlLastCell` liefert die rechte untere Zelle, unabhängig davon, ob sich in dem Bereich leere Zellen, Zeilen oder Spalten befinden. Selbstverständlich kann über diese Zelle die Adresse, die Zeilen- und Spaltennummer ausgelesen werden und somit die exakte Position bestimmt werden.

Die Methode `SpecialCells`

Konstante	Wert	Bedeutung
xlCellTypeAllFormatConditions	-4172	Zellen mit beliebigem Format
xlCellTypeAllValidation	-4174	Zellen mit Gültigkeitskriterien
xlCellTypeBlanks	4	Leere Zellen
xlCellTypeComments	-4144	Zellen mit Kommentaren
xlCellTypeConstants	2	Zellen mit Konstanten
xlCellTypeFormulas	-4123	Zellen mit Formeln
xlCellTypeLastCell	11	Die letzte Zelle im verwendeten Bereich
xlCellTypeSameFormatConditions	-4173	Zellen mit gleichem Format
xlCellTypeSameValidation	-4175	Zellen mit gleichen Gültigkeitskriterien
xlCellTypeVisible	12	Alle sichtbaren Zellen

Tabelle 81: Die Parameter der Methode SpecialCells

Die Konstanten bei xlCellTypeFormulas oder xlCellTypeConstants

XlSpecialCellsValue-Konstanten	Wert	Bedeutung
xlErrors	16	Fehler
xlLogical	4	logischer Wert
xlNumbers	1	Zahl
xlTextValues	2	Text

Tabelle 82: Die Konstanten von xlCellTypeConstants

Und welche Zelle ist das? Angenommen, Sie ermitteln die letzte Zelle rechts unten eines Bereichs, dann liefert Ihnen:

```
Set xlZelleRechtsUnten = _
   xlZellBereich.SpecialCells(xlCellTypeLastCell)
MsgBox xlZelleRechtsUnten.Address & " (" & _
   xlZelleRechtsUnten.AddressLocal & ")" & vbCr & _
   "liegt in Zeile: " & xlZelleRechtsUnten.Row & vbCr & _
   "und in Spalte: " & xlZelleRechtsUnten.Column
```

Die beiden Eigenschaften `Row` und `Column` geben Ihnen die Nummer der Zeile und die Nummer der Spalte zurück. Damit kann weitergearbeitet werden.

Analog dazu können Sie das Objekt `End` verwenden:

```
MsgBox xlZellBereich.End(xlToRight).Address
```

Dabei werden die vier Richtungen `xlToRight`, `xlToLeft`, `xlUp` und `xlDown` unterstützt. Sie entsprechen den vier Tastenkombinationen [Strg]+[→], [Strg]+[←], [Strg]+[↑] und [Strg]+[↓].

Wenn Sie sehr viele Zellen beschriften möchten, dann müssen Sie nicht jede einzelne Zelle mit einem Wert füllen, sondern können die Werte mit der Methode `AutoFill` hineinschreiben. Diese Methode besitzt zwei Parameter: `Destination` – der Bereich, in den die Werte geschrieben werden und `Type`.

Folgende Konstanten stehen für Type bei der Methode `AutoFill` zur Verfügung:

Konstante	Wert	Bedeutung
xlFillCopy	1	Die Werte und Formate werden aus dem Quellbereich in den Zielbereich kopiert, ggf. mit Wiederholung.
xlFillDays	5	Die Namen der Wochentage im Quellbereich werden auf den Zielbereich ausgeweitet. Die Formate werden aus dem Quellbereich in den Zielbereich kopiert, ggf. mit Wiederholung.
xlFillDefault	0	Die Werte und Formate, die zum Füllen des Zielbereichs verwendet werden, werden in Excel bestimmt.
xlFillFormats	3	Es werden nur die Formate aus dem Quellbereich in den Zielbereich kopiert, ggf. mit Wiederholung.
xlFillMonths	7	Die Namen der Monate im Quellbereich werden auf den Zielbereich ausgeweitet. Die Formate werden aus dem Quellbereich in den Zielbereich kopiert, ggf. mit Wiederholung.

Konstante	Wert	Bedeutung
xlFillSeries	2	Die Werte im Quellbereich werden als Folge auf den Zielbereich ausgeweitet (z. B. wird "1, 2" durch "3, 4, 5" ergänzt). Die Formate werden aus dem Quellbereich in den Zielbereich kopiert, ggf. mit Wiederholung.
xlFillValues	4	Es werden nur die Werte aus dem Quellbereich in den Zielbereich kopiert, ggf. mit Wiederholung.
xlFillWeekdays	6	Die Namen der Arbeitswochentage im Quellbereich werden auf den Zielbereich ausgeweitet. Die Formate werden aus dem Quellbereich in den Zielbereich kopiert, ggf. mit Wiederholung.
xlFillYears	8	Die Jahre im Quellbereich werden auf den Zielbereich ausgeweitet. Die Formate werden aus dem Quellbereich in den Zielbereich kopiert, ggf. mit Wiederholung.
xlGrowthTrend	10	Die numerischen Werte aus dem Quellbereich werden auf den Zielbereich ausgeweitet. Hierbei wird davon ausgegangen, dass die Beziehungen zwischen den Zahlen im Quellbereich multiplikativ sind (z. B. wird "1, 2" durch "4, 8, 16" ergänzt, wenn davon ausgegangen wird, dass jede Zahl das Ergebnis einer Multiplikation der vorhergehenden Zahl mit einem bestimmten Wert ist). Die Formate werden aus dem Quellbereich in den Zielbereich kopiert, ggf. mit Wiederholung.
xlLinearTrend	9	Die numerischen Werte aus dem Quellbereich werden auf den Zielbereich ausgeweitet. Hierbei wird davon ausgegangen, dass die Beziehungen zwischen den Zahlen additiv sind (z. B. wird "1, 2" durch "3, 4, 5" ergänzt, wenn davon ausgegangen wird, dass jede Zahl das Ergebnis der Addition eines Werts zur vorhergehenden Zahl ist). Die Formate werden aus dem Quellbereich in den Zielbereich kopiert, ggf. mit Wiederholung.

Tabelle 83: Die Parameter der Methode AutoFill

Das folgende Beispiel schreibt in die Zelle A1 den ersten Tag des aktuellen Monats, danach werden sämtliche Tage des aktuellen Monats in diese Spalte geschrieben:

```
Sub NurMonatstage()
   Dim xlDatei As Workbook
   Dim xlBlatt As Worksheet
   Dim xlZelle As Range
   Dim intMonat As Integer
   Dim intJahr As Integer
   Dim datMonatsanfang As Date
   Dim datMonatsende As Date

   Set xlDatei = Application.Workbooks.Add
```

```
    Set xlBlatt = xlDatei.Sheets(1)
    Set xlZelle = xlBlatt.Range("A1")
    intMonat = Month(Date)
    intJahr = Year(Date)

    datMonatsanfang = DateSerial(intJahr, intMonat, 1)
    datMonatsende = DateSerial(intJahr, intMonat + 1, 1) - 1

    xlZelle.Value = datMonatsanfang
    xlZelle.AutoFill xlBlatt.Range(xlZelle, _
    xlZelle.Offset(Day(datMonatsende) - 1, 0)), xlFillDays
End Sub
```

14.8 Rechnen in Excel

Der Makrorekorder leistet nicht nur beim Zellformatieren und Sortieren unschätzbare Dienste, sondern auch bei der Eingabe von Formeln und Funktionen. Angenommen in der Spalte B stehen Einnahmen, in der Spalte C Ausgaben. In D soll nun die Differenz aus beiden, also der Gewinn stehen. Dazu kann aufgezeichnet werden:

```
ActiveCell.FormulaR1C1 = "=RC[-2]-RC[-1]"
```

Dies ist die amerikanische Schreibweise. Steht der Cursor in D2, so wird mit RC[-2] die Zelle zwei Spalten links davon bezeichnet, also B2. In der deutschen Excel-Schreibweise steht die Formel:

```
=B2-C2
```

Dies kann programmiertechnisch umgesetzt werden in:

```
ActiveCell.Formula = "=B2-C2"
```

Angenommen, in der Zelle G1 stünde ein Wert, der absolut addiert werden soll, dann liefert die amerikanische Schreibweise:

```
ActiveCell.FormulaR1C1 = "=RC[-2]-RC[-1]+R1C7"
```

Dabei stehen relative Zellbezüge in eckigen Klammern und beziehen sich auf `ActiveCell`. Absolute Bezüge stehen ohne Klammern und beginnen ihre Zählung bei 1. R1C7 entspricht folglich der Formel $G$1, oder in der deutschen Schreibweise:

```
ActiveCell.Formula = "=B2-C2+$G$7"
```

Soll dies nun auf mehrere Zeilen aufgefüllt werden, so könnte man es mit folgenden Befehlen erzeugen:

```
Sub Automatisch_Rechnen()
   Dim intZeilenzahl As Integer
   Dim intZähler As Integer

   intZeilenzahl = _
   ActiveWorkbook.Sheets(1).Range("B2").CurrentRegion. _
      Rows.Count

   ActiveWorkbook.Sheets(1).Range("D2").Activate

   For intZähler = 1 To intZeilenzahl - 1
      ActiveCell.FormulaR1C1 = "=RC[-2]-RC[-1]+R1C7"
      ActiveCell.Offset(1, 0).Activate
   Next

End Sub
```

Und nun soll unter der Tabelle die Summe gezogen werden. Hierfür kann wieder die US-amerikanische oder die deutsche Schreibweise verwendet werden:

```
ActiveCell.FormulaR1C1 = "=SUM(R[-11]C:R[-1]C)"
ActiveCell.FormulaLocal = "=SUMME(B2:B12)"
```

Dabei ist zu beachten, dass die US-amerikanische Schreibweise auch in der deutschen Excel-Version die englischsprachigen Funktionsnamen verwendet!

Am Ende des obigen Makros könnte also stehen:

```
Sub Automatisch_Rechnen()
   Dim iZeilenzahl As Integer
   [...]
   ActiveWorkbook.Sheets(1).Cells(iZeilenzahl + 1, 2).Activate
   ActiveCell.FormulaR1C1 = "=SUM(R[-" & iZeilenzahl - 1 & _
      "]C:R[-1]C)"
   ActiveCell.Offset(0, 1).Activate
   ActiveCell.FormulaR1C1 = "=SUM(R[-" & iZeilenzahl - 1 & _
      "]C:R[-1]C)"
   ActiveCell.Offset(0, 1).Activate
```

```
    ActiveCell.FormulaR1C1 = "=SUM(R[-" & iZeilenzahl - 1 & _
        "]C:R[-1]C)"
End Sub
```

14.9 Zugriff auf Zeichen innerhalb einer Zelle

Nach der Zellebene geht es noch eine Ebene tiefer zu den Zeichen innerhalb einer Zelle. Angenommen, für die Darstellung chemischer Formeln werden tiefgestellte Ziffern benötigt. Dazu wird die betreffende Zahl in der editierten Zelle markiert und dann über Start / Schriftart / Schrift die Option „Tiefgestellt" eingestellt.

Diese Funktion kann aufgezeichnet werden, beispielsweise für H_2O.

```
Sub ZeichenTiefStellen()

    ActiveCell.FormulaR1C1 = "H2SO4"
    With ActiveCell.Characters(Start:=1, Length:=1).Font
        .Name = "Arial"
        .FontStyle = "Standard"
        .Size = 10
        .Strikethrough = False
        .Superscript = False
        .Subscript = False
        .OutlineFont = False
        .Shadow = False
        .Underline = xlUnderlineStyleNone
        .ColorIndex = xlAutomatic
    End With
    With ActiveCell.Characters(Start:=2, Length:=1).Font
        .Name = "Arial"
        .FontStyle = "Standard"
        .Size = 10
        .Strikethrough = False
        .Superscript = False
        .Subscript = True
        .OutlineFont = False
        .Shadow = False
```

```
        .Underline = xlUnderlineStyleNone
        .ColorIndex = xlAutomatic
    End With
    With ActiveCell.Characters(Start:=3, Length:=3).Font
        .Name = "Arial"
        .FontStyle = "Standard"
        .Size = 10
        .Strikethrough = False
        .Superscript = False
        .Subscript = False
        .OutlineFont = False
        .Shadow = False
        .Underline = xlUnderlineStyleNone
        .ColorIndex = xlAutomatic
    End With
    Range("B5").Select
End Sub
```

Damit wird klar, dass die Zelle selbst eine weitere Eigenschaft besitzt: `Characters`. Sollen nun in einer Zelle alle darin befindlichen Ziffern tiefer gestellt werden, dann geht das folgendermaßen:

```
Sub Zeichentieferstellen()
    Dim intZeichenAnzahl As Integer
    Dim intZähler As Integer
    intZeichenAnzahl = ActiveCell.Characters.Count
    For intZähler = 1 To intZeichenAnzahl
        If IsNumeric(ActiveCell.Characters _
            (Start:=i, Length:=1).Caption) Then
                ActiveCell.Characters(Start:=i, _
                    Length:=1).Font.Subscript = True
        End If
    Next
End Sub
```

14.10 Hilfsmittel in Excel

3.1.16. Datenüberprüfung

Seit Excel 97 hat sich an der Gültigkeit nichts geändert – lediglich der Name ist ein anderer: Datenüberprüfung. Sie wenden auf eine Zelle oder einen Zellbereich eine Datenüberprüfung mit dem Objekt `Validation` an. Es wird mit der Methode `Add` erzeugt:

```
xlZelle.Validation.Add Type:=xlValidateWholeNumber, _
   AlertStyle:=xlValidAlertStop, _
   Operator:=xlBetween, Formula1:=0, Formula2:=100
Set xlGültigkeit = xlzelle.Validation
With xlGültigkeit
   .InputTitle = "Achtung"
   .ErrorTitle = "Hinweis"
   .InputMessage = _
   "Bitte geben Sie nur ganze Zahlen zwischen 1 und 100 ein!"
     .ErrorMessage = _
"Bitte korrigieren Sie die Eingaben - erlaubt sind nur Zahlen!"
End With
```

Beachten Sie, dass die Methode `Add` des Objektes Validation kein Objekt zurückgibt. Der Objektverweis muss erneut gesetzt werden.

Dabei bedeuten:

Der Type des Objektes Validation

Konstante	Wert	Erklärung
xlValidateInputOnly	0	jeder Wert
xlValidateWholeNumber	1	ganze Zahl
xlValidateDecimal	2	Dezimalzahl
xlValidateDate	4	Datumsangabe
xlValidateTime	5	Uhrzeit
xlValidateTextLength	6	Text
xlValidateCustom	7	Benutzerdefiniert

Tabelle 84: Validation

Für den Operator kann verwendet werden:

Konstante	Wert	Erklärung
xlBetween	1	Zwischen
xlEqual	3	Gleich
xlGreater	5	größer als
xlGreaterEqual	7	größer oder gleich
xlLess	6	Kleiner
xlLessEqual	8	kleiner oder gleich
xlNotBetween	2	nicht zwischen
xlNotEqual	4	Ungleich

Tabelle 85: DIe Parameter von Validation

Bei `xlEqual`, `xlGreater`, `xlGreaterEqual`, `xlLess`, `xlLessEqual` und `xlNotEqual` muss `Formula1` angegeben werden, bei `xlBetween` und `xlNotBetween` müssen `Formula1` und `Formula2` verwendet werden.

Für den `AlertStyle` stehen Ihnen die drei Konstanten `xlValidAlertInformation`, `xlValidAlertStop` und `xlValidAlertWarning` zur Verfügung. Sie können die beiden Eigenschaften `ShowInput` und `ShowError` auf True setzen.

3.1.17. Bedingte Formatierung

Um einer Zelle oder einem Zellbereich eine bedingte Formatierung hinzufügen zu können, muss die Methode `FormatConditions.Add` verwendet werden. Sie gibt ein Objekt zurück, das als FormatCondition-Objekt weiterverarbeitet werden kann. Die Methode hat folgende optionale Parameter:

Der Typ der Methode FormatConditions.Add

Konstante	Wert	Beschreibung
xlCellValue	1	Zellwert
xlExpression	2	Ausdruck
xlAboveAverageCondition	12	Bedingung Über dem Durchschnitt
xlBlanksCondition	10	Bedingung Leerzellen
xlColorScale	3	Farbskala
xlCompareColumns	18	Spalten vergleichen
xlDatabar	4	Datenbalken
xlErrorsCondition	16	Bedingung Fehler
XlIconSet	6	Symbolsatz

Konstante	Wert	Beschreibung
xlNoBlanksCondition	13	Bedingung Keine Leerzeichen
xlNoErrorsCondition	17	Bedingung Keine Fehler
xlTextString	9	Textzeichenfolge
xlTimePeriod	11	Zeitraum
xlTop10	5	Top-10-Werte
xlUniqueValues	8	Eindeutige Werte

Tabelle 86: FormatConditions

Für den Operator kann verwendet werden:

Konstante	Wert	Erklärung
xlBetween	1	zwischen
xlEqual	3	gleich
xlGreater	5	größer als
xlGreaterEqual	7	größer oder gleich
xlLess	6	kleiner
xlLessEqual	8	kleiner oder gleich
xlNotBetween	2	nicht zwischen
xlNotEqual	4	ungleich

Tabelle 87: Die Parameter von FormatConditions

Bei `xlEqual`, `xlGreater`, `xlGreaterEqual`, `xlLess`, `xlLessEqual` und `xlNotEqual` muss `Formula1` angegeben werden, bei Bei `xlBetween` und `xlNotBetween` müssen `Formula1` und `Formula2` verwendet werden, beispielsweise:

```
xlBereich.FormatConditions.Add Type:=xlCellValue, _
Operator:=xlGreater, Formula1:=100
```

Da mehrere Bedingungen verwendet werden können, kann man sie nach oben oder unten „schieben“:

```
xlBereich.FormatConditions(3).SetFirstPriority
xlBereich.FormatConditions(3).SetLastPriority
```

Auf eine einzelne bedingte Formatierung wird über die Indexnummer zugegriffen:

```
With xlBereich.FormatConditions(1).Interior
    .PatternColorIndex = xlAutomatic
    .Color = vbYellow
End With
```

Damit wird klar, wie man auch Formeln über die bedingte Formatierung hinzufügen kann:

```
Dim xlSpalte As Range
Set xlSpalte = ActiveSheet.Range("A:A")

xlSpalte.FormatConditions.Add _
Type:=xlExpression, Formula1:= _
     "=GANZZAHL(ZEILE()/2)=ZEILE()/2"
With xlSpalte.FormatConditions(1)
   .Interior.PatternColorIndex = xlAutomatic
   .Interior.Color = vbBlack
   .Font.Color = vbWhite
End With
```

3.1.18. Daten sortieren

Von Excel 2003 nach 2007 wurde das Sortieren überarbeitet. Waren bis Excel 2003 nur drei Sortierkriterien möglich, sind es nun beliebig viele. Die Sortiermethode wurde nicht durch neue Parameter erweitert, sondern es wurde eine neue Methode hinzugefügt. Bis Excel 2003 haben Sie sortiert, indem Sie die Methode beispielsweise folgendermaßen verwenden:

```
xlZelle.Sort Key1:=xlBlatt.Range("E1"), Order1:=xlAscending, _
   Key2:=xlBlatt.Range("D1"), Order2:=xlAscending, Header:=xlYes
```

Excel „erkennt" den zusammenhängenden Bereich und sortiert automatisch den korrekten Bereich. Leichter zu lesen ist sicherlich folgende Schreibweise:

```
xlZelle.CurrentRegion.Sort _
   Key1:=xlBlatt.Range("E1"), Order1:=xlAscending, _
   Key2:=xlBlatt.Range("D1"), Order2:=xlAscending, Header:=xlYes
```

Diese Methode kann auch in der aktuellen Excelversion noch verwendet werden. Die Sortiermethode, die Excel seit der Version 2007 verwendet, ist nicht mehr eine Methode einer Zelle oder eines Bereiches, sondern gehört zum Blatt. Es wird dabei in zwei Schritten vorgegangen. Im ersten Schritt werden die Sortierkriterien festgelegt:

```
xlBlatt.Sort.SortFields.Add Key:=xlBlatt.Range("E1:E3817"), _
      SortOn:=xlSortOnValues, Order:=xlAscending, _
      DataOption:=xlSortNormal
```

```
    xlBlatt.Sort.SortFields.Add Key:=xlBlatt.Range("D1:D3817"), _
        SortOn:=xlSortOnValues, Order:=xlAscending, _
        DataOption:=xlSortNormal
    xlBlatt.Sort.SortFields.Add Key:=xlBlatt.Range("J1:J3817"), _
        SortOn:=xlSortOnValues, Order:=xlDescending, _
        DataOption:=xlSortNormal
    xlBlatt.Sort.SortFields.Add Key:=xlBlatt.Range("I1:I3817"), _
        SortOn:=xlSortOnValues, Order:=xlAscending, _
        DataOption:=xlSortNormal
```

Es ist natürlich albern die Anzahl der zu sortierenden Zeilen zu bestimmen. Deshalb können Sie die Spaltenreihenfolge auch wie folgt bestimmen:

```
    xlBlatt.Sort.SortFields.Add Key:=xlBlatt.Range("E1"). _
        EntireColumn, _
        SortOn:=xlSortOnValues, Order:=xlAscending, _
        DataOption:=xlSortNormal
```

Es geht sogar noch kürzer, indem Sie lediglich auf eine Zelle nach der zu sortierenden Spalte verweisen und nicht die komplette Spalte angeben:

```
    xlBlatt.Sort.SortFields.Add Key:=xlBlatt.Range("E1"), _
        SortOn:=xlSortOnValues, Order:=xlAscending, _
        DataOption:= xlSortNormal
```

Der Parameter `SortOn` erwartet dabei einen der vier Werte: `SortOnValues`, `SortOnCellColor`, `SortOnIcon` oder `SortOnFontColor`. `SortOnValue` „erkennt" dabei automatisch, ob in der Spalte Texte, Zahlen oder Datumsangaben stehen und sortiert sie korrekt.

Anschließend wird die eigentliche Sortierung mithilfe der Voreinstellungen durchgeführt. Auch sie wird wieder auf das Tabellenblatt angewandt:

```
With xlBlatt.Sort
        .SetRange xlZelle.CurrentRegion
        .Header = xlYes
        .MatchCase = False
        .Orientation = xlTopToBottom
        .SortMethod = xlPinYin
        .Apply
End With
```

Die eigentliche Sortierung geschieht erst bei der Methode `Apply`.

Wenn Sie Sortierkriterien mit der Methode Add hinzufügen, werden bereits vorhandene nicht gelöscht. Da doppelte Sortierkriterien zu einem Fehler führen, sollten Sie zu Beginn der Sortieraktion mögliche, bereits vorhandene Sortierkriterien ausschalten:

```
xlBlatt.Sort.SortFields.Clear
```

3.1.19. Daten filtern: Autofilter und Spezialfilter

Der Autofilter

Sie schalten den Autofilter mit der folgenden Methode ein:

```
ActiveCell.AutoFilter
```

Diese Methode schaltet den Autofilter ein oder aus. Beim zweiten Durchlauf würde er folglich wieder ausgeschaltet werden. Um sicherzugehen, ob der Filter eingeschaltet ist, müssen Sie vorher überprüfen, dass er noch nicht eingeschaltet ist. Dafür stellt das Blatt die Eigenschaft AutoFilterMode bereit:

```
If ActiveSheet.AutoFilterMode Then
```

Damit ist er lediglich eingeschaltet. Da diese Methode keine Objekte zurückgibt, könnten Sie nun die Filterkriterien auf den gefilterten Bereich anwenden. Oder – sinnvoller – Sie schalten die Kriterien beim Filtern ein:

```
ActiveCell.CurrentRegion.AutoFilter Field:=7, _
   Criteria1:= "Muenchen"
```

Der Autofilter verfügt über folgende Parameter

Parameter	Beschreibung
Field	Der ganzzahlige Offset (Versatz) des Felds, auf dem der Filter basieren soll (links in der Liste beginnend, wobei das Feld ganz links als erstes Feld verwendet wird).
Criteria1	Die Kriterien (eine Zeichenfolge; z. B. "101"). Verwenden Sie für die Suche nach leeren Feldern "=" und für die Suche nach nicht leeren Feldern "<>". Wenn dieses Argument nicht angegeben wird, lauten die Kriterien "All". Wenn Operator gleich xlTop10Items ist, gibt Criteria1 die Anzahl von Elementen an (z. B. "10").
Operator	Eine der Konstanten von XlAutoFilterOperator, wodurch der Typ des Filters angegeben wird.
Criteria2	Die zweiten Kriterien (eine Zeichenfolge). Wird mit Criteria1 und Operator zum Erstellen von zusammengesetzten Kriterien verwendet.

Parameter	Beschreibung
VisibleDropDown	Beim Wert True werden die Dropdownpfeile von AutoFilter für das gefilterte Feld angezeigt. Beim Wert False werden die Dropdownpfeile von AutoFilter für das gefilterte Feld ausgeblendet. Der Standardwert ist True.

Tabelle 88: Die Parameter des Autofilters

Die Konstanten des Operators xlAutoFilterOperator

Operator	Wert	Beschreibung
xlAnd	1	Logisches UND zwischen Kriterium1 und Kriterium2
xlOr	2	Logisches ODER zwischen Kriterium1 und Kriterium2
xlBottom10Items	4	Die Einträge mit dem niedrigsten Wert werden angezeigt (die Anzahl der Einträge ist in Kriterium1 angegeben).
xlBottom10Percent	6	Die Einträge mit dem niedrigsten Wert werden angezeigt (der Prozentsatz ist in Kriterium1 angegeben).
xlTop10Items	3	Die Einträge mit dem höchsten Wert werden angezeigt (die Anzahl der Einträge ist in Kriterium1 angegeben).
xlTop10Percent	5	Die Einträge mit dem höchsten Wert werden angezeigt (der Prozentsatz ist in Kriterium1 angegeben).
xlFilterCellColor	8	Farbe der Zelle (erst seit Excel 2007)
xlFilterDynamic	11	Dynamischer Filter (erst seit Excel 2007)
xlFilterFontColor	9	Farbe der Schriftart (erst seit Excel 2007)
xlFilterIcon	10	Filtersymbol (erst seit Excel 2007)
xlFilterValues	7	Filterwerte (erst seit Excel 2007)

Tabelle 89: Die Konstanten des Operators xlAutoFilterOperator

Der Spezialfilter

Die Technik des Spezialfilters besteht darin, dass die Kriterien in Zellen definiert und für die Filterung werden. Das Ergebnis wird auf einem anderen Blatt oder in einer anderen Datei angezeigt.

Beispiel: Angenommen, Sie möchten alle Kunden filtern, die entweder in München wohnen oder mehr als 180 € Jahresbeitrag bezahlen. dann können Sie die Kriterien in ein anderes Blatt eintragen. Kriterien, die nebeneinander stehen werden mit einem logischen und verknüpft, untereinander bedeutet für Excel oder:

```
Sub Spezialfilter1()
    Dim xlDatei As Workbook
    Dim xlBlattDaten As Worksheet
```

```
   Dim xlBlattZiel As Worksheet

   Set xlDatei = ActiveWorkbook
   Set xlBlattDaten = xlDatei.Worksheets(1)
   Set xlBlattZiel = xlDatei.Worksheets(3)

    xlBlattDaten.Range("A1").CurrentRegion.AdvancedFilter _
      Action:=xlFilterCopy, _
      CriteriaRange:=xlBlattZiel.Range("A1:B3"), _
      CopyToRange:=xlBlattZiel.Range("A5"), _
      Unique:=False
End Sub
```

Der Spezialfilter (`AdvancedFilter`) verfügt über die vier obenstehenden Parameter, die Sie eingeben sollten:

- Action
- CriteriaRange
- CopyToRange
- Unique

Der Spezialfilter ist ein schnelles und effektives Werkzeug, da Sie mit einem Befehl aus Tausenden von Daten genau die Daten filtern können, die Sie benötigen. Allerdings setzt er ein wenig Übung voraus um die korrekten Kriterien in den richtigen Zellen zu definieren, die dann als Filterkriterien verwendet werden.

14.11 Übungen zum Zellzugriff

Übung 1

In einer Tabelle sind drei Spalten ausgefüllt. In der ersten, die mit „Nummer" überschrieben ist, stehen fortlaufende Nummern, beginnend mit 100. In der zweiten Spalte stehen die Bezeichnungen, beispielsweise Filmnamen (also Artikelbezeichnungen), in der dritten die (fiktiven) Preise (für die Videos).

Der Benutzer wird nach einer Nummer gefragt. Er trägt sie in eine Inputbox ein und erhält den Namen des Films.

Übung 2

Ein zweites Makro in der Filmliste soll dafür sorgen, dass der Benutzer einen neuen Artikel eintragen kann. Ihm wird automatisch die nächsthöhere Nummer vergeben, und der Artikel und sein Preis wird unten an die Liste angefügt.

Übung 3

Stellen Sie sich zwei Außendienstmitarbeiter vor, die auf ihrem Laptop jeweils eine Excel-Tabelle mit Namen haben. Nun ändern beide bestimmte Datensätze. Am Abend eines Tages oder am Ende eines Quartals sollen beide Listen miteinander verglichen werden. Nun gibt es verschiedene Möglichkeiten der Synchronisation: In jeder der beiden Tabellen werden die Datensätze rot formatiert, die nur in einer der beiden Tabellen stehen, damit sofort die Änderungen erkannt werden.

Übung 4

In Zelle C1 steht eine Formel. Dieselbe Formel wird in F7 noch einmal benötigt. Würde man sie kopieren, würden die Bezüge nicht mehr stimmen. Deshalb soll die Formel so nach F7 kopiert werden, dass dieselben relativen Bezügen in dieser neuen Zelle stehen.

Übung 5

In einer Arbeitsmappe werden in allen Tabellenblättern in der Zelle C27 die Summe der darüberstehenden Werte der Spalte C benötigt.

Übung 6

Eine Mappe besteht aus mehreren Blättern. Auf jedem Blatt befindet sich in Zelle R37 ein Gesamtergebnis. Über eine Verknüpfung soll in jedem Blatt (beginnend ab dem zweiten) in der Zelle A1 Bezug auf die Zelle R37 des vorhergehenden Blatts genommen werden.

Übung 7

Jede Woche erhält der Mitarbeiter eine Liste, die aus einem anderen System exportiert wird. In Spalte F soll unter der letzten Zeile eine Summenformel eingefügt werden, die alle Zellen darüber summiert.

14.12 Tipp zu den Übungen zum Zellzugriff

Tipp zu Übung 3

Die beiden Dateien heißen „Namensliste1.xlsx“ und „Namensliste2.xlsx“. Es wird überprüft, ob beide offen sind. Wenn ja, dann werden sie nach der ersten Spalte sortiert, in der sich ein Zähler befindet. Nun benötigt man zwei Schleifen. In der äußeren Schleife durchläuft ein Zähler alle Werte. Jeder einzelne dieser Werte wird mit jedem Wert der zweiten Tabelle verglichen. Steht der Wert der ersten Tabelle in der zweiten, wird die Zelle rot formatiert und der Zähler wird um eins vergrößert. Wird er dagegen nicht gefunden, so wird weitergesucht. Nachdem die erste Tabelle durchlaufen wurde, wird auch die zweite Tabelle durchlaufen. Zugegeben: Bei großen Datenmengen sind Sie schneller, wenn Sie mit der Funktion ZÄHLENWENN arbeiten. Liefert diese Funktion die Zahl 0, so befindet sich der gesuchte Wert nicht in der anderen Liste.

Tipp zu Übung 7

Da der Bereich unterschiedlich groß sein kann, muss die „Größe“ des Bereichs, also die Anzahl der Zeilen ermittelt werden.

14.13 Lösungen zu den Übungen zum Zellzugriff

Lösung 1

```
Sub FilmAnzeigen1()
   Dim intNr As Integer
   Dim intZähler As Integer
   On Error GoTo ende
   ThisWorkbook.Sheets("Hitchcock").Activate
   ActiveSheet.Range("A1").Select
   intZähler = 0

   intNr = InputBox("Bitte eine Nummer eingeben")

   With ActiveCell
      For intZähler = 1 To .CurrentRegion.Rows.Count

         If ActiveCell.Offset(intZähler, 0).Value = intNr Then
```

```
            MsgBox "Der Film mit der Nummer " & _
            intNr & " lautet: " & vbCr & Chr(187) & _
            ActiveCell.Offset(intZähler, 1).Value & _
            Chr(171) & vbCr & " und kostet " & _
            FormatCurrency(ActiveCell.Offset _
            (intZähler, 2).Value)
            Exit Sub
        End If

      Next intZähler
   End With
   MsgBox "Schade, aber die Nummer " & intNr & _
      " wurde nicht gefunden!"
   Exit Sub
   ende:
   MsgBox "Es trat ein Fehler auf: " & _
       Err.Description, vbCritical, "Fehler!"
End Sub
```

Zur Vorgehensweise: Der Benutzer wird nach einer Nummer gefragt. Im Tabellenblatt „Hitchcock“ wird die Zelle A1 aktiviert. Eine `For ... Next`-Schleife durchläuft die Tabelle von A1 bis zu der letzten gefüllten Zelle, die über die Eigenschaft `ActiveCell.CurrentRegion.Rows.Count` ermittelt wird. Jede der Zellen, wird mit dem Inhalt der InputBox-Variablen vergleichen (`intNr`). Sind sie gleich, bewegt sich der Zeiger eine Spalte nach rechts und zeigt den Inhalt dieser Zelle an. Wird die Schleife ohne Erfolg durchlaufen, dann wird die Meldung unterhalb der Schleife angezeigt. Es funktioniert natürlich auch über einen Objektzugriff. Diese Lösung ist jedoch eleganter:

```
Sub FilmAnzeigen2()
   Dim xlDatei As Workbook
   Dim xlTabelle As Worksheet
   Dim xlZelle As Range
   Dim intNr As Integer
   Dim intZähler As Integer

   On Error GoTo ende
```

```
    Set xlDatei = ActiveWorkbook
    Set xlTabelle = xlDatei.Sheets("Hitchcock")
    Set xlZelle = xlTabelle.Range("A1")

    intNr = InputBox("Bitte eine Nummer eingeben")

    With xlZelle
       For intZähler = 1 To .CurrentRegion.Rows.Count

          If .Offset(intZähler, 0).Value = intNr Then
             MsgBox "Der Film mit der Nummer " & _
             intNr & " lautet: " & vbCr & Chr(187) & _
             xlZelle.Offset(intZähler, 1).Value & _
             Chr(171) & vbCr & " und kostet " & _
             FormatCurrency(xlZelle.Offset _
             (intZähler, 2).Value)
             Exit Sub
          End If

       Next intZähler
    End With
    MsgBox "Schade, aber die Nummer " & intNr & _
       " wurde nicht gefunden!"
    Exit Sub
    ende:
    MsgBox "Es trat ein Fehler auf: " & _
        Err.Description, vbCritical, "Fehler!"
End Sub
```

Lösung 2

Die Liste könnte mit einer `Do Loop ... Until`-Schleife durchlaufen werden (wie in Lösung 1) oder indem die Anzahl der vorhandenen Zellen bestimmt werden. Letzteres ist eleganter:

```
Sub NeuerFilm1()
   Dim xlBereich As Range
   Dim intZeilen As Integer
   Dim strNeuTitel As String
   Dim curNeuPreis As Currency

   ThisWorkbook.Sheets("Almodóvar").Activate
   ActiveSheet.Range("A1").Activate

   Set xlBereich = ActiveSheet.Range("A1").CurrentRegion
   intZeilen = xlBereich.Rows.Count

   strNeuTitel = InputBox("Wie lautet der Name " & _
      "des neuen Films?")
   curNeuPreis = InputBox("Und was kostet " & strNeuTitel & "?")

   With ActiveCell
       .Offset(intZeilen, 0).Value = 100 + intZeilen
       .Offset(intZeilen, 1).Value = strNeuTitel
       .Offset(intZeilen, 2).Value = curNeuPreis
   End With
End Sub
```

Auch dieses Beispiel funktioniert „direkt“, das heißt über Objektzugriff:

```
Sub NeuerFilm2()
   Dim xlDatei As Workbook
   Dim xlTabelle As Worksheet
   Dim xlZelle As Range
   Dim intZeilen As Integer
   Dim strNeuTitel As String
   Dim curNeuPreis As Currency

   Set xlDatei = ActiveWorkbook
   Set xlTabelle = xlDatei.Sheets("Hitchcock")
   Set xlZelle = xlTabelle.Range("A1")
```

```
    Set xlBereich = xlZelle.CurrentRegion

    intZeilen = xlBereich.Rows.Count

    strNeuTitel = InputBox("Wie lautet der Name " & _
       "des neuen Films?")
    curNeuPreis = InputBox("Und was kostet " & strNeuTitel & "?")

    With xlZelle
        .Offset(intZeilen, 0).Value = 100 + intZeilen
        .Offset(intZeilen, 1).Value = strNeuTitel
        .Offset(intZeilen, 2).Value = curNeuPreis
    End With
End Sub
```

Lösung 3

```
Sub ListenVergleichen()
    Dim xlDatei1 As Workbook
    Dim xlDatei2 As Workbook
    Dim xlFenster As Workbook
    Dim lngDatensätze1 As Long
    Dim lngDatensätze2 As Long
    Dim lngZähler1 As Long
    Dim lngZähler2 As Long

    For Each xlFenster In Workbooks
        If xlFenster.Name = "Namensliste1.xlsx" Then
            Set xlDatei1 = xlFenster
        ElseIf xlFenster.Name = "Namensliste2.xlsx" Then
            Set xlDatei2 = xlFenster
        End If
    Next
```

```
If TypeName(xlDatei1) = "Nothing" Or _
   TypeName(xlDatei2) = "Nothing" Then
   MsgBox "Eine der beiden Dateien sind nicht geöffnet. " & _
      vbCr & "Bitte erst öffnen!", vbCritical, "Achtung!"
   Exit Sub
End If

xlDatei1.Worksheets(1).Range("A1").CurrentRegion.Sort _
   Key1:=xlDatei1.Worksheets(1).Range("A1"), _
      Order1:=xlAscending, _
   Header:=xlYes, OrderCustom:=1, MatchCase:=False, _
   Orientation:=xlTopToBottom
xlDatei2.Worksheets(1).Range("A1").CurrentRegion.Sort _
   Key1:=xlDatei2.Worksheets(1).Range("A1"), _
   Order1:=xlAscending, _
   Header:=xlYes, OrderCustom:=1, MatchCase:=False, _
   Orientation:=xlTopToBottom

lngDatensätze1 = xlDatei1.Sheets(1).Range("A1"). _
   CurrentRegion.Rows.Count
lngDatensätze2 = xlDatei2.Sheets(1).Range("A1"). _
   CurrentRegion.Rows.Count

For lngZähler1 = 1 To lngDatensätze1
   For lngZähler2 = 1 To lngDatensätze2
      If xlDatei1.Sheets(1).Range("A1"). _
         Offset(lngZähler1, 0).Value = xlDatei2.Sheets(1). _
         Range("A1").Offset(lngZähler2, 0).Value Then
            xlDatei1.Sheets(1).Range("A1"). _
               Offset(lngZähler1, 0).Font.ColorIndex = 3
            Exit For
      End If
   Next lngZähler2
Next lngZähler1
```

```
   For lngZähler2 = 1 To lngDatensätze2
      For lngZähler1 = 1 To lngDatensätze1
         If xlDatei2.Sheets(1).Range("A1"). _
            Offset(lngZähler2, 0).Value = xlDatei1.Sheets(1). _
            Range("A1").Offset(lngZähler1, 0).Value Then
               xlDatei2.Sheets(1).Range("A1"). _
                  Offset(lngZähler2, 0).Font.ColorIndex = 3
            Exit For
        End If
      Next lngZähler1
   Next lngZähler2
End Sub
```

Lösung 4

```
Sub FormelKopieren1()
   Dim strFormel As String
   strFormel = ActiveSheet.Range("C1").Formula
   ActiveSheet.Range("F7").Formula = strFormel
End Sub
```

Oder kürzer:

```
Sub FormelKopieren2()
   ActiveSheet.Range("F7").Formula = _
      ActiveSheet.Range("C1").Formula
End Sub
```

Lösung 5

```
Sub SummeErzeugen()
   Dim xlBlatt As Worksheet

   For Each xlBlatt In ActiveWorkbook.Worksheets
      xlBlatt.Range("C27").FormulaLocal = "=Summe(C1:C26)"
   Next
End Sub
```

Lösung 6

```
Sub BezugAufVorherigesBlatt()
   Dim intZähler As Integer
   For intZähler = 2 To ActiveWorkbook.Worksheets.Count
      ActiveWorkbook.Sheets(intZähler).Range("A1").Formula = _
         "=" & ActiveWorkbook.Sheets(intZähler - 1).Name & "!R37"
   Next
End Sub
```

Statt der Eigenschaft `Formula` kann auch `FormulaLocal` verwendet werden.

Lösung 7

Stehen in der Liste Werte in den Zellen F1 bis F10, so zeichnet der Makrorekorder für die Zelle F11 auf:

```
ActiveCell.FormulaR1C1 = "=SUM(R[-10]C:R[-1]C)"
```

Wenn sichergestellt ist, dass in der Liste keine Leerzeile vorhanden ist, kann man folgendermaßen vorgehen:

```
   Dim lngZeilen As Long
   Dim xlZelle As Range

   Set xlZelle = ActiveSheet.Range("A1")
   lngZeilen = xlZelle.CurrentRegion.Rows.Count
   ActiveSheet.Cells(lngZeilen + 1, 6).FormulaR1C1 = _
      "=SUM(R[-" & lngZeilen & "]C:R[-1]C)"
```

Wenn Sie die erste Zeile von der Summe ausschlißene möchten, dann so:

```
   ActiveSheet.Cells(lngZeilen + 1, 6).FormulaR1C1 = _
      "=SUM(R[-" & (lngZeilen - 1) & "]C:R[-1]C)"
```

Wenn die Liste (möglicherweise) Leerzeile besitzt, kann die letzte, untere Zeile auch folgendermaßen ermittelt werden:

```
lngZeilen = xlZelle.SpecialCells(xlCellTypeLastCell).Row
```

14.14 Diagramme

Diagramme sind sicherlich der Teil von Excel-VBA, der am mühevollsten zu programmieren ist. Der Grund liegt in den vielen Dutzenden Eigenschaften, die es bei der Diagrammprogrammierung gibt. Sie sollen an dieser Stelle nicht einzeln aufgelistet werden (man findet sie in der Hilfe), sondern an einem Beispiel demonstriert werden.

Gewiss erinnern Sie sich noch an die Schulzeit. Dort musste man in der Mittel- und Oberstufe Diagramme zeichnen: Graphen. Ausgehend von einer Wertemenge wurde zu jedem Datenpunkt der entsprechenden Funktionswert ermittelt, diese wurden in ein Koordinatensystem eingetragen und dann verbunden. Das Ergebnis war ein Diagramm. So etwas soll Excel nun erledigen. In einer Tabelle werden die x-Werte eingetragen und die entsprechenden Funktionswerte dazu berechnet.

Um ein Diagramm zu erzeugen, genügt es, wenn der Cursor innerhalb einer der Spalten auf einer Zelle sitzt (es gilt auch hier: `CurrentRegion`). Man kann die Spalten allerdings auch markieren, um ein Diagramm zu basteln. Ein Klick auf das Symbol für den Diagramm-Assistenten in der Registerkarte Einfügen erstellt ein Diagramm. Soll ein Graph dargestellt werden, ist der Typ „Linie“ zu wählen.

Das fertige Diagramm kann (sollte) schließlich noch bearbeitet werden. Das allgemeine Vorgehen besteht darin, dass man das zu bearbeitende Element des Diagramms anklickt und danach mit einem Doppelklick, mit der rechten Maustaste oder über die Symbole der Registerkarten weiterverarbeitet. Dort können beispielsweise Formatierungen geändert werden. Ebenso kann die Skalierung der y-Achse modifiziert werden. Dies ist bei einigen Funktionen wichtig, da Excel einen Algorithmus hat, der das Intervall für die y-Achse automatisch vorgibt. Excel geht dabei von dem größten Wert aus, der im Wertebereich gefunden wird. Gerade Funktionen, deren Werte asymptotisch gegen ∞ gehen, müssen auf einen Bereich begrenzt werden. Im Registerblatt „Muster“ können Eigenschaften der y-Achse, wie die Teilstriche und deren Beschriftung, ein- und ausgeschaltet werden.

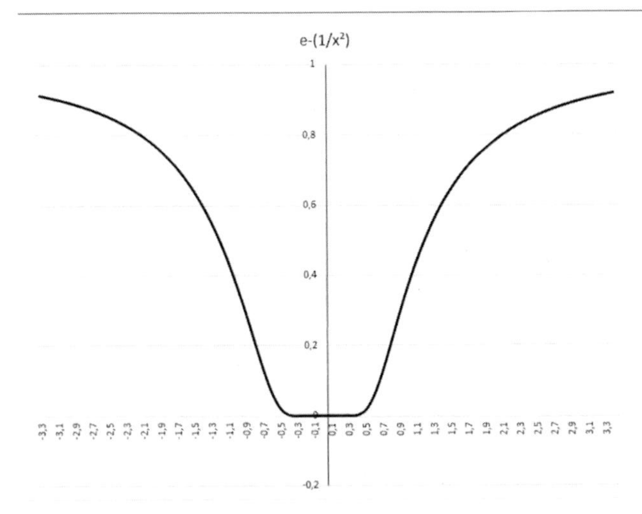

Abbildung 23: Eine Potenzfunktion ($e^{-(1/x^2)}$)

Problematisch sind Funktionen, die gegen eine Asymptote streben – von der einen Seite gegen +∞, auf der anderen Seite gegen –∞, wie beispielsweise sin/cos = tan. Das Diagramm verbindet automatisch den sehr großen positiven mit dem sehr kleinen negativen Wert, so dass von +∞ eine Verbindungslinie nach –∞ gezogen wird. Diese muss ausgeschaltet werden. Ein Klick im Diagramm auf den Graphen der Funktion markiert alle Datenpunkte. Ein weiterer Klick auf den Graphen markiert nur einen Datenpunkt. Wenn Sie ihn nicht finden, so können Sie sich ebenfalls mit den Pfeiltasten nach links oder rechts über alle Datenpunkte, oder genauer über alle Elemente des Diagramms, bewegen. Ist der Datenpunkt gefunden, das heißt markiert, dann kann er gelöscht oder „wegformatiert" werden, das heißt, man versieht ihn mit der Farbe „Ohne". Sie können den Datenpunkt aber auch einfach über die Taste [Entf] löschen. Sollten Sie Schwierigkeiten haben, den Doppelklick richtig zu platzieren, dann können Sie auch über Diagrammtools / Format / Aktuelle Auswahl / Auswahl formatieren zum entsprechenden Teil des Aufgabenbereichs gelangen.

Damit nicht jedes Mal, wenn ein neues Diagramm erstellt wird, der Assistent von neuem bemüht werden muss, beziehungsweise das Diagramm auf die gleiche Art und Weise „nachformatiert" werden muss, kann der Prozess der Diagrammerstellung und der Nachbearbeitung mit dem Makrorekorder aufgezeichnet werden. Der Code beginnt etwa wie folgt:

```
Sub Graph()
    ActiveSheet.Shapes.AddChart2(227, xlLine).Select
    ActiveChart.SetSourceData Source:=Range("Tabelle1!$A$1:$B$69")
```

```
    ActiveChart.FullSeriesCollection(1).Select
    With Selection.Format.Line
      .Visible = msoTrue
      .ForeColor.RGB = RGB(0, 0, 0)
      .Transparency = 0
    End With
    ActiveChart.FullSeriesCollection(1).Smooth = True
    ActiveChart.Axes(xlValue).Select
    With Selection.Format.Line
      .Visible = msoTrue
      .ForeColor.RGB = RGB(0, 0, 0)
    End With
    With Selection.Format.Line
      .Visible = msoTrue
      .ForeColor.ObjectThemeColor = msoThemeColorText1
      .ForeColor.TintAndShade = 0
      .ForeColor.Brightness = 0
      .Transparency = 0
    End With
[...]
End Sub
```

An dieser Stelle wird abgebrochen, da Sie den Code am eigenen PC selbst einsehen können, nachdem Sie die Diagrammerstellung aufgezeichnet haben. Dieser Code kann und sollte modifiziert werden. Im Folgenden werden die wichtigsten Befehle, Methoden und Eigenschaften aufgelistet, mit denen ein Diagramm erstellt werden kann.

Die Sammlung der Diagramme lautet `Charts`. Wird ein neues Diagramm auf einem eigenen Blatt erzeugt (die Taste [F11] leistet auch gute Dienste hierfür), dann muss der Befehl mit folgenden optionalen Parametern

```
Charts.Add(Before, After, Count, Type)
```

verwendet werden.

Wird das Diagramm auf einem Tabellenblatt eingefügt (die Tastenkombination [Alt] + [F1] leistet auch gute Dienste hierfür), dann müssen vier Parameter bei folgender Methode angegeben werden:

```
Activesheet.ChartObjects.Add(Left, Top, Width, Height)
```

Mit `Chart` und `ChartObject` wird allerdings nicht das Diagramm bezeichnet, sondern lediglich der Rahmen, der später das Diagramm halten wird. Das Objekt `ChartObject` hat folgende Eigenschaften:

`Height` und `Width`, `Left` und `Top`, `Shadow` und `RoundedCorners` und `Name`, über den es angesprochen werden kann. Ihm stehen die Methoden `Activate`, `Select` und `Delete`, `BringToFront` und `SendToBack`, `Copy`, `Cut` und `Duplicate` zur Verfügung. Das eigentliche Objekt ist jedoch

`Chart`

Dabei besitzt das Diagramm folgende Eigenschaften und Methoden:

`SetSourceData(Source, PlotBy)`

legt die Quelle (`Source`) der Daten fest und bezeichnet, ob sie nach Spalten (`xlColumns`) oder nach Zeilen (`xlRows`) gelesen werden.

`ChartType`

legt den Diagrammtyp fest. Dabei stehen folgende Werte zur Verfügung:

Diagrammtyp	**Beschreibung**	**Konstante**
Säulendiagramm	Säulen (gruppiert)	xlColumnClustered
	3D-Säulen (gruppiert)	xl3DColumnClustered
	Gestapelte Säulen. Vergleicht die Beiträge einzelner Werte mit dem Gesamtwert aller Kategorien.	xlColumnStacked
	3D-Gestapelte Säulen. Vergleicht die Beiträge einzelner Werte mit dem Gesamtwert aller Kategorien.	xl3DColumnStacked
	Säulen (100%, gestapelt)	xlColumnStacked100
	3D-Säulen (100%, gestapelt)	xl3DColumnStacked100
	3D-Säulen	xl3DColumn
Balkendiagramm	Balken (gruppiert)	xlBarClustered
	3D-Balken (gruppiert)	xl3DBarClustered
	Balken (gestapelt)	xlBarStacked
	3D-Balken (gestapelt)	xl3DBarStacked
	Balken (100%, gestapelt)	xlBarStacked100
	3D-Balken (100%, gestapelt)	xl3DBarStacked100

Diagrammtyp	Beschreibung	Konstante
Liniendiagramm	Linie	xlLine
	Linien mit Datenpunkten	xlLineMarkers
	Linien (gestapelt)	xlLineStacked
	Linien (gestapelt) mit Datenpunkten	xlLineMarkersStacked
	Linien (100%, gestapelt)	xlLineStacked100
	Linien (100%, gestapelt, mit Datenpunkten)	xlLineMarkersStacked100
	3D-Linien	xl3DLine
Kreisdiagramm	Kreis	xlPie
	Kreis (explodiert)	xlPieExploded
	3D-Kreis	xl3DPie
	3D-Kreis (explodiert)	xl3DPieExploded
	Kreis aus Kreis	xlPieOfPie
	Balken aus Kreis	xlBarOfPie
Punkt (XY)-Diagramm	Punkte	xlXYScatter
	Punkte mit interpolierten Linien	xlXYScatterSmooth
	Punkte mit interpolierten Linien ohne Datenpunkte	xlXYScatterSmoothNoMarkers
	Punkte mit Linien	xlXYScatterLines
	Punkte mit Linien ohne Datenpunkte	xlXYScatterLinesNoMarkers
Blasendiagramm	Blasen	xlBubble
	Blasen mit 3D-Effekt	xlBubble3DEffect
Flächendiagramm	Flächen	xlArea
	3D-Flächen	xl3DArea
	Flächen (gestapelt)	xlAreaStacked
	3D-Flächen (gestapelt)	xl3DAreaStacked
	Flächen (100%, gestapelt)	xlAreaStacked100
	3D-Flächen (100%, gestapelt)	xl3DAreaStacked100

Diagrammtyp	Beschreibung	Konstante
Ringdiagramm	Ring	xlDoughnut
	Ring (explodiert)	xlDoughnutExploded
Netzdiagramm	Netz	xlRadar
	Netz mit Datenpunkten	xlRadarMarkers
	Netz (gefüllt)	xlRadarFilled
Oberflächendiagramm	3D-Oberfläche	xlSurface
	Oberfläche (Draufsicht)	xlSurfaceTopView
	3D-Oberfläche (Drahtmodell)	xlSurfaceWireframe
	Oberfläche (Draufsicht, Drahtmodell)	xlSurfaceTopViewWireframe
Kursdiagramm	Höchst-Tiefst-Geschlossen	xlStockHLC
	Volumen-Höchst-Tiefst-Geschlossen	xlStockVHLC
	Geöffnet-Höchst-Tiefst-Geschlossen	xlStockOHLC
	Volumen-Öffnung-Höchst-Tiefst-Geschlossen	xlStockVOHLC
Zylinderdiagramm	Zylindersäulen (gruppiert)	xlCylinderColClustered
	Zylinderbalken (gruppiert)	xlCylinderBarClustered
	Zylindersäulen (gestapelt)	xlCylinderColStacked
	Zylinderbalken (gestapelt)	xlCylinderBarStacked
	Zylindersäulen (100%, gestapelt)	xlCylinderColStacked100
	Zylinderbalken (100%, gestapelt)	xlCylinderBarStacked100
	3D-Zylindersäulen	xlCylinderCol
Kegeldiagramm	Kegelsäulen (gruppiert)	xlConeColClustered
	Kegelbalken (gruppiert)	xlConeBarClustered
	Kegelsäulen (gestapelt)	xlConeColStacked
	Kegelbalken (gestapelt)	xlConeBarStacked
	Kegelsäulen (100%, gestapelt)	xlConeColStacked100
	Kegelbalken (100%, gestapelt)	xlConeBarStacked100
	3D-Kegelsäulen	xlConeCol

Diagrammtyp	Beschreibung	Konstante
Pyramidendiagramm	Pyramidensäulen (gruppiert)	xlPyramidColClustered
	Pyramidenbalken (gruppiert)	xlPyramidBarClustered
	Pyramidensäulen (gestapelt)	xlPyramidColStacked
	Pyramidenbalken (gestapelt)	xlPyramidBarStacked
	Pyramidensäulen (100%, gestapelt)	xlPyramidColStacked100
	Pyramidenbalken (100%, gestapelt)	xlPyramidBarStacked100
	3D-Pyramidensäulen	xlPyramidCol

Tabelle 90: Die wichtigsten Diagrammtypen

Das Diagramm besitzt folgende Elemente als Eigenschaften:

Eigenschaft	Bezeichnung
Legende	Legend
Diagrammfläche	ChartArea
Titel	ChartTitle
Ecken	Corners
Datentabelle	DataTable
PlotArea	Zeichnungsfläche
Wände	Walls
Diagrammgruppen	Area3Dgroup Bar3Dgroup Column3Dgroup Line3Dgroup Pie3Dgroup

Tabelle 91: Die Eigenschaften des Diagramms

Um auf die Achsen zugreifen zu können, muss die Methode `Axes(Type, AxisGroup)` verwendet werden. Dabei ist Type der Achsentyp und `AxisGroup` die Achsengruppe. Type kann eine der folgenden Konstanten annehmen: `xlCategory`, `xlSeriesAxis` (nur bei 3D-Diagrammen) oder `xlValue`. `AxisGroup` kann eine der folgenden Konstanten sein: `xlPrimary` oder `xlSecondary`. 3D-Diagramme haben nur eine Achsengruppe.

Daneben verfügt das Diagramm über einige Methoden, über die man wiederum auf weitere Elemente des Diagramms zugreifen kann:

Methode	Bezeichnung
2D-Flächendiagrammgruppe	AreaGroups
2D-Ringdiagrammgruppe	DoughnutGroups
2D-Liniendiagrammgruppe	LineGroups
2D-Kreisdiagrammgruppe	PieGroups
2D-Netzdiagrammgruppe	RadarGroups
2D-Punktdiagrammgruppe	XYGroups

Tabelle 92: Die Methoden des Diagramms, mit denen auf zweidimensionale Gruppen zugegriffen werden kann.

Es existiert noch eine Reihe weiterer Eigenschaften und Methoden, die auf das Diagramm angewendet werden können. Hier einige davon:

Eigenschaft/Methode	Beschreibung
BarShape	Die Form der 3D-Säulen oder -Balken. Gültige Konstanten sind: xlBox, xlConeToMax, xlConeToPoint, xlCylinder, xlPyramidToMax, xlPyramidToPoint
DepthPercent	Die Tiefe des 3D-Diagramms
DisplayBlankAs	Darstellung leerer Zeilen. Gültige Konstanten sind: xlNotPlotted, xlInterpolated, xlZero
Elevation	Betrachtungshöhe eines 3D-Diagramms
HasAxis	Information über das Vorhandensein einer bestimmten Achse
HasDataTable	„True“, wenn eine Datentabelle vorhanden ist
HasLegend	„True“, wenn eine Legende vorhanden ist
HasTitle	„True“, wenn ein Titel vorhanden ist
HeightPecent	Die Höhe eines 3D-Diagramms als relativer Prozentsatz der Breite
Perspective	Perspektive des 3D-Diagramms
ProtectContents	„True“, wenn das Diagramm geschützt ist
Rotation	Die Drehung eines 3D-Diagramms
Visible	„True“, wenn das Diagramm sichtbar ist

Tabelle 93: Weitere Eigenschaften und Methoden des Diagramms

Es ließen sich noch viele Seiten mit Beschreibungen der einzelnen Objekte, Eigenschaften und Methoden füllen; doch das ist nicht die Aufgabe des vorliegenden Buchs. Vielmehr soll an einem Beispiel gezeigt werden, wie aus einer Spalte „Werte“ und einer zweiten Spalte „Funktionswerte“ ein Liniendiagramm generiert werden kann. Da es sich um ein langes Codebeispiel handelt, sind die einzelnen Blöcke kommentiert.

```
Sub Graph()
   Dim xlDia As Chart
   Dim xlZelle As Range

   On Error Resume Next

   'Es wird überprüft, ob sich der Cursor
   'auf einem Tabellenblatt befindet
   If ActiveWorkbook.ActiveSheet.Type <> xlWorksheet Then
      MsgBox "Der Cursor sitzt nicht in einer Tabelle", _
      vbExclamation, "Achtung"
      Exit Sub
   End If

   'Es wird überprüft, ob sich der Cursor
   'im Zahlenbereich befindet
   Set xlZelle = ActiveCell
   If xlZelle.CurrentRegion.Rows.Count < 3 Then
      MsgBox "Bitte den Cursor korrekt platzieren!", _
         vbExclamation, "Achtung!"
      Exit Sub
   End If

   'ein neues Diagramm
   Set xlDia = Charts.Add
   With xlDia
      .ChartType = xlLine   'ein Liniendiagramm
      .SetSourceData Source:=xlZelle.CurrentRegion, _
         PlotBy:=xlColumns
      If .SeriesCollection.Count > 1 Then
         .SeriesCollection(1).Delete
```

```
        .SeriesCollection(1).XValues = _
            xlZelle.CurrentRegion.Columns(1)
    End If    End With

With xlDia
'die Elemente werden festgelegt
    .HasAxis(xlValue, xlPrimary) = True
    .HasAxis(xlCategory) = True
    .Axes(xlValue).HasMajorGridlines = True
    .Axes(xlCategory).HasMajorGridlines = False
    .HasDataTable = False
    .HasLegend = True
    .HasPivotFields = False
    .HasTitle = True
    .Visible = xlSheetVisible


'Gitternetzlinien:
   With .Axes(xlValue).MajorGridlines.Border
       .ColorIndex = 1
       .LineStyle = xlContinuous
       .Weight = xlThin
   End With
'keine Farbe für die Diagrammfläche
   With .PlotArea
       .Interior.ColorIndex = xlNone
'eine Linie für das Diagramm
         With .Border
             .ColorIndex = 1
             .LineStyle = xlContinuous
             .Weight = xlThin
         End With
   End With
```

```
'keine Farbe für die Zeichnungsfläche
   With .ChartArea
'eine Linie für die Zeichnungsfläche
      .Interior.ColorIndex = xlNone
         With .Border
            .ColorIndex = 1
            .LineStyle = xlContinuous
            .Weight = xlThin
         End With
   End With

'die Diagrammlinie
   With .SeriesCollection(1)
'keine Werte, keine Datenpunkte
      .HasDataLabels = False
      .MarkerStyle = xlMarkerStyleNone
      .Smooth = True
'die Linienfarbe, -formatierung und -glättung
      With .Border
         .ColorIndex = 1
         .Weight = xlThin
         .LineStyle = xlContinuous
      End With
    End With

'Beschriftung und Größe der x-Achse
   With .Axes(xlCategory)
      .HasTitle = True
      .AxisTitle.Caption = "x"
      With .Border
         .ColorIndex = 1
         .Weight = xlThin
         .LineStyle = xlContinuous
      End With
```

```
        .TickLabels.Orientation = xlHorizontal
        With .TickLabels.Font
            .Name = "Arial"
            .FontStyle = "Standard"
            .Size = 8
        End With
    End With

'Beschriftung und Größe der y-Achse
    With .Axes(xlValue)
        .HasTitle = True
        .AxisTitle.Caption = "y"
        With .Border
            .ColorIndex = 1
            .Weight = xlThin
            .LineStyle = xlContinuous
        End With
        .TickLabels.Orientation = xlHorizontal
        With .TickLabels.Font
            .Name = "Arial"
            .FontStyle = "Standard"
            .Size = 8
        End With
    End With

'die Formatierung der Legende
    With .Legend.Font
        .Name = "Arial"
        .FontStyle = "Standard"
        .Size = 8
    End With

'die Formatierung des Titels
    With .ChartTitle
```

```
            .Caption = "Funktionen"
            With .Font
                .Name = "Arial"
                .FontStyle = "Bold"
                .Size = 14
            End With
        End With

    .Deselect

    End With
End Sub
```

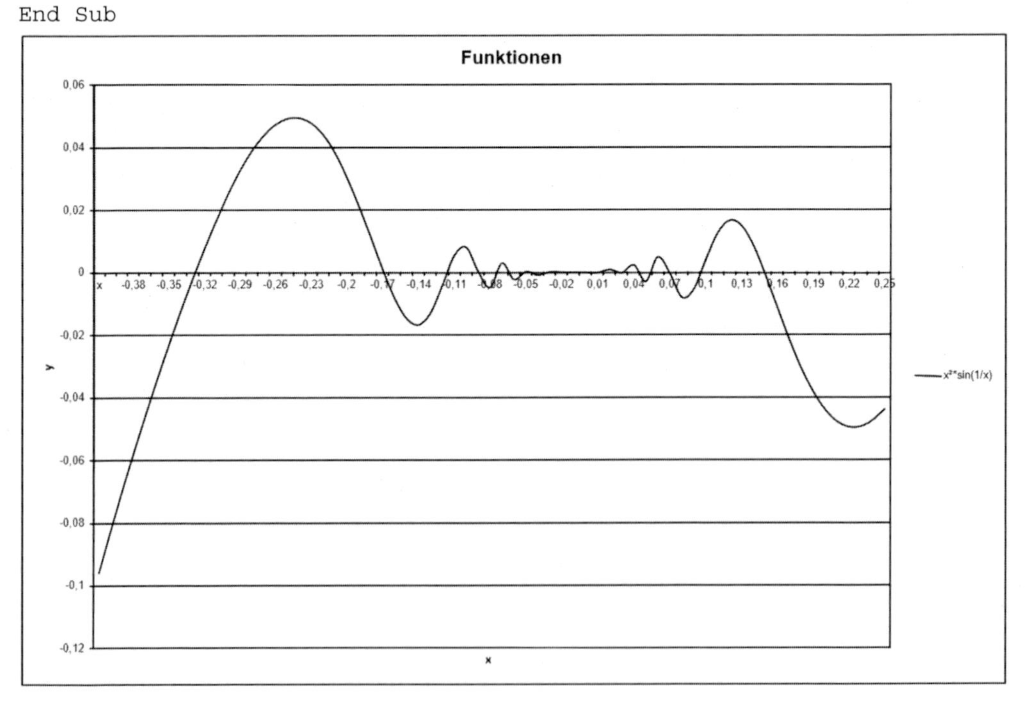

Abbildung 24: Eine Schwingungsfunktion (x²*sin(1/x)

Viele der verwendeten Befehle sind überflüssig, da man auch die Standardeinstellung von Excel verwenden könnte. Allerdings kann in einem Projekt nicht sichergestellt sein, dass der Benutzer nicht einige Grundeinstellungen geändert hat. Dann würde er ein anderes Diagramm erhalten.

Und so können alle mathematischen Funktionen (auch für technische, physikalische, chemische ... Prozesse) dargestellt werden, dazu zählen zum Beispiel ganzrationale Funktionen, rationale Funktionen oder Absolutfunktionen, Potenzfunktionen, Schwingungsfunktionen und Algebraische Funktionen.

14.14.1 Übungen zu den Diagrammen

Übung 1

Wie muss der Code aus dem obenstehenden Beispiel modifiziert werden, damit er nicht nur für eine Funktion, sondern gleich für mehrere Funktionen verwendet werden kann?

Übung 2

Wie muss der Code aus dem obenstehenden Beispiel modifiziert werden, damit das Diagramm nicht als eigenes Blatt, sondern als Objekt auf dem Tabellenblatt angezeigt wird?

Übung 3

Das Diagramm aus Übung 2 hat einen Nachteil: Diagrammfläche und Zeichnungsfläche sind transparent. Was muss geändert werden, damit diese beiden Flächen weiß formatiert sind?

Übung 4

Einige Funktionen streben asymptotisch gegen ∞. Skalieren Sie den Wertebereich zwischen –5 und +5.

Übung 5

Der Tangens bewegt sich bei Vielfachen von π/2 asymptotisch gegen +∞ von links und gegen -∞ von rechts. Finden Sie in den Werten die Sprünge heraus und formatieren Sie diese Sprünge weg (`xlNone`).

14.14.2 Tipps zu den Übungen zu den Diagrammen

Tipp zu Übung 1

Überprüfen Sie, wo im Code lediglich auf zwei Spalten zugegriffen wird!

Tipp zu Übung 3 und 4

Dieser Befehl kann per Makrorekorder ermittelt werden.

Tipp zu Übung 5

Für die Lösung dieser Aufgabe muss ein Zähler jeweils zwei übereinanderliegende Werte miteinander vergleichen. Ist das Produkt negativ und kleiner eine bestimmte Zahl (beispielsweise 30), dann wird dieser Datenpunkt wegformatiert.

14.14.3 Lösungen zu den Übungen zu den Diagrammen

Lösung 1

Der Code kann auch für mehrere Funktionen verwendet werden, da an keiner Stelle explizit auf die zweite Spalte für die y-Werte Bezug genommen wird.

Lösung 2

Es wird ein weiteres Objekt deklariert:

```
Dim xlChart As ChartObject
```

Damit wird das Diagramm erzeugt:

```
[...]
Set xlChart = ActiveSheet.ChartObjects.Add(100, 50, 600, 350)
Set xlDia = xlChart.Chart
[...]
```

Der Rest des Codes kann bleiben.

Lösung 3

Dazu muss geändert werden:

```
   With .PlotArea
       .Interior = xlSolid
       .Interior.ColorIndex = 2
[...]
End With

   With .ChartArea
       .Interior = xlSolid
       .Interior.ColorIndex = 2
[...]
```

Lösung 4

```
   With ActiveChart.Axes(xlValue)
        .MinimumScale = -5
        .MaximumScale = 5
[...]
```

Lösung 5

Die größte Schwierigkeit dürfte hierbei das Durchlaufen und das Überprüfen der Zellen sein. Ist die Zeile und die Spalte gefunden, so kann die Linieneigenschaft auf `xlNone` gesetzt werden. Die Lösung wurde in einer zweiten Prozedur ausgelagert:

```
Sub UnendlichEntfernen(xlDia As Chart, xlZelle As Range)
   Dim intZeilen As Integer
   Dim intSpalten As Integer
   Dim i As Integer
   Dim j As Integer
   Dim dblProdukt As Double

   intZeilen = xlZelle.CurrentRegion.Rows.Count
   intSpalten = xlZelle.CurrentRegion.Columns.Count

   For i = 2 To intSpalten
      For j = 3 To intZeilen
        dblProdukt = xlZelle.CurrentRegion.Cells(j, i).Value * _
         xlZelle.CurrentRegion.Cells(j - 1, i).Value
         If dblProdukt < -30 Then
            xlDia.SeriesCollection(i - 1). _
            Points(j - 1).Border.LineStyle = xlNone
         End If
      Next j
   Next i
End Sub
```

Diese Prozedur wird am Ende der anderen Routine aufgerufen:

```
UnendlichEntfernen xlDia, xlZelle
```

Darüber hinaus sollten die Ober- und Untergrenzen der y-Achse festgelegt werden, beispielsweise auf den Wert +/- 10:

```
xlDia.Axes(xlValue).MinimumScale = -10
xlDia.Axes(xlValue).MaximumScale = 10
```

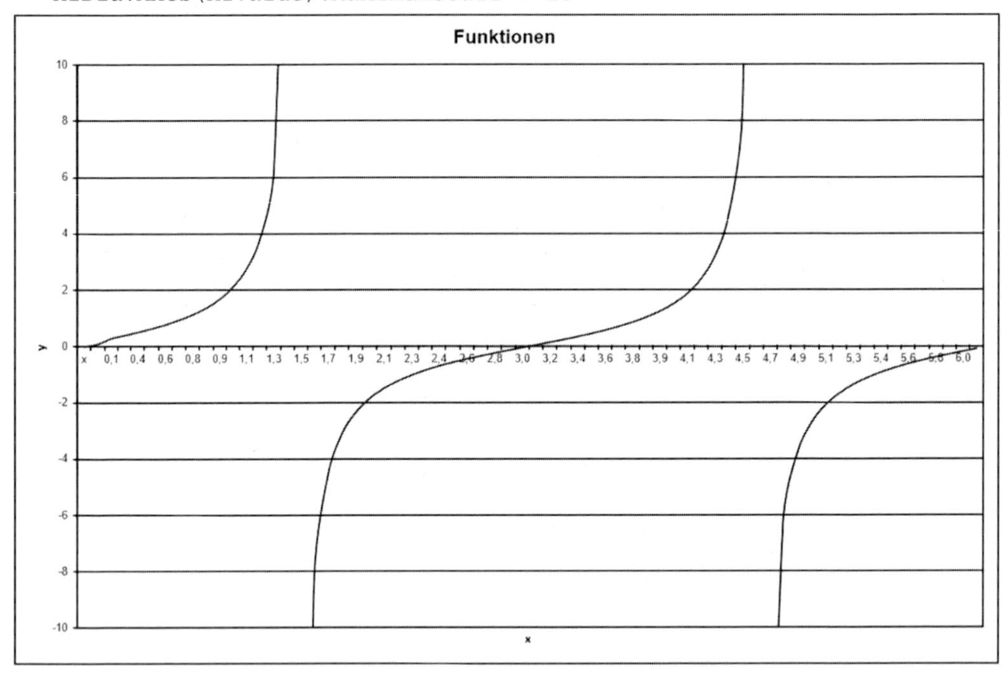

Abbildung 25: Eine trigonometrische Funktion (Tangens)

14.15 Ereignisse in Excel

Im Projekt der Arbeitsmappe stehen zwei verschiedene Objekttypen zur Verfügung. Das „oberste" Objekt „DieseArbeitsmappe" und die einzelnen Tabellen. Die Mappe besitzt folgende Ereignisse:

```
Activate(), AddinInstall(), AddinUninstall(), AfterSave(ByVal Success
As Boolean), AfterXmlExport(ByVal Map As XmlMap, ByVal Url As String,
ByVal Result As XlXmlExportResult), AfterXmlImport(ByVal Map As
XmlMap, ByVal IsRefresh As Boolean, ByVal Result As
XlXmlImportResult), BeforeClose(Cancel As Boolean), BeforePrint(Cancel
As Boolean), BeforeSave(ByVal SaveAsUI As Boolean, Cancel As Boolean),
BeforeXmlExport(ByVal Map As XmlMap, ByVal Url As String, Cancel As
Boolean), BeforeXmlImport(ByVal Map As XmlMap, ByVal Url As String,
ByVal IsRefresh As Boolean, Cancel As Boolean), Deactivate(),
```

```
ModelChange(ByVal Changes As ModelChanges), NewChart(ByVal Ch As
Chart), NewSheet(ByVal Sh As Object), Open(), ',
PivotTableCloseConnection(ByVal Target As PivotTable),
PivotTableOpenConnection(ByVal Target As PivotTable),
RowsetComplete(ByVal Description As String, ByVal Sheet As String,
ByVal Success As Boolean), SheetActivate(ByVal Sh As Object),
SheetBeforeDelete(ByVal Sh As Object), SheetBeforeDoubleClick(ByVal Sh
As Object, ByVal Target As Range, Cancel As Boolean),
SheetBeforeRightClick(ByVal Sh As Object, ByVal Target As Range,
Cancel As Boolean), SheetCalculate(ByVal Sh As Object),
SheetChange(ByVal Sh As Object, ByVal Target As Range),
SheetDeactivate(ByVal Sh As Object), SheetFollowHyperlink(ByVal Sh As
Object, ByVal Target As Hyperlink),
SheetLensGalleryRenderComplete(ByVal Sh As Object),
SheetPivotTableAfterValueChange(ByVal Sh As Object, ByVal
TargetPivotTable As PivotTable, ByVal TargetRange As Range),
SheetPivotTableBeforeAllocateChanges(ByVal Sh As Object, ByVal
TargetPivotTable As PivotTable, ByVal ValueChangeStart As Long, ByVal
ValueChangeEnd As Long, Cancel As Boolean),
SheetPivotTableBeforeCommitChanges(ByVal Sh As Object, ByVal
TargetPivotTable As PivotTable, ByVal ValueChangeStart As Long, ByVal
ValueChangeEnd As Long, Cancel As Boolean),
SheetPivotTableBeforeDiscardChanges(ByVal Sh As Object, ByVal
TargetPivotTable As PivotTable, ByVal ValueChangeStart As Long, ByVal
ValueChangeEnd As Long), SheetPivotTableChangeSync(ByVal Sh As Object,
ByVal Target As PivotTable), SheetPivotTableUpdate(ByVal Sh As Object,
ByVal Target As PivotTable), SheetSelectionChange(ByVal Sh As Object,
ByVal Target As Range), SheetTableUpdate(ByVal Sh As Object, ByVal
Target As TableObject), Sync(ByVal SyncEventType As
Office.MsoSyncEventType), WindowActivate(ByVal Wn As Window),
WindowDeactivate(ByVal Wn As Window), WindowResize(ByVal Wn As Window)
```

Für ein einzelnes Tabellenblatt liegen die nachfolgenden 17 Ereignisse vor:

```
Activate(), BeforeDelete(), BeforeDoubleClick(ByVal Target As Range,
Cancel As Boolean), BeforeRightClick(ByVal Target As Range, Cancel As
Boolean), Calculate(), Change(ByVal Target As Range), Deactivate(),
FollowHyperlink(ByVal Target As Hyperlink),
LensGalleryRenderComplete(), PivotTableAfterValueChange(ByVal
TargetPivotTable As PivotTable, ByVal TargetRange As Range),
PivotTableBeforeAllocateChanges(ByVal TargetPivotTable As PivotTable,
ByVal ValueChangeStart As Long, ByVal ValueChangeEnd As Long, Cancel
As Boolean), PivotTableBeforeCommitChanges(ByVal TargetPivotTable As
```

```
PivotTable, ByVal ValueChangeStart As Long, ByVal ValueChangeEnd As
Long, Cancel As Boolean), PivotTableBeforeDiscardChanges(ByVal
TargetPivotTable As PivotTable, ByVal ValueChangeStart As Long, ByVal
ValueChangeEnd As Long), PivotTableChangeSync(ByVal Target As
PivotTable), PivotTableUpdate(ByVal Target As PivotTable),
SelectionChange(ByVal Target As Range), TableUpdate(ByVal Target As
TableObject)
```

Auch für Diagrammblätter gibt es einige Ereignisse:

```
Activate(), BeforeDoubleClick(ByVal ElementID As Long, ByVal Arg1 As
Long, ByVal Arg2 As Long, Cancel As Boolean), BeforeRightClick(Cancel
As Boolean), Calculate(), Deactivate(), MouseDown(ByVal Button As
Long, ByVal Shift As Long, ByVal x As Long, ByVal y As Long),
MouseMove(ByVal Button As Long, ByVal Shift As Long, ByVal x As Long,
ByVal y As Long), MouseUp(ByVal Button As Long, ByVal Shift As Long,
ByVal x As Long, ByVal y As Long), Resize(), Select(ByVal ElementID As
Long, ByVal Arg1 As Long, ByVal Arg2 As Long), SeriesChange(ByVal
SeriesIndex As Long, ByVal PointIndex As Long)
```

Daneben können mit den vier Methoden

```
Application.OnKey
Application.OnRepeat
Application.OnTime
Application.OnUndo
```

per Programmierung weitere Ereignisse erzeugt werden.

14.16 Übungen zu den Ereignissen

Übung 1

Ein Klick auf das letzte Tabellenblatt soll bewirken, dass auf das erste Blatt zurückgesprungen wird.

Übung 2

In der Spalte C kann ein Benutzer verschiedene Werte eintragen. Die Summe davon wird in der Zelle D1 als Wert gespeichert. Schreibt der Benutzer also in C1 den Wert 13, dann steht in D1 13. Wird der Wert in C1 mit 7 überschrieben, dann steht in D1 20.

Übung 3

Beim Öffnen einer Datei wird eine Userform geöffnet.

Übung 4

Beim Schließen der Datei wird eine Sicherheitskopie der Datei in dem Ordner *C:\Eigene Dateien\Sicherung* unter dem Dateinamen plus dem aktuellen Datum erzeugt.

14.17 Lösungen zu den Übungen zu den Ereignissen

Lösung 1

Damit sich der Benutzer nicht wundert, sollte das Tabellenblatt umbenannt werden (beispielsweise in „<<Zurück“). Im VBA-Editor wird das Blatt dieser Mappe ausgewählt, dem Objekt „Worksheet“ wird das Ereignis `Activate` zugewiesen. Der Befehl lautet:

```
Worksheets(1).Activate
```

Damit ist der Fehler ausgeschlossen, wenn der Benutzer das erste Blatt umbenennt oder das erste Blatt verschiebt (dann wäre es nicht mehr das erste Blatt). Angesprungen wird immer die Nummer 1.

```
Private Sub Worksheet_Activate()
   Worksheets(1).Activate
End Sub
```

Lösung 2

Im entsprechenden Arbeitsblatt wird folgender Code im Ereignis Worksheet_Change eingegeben:

```
Private Sub Worksheet_Change(ByVal Target As Range)
   If Target.Column = 3 Then
      If IsNumeric(Target.Value) Then
         ActiveSheet.Range("D1").Value = _
            ActiveSheet.Range("D1").Value + Target.Value
      End If
   End If
End Sub
```

Lösung 3

```
Private Sub Workbook_Open()
   frmEingabeMaske.Show
End Sub
```

Lösung 4

```
Private Sub Workbook_BeforeClose(Cancel As Boolean)
   Application.ActiveWorkbook.SaveCopyAs _
      Filename:="c:\Eigene Dateien\" & _
      Left(ActiveWorkbook.Name, Len(ActiveWorkbook.Name) - 4) _
      & Format(Date, "DDMMYY") & ".xlsx"
End Sub
```

Achtung: Wenn Sie die Sicherungskopie öffnen und die Makros aktivieren, dann enthält diese Datei die gleichen Makros wie die Ursprungsdatei und damit auch das Workbook_BeforeClose-Makro. Wird nun die Sicherungsdatei geschlossen, dann wird diese Datei unter ihrem Namen plus dem Datum gespeichert. So wird also aus „Test070600.xlsx" die Datei „Test070600070600.xlsx".

14.18 Einige nützliche, erstaunliche und lustige Befehle

Einige der Befehle, die in VBA für Word verwendet wurden, könnten auch hier stehen. Dazu zählen: `Application.Caption` und `Application.Dialogs`. Alle übrigen sind Word-spezifisch. An dieser Stelle soll erläutert werden, wie Makros aus anderen Dateien verwendet werden können und wie man Makros in andere Dateien schreiben kann. Diese Befehle können auch in Word verwendet werden.

14.18.1 Starten von Makros aus anderen Dateien

Mit der `Run`-Methode des Application-Objekts kann ein Makro aus einer anderen Excel-Datei gestartet werden. Das folgende Beispiel öffnet eine Datei, startet das Makro und schließt die Datei wieder:

```
Sub FremderZugriff()
   Application.Workbooks.Open _
      "c:\Eigene Dateien\Excel\Test.xlsx"
   Application.Run "Test.xlsx!Versuch"
   Application.Workbooks("Test.xlsx").Close
End Sub
```

14.18.2 Lesen und Schreiben von Makros aus/in andere Dateien (VBE)

Aus einer anderen Datei können auf alle Speicherorte für Makros zugegriffen werden. Hierzu steht die Eigenschaft `VBProject` zur Verfügung. Sie enthält die `VBComponents`.

Das folgende Makro listet alle Speicherorte, Mappe, Tabellenblätter, Module, Klassen und Formulare auf:

```
Sub MakroSpeicherortListe()
    Dim xlMappe As Workbook
    Set xlMappe = Application.Workbooks("Test.xlsm")
    For i = 1 To xlMappe.VBProject.VBComponents.Count
        strliste = strliste & vbCr & _
            xlMappe.VBProject.VBComponents(i).Name
    Next

    MsgBox strliste
End Sub
```

Nun kann auf eines der Module zugegriffen werden. Das folgende Makro zählt die Deklarationszeilen und die Befehlszeilen in Modul1:

```
Sub MakrosAuflisten()
    Dim xlMappe As Workbook
    Set xlMappe = Application.Workbooks("Test.xlsm")
    With xlMappe.VBProject.VBComponents("Modul1").CodeModule
        MsgBox .CountOfLines
        MsgBox .CountOfDeclarationLines
    End With
End Sub
```

Das folgende Makro liest alle Codezeilen aus:

```
Sub MakrosLesen()
    Dim xlMappe As Workbook
    Dim i As Integer
    Set xlMappe = Application.Workbooks("Test.xlsm")
    With xlMappe.VBProject.VBComponents _
        ("Modul1").CodeModule
        i = .CountOfLines
        MsgBox .Lines(1, i)
    End With
End Sub
```

Leider kann man nicht den Code aus geschützten Projekten auslesen.

Module können auch per Programmierung erzeugt werden. Das folgende Makro erzeugt ein neues Modul und gibt ihm einen Namen:

```
Sub NeuesModul()
   Dim xlMappe As Workbook
   Dim xlModul As VBComponent
   Set xlMappe = Application.Workbooks("Test.xlsm")
   Set xlModul = _
      xlMappe.VBProject.VBComponents.Add(vbext_ct_StdModule)
   xlModul.Name = "Wuschi" & _
      xlMappe.VBProject.VBComponents.Count
End Sub
```

Das folgende Makro schreibt Code in Modul1. Dafür wird der Befehl InsertLines verwendet. Er verlangt zwei Werte: die Position der neuen Codezeile und den Code als Zeichenkette.

```
Sub MakrosNeuSchreiben()
   Dim xlMappe As Workbook
   Set xlMappe = Application.Workbooks("Test.xlsm")
   With xlMappe.VBProject.VBComponents("Modul1").CodeModule
      .InsertLines 1, "Sub Bösartig()"
      .InsertLines 2, "MsgBox ""Festplatte wird formatiert"""
      .InsertLines 3, "End Sub"
   End With
End Sub
```

Das folgende Makro erzeugt ein `AutoOpen`-Makro in einer anderen Datei, speichert diese und schließt sie:

```
Sub MakrosNeuSchreiben2()
   Dim xlMappe As Workbook
   Set xlMappe = Application.Workbooks("Test.xlsm")
   With xlMappe.VBProject.VBComponents _
      ("DieseArbeitsmappe").CodeModule
      .DeleteLines 1, .CountOfLines
      .InsertLines 1, "Private Sub Workbook_Open()"
      .InsertLines 2, "MsgBox ""Sie sind nicht berechtigt, " & _
         "diese Datei zu bearbeiten."", vbCritical"
      .InsertLines 3, "End Sub"
   End With
   xlMappe.Save
   xlMappe.Close
End Sub
```

15 Das Objektmodell von PowerPoint

Es gibt wenig Unterschiede zwischen dem Aufbau und der Hierarchie der Objekte, Listen, Eigenschaften und Methoden in PowerPoint, und derer in Excel oder Word. Da die PowerPoint-Programmierung nur einen geringen Stellenwert innerhalb der Office-Programmierung einnimmt, wird dieses Kapitel kürzer als die beiden vorhergehenden gehalten. Leider steht Ihnen in PowerPoint seit der Version 2010 – anders als in Excel und Word – kein Makrorekorder zur Verfügung.

15.1 Datei- und Programmzugriff

Oberstes Objekt ist `Application`. Ihm sind eine Reihe von weiteren Objekten untergeordnet, wie `ActivePresentation`, `ActiveWindow`, `AddIns`, `CommandBars`, `Windows`, und andere. Aber auch Eigenschaften wie `Visible` und `WindowState`. Daneben finden sich die bekannten Eigenschaften `Name` und `Path`, die den Namen und den Pfad von PowerPoint liefern (zum Beispiel „Microsoft PowerPoint" und *C:\Programme\Microsoft Office\Office*). Mit `Caption` wird ebenfalls der Name angezeigt – mit dieser Eigenschaft kann allerdings auch der Eintrag der Titelleiste geändert werden:

```
Application.Caption = "Winzigweich KraftPunkt"
```

Nützliche Methoden von `Application` sind `Quit` und `Run`. Die wichtigste Eigenschaft ist `Presentations` – und davon wiederum die wichtigste `Slides`: die einzelnen Seiten, Folien oder Dias. Eine Präsentation kann geöffnet werden mit der Methode `Open`:

```
Application.Presentations.Open ReadOnly, Untiteld, WithWindow
```

Parameter	Bedeutung
ReadOnly	öffnet die Datei schreibgeschützt.
Untitled	öffnet eine Kopie der Datei.
WithWindow	öffnet die Datei in einem sichtbaren Fenster.

Tabelle 94: Die Methode Open der Sammlung Presentations

Das Gegenteil ist die Methode `Close`:

```
Application.Presentations("DUCK.potx").Close
```

und das Speichern besorgt `Save`, `SaveAs` und `SaveAsCopy`. Beispielsweise:

```
Application.Presentations("DUCK.potx").Save
```

oder:

```
ActivePresentation.Save
```

Eine neue Präsentation wird mit der Methode `Add` erzeugt:

```
Presentations.Add
```

Und schließlich wird zum Drucken die Methode `PrintOut` verwendet. Sollten mehrere Präsentationen geöffnet sein, dann kann über die Presentations-Sammlung oder über die Windows-Sammlung darauf zugegriffen werden. Dabei kann die `Caption` eines Window-Objekts oder die Eigenschaft `Name` eines Presentation-Objekts abgefragt werden.

15.2 Folien

Eine neue Folie wird mit der Methode `Add` des Objekts `Slides` hinzugefügt. Die Methode `Add` benötigt zwei Parameter: die Nummer der Folie, die nicht größer sein darf als die Anzahl der vorhandenen Folien + 1 und das Layout der Folie. Beides kann an eine Objektvariable übergeben werden. Beispielsweise:

```
ActivePresentation.Slides.Add Index:=18, _
   Layout:=ppLayoutTextAndClipart
```

oder:

```
Dim ppFolie As Slide
Set ppFolie = ActivePresentation.Slides.Add(18, _
   ppLayoutTextAndClipart)
```

Einige der Layout-Bezeichnungen in VBA (je nach Version existieren unterschiedliche Layouts):

ppLayoutBlank	ppLayoutChart	ppLayoutChartAndText	ppLayoutClipartAndText
ppLayoutClipArtAndVerticalText	ppLayoutComparison	ppLayoutContentWithCaption	ppLayoutCustom
ppLayoutFourObjects	ppLayoutLargeObject	ppLayoutMediaClipAndText	ppLayoutMixed
ppLayoutObject	ppLayoutObjectAndText	ppLayoutObjectAndTwoObjects	ppLayoutObjectOverText
ppLayoutOrgchart	ppLayoutPictureWithCaption	ppLayoutSectionHeader	ppLayoutTable
ppLayoutText	ppLayoutTextAndChart	ppLayoutTextAndClipart	ppLayoutTextAndMediaClip
ppLayoutTextAndObject	ppLayoutTextAndTwoObjects	ppLayoutTwoObjectsAndObject	ppLayoutTwoObjectsAndText

ppLayoutTwoObjectsOver-Text	ppLayoutVerti-calText	ppLayoutVerticalText	ppLayoutVerticalTit-leAndText
ppLayoutVerticalTitleAnd-TextOverChart			

Tabelle 95: Die Layouts in PowerPoint

Die Anzahl der vorhandenen Seiten kann über die Eigenschaft `Count` ermittelt werden. Damit kann ans Ende einer Präsentation eine neue Folie eingefügt werden:

```
ActivePresentation.Slides.Add _
    Index:=ActivePresentation.Slides.Count + 1, _
    Layout:=ppLayoutVerticalTitleAndTextOverChart
```

Mit der Methode `Delete` wird eine Folie gelöscht. Der folgende Befehl löscht die letzte Folie der aktuellen Präsentation:

```
ActivePresentation.Slides(ActivePresentation.Slides.Count.Delete
```

Mit den Methoden `Cut`, `Copy` und `Paste` können einzelne Folien verschoben werden und mit `Duplicate` dupliziert. Die Eigenschaft `Name` weist einer Folie einen Namen zu.

15.3 Folienhintergründe

Eine Folie erhält mit der Eigenschaft `Background.Fill` einen Hintergrund:

```
ActivePresentation.Slides(1).Background.Fill
```

Allerdings benötigt die Eigenschaft `Fill` noch weitere Eigenschaften:

Eigenschaften von Fill	Bedeutung
ForeColor	legt die Musterfarbe fest.
BackColor	legt die Hintergrundfarbe des Musters fest.
OneColorGradient	erzeugt einen Farbverlauf mit einer Farbe.
TwoColorGradient	erzeugt einen zweifarbigen Farbverlauf.
Patterned	legt ein Hintergrundmuster fest.
PresetGradient	verwendet einen vordefinierten Verlauf für den Hintergrund.
PresetTextured	verwendet eine vordefinierte Struktur für den Hintergrund.

Tabelle 96: Die Hintergrundeigentschaften der Folien

Das folgende Makro erzeugt fünf neue Folien am Beginn der Präsentation und weist ihnen verschiedene Fülleffekte zu.

```
Sub Folienhintergründe()
   Dim intZähler As Integer
   For intZähler = 1 To 5
      ActivePresentation.Slides.Add 1, ppLayoutBlank
   Next intZähler
   'Die erste Folie erhält einen einfachen Hintergund
   With ActivePresentation.Slides(1)
      .FollowMasterBackground = msoFalse
      With .Background
       .Fill.ForeColor.RGB = RGB(216, 27, 221)
       .Fill.Solid
      End With
   End With

   'Die zweite Folie erhält einen diagonalen Verlauf
   With ActivePresentation.Slides(2)
       .FollowMasterBackground = msoFalse
       With .Background
      .Fill.ForeColor.RGB = RGB(255, 51, 0)
      .Fill.BackColor.SchemeColor = ppAccent1
      .Fill.TwoColorGradient msoGradientFromCorner, 1
      End With
   End With

   'Die dritte Folie erhält einen vordefinierten Verlauf
   With ActivePresentation.Slides(3)
      .FollowMasterBackground = msoFalse
      With .Background
      .Fill.ForeColor.RGB = RGB(166, 3, 171)
      .Fill.BackColor.RGB = RGB(166, 3, 171)
      .Fill.PresetGradient msoGradientVertical, 1, msoGradientRainbow
      End With
   End With
```

```
    'Die vierte Folie erhält eine Struktur
    With ActivePresentation.Slides(4)
        .FollowMasterBackground = msoFalse
        With .Background
        .Fill.ForeColor.RGB = RGB(255, 204, 102)
        .Fill.BackColor.SchemeColor = ppAccent1
        .Fill.PresetTextured msoTextureWovenMat
        End With
    End With

    'Die fünfte Folie erhält ein Muster
    With ActivePresentation.Slides(5)
        .FollowMasterBackground = msoFalse
        With .Background
        .Fill.ForeColor.RGB = RGB(0, 255, 0)
        .Fill.BackColor.RGB = RGB(255, 255, 0)
        .Fill.Patterned msoPatternWideUpwardDiagonal
        End With
    End With
End Sub
```

15.4 Objekte auf Folien

Soll auf einer Folie ein Objekt – zum Beispiel eine Grafik – eingefügt werden, so kann dies mit dem Befehl

```
AddPicture
```

geschehen. Dabei werden mehrere Eigenschaften verwendet, wie die Bildgröße (`Width` und `Height`), die Lage des Bildes (`Left` und `Top`) und die Frage, ob das Bild verknüpft werden soll (`LinkToFile`).

```
Sub Bilder()
    Dim ppBuildl As Shape
    On Error Resume Next
    ActivePresentation.Slides.Add 1, ppLayoutBlank
        Set ppBuildl = ActivePresentation.Slides(1). _
        Shapes.AddPicture(FileName:="D:\TEXTE\BILDER\SCHWUNG.BMP", _
```

```
        LinkToFile:=msoFalse, _
        SaveWithDocument:=msoTrue, _
        Left:=575, Top:=75, _
        Width:=100, Height:=100)
End Sub
```

Dabei ist `Filename` der (vollständige) Dateiname der Grafik und `LinkToFile` der Parameter, der festlegt, ob die Graphik eingefügt oder verknüpft ist. Ist sie verknüpft, so kann darüber hinaus festgelegt werden, ob sie mit dem Dokument gespeichert wird:

`Left` und `Top` geben den Abstand vom linken und oberen Seitenrand an, `Width` und `Height` die Breite und Höhe. Auch dieses Objekt muss nicht an eine Objektvariable übergeben werden, sondern kann alleine stehen:

```
ActiveWindow.Selection.SlideRange. _
    Shapes.AddPicture( _
    FileName:="D:\TEXTE\BILDER\SCHWUNGLOGO.BMP", _
    LinkToFile:=msoFalse, _
    SaveWithDocument:=msoTrue, _
    Left:=575, Top:=75, _
    Width:=100, Height:=100).Select
```

Das Ganze funktioniert auch hier „ohne Markierung", das heißt ohne den Befehl `Select`, wie er durch Aufzeichnung ermittelt wird:

```
Dim ppBild As Shape
Set ppBild = _
    ActivePresentation.Slides(1).Shapes.AddPicture _
    (FileName:="C:\Eigene Dateien\MonaLisa.bmp", _
    LinkToFile:=msoFalse, _
    SaveWithDocument:=msoTrue, _
    Left:=575, Top:=75, _
    Width:=100, Height:=100)
```

Um Text auf einer Folie an eine vorgegebene Position einzufügen, wählen Sie das Objekt `Shapes`. Dazu müssen Sie die Namen der verschiedenen Shapes wissen. Die wiederum kann man sich bei vorhandenen Folien sichtbar machen lassen mit der Eigenschaft `Name`:

```
Sub Objekteauflisten()
    Dim ppObjekte As Shape
    Dim strNamensListe As String
```

```
    For Each objekte In ActiveWindow.Selection.SlideRange.Shapes
        strNamensListe = strNamensListe & objekte.Name & " / "
    Next

    MsgBox strNamensListe
End Sub
```

Die Objekte beginnen ihre Zählung mit `Rectangle` 2. Soll also auf einer Titelfolie eine Überschrift und ein Untertitel eingetragen werden, so erreichen Sie dies mit:

```
Sub Text_Auf_Titelfolie()
    ActivePresentation.Slides.Add 1, ppLayoutTitle

    With ActivePresentation.Slides(1)
        .Shapes("Rectangle 2").TextFrame.TextRange.Text = _
        "Der Duck-Konzern"

        .Shapes("Rectangle 3").TextFrame.TextRange.Text = _
        "Wir über uns"
    End With
End Sub
```

Soll ein neuer Textblock eingefügt werden, dann mit `AddLabel`:

```
Sub Neuer_Text_Einfügen()
    Dim ppTextNeu As Shape
    Dim ppBuildl As Shape
    ActivePresentation.Slides.Add 3, ppLayoutBlank

    With ActivePresentation.Slides(3).Shapes
    Set ppTextNeu = .AddLabel(msoTextOrientationHorizontal, _
        36, 48, 240, 360)
        ppTextNeu.TextFrame.TextRange.Text = _
            "Und was wir noch zu sagen haben..."

        With ppTextNeu.TextFrame.TextRange.Font
            .Name = "Arial"
            .Size = 36
```

```
            .Bold = msoTrue
            .Color = 3
        End With
    End With

        Set ppBuildl = ActivePresentation.Slides(3). _
        Shapes.AddPicture(FileName:="D:\BILDER\SCHWU.BMP", _
        LinkToFile:=msoFalse, _
        SaveWithDocument:=msoTrue, _
        Left:=575, Top:=100, _
        Width:=100, Height:=100)
End Sub
```

Folgende Add-Methoden stehen Ihnen für das Objekt `Shape` zur Verfügung:

Methode	Erstellt
AddCallout	Legende
AddChart2	Diagramm
AddInkShapeFromXML	ink Shape
AddComment	Kommentar
AddConnector	Verbindung
AddCurve	Kurve
AddLabel	Beschriftungsfeld
AddLine	Linie
AddMediaObject2	Mediendatei (Sound, Video, ...)
AddMediaObjectFromEmbedTag	Mediendatei
AddOLEObject	OLE-Objekt
AddPicture	Bild
AddPlaceholder	Platzhalter
AddPolyline	Vielecke
AddShape	AutoForm
AddfTable	Tabelle
AddTextbox	Textfeld

Methode	Erstellt
AddTextEffect	WordArt-Objekt
AddTitle	Folientitel

Tabelle 97:Die verschiedenen Add-Methoden für Shapes

Es ist müßig, die einzelnen Elemente zu beschreiben. So besitzt beispielsweise `AddShape` 139 verschiedene Typen (`Types`), von `msoShape16pointStar` bis `msoShapeWave`.

Exemplarisch sollen die verschiedenen WordArt-Einstellungen erläutert werden, die der Benutzer über das Symbol Einfügen / Text / Wordart erhält.

Der Parameter `PresetTextEffect` besitzt 30 Konstanten, die von `msoTextEffect1` bis `msoTextEffect30` durchnummeriert sind. Ihnen entsprechen die jeweiligen Einstellungen. Das folgende Makro erzeugt eine neue Folie, auf der ein formatiertes WordArt-Objekt eingefügt wird:

```
Sub WordArt_Einfügen()
   Dim ppTextNeu As Shape

   ActivePresentation.Slides.Add 4, ppLayoutBlank
   With ActivePresentation.Slides(4).Shapes

   Set ppTextNeu = .AddTextEffect _
      (PresetTextEffect:=msoTextEffect26, _
      Text:="Wir über uns", _
      FontName:="Arial", _
      FontSize:=36#, _
      FontBold:=msoTrue, _
      FontItalic:=msoFalse, _
      Left:=100, _
      Top:=100)
   End With
   With ppTextNeu
      .ScaleWidth factor:=2.27, _
         relativetooriginalsize:=msoFalse, _
         fscale:=msoScaleFromTopLeft
      .ScaleHeight factor:=1.86, _
```

```
      relativetooriginalsize:=msoFalse, _
      fscale:=msoScaleFromTopLeft
    With .Fill
      .Visible = msoTrue
      .ForeColor.RGB = RGB(166, 3, 171)
      .BackColor.RGB = RGB(166, 3, 171)
      .PresetGradient msoGradientVertical, _
      1, msoGradientRainbow
    End With
  End With
End Sub
```

15.5 Besonderheiten bei der PowerPoint-Programmierung

Steuerelemente

Auf eine Präsentation können Befehlsschaltflächen aus der Symbolleiste „Steuerelemente" gelegt werden, die während einer Bildschirmpräsentation gestartet werden können.

Infos hinter Shapes speichern

An ein Shape kann man eine Information über die Eigenschaft `Name` binden. Wird diese Eigenschaft nicht belegt, dann vergibt PowerPoint einen eigenen Namen, wie beispielsweise „Rectange2". Allerdings muss jeder Name auf einer Folie eindeutig sein, darf also nicht zwei Mal vorkommen. Im folgenden Beispiel wird ein schwarzer Stern auf der letzten Folie eingefügt, dem ein Name zugewiesen wird:

```
Sub NeueShapesMitInfos()
  Dim ppFolie As Slide
  Dim ppShp As Shape

  Set ppFolie = Application.ActivePresentation.Slides _
  (Application.ActivePresentation.Slides.Count)

  Set ppShp = ppFolie.Shapes.AddShape _
    (msoShape5pointStar, 0, 0, 0, 0)
  With ppShp
    .Left = 170
    .Height = 210
```

```
        .Top = 240
        .Width = 210
        .Name = "Anarchie ist machbar!"
        .Fill.Solid
        .Fill.ForeColor.RGB = RGB(0, 0, 0)
        .Line.BackColor.RGB = RGB(255, 255, 255)
    End With
    Set ppShp = Nothing
    Set ppFolie = Nothing
End Sub
```

Man könnte nun alle Namen aller Shapes durchlaufen und auslesen. Beispielsweise so:

```
Sub InfosAuslesen()
    Dim ppFolie As Slide
    Dim ppShp As Shape
    Dim strNamen As String
    Set ppFolie = Application.ActivePresentation.Slides _
    (Application.ActivePresentation.Slides.Count)
    For Each ppShp In ppFolie.Shapes
        If ppShp.Name <> "" Then
            strNamen = strNamen & vbCr & ppShp.Name
        End If
    Next
    MsgBox strNamen
End Sub
```

Statt der Eigenschaft `Name` kann auch die Eigenschaft `AlternativeText` verwendet werden. Sie hat den Vorteil, dass sie nicht eindeutig sein muss. Allerdings schreibt PowerPoint den Text eines Textfeldes auch in die Eigenschaft `AlternativeText`.

Zugegeben: Visio ist für das Thema „Daten an Shapes binden“ das bessere Programm.

15.6 Übungen zu PowerPoint

Übung 1

Eine Schleife durchläuft alle geöffneten Präsentationen und schließt alle, außer der, die gerade sichtbar ist.

Übung 2

Schreiben Sie ein Makro, das die letzten drei Folien einer Präsentation löscht.

Übung 3

Auf der MasterFolie wird ein Firmenname in die rechte obere Ecke gesetzt, unter und neben dem sich ein Strich befindet.

Übung 4

Für jede Bilddatei aus einem bestimmten Verzeichnis wird in einer neuen Präsentation eine neue Folie angelegt, das Bild dort eingefügt und der Dateiname angezeigt.

15.7 Lösungen zu den Übungen zu PowerPoint

Lösung 1

```
Sub SchließeFastAlle1()
   Dim strAktuellPräsName As String
   Dim intZähler As Integer
   strAktuellPräsName = Application.ActivePresentation.Name
   For intZähler = 1 To Presentations.Count
      If Presentations(intZähler).Name <> _
         strAktuellPräsName Then
         Presentations(intZähler).Save
         Presentations(intZähler).Close
      End If
   Next
End Sub
```

Es funktioniert analog auch mit Objektvariablen:

```
Sub SchließeFastAlle2()
   Dim strAktuellPräsName As String
   Dim ppPräsi As Presentation
   strAktuellPräsName = Application.ActivePresentation.Name
   For Each ppPräsi In Presentations
      If ppPräsi.Name <> strAktuellPräsName Then
         ppPräsi.Save
         ppPräsi.Close
```

```
      End If
   Next
End Sub
```

Lösung 2

Achten Sie beim Löschen auf die korrekten Nummern! Wenn eine Präsentation beispielsweise sieben Folien hat und die letzte gelöscht wird, dann hat die Präsentation nunmehr sechs Folien.

```
Sub LöscheDieLetztenDrei()
   Dim intZähler As Integer
   Dim intFolienZahl As Integer
   intFolienZahl = ActivePresentation.Slides.Count
   If intFolienZahl < 3 Then
      MsgBox "Die Präsentation hat weniger als drei Folien"
   Else
      For intZähler = 1 To 3
         ActivePresentation.Slides _
           (intFolienZahl - intZähler + 1).Delete
      Next
   End If
End Sub
```

Lösung 3

```
Sub MasterÄndern()
   Dim ppPräsi As Presentation
   Dim ppMeister As Master
   Dim ppForm As Shape

   Set ppPräsi = Application.ActivePresentation
   Set ppMeister = ppPräsi.SlideMaster
   Set ppForm = _
      ppMeister.Shapes.AddLabel _
      (msoTextOrientationHorizontal, _
      460.75, 27.25, 14.5, 36#)
```

```
      With ppForm.TextFrame.TextRange
         .Text = "Firmenname"
         With .Font
            .Name = "Arial"
            .Size = 24
            .Bold = msoTrue
            .Italic = msoFalse
            .Underline = msoFalse
            .Shadow = msoFalse
            .Emboss = msoFalse
            .BaselineOffset = 0
            .AutoRotateNumbers = msoFalse
            .Color.SchemeColor = ppForeground
         End With
      End With
      ppMeister.Shapes.AddLine 450#, 96#, 618#, 96#
      ppMeister.Shapes.AddLine 432#, 18#, 432#, 66#
End Sub
```

Lösung 4

```
Sub Bilder()
   Dim i As Integer
   Dim dlg As FileDialog
   Dim strPfad As String
   Dim strDateien() As String
   Dim ppApp As Application
   Dim ppDatei As Presentation
   Dim ppFolie As Slide
   Dim ppBild As Shape
   Dim pptxtBox As Shape

   Dim dblVerhältnis As Double
   Dim strBildname As String
```

```
    Set dlg = Application.FileDialog(msoFileDialogFolderPicker)
    dlg.Show
    ' -- der Dialog zur Verzeichnisauswahl

    If dlg.SelectedItems.Count = 0 Then
       MsgBox "Sie haben kein Verzeichnis ausgewählt."
       Exit Sub
    End If

    Set ppDatei = Application.Presentations.Add

    strPfad = dlg.SelectedItems(1)
    If Right(strPfad, 1) <> "\" Then
       strPfad = strPfad & "\"
    End If

    i = 0
    If strPfad <> "\" Then
       strBildname = Dir(strPfad, vbDirectory)   ' Erster Eintrag
       Do While strBildname <> ""     ' Schleife beginnen.
           If strBildname <> "." And strBildname <> ".." Then
               If (GetAttr(strPfad & strBildname)) <> _
                  vbDirectory Then

                   Select Case LCase(Right(strBildname, 3))
                       Case "jpg", "gif", "wmf", "tif", "bmp"
                       ReDim Preserve strDateien(i)
                       strDateien(i) = strBildname
' -- Dateinamen werden in einem Datenfeld gespeichert.
                       i = i + 1
                   End Select
               End If
           End If
```

```
        strBildname = Dir
    Loop
End If

If i = 0 Then
    MsgBox "Es wurden keine Bilder im Ordner " & vbCr & _
    strPfad & vbCr & "gefunden.", vbInformation, "Bilder_DB"
    ppDatei.Saved = msoTrue
    ppDatei.Close
    ' -- falls kein Bild im ausgewählten Ordner
Else
    For i = 0 To UBound(strDateien)
        strBildname = strDateien(i)
        Set ppFolie = ppDatei.Slides.Add _
            (Index:=ActivePresentation.Slides.Count + 1, _
            Layout:=ppLayoutBlank)

        Set ppBild = _
            ppFolie.Shapes.AddPicture _
                (FileName:=strPfad & strBildname, _
            LinkToFile:=msoFalse, SaveWithDocument:=msoTrue, _
            Left:=0, Top:=0)
        If ppBild.Height > ppBild.Width Then
            ppBild.Height = _
                ActivePresentation.PageSetup.SlideHeight * 0.9
            ppBild.Left = _
                ActivePresentation.PageSetup.SlideWidth - _
                ppBild.Width - 10
            ppBild.Top = 30
            Set pptxtBox = _
                ppFolie.Shapes.AddTextbox _
                (msoTextOrientationHorizontal, 60, 30, 1000, 500)
            pptxtBox.TextFrame.TextRange.ParagraphFormat _
                 .Alignment = ppAlignLeft
```

```
            ' -- hochformatiges Bild
         Else
            ppBild.Height = _
               ActivePresentation.PageSetup.SlideHeight * 0.9
'ppBild.ScaleWidth sngVerhältnis, msoFalse, msoScaleFromTopLeft
            ppBild.Left = _
               (ActivePresentation.PageSetup.SlideWidth - _
               ppBild.Width) / 2
            ppBild.Top = 40
               Set pptxtBox = _
            ppFolie.Shapes.AddTextbox _
               (msoTextOrientationHorizontal, 0, 10, _
               ActivePresentation.PageSetup.SlideWidth, 500)
            pptxtBox.TextFrame.TextRange. _
               ParagraphFormat.Alignment = ppAlignCenter
         End If
         pptxtBox.TextFrame.TextRange.Text = strBildname
      Next i

      Set ppFolie = ppDatei.Slides.Add _
         (Index:=1, Layout:=ppLayoutTitleOnly)
      ppFolie.Shapes(1).TextFrame.TextRange.Text = strPfad
      ppFolie.Select
   End If
End Sub
```

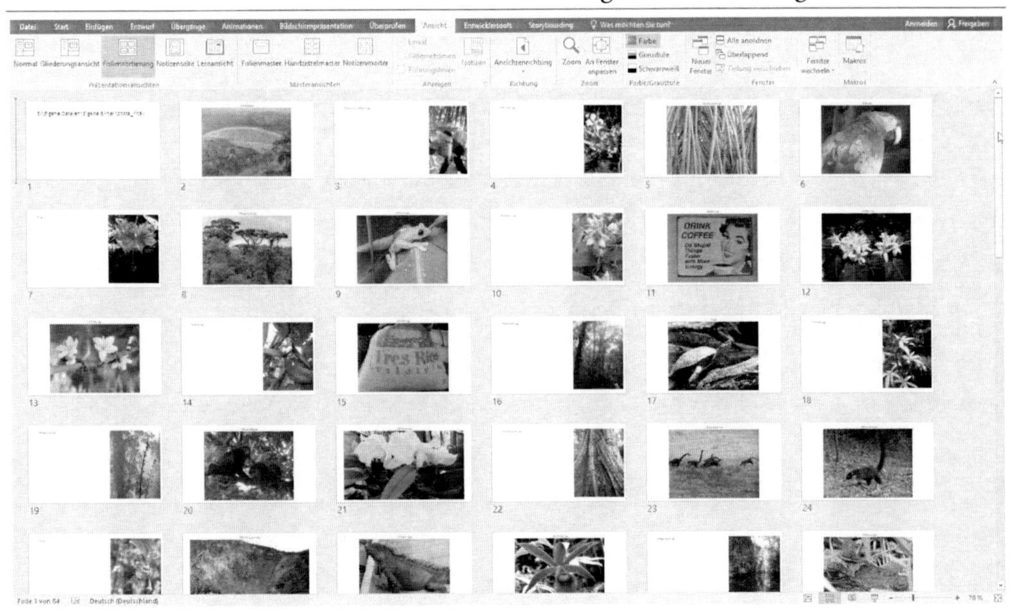

Abbildung 26: Eine Mini-Datenbank in PowerPoint

16 Zugriff auf Visio

Das Programm Visio wurde 1999 von Microsoft gekauft. Schon früh lehnte es seine Oberfläche und seine Bedienung an die Microsoft-Produkte an. Anders als PowerPoint ist es weniger für den Einsatz von Präsentationen mit Beamer oder LCD-Display geeignet, sondern dient in erster Linie zur Erstellung von Geschäftsdiagrammen. Diese können aus verschiedenen Bereichen stammen: Organisationsdiagramme, Ablaufdiagramme, Raumpläne, technische Zeichnungen aus den Bereichen Pneumatik, Hydraulik, Maschinenbau und Elektrotechnik werden ebenso damit erstellt wie Darstellungen zur Softwareentwicklung, Datenbankprogrammierung oder Webdesign. Da dieses Programm in Firmen immer beliebter wird, soll an dieser Stelle das Objektmodell von Visio vorgestellt werden.

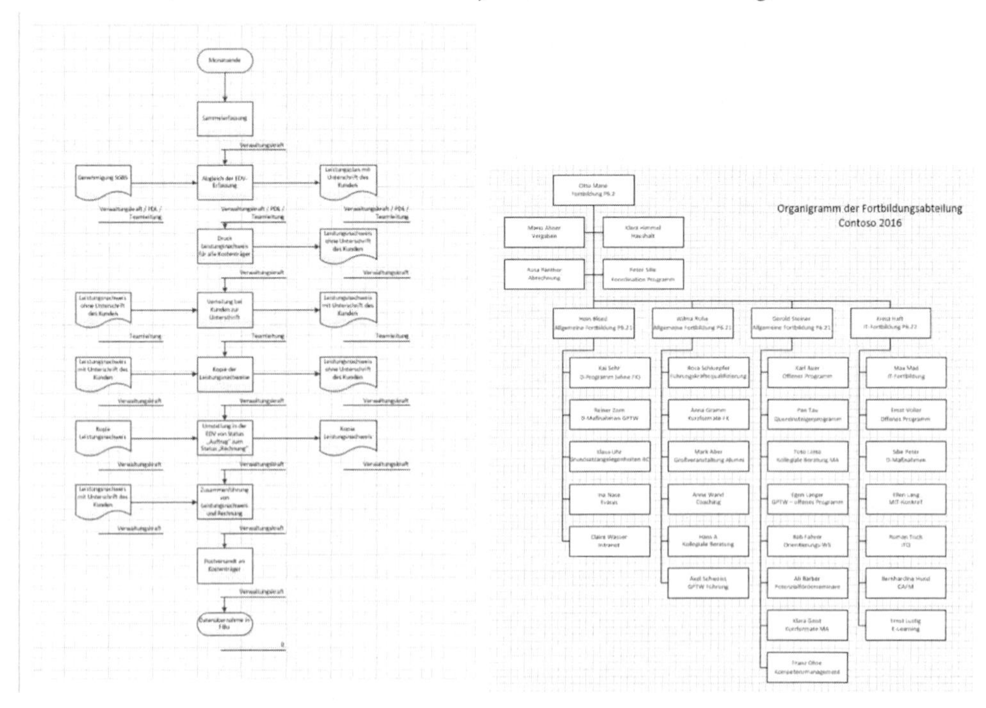

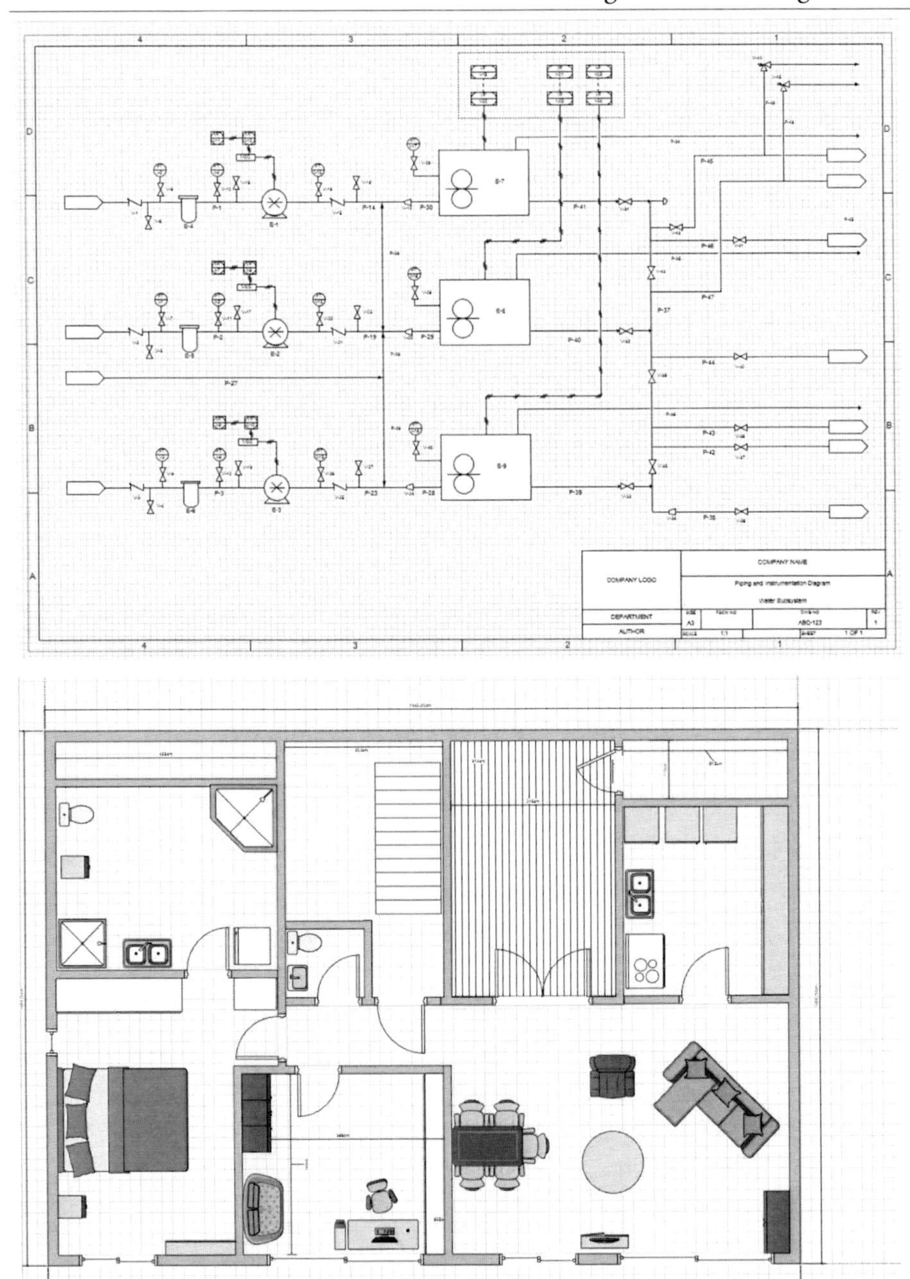

Abbildung 27: Visio ist äußerst vielseitig einsetzbar – einige Beispiele.

16.1 Die oberste Ebene: Application

Auch in Visio wird das Programm, also Visio selbst, mit `Application` bezeichnet. Auf dieses Objekt kann zugegriffen werden. So liefert folgender Programmcode den Namen von Visio:

```
Sub VisioZugriff()
   MsgBox Application.ProductName
End Sub
```

Die folgenden Zeilen listen weitere Informationen über Visio auf:

```
Sub VisioZugriff2()
   MsgBox "Das Programm " & Application.ProductName & _
      " liegt im Ordner " & Application.Path & vbCr & _
      "Es speichert folgende Verzeichnisse: " & vbCr & vbCr & _
      "Zeichnungen: " & vbTab & Application.DrawingPaths & _
      vbCr & "Vorlagen: " & vbTab & Application.TemplatePaths _
      & vbCr & "Schablonen: " & vbTab & _
      Application.StencilPaths & vbCr & "Hilfsdatei: " & vbTab _
      & Application.HelpPaths & vbCr & "Zusatzprogramme: " & _
      vbTab & Application.AddonPaths & vbCr & _
       "Start: " & vbTab & vbTab & Application.StartupPaths & _
      vbCr & "Filter: " & vbTab & vbTab & _
      Application.FilterPaths & vbCr
End Sub
```

Da mit dem alleinigen Objekt Application nicht allzu viel anzufangen ist, werden weitere Objekte benötigt. Die Liste der (offenen) Fenster kann über die Sammlung `Windows` abgefragt werden:

```
MsgBox Application.Windows.Count
```

Folgende Schleife (die bei 1 beginnt) durchläuft alle Fenster und meldet die Beschriftung:

```
Sub VisioDateien1()
Dim i As Integer
   Dim strFensterNamen As String
   For i = 1 To Application.Windows.Count
      strFensterNamen = strFensterNamen & vbCr & _
      Application.Windows(i).Caption
```

```
    Next
    MsgBox strFensterNamen
End Sub
```

Interessanter ist die Sammlung der offenen Dateien; da Schablonen auch Dateien sind werden diese ebenso aufgelistet:

```
Sub VisioDateien2()
    Dim i As Integer
    Dim strDateiNamen As String
    For i = 1 To Application.Documents.Count
        strDateiNamen = strDateiNamen & vbCr & _
            Application.Documents(i).Name
    Next

    MsgBox strDateiNamen
End Sub
```

Das oberste Objekt – Application – muss nicht jedes Mal neu geschrieben werden. Das Beispiel funktioniert auch ohne Application. Und schließlich steht Ihnen noch die Variante mit der Objektvariablendeklaration zur Verfügung.

```
Sub VisioDateien3()
    Dim i As Integer
    Dim strDateiNamen As String
    Dim appVisio As Visio.Application
    Dim docsObj As Visio.Documents

    Set appVisio = Visio.Application
    Set docsObj = Visio.Documents

    For i = 1 To docsObj.Count
        strDateiNamen = strDateiNamen & vbCr & docsObj(i).Name
    Next

    MsgBox strDateiNamen
End Sub
```

Soll dagegen auf das aktuelle Dokument zugegriffen werden, dann steht Ihnen auch das Objekt

```
Application.ActiveDocument
```

oder kürzer:

```
ActiveDocument
```

zur Verfügung. Das Objekt `ThisDocument` bezeichnet – wie in Excel – die Datei, an die der Code gebunden ist; `ActiveDocument` das Dokument, in dem gerade gearbeitet wird. Dieses Document-Objekt hat nun weitere Eigenschaften und Methoden.

16.2 Das Document-Objekt

Es ist fast trivial, dass mit

```
Application.Documents.Open
```

eine bestimmte Datei geöffnet wird. Mit der Methode

```
Application.Documents.Add
```

wird eine leere neue Datei hinzugefügt, wobei auch hier ein `Filename` als Parameter für einen Vorlagennamen angegeben werden kann. Folgender Befehl öffnet eine Visio-Dokumentvorlage:

```
Application.Documents.Add _
    Filename:="C:\Program Files (x86)\Microsoft Office\root\" & _
    "Office16\Visio Content\1031\BLOCK_M.VSTX"
```

Diese beiden Methoden – `Add` und `Save` – sind auf die Sammlung der Dokumente anzuwenden. Ein Dokument, beispielsweise auf `ActiveDocument`, kann mit dem Befehl `Save` (ohne Parameter) gespeichert werden:

```
ActiveDocument.Save
```

Der Befehl `SaveAs` verlangt einen Dateinamen. Beispielsweise so:

```
ActiveDocument.SaveAs _
    Filename:="C:\Lösungen\Test.vsdx"
```

Mit der Methode `SaveAsEx` kann noch ein Parameter hinzugefügt werden, der erläutert, ob die Datei als Read-Only (`visSaveAsRo`) gespeichert wird oder als Workspace (`visSaveAsWS`).

Mit der Methode `Close` wird die Datei geschlossen:

```
ActiveDocument.Close
```

Und Drucken? Dafür ist schnell der Befehl `Print` gefunden:

```
ActiveDocument.Print
```

Was aber, wenn beim Drucken eine Einstellung vorgenommen werden soll? Dann muss mit einer der Parameter der Print-Eigenschaften gearbeitet werden:

Print-Eigenschaft	Erklärung
PrintCenteredH	horizontal zentriert
PrintCenteredV	vertikal zentriert
PrintFitOnPages	auf Seite anpassen
PrintLandscape	drucke im Querformat
PrintPagesAcross	drucke über mehrere Seiten hinweg
PrintPagesDown	drucke von oben nach unten
PrintScale	Druckskala

Tabelle 98: Die Parameter der Print-Eigenschaft

Und Beenden? Dafür ist wieder das Objekt Application zuständig:

```
Application.Quit
```

Nachdem nun erklärt wurde, wie per Automation auf Dateien zugegriffen wird, soll im nächsten Schritt eine Ebene tiefer auf Schablonen und Zeichenblätter zugegriffen werden. In jeder Visio-Zeichnung sind eine oder mehrere Schablonen eingebettet (es ist sehr selten, dass zu einer Zeichnung keine Schablonen geöffnet werden). Eine Zeichnung hat immer ein oder mehrere Zeichenblätter. Beides kann angesteuert werden.

16.3 Schablonen

In Zeichnungen eingebundene Schablonen sind Dateien mit der Endung „*.vssx“ oder „*.vssm“ (bis Visio 2007: „*.vss“). Und als solche werden sie in der Programmierung angesteuert. Sie können geöffnet und geschlossen werden. Das folgende Beispiel öffnet die Dokumentvorlage „Wegbeschreibung“, fügt eine weitere Schablone „Büromöbel“ hinzu („OFFFRN_M.VSSX“) und schließt eine vorhandene Schablone „Verkehrsshapes“ („TRANSP_M.VSSX“). Vergessen Sie nicht die Endung „*.vssx“ beim Öffnen und beim Schließen der Schablone.

```
Sub SchabloneAuf_Und_Zu1()
   Documents.Add _
      FileName:="C:\Program Files (x86)\Microsoft Office" & _
      "\root\Office16\Visio Content\1031\MAP_M.VSTX"
   Documents.OpenEx _
```

```
        "C:\Program Files (x86)\Microsoft Office" & _
        "\root\Office16\Visio Content\1031\" & _
        "OFFFRN_M.VSSX", visOpenDocked
    Documents("TRANSP_M.VSSX").Close
End Sub
```

Das Programm kann auch ohne Pfadangabe geschrieben werden:

```
Sub SchabloneAuf_Und_Zu2()
    Documents.Add _
        FileName:="MAP_M.VSTX"
    Documents.OpenEx "OFFFRN_M.VSSX", visOpenDocked
    Documents("TRANSP_M.VSSX").Close
End Sub
```

16.4 Seiten (das Page-Objekt)

Jede Visio-Zeichnung besitzt eine oder mehrere Seiten. Diese werden – wie könnte es anders sein – durch das Page-Objekt angesteuert. Die Sammlung `Pages` und das Objekt `Page` sind Eigenschaften des Dokumentenobjekts. Die Anzahl der Seiten kann mit der Eigenschaft

```
Pages.Count
```

ermittelt werden. Auf eine einzelne Seite wird entweder mit dem `Item` zugegriffen oder über den Namen der Seite, also beispielsweise mit `Pages("Hintergrund")` oder `Pages(6)`. Beide Varianten haben ihre Vor- und Nachteile, bei jeder Methode sollte überprüft werden, ob der Benutzer möglicherweise die Seite verschoben oder umbenannt hat. Die Methode `Add` fügt eine neue leere Seite an das Ende des Dokuments, die Methode `Delete` löscht eine Seite. Die Eigenschaft `Name` kann abgefragt oder gesetzt werden – im letzteren Fall wird der Zeichnungsballname umbenannt. Soll ein Blatt zu einem Hintergrund werden, dann kann die Eigenschaft

```
Page.Background
```

verwendet werden. Dieser Eigenschaft wird ein Wert zugewiesen. Ist er größer als 0, dann bedeutet es, dass es sich um ein Hintergrundblatt handelt, ist er 0, ist das Blatt ein Vordergrundblatt. Soll nun einem Zeichenblatt ein Hintergrund zugewiesen werden, dann ist die Eigenschaft `BackPage` auf die entsprechende Hintergrundseite zu setzen.

Das folgende Beispiel durchläuft alle Zeichnungsblätter und zeigt die Namen an. Dann wird ein neues Blatt hinzugefügt, zu einem Hintergrundblatt gemacht und „Hintergrund" genannt. Dem ersten Blatt wird anschließend dieser Hintergrund zugewiesen:

```
Sub Seitenändern()
   Dim i As Integer
   Dim strSeitennamen As String
   For i = 1 To ActiveDocument.Pages.Count
      strSeitennamen = strSeitennamen & vbCr & _
         ActiveDocument.Pages(i).Name
   Next i

   MsgBox strSeitennamen

   ActiveDocument.Pages.Add
   ActivePage.Background = 1
   ActivePage.Name = "Hintergrund"
   ActiveDocument.Pages(1).BackPage = "Hintergrund"
End Sub
```

16.5 Shape-Zugriff

Wird auf eine Schablone zugegriffen, dann kann man auch auf dortige Mastershapes zugreifen. Der Befehl

```
Documents(i).Masters.GetNames
```

übergibt die Namen aller Mastershapes an einen Array, wenn es sich bei `Documents(i)` um eine Schablone handelt. Das folgende Beispiel durchläuft alle Dateien, überprüft, ob es sich um Schablonen handelt, und zeigt deren Mastershapenamen an:

```
Sub MastersAnzeigen()
   Dim intMaster As Integer
   Dim intDokumente As Integer
   Dim strMasternames() As String
   Dim strAusgabe As String

   For intDokumente = 1 To Documents.Count
      If Documents(intDokumente).Type = visTypeStencil Then
```

```
            Documents(intDokumente).Masters.GetNames strMasternames

            For intMaster = LBound(strMasternames) _
               To UBound(strMasternames)
               strAusgabe = strAusgabe & ", " & _
                  strMasternames(intMaster)
            Next
            MsgBox Documents(intDokumente).Name & _
               " enthält folgende Mastershapes:" & _
               vbCr & vbCr & Right(strAusgabe, Len(strAusgabe) - 2)
               strAusgabe = ""
         End If
      Next
End Sub
```

Eine Zeichnung kann folgende drei Arten von Shapes beinhalten: Shapes, die in einer Schablone liegen (Mastershapes), Shapes, die sich auf einem Zeichenblatt befinden, und benutzte Mastershapes, die über die Dokumentschablone angezeigt (und weiter verwendet) werden können. Folgende Prozedur durchläuft das aktuelle Dokument und zeigt alle Shapes des Zeichenblatts und alle verwendeten Mastershapes an:

```
Sub Shapes_anzeigen()
   Dim intShapeZähler As Integer
   Dim intBlattzähler As Integer
   Dim intBlattZahl As Integer
   Dim strShapeNamen As String

   intBlattZahl = ActiveDocument.Pages.Count
   For intBlattzähler = 1 To intBlattZahl
      For intShapeZähler = 1 To _
       ActiveDocument.Pages(intBlattzähler).Shapes.Count
         strShapeNamen = strShapeNamen & ", " & _
         ActiveDocument.Pages(intBlattzähler).Shapes _
         (intShapeZähler).Name
      Next
   Next
```

```
    If strShapeNamen <> "" Then
        strShapeNamen = "Die verwendeten Shapes lauten:" & _
            vbCr & vbCr & Right(strShapeNamen, _
            Len(strShapeNamen) - 2)
    End If

    strShapeNamen = strShapeNamen & vbCr & _
        vbCr & "Die verwendeten Mastershapes lauten:" & vbCr

    For intShapeZähler = 1 To ActiveDocument.Masters.Count
        strShapeNamen = strShapeNamen & vbCr & _
            "*  " & ActiveDocument.Masters(intShapeZähler).Name
    Next

    MsgBox strShapeNamen
End Sub
```

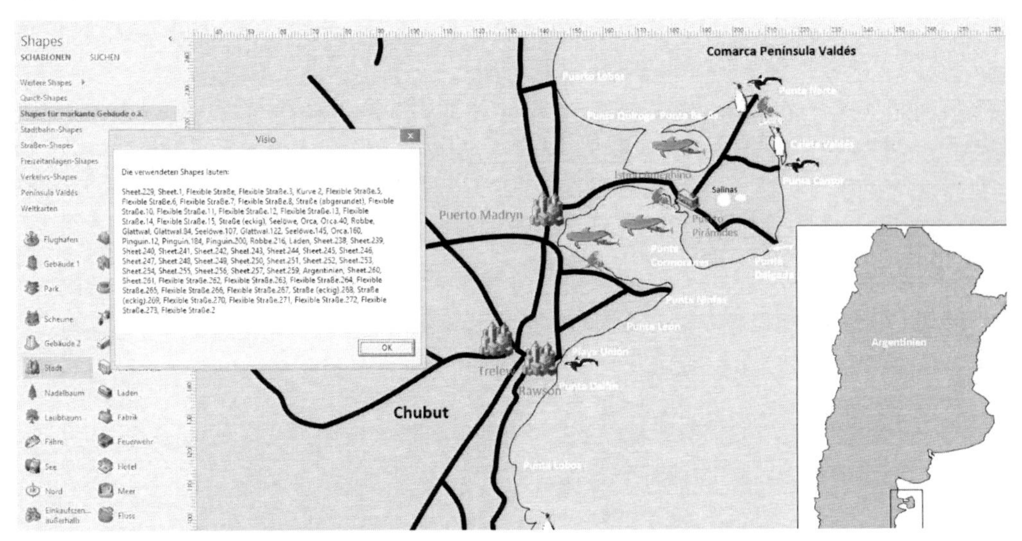

Abbildung 28: Die Namen der Shapes – allerdings nicht vollständig

16.5.1 Shapes markieren

Der Befehl `Select` markiert ein (oder mehrere) Shape(s). `Select` ist eine Methode des Window-Objekts. Das folgende Beispiel zeigt, wie das erste Shape des ersten Zeichenblatts markiert wird:

```
Sub Shapes_Markieren01()
   Dim vsShape As Visio.Shape
   Set vsShape = Visio.ActivePage.Shapes(1)
   ActiveWindow.Select vsShape, visSelect
End Sub
```

Die Methode `Select` hat mehrere Parameter:

Konstante	Wert	Bedeutung
visDeselect	1	hebt die Markierung von einem Shape auf
visSelect	2	markiert ein Shape
visSubSelect	3	markiert innerhalb einer Gruppe
visSelectAll	4	markiert alle Shapes
visDeselectAll	256	hebt die Markierung aller Shapes auf

Tabelle 99: Die Parameter der Methode Select

Im folgenden Makro werden nacheinander mehrere Aktionen durchlaufen. Bei einem Testlauf empfiehlt sich der Einzelschrittmodus:

Die ersten drei Shapes der aktiven Seite werden als Objekte gespeichert. Die ersten zwei Shapes werden markiert und gruppiert. Innerhalb der Gruppierung wird ein Shape (das erste) markiert. Danach wird die Markierung aufgehoben. Alle Shapes der Seite werden markiert und die Markierung wird erneut aufgehoben.

```
Sub Shapes_Markieren02()
   Dim vsShape(1 To 3) As Visio.Shape
   Dim i As Integer
   If ActivePage.Shapes.Count < 3 Then
      MsgBox "Es müssen mindestens drei Shapes auf der Seite liegen!"
      Exit Sub
   End If

   ActiveWindow.DeselectAll

   For i = 1 To 3
      Set vsShape(i) = Visio.ActivePage.Shapes(i)
   Next
   For i = 1 To 2
      ActiveWindow.Select vsShape(i), visSelect
   Next
```

```
    ActiveWindow.Group
    ActiveWindow.Select vsShape(1), visSubSelect
    ActiveWindow.SelectAll
    ActiveWindow.Select vsShape(3), visDeselect
End Sub
```

Der folgende Befehl zeigt an, wie viele Shapes zur Zeit markiert sind:

```
MsgBox ActiveWindow.Selection.Count
```

16.5.2 Shape-Aktionen

Mit Hilfe des Selection-Objekts können die Shapes ebenso weiter verarbeitet werden, wie dies von den Visio-Funktionalitäten bekannt ist. Sie können dupliziert, kopiert und ausgeschnitten, eingefügt und gelöscht werden. Das folgende Makro führt diese Aktionen in eben dieser Reihenfolge aus:

```
Sub Shape_Aktionen01()
    Dim shpObj As Visio.Shape
    Set shpObj = Visio.ActivePage.Shapes(1)
    With ActiveWindow
        .DeselectAll
        .Select shpObj, visSelect
        .Selection.Duplicate
        .DeselectAll
        .Select shpObj, visSelect
        .Selection.Copy
        .Paste
        .DeselectAll
        .Select shpObj, visSelect
        .Selection.Cut
        .Paste
    Set shpObj = Visio.ActivePage.Shapes(1)
        .DeselectAll
        .Select shpObj, visSelect
        .Selection.Delete
    End With
End Sub
```

Auch die übrigen Methoden, `FlipHorizontal`, `FlipVertical`, `ReverseEnds`, `Rotate90`, `SendBackward` und `BringForward` beziehungsweise `SendToBack` und `BringToFront`, stehen zur Verfügung. Und schließlich finden sich die Mengenoperationen:

`Combine`, `Fragment`, `Intersect`, `Join`, `Subtract`, `Trim` und `Union`.

Die Methode `Group` wurde in einem oberen Beispiel schon erwähnt – analog stehen die Methoden `Ungroup` und die Methode `ConvertToGroup` zur Verfügung.

All diese Methoden müssen nicht auf eine Markierung (`Selection`) angewandt werden – man kann mit ihnen auch direkt auf ein (oder mehrere) Shapes zugreifen ohne es zu markieren.

16.6 Neue Shapes zeichnen

So wie es auch in Visio mehrere Möglichkeiten gibt, ein Shape zu zeichnen, so existieren auch in VBA mehrere Möglichkeiten, um ein neues Shape zu kreieren.

16.6.1 Rechteck und Ellipse zeichnen

Soll auf dem Zeichenblatt ein Rechteck gezeichnet werden, dann ist dafür der Befehl `DrawRectangle` zuständig. Dabei sind vier Parameter anzugeben, welche die Koordinaten der beiden Eckpunkte bestimmen. Dabei wird von den Koordinaten des Zeichenblatts ausgegangen (so sitzt beispielsweise der Ursprung in (0/0)) und die Werte selbst müssen in Inch angegeben werden. Das folgende Beispiel zeichnet ein Rechteck mit den Eckkoordinaten (1/1) und (3/2):

```
Sub Rechteck_Zeichnen()
   ActivePage.DrawRectangle 1, 1, 3, 2
End Sub
```

Zum gleichen Ergebnis wäre man auch folgendermaßen gekommen:

```
ActivePage.DrawRectangle 1, 2, 3, 1
```

oder auch so:

```
ActivePage.DrawRectangle 3, 1, 1, 2
```

Wichtig sind dabei lediglich die beiden gegenüberliegenden Eckpunkte.

Analog wird eine Ellipse gezeichnet:

```
Sub Ellipse_Zeichnen()
   ActivePage.DrawOval 1, 1, 3, 2
End Sub
```

Dabei sind die Koordinaten die gleichen wie die des Rechtecks: Die Ellipse wird in das Rechteck einbeschrieben. Und auch eine gerade Linien kann über die vier Koordinaten der zwei Punkte per Programmierung gezeichnet werden:

```
Sub Linie_Zeichnen()
   ActivePage.DrawLine 1, 1, 3, 2
End Sub
```

Sehr viel komplexer sind gekrümmte Linien: Splines. Sie werden mit einem der folgenden Befehle gezeichnet, wobei noch eine Reihe von Parametern hinzugefügt werden müssen:

```
ActivePage.DrawBezier
ActivePage.DrawNURBS
ActivePage.DrawSpline
ActivePage.DrawPolyline
```

Darauf soll an dieser Stelle nicht eingegangen werden.

16.6.2 Shapes aus der Schablone ziehen

Einfacher ist es, aus einer (geöffneten) Schablone ein Shape herauszuziehen und auf dem Zeichenblatt fallenzulassen:

```
Sub Shape_Aus_Schablone01()
   Dim vsDok As Document
   Dim vsMaster As Master

   Set vsDok = Documents("BASFLO_M.VSSX")
   Set vsMaster = vsDok.Masters("Entscheidung")

   ActivePage.Drop vsMaster, 3, 4
End Sub
```

Man könnte den Code sicherlich ohne Deklaration der Objektvariablen erzeugen, allerdings würde er dann unübersichtlich werden. Die Variable `vsDok` verweist auf eine Schablone. Von ihr wird ein Master auf eine weitere Objektvariable gelegt (`vsMaster`). Dieser Master wird nun mit der Methode `Drop` auf das aktuelle Zeichenblatt gezogen.

Beachten Sie, dass sich die Namen der Master-Shape in den einzelnen Visio-Versionen unterscheiden.

16.6.3 Shapes beschriften

Soll nun ein neues Shape einen Text erhalten, dann kann er mit der Eigenschaft `Text` erzeugt werden:

```
Sub Shape_Aus_Schablone02()
Dim vsDok As Document
   Dim vsMaster As Master
   Dim vsShape As Shape

   Set vsDok = Documents("BASFLO_M.VSSX")
   Set vsMaster = vsDok.Masters("Start/Ende")

   Set vsShape = ActivePage.Drop(vsMaster, 2, 3.5)
   vsShape.Text = "Ich bin der Terminator!"
End Sub
```

Leider hat das Selection-Objekt keine Text-Eigenschaft, so dass man den Text nicht mit:

```
ActiveWindow.Selection.Text
```

hinzufügen kann. Da das Selection-Objekt mehrere Shapes beinhalten kann, muss man schreiben:

```
If ActiveWindow.Selection.Count >= 1 Then
   ActiveWindow.Selection(1).Text = "Bruce Willis"
End If
```

16.6.4 Shapes formatieren

Um auf Formatierungsoptionen zugreifen zu können, muss eine Ebene weitergegangen werden: Man muss per Programmierung auf das ShapeSheet zugreifen. Soll beispielsweise das erste Shape rot werden, dann ist ihm die Füllfarbe 2 zuzuweisen:

```
ActivePage.Shapes(1).Cells("FillForegnd").ResultIU = 2
```

Folgende Liste zeigt die Eigenschaften, mit denen auf Zellen zugegriffen werden kann:

Eigenschaft	Bedeutung
Result	liest oder schreibt einen Zellinhalt.
ResultForce	schreibt einen Zellinhalt – auch wenn er mit der SCHÜTZEN-Funktion geschützt ist.
ResultInt	liest einen Zellinhalt, der einen Integer-Wert darstellt.
ResultIU	liest oder schreibt einen Zellinhalt ohne interne Einheiten.

Eigenschaft	Bedeutung
ResultIUForce	schreibt einen Zellinhalt ohne interne Einheiten – auch wenn er mit der SCHÜTZEN-Funktion geschützt ist.
ResultFromInt	setzt einen Integer-Wert.
ResultFromIntForce	schreibt einen Zellinhalt als Integer-Wert – auch wenn er mit der SCHÜTZEN-Funktion geschützt ist.
ResultStr	liefert einen Wert, der als String vorliegt.
Formula	trägt eine Formel ein oder liest sie aus.
FormulaU	trägt eine Formel ein oder liest sie in der universellen Form aus.
FormulaForce	trägt eine Formel ein, auch wenn die Zelle geschützt ist.
FormulaForceU	trägt eine Formel in der universellen Form ein, auch wenn die Zelle geschützt ist.

Tabelle 100: Die Eigenschaften, die einen Zellzugriff erlauben

Da man auf Zellen zugreifen kann, sind alle Veränderungen von Shapes möglich. Dies soll an drei verschiedenen Beispielen erläutert werden. Im ersten Beispiel wird ein neues Shape aus einem Rechteck erzeugt:

```
Sub Form_Erzeugen()
   Dim DrawPageObj As Visio.Page
   Dim shpObj As Visio.Shape
   Dim cellObj As Visio.Cell
   Dim strZellname As String, strFormel As String
   Dim intRechteck As Integer, i As Integer

   strZellname = "Scratch.X1"
   strFormel = "=MIN(Width;Height)/5"

   Set DrawPageObj = ActivePage

   Set shpObj = DrawPageObj.DrawRectangle(1, 5, 5, 1)

   shpObj.AddSection visSectionScratch
   shpObj.AddRow visSectionScratch, visRowScratch, 0
```

```
Set cellObj = shpObj.Cells(strZellname)
cellObj.Formula = strFormel

For i = 1 To 4
   shpObj.RowType(visSectionFirstComponent, _
      visRowVertex + i) = visTagArcTo
      Set cellObj = shpObj.CellsSRC _
         (visSectionFirstComponent, visRowVertex + i, 2)
      cellObj.Formula = "-" & strZellname
Next i

intRechteck = visSectionFirstComponent + 1
shpObj.AddSection intRechteck
shpObj.AddRow intRechteck, visRowComponent, visTagComponent
shpObj.AddRow intRechteck, visRowVertex, visTagMoveTo
For i = 1 To 4
   shpObj.AddRow intRechteck, visRowLast, visTagLineTo
Next i
Set cellObj = shpObj.CellsSRC(intRechteck, 1, 0)
cellObj.Formula = "Width * 0 + " & strZellname
Set cellObj = shpObj.CellsSRC(intRechteck, 1, 1)
cellObj.Formula = "Height * 0 + " & strZellname
Set cellObj = shpObj.CellsSRC(intRechteck, 2, 0)
cellObj.Formula = "Width * 1 - " & strZellname
Set cellObj = shpObj.CellsSRC(intRechteck, 2, 1)
cellObj.Formula = "Height * 0 + " & strZellname
Set cellObj = shpObj.CellsSRC(intRechteck, 3, 0)
cellObj.Formula = "Width * 1 - " & strZellname
Set cellObj = shpObj.CellsSRC(intRechteck, 3, 1)
cellObj.Formula = "Height * 1 - " & strZellname
Set cellObj = shpObj.CellsSRC(intRechteck, 4, 0)
cellObj.Formula = "Width * 0 + " & strZellname
Set cellObj = shpObj.CellsSRC(intRechteck, 4, 1)
cellObj.Formula = "Height * 1 - " & strZellname
```

```
    Set cellObj = shpObj.CellsSRC(intRechteck, 5, 0)
    cellObj.Formula = "Geometry2.X1"
    Set cellObj = shpObj.CellsSRC(intRechteck, 5, 1)
    cellObj.Formula = "Geometry2.Y1"
    Set cellObj = shpObj.Cells("FillForegnd")
    cellObj.ResultIU = 2
End Sub
```

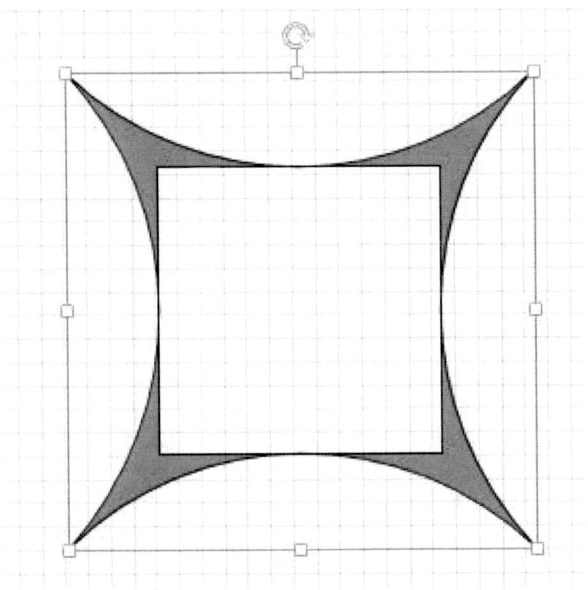

Abbildung 29: Ein Shape wird „gezeichnet".

Dazu eine Reihe von Erläuterungen. Der Befehl `DrawRectangle` wurde schon erläutert – damit wird ein Rechteck erzeugt. Dem Shape kann mit der Methode `AddSection` eine Sektion hinzugefügt werden. Im Objektkatalog werden unter der Kategorie `VisSectionIndices` alle Bereiche aufgelistet:

VBA-Befehl	Bezeichnung
visSectionAction	Aktionen
visSectionCharacter	Zeichen
visSectionConnectionPts	Verbindungspunkte
visSectionControls	Steuerelemente
visSectionFirstComponent	Geometrie

VBA-Befehl	Bezeichnung
visSectionHyperlink	Hyperlinks
visSectionInval	Geometrie
visSectionLastComponent	Geometrie
visSectionLayer	Layer-Zugehörigkeit
visSectionObject	Transformation
visSectionParagraph	Absatz
visSectionProp	Datenfelder
visSectionScratch	Entwurf
visSectionTab	Tabulatoren
visSectionTextfield	Textblockformat
visSectionUser	Benutzerdefinierte Zellen

Tabelle 101: Die Bereiche der Shapesheets

Umgekehrt kann mit dem Befehl `DeleteSection` wieder ein Abschnitt gelöscht werden. Nun muss eine Zeile in den Abschnitt eingefügt werden. Hierfür steht der Befehl `AddRow` mit folgender Syntax zur Verfügung:

```
retVal = Shape.AddRow(section, row, tag)
```

Mit `Section` wird einer der Abschnitte ausgewählt, mit `Row` die Zeile, in der sich die neue Zeile befindet. Dabei kann mit Konstanten gearbeitet werden, wie mit `visRowFirst+0`, `visRowFirst+1`, bis zur letzten, die `visRowLast` heißt. Dabei kann die erste Zeile auch mit dem Namen des Abschnitts benannt werden, also `visRowAction`, `visRowAlign`, `visRowCharacter`, `visRowComponent`, `visRowConnectionPts`, ... `visRowScratch`, `visRowShapeLayout`, `visRowStyle`, `visRowTab`, `visRowText`, `visRowTextXForm`, `visRowUser`, ... Wird der Tag auf 0 gesetzt, dann wird der Standardtyp verwendet. In der Geometrie-Sektion, im Abschnitt Verbindungspunkte und Steuerelemente empfiehlt es sich, mit anderen Werten zu arbeiten. Soll eine neu hinzugefügte Zeile einen Namen besitzen, dann ist die Methode `AddNamedRow` zu verwenden.

Nun wird die Formel in die Zelle geschrieben: (`"=MIN(Width,Height)/5"`). Anschließend werden die vier Zellen der Geometriesektion in Bogen verwandelt, und ihre Krümmungen greifen auf die benutzerdefinierte Zelle zu.

Es wird ein weiteres Rechteck eingefügt, das auf den Wert der benutzerdefinierten Zelle zugreift. Ihm wird eine Reihe von Formeln einbeschrieben. Schließlich wird das Shape rot eingefärbt, das heißt, der Zelle `FillForegnd` wird der Wert 2 zugewiesen.

Da per Programmierung Werte in Shapesheetzellen hineingeschrieben und ausgelesen werden können, ist der Zugriff auf einzelne Shapes kein Problem mehr. Wie sieht es allerdings aus, wenn mehrere Shapes miteinander verbunden werden?

16.6.5 Shapes verbinden

Auch für das Verbinden sind Zellen nötig. Dabei wird mit der Methode `GlueTo` eine Zelle mit einer anderen verbunden. Die Syntax:

```
Zelle1.GlueTo Zelle2
```

Bei den Zellen kann es sich um einen Verbindungspunkt, einen Punkt der Geometriesektion oder ein Steuerelement handeln. Allerdings muss beim eindimensionalen Verbinder der Endpunkt oder der Anfangspunkt `Cells("BeginX")` oder `Cells("EndX")` verwendet werden. Das folgende Beispiel holt aus der Schablone „Standardflussdiagramm-Shapes.vssx" zwei Prozess-Shapes und einen Dynamischen Verbinder. Dann wird der Anfang des Verbinders mit einem Shape verbunden und schließlich das Ende mit dem anderen Shape:

```
Sub Verbinden01()
    Dim vsDok As Document
    Dim vsMaster As Master
    Dim vsShape1 As Shape, vsShape2 As Shape
    Dim vsVerbinder As Shape
    Dim vsZelle1 As Cell, vsZelle2 As Cell

    Set vsDok = Documents("BASFLO_M.VSSX")
    Set vsMaster = vsDok.Masters("Prozess")

    Set vsShape1 = ActivePage.Drop(vsMaster, 3, 4)
    Set vsShape2 = ActivePage.Drop(vsMaster, 6, 8)

    Set vsVerbinder = _
        ActivePage.Drop(Application.ConnectorToolDataObject, 4, 5)
```

```
    Set vsZelle1 = vsShape1.Cells("Connections.X4")
    Set vsZelle2 = vsVerbinder.Cells("BeginX")

    vsZelle2.GlueTo vsZelle1

    Set vsZelle1 = vsShape2.Cells("Connections.X3")
    Set vsZelle2 = vsVerbinder.Cells("EndX")

    vsZelle2.GlueTo vsZelle1
End Sub
```

Das Ergebnis sieht folgendermaßen aus:

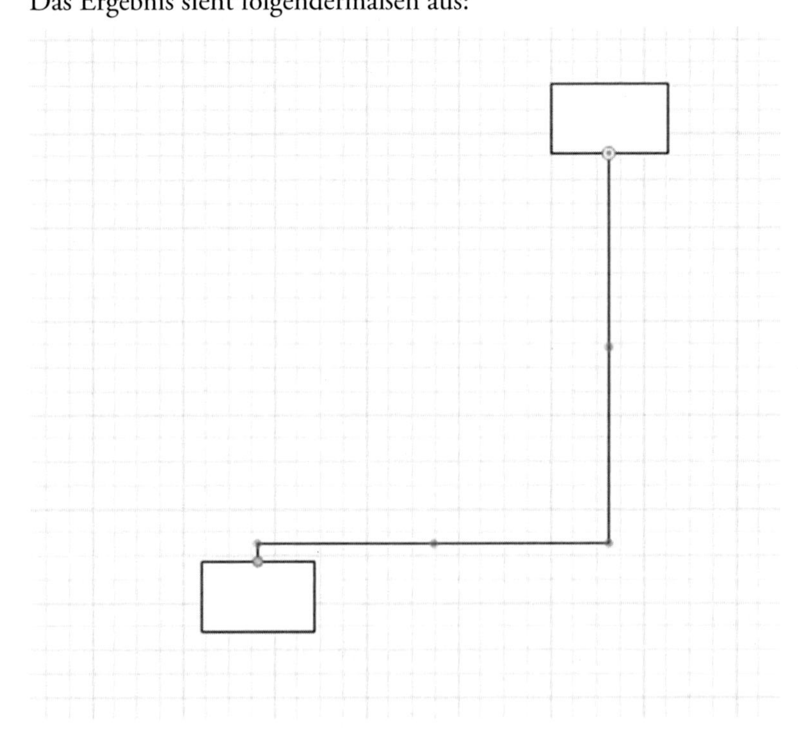

Abbildung 30: Zwei Shapes werden verbunden.

Man hätte ebenso die beiden Ecken (das heißt die Geometriesektion) miteinander verbinden können. Dazu hätte man lediglich andere Zellen verwenden müssen:

```
Sub Verbinden02()
[...]
```

```
    Set vsZelle1 = vsShape1.Cells("Geometry1.X3")
    Set vsZelle2 = vsVerbinder.Cells("BeginX")

    vsZelle2.GlueTo vsZelle1

    Set vsZelle1 = vsShape2.Cells("Geometry1.X1")
    Set vsZelle2 = vsVerbinder.Cells("EndX")

    vsZelle2.GlueTo vsZelle1
End Sub
```

Man hätte auch die Methode `GlueToPos` verwenden können, mit der an eine beliebige Position des Shapes angeklebt wird. Diese Methode benötigt die X- und Y-Koordinate des Shapes, an das die Linie geklebt wird. Die Syntax:

```
Zelle.GlueToPos Shape, X-Pos, Y-Pos
```

Das Programm wird verändert:

```
Sub Verbinden03()
[...]
    Set vsZelle1 = vsVerbinder.Cells("BeginX")
    Set vsZelle2 = vsVerbinder.Cells("EndX")

    vsZelle1.GlueToPos vsShape1, 0.75, 1
    vsZelle2.GlueToPos vsShape2, 0.25, 0
```

17 Das Objektmodell von Outlook

Auch bei Outlook ist das Objektmodell nicht grundsätzlich anders aufgebaut, als in den übrigen Anwendungsprogrammen. An der Spitze der Objekthierarchie steht das Objekt Application, das Outlook selbst repräsentiert.

Das folgende Beispiel gibt den Typ des aktiven Fensters zurück. Dabei ist jedes Fenster ein Explorer- oder ein Inspector-Objekt:

```
Sub OutlookFensterZugriff()
   MsgBox TypeName(Application.ActiveWindow)
End Sub
```

Das folgende Beispiel zeigt das aktive Explorer-Fenster an, auch wenn gerade das Inspector-Fenster darüber liegt:

```
Application.ActiveExplorer.Display
```

17.1 Neue Elemente erzeugen

Mit der Methode `CreateItem` kann ein neues Standardelement erzeugt werden. Das folgende Beispiel erzeugt eine neue Email:

```
Sub OutlookNeueNachricht()
   Dim olMail As MailItem
   Set olMail = Application.CreateItem(olMailItem)
   With olMail
      .To = "Hugo@t-online.de"
      .Subject = "Biergarten"
      .Body = "Es bleibt dabei: Treff: 17:00 Uhr im Biergarten."
      .Attachments.Add _
         Source:="c:\Eigene Dateien\Bier.jpg"
      .Display
   End With
End Sub
```

Diese Methode kann folgende Objekte erzeugen:

Parameter	Typ	Wert
olAppointmentItem	Besprechnung	1
olContactItem	Kontakt	2
olDistributionListItem	Verteilerliste	7

Parameter	Typ	Wert
olJournalItem	Journal	4
olMailItem	Nachricht	0
olNoteItem	Notiz	5
olPostItem	Bereitstellen	6
olTaskItem	Aufgabe	3

Tabelle 102: Neue Objekte werden in Outlook erzeugt.

17.2 Das Namespace-Objekt

Das Namespace-Objekt repräsentiert den aktuellen Arbeitsbereich mit der entsprechenden Ablage von Outlook-Daten. Es stellt Methoden für An- und Abmeldung in Outlook bereit, verweist auf voreingestellte Ordner und gibt Objekte zurück. Zudem erlaubt das Namespace-Objekt Zugriff auf viele Methoden und Eigenschaften, die über das Application-Objekt nicht verfügbar sind. Der Typ des Namespace-Objekts ist immer `MAPI` (Messaging Application Programming Interface).

Der folgende Befehl öffnet den Kalender über die Eigenschaft `GetDefaultFolder`:

```
Application.GetNamespace("MAPI"). _
    GetDefaultFolder(olFolderCalendar).Display
```

Auf folgende Standardorder kann zugegriffen werden:

Parameter	Typ	Wert
olFolderCalendar	Kalender	9
olFolderContacts	Kontakte	10
olFolderDeletedItems	Gelöschte Objekte	3
olFolderDrafts	Entwürfe	16
olFolderInbox	Posteingang	6
olFolderJournal	Journal	11
olFolderNotes	Notizen	12
olFolderOutbox	Postausgang	4
olFolderSentMail	Gesendete Objekte	5
olFolderTasks	Aufgaben	13

Tabelle 103: Die Standardordner von Outlook

Das folgende Programm durchläuft alle Benutzerordner und zeigt sie namentlich an:

```
Sub OutlookEigeneOrdnerZeigen()
   Dim i As Integer
   Dim strONamen As String
   For i = 1 To Application.GetNamespace("MAPI").Folders.Count
      strONamen = strONamen & vbCr & _
         Application.GetNamespace("MAPI").Folders(i).Name
   Next
   MsgBox strONamen
End Sub
```

Man könnte die deutschen Begriffe der Standardordner durch folgende Befehle herausfinden:

```
MsgBox Application.GetNamespace("MAPI"). _
   GetDefaultFolder(olFolderDeletedItems).Name
```

Mit dem Namespace-Objekt können noch weitere Informationen ausgelesen werden, beispielsweise der Benutzer:

```
MsgBox Application.GetNamespace("MAPI").CurrentUser
```

Mit der Methode `PickFolder` kann ein Dialogfeld eingeblendet werden, aus dem der Benutzer seinen Ordner auswählt. Klickt er auf Abbrechen, so wird auch dies abgefangen:

```
Sub OutlookOrdnerWählen()
   Dim olNS As NameSpace
   Dim olMAPIFolder As MAPIFolder
   Set olNS = Application.GetNamespace("MAPI")
   Set olMAPIFolder = olNS.PickFolder
      If olMAPIFolder Is Nothing Then
         MsgBox "Der Vorgang wurde abgebrochen"
      Else
         olMAPIFolder.Display
      End If
   Set olNS = Nothing
   Set olMAPIFolder = Nothing
End Sub
```

Mit einer rekursiven Funktion können alle Ordner und Unterordner angezeigt werden:

```
Sub AlleFoldersAuslisten()
   Dim olNS As NameSpace

   Set olNS = Application.GetNamespace("MAPI")
   strNamen = ""

   ListFolder olNS.Folders, 0

   MsgBox strNamen
End Sub

Sub ListFolder(parentfolder As Folders, i As Integer)
   Dim olFold As MAPIFolder

   For Each olFold In parentfolder
      strNamen = strNamen & vbCr & String(i * 2, vbTab) & _
         olFold.Name & ": " & olFold.DefaultMessageClass
      ListFolder olFold.Folders, i + 1
      DoEvents
   Next
End Sub
```

17.3 Die Items

Mit diesem Wissen ist es nun nicht mehr schwer, auf einzelne Einträge zuzugreifen.

```
Sub EinzelneKontakte()
   Dim olNS As NameSpace
   Dim olMAPIFolder As MAPIFolder
   Dim olItems As Items
   Dim olKontakt As ContactItem
   Dim strName As String
   On Error Resume Next

   Set olNS = Application.GetNamespace("MAPI")
   Set olMAPIFolder = olNS.GetDefaultFolder(olFolderContacts)
```

```
    Set olItems = olMAPIFolder.Items

    For Each olKontakt In olItems
        strName = strName & vbCr & olKontakt.FullName & _
            ": " & olKontakt.Email1Address
    Next

    MsgBox strName

    Set olNS = Nothing
    Set olMAPIFolder = Nothing
    Set olItems = Nothing
End Sub
```

Natürlich kann man mit Hilfe dieser Prozedur alle Kontakte in eine Excel-Tabelle oder in eine Access-Datenbank exportieren.

Ähnlich wie in Access kann mit der Methode `Find` ein bestimmter Kontakt gesucht werden:

```
Sub KontaktSuchen()
    Dim olNS As NameSpace
    Dim olMAPIFolder As MAPIFolder
    Dim olItems As Items
    Dim olKontakt As ContactItem
    Dim strName As String
    Dim strSuchName As String
    On Error Resume Next

    strName = InputBox("Wer soll gesucht werden?" & vbCr & _
        "Bitte nur den Zunamen eingeben!")
    strSuchName = "[LastName]= """ & strName & """"

    Set olNS = Application.GetNamespace("MAPI")
    Set olMAPIFolder = olNS.GetDefaultFolder(olFolderContacts)
    Set olItems = olMAPIFolder.Items
```

```
    Set olKontakt = olItems.Find(strSuchName)
    olKontakt.Display

    If Err.Number = 91 Then
       MsgBox "Der Kontakt " & strName & " wurde nicht gefunden."
    End If

    Set olKontakt = Nothing
    Set olNS = Nothing
    Set olMAPIFolder = Nothing
    Set olItems = Nothing
End Sub
```

Dabei ist der Filterausdruck eine Zeile der Form:

```
[LastName]= "Maier"
```

Die im Filterausdruck zulässigen Vergleichsoperatoren umfassen: >, <, >=, <=, = und <>. Die zulässigen logischen Operatoren sind: `And`, `Not` und `Or`. Einige wichtige Felder finden sich in der folgenden Tabelle:

deutscher Feldname	englischer Feldname
Kundennr.	CustomerID
Anrede	Title
Vorname	FirstName
Weiterer Vorname	MiddleName
Nachname	LastName
Namenszusatz	Suffix
Name	FullName
Position	JobTitle
Kategorien	Categories
Spitzname	Nickname
Beruf	Profession
Geschlecht	Gender
Adresse geschäftlich: Straße	BusinessAdressStreet

deutscher Feldname	englischer Feldname
Adresse geschäftlich: Ort	BusinessAdressCity
Adresse geschäftlich: Region	BusinessAdressState
Adresse geschäftlich: PLZ	BusinessAdressPostalCode
Adresse geschäftlich: Land	BusinessAdressCountry
Adresse geschäftlich	BusinessAdress
Adresse privat: Straße	HomeAdressStreet
Adresse privat: Ort	HomeAdressCity
Adresse privat: Region	HomeAdressState
Adresse privat: PLZ	HomeAdressPostalCode
Adresse privat: Land	HomeAdressCountry
Adresse privat	HomeAdress
Telefon geschäftlich	BusinessTelephoneNumber
Fax geschäftlich	BusinessFaxNumber
Telefon privat	HomeTelephoneNumber
Fax privat	HomeFaxNumber
E-Mail	EmailAdress1
E-Mail 2	EmailAdress2
Mobiltelefon	MobileTelephoneNumber
Autotelefon	AutoTelephoneNumber
ISDN	ISDNNumber

Tabelle 104: Einige Felder von Outlook

In der Items-Auflistung kann `Find` bei den folgenden Eigenschaften nicht verwendet werden. Es führt zu einem Fehler:

Body	Email2EntryID	NetMeetingAutoStart
Categories	Email3EntryID	NetMeetingServer
Children	EntryID	NetMeetingType
Class	HTMLBody	RecurrenceState
Companies	IsOnlineMeeting	ReplyRecipients

CompanyLastFirstNoSpace	LastFirstAndSuffix	ReceivedByEntryID
CompanyLastFirstSpaceOnly	LastFirstNoSpace	ReceivedOnBehalfOfEntryID
ContactNames	LastFirstNoSpaceCompany	ResponseState
Contacts	LastFirstSpaceOnly	Saved
ConversationIndex	LastFirstSpaceOnlyCompany	Sent
DLName	MemberCount	Submitted
Email1EntryID	NetMeetingAlias	VotingOptions

Tabelle 105: Bei folgenden Eigenschaften kann FIND nicht eingesetzt werden.

Eine weitere Möglichkeit zu filtern besteht durch die `Restrict`-Methode:

```
Sub KategorienAuswählen()
   Dim olNS As NameSpace
   Dim olMAPIFolder As MAPIFolder
   Dim olItems As Items
   Dim olResItems As Items
   Dim olResKontakt As ContactItem
   Dim strName As String
   Dim strSuchName As String
   Dim strNamensListe As String
   On Error Resume Next

   strName = InputBox("In welcher Kategorie " & _
      "soll gesucht werden?")
   strSuchName = "[Kategorien]= """ & strName & """"
   Set olNS = Application.GetNamespace("MAPI")
   Set olMAPIFolder = olNS.GetDefaultFolder(olFolderContacts)
   Set olItems = olMAPIFolder.Items
   Set olResItems = olItems.Restrict(strSuchName)
   For Each olResKontakt In olResItems
      strNamensListe = strNamensListe & vbCr _
         & olResKontakt.FullName
   Next
   If strNamensListe = "" Then
```

```
      MsgBox "Die Kategorie " & strName & _
      " existiert nicht, oder enthält keinen Eintrag."
   Else
      MsgBox strNamensListe
   End If

   Set olResKontakt = Nothing
   Set olNS = Nothing
   Set olMAPIFolder = Nothing
   Set olItems = Nothing
End Sub
```

Und so ist es auch nicht mehr schwer, neue Elemente, das heißt Items, zu erstellen. Im folgenden Beispiel wird in Outlook ein neuer Kontakt generiert:

```
Sub NeuerKontakt()
   Dim olNS As NameSpace
   Dim olMAPIFolder As MAPIFolder
   Dim olKontakt As ContactItem
   Dim strZuName As String
   Dim strVorName As String
   Dim strStraße As String
   Dim strPLZ As String
   Dim strOrt As String
   Dim strKategorie As String

   strZuName = InputBox("Wie lautet der neue Nachname?")
   strVorName = InputBox("Wie lautet der neue Vorname?")
   strStraße = InputBox("Wie lautet die zugehörige Straße?")
   strPLZ = InputBox("Wie lautet die zugehörige Postleitzahl?")
   strOrt = InputBox("Wie lautet der zugehörige Ort?")
   strKategorie = InputBox("Wie lautet die Kategorie?")

   Set olNS = Application.GetNamespace("MAPI")
   Set olMAPIFolder = olNS.GetDefaultFolder(olFolderContacts)
   Set olKontakt = olMAPIFolder.Items.Add
```

```
    With olKontakt
        .FirstName = strVorName
        .LastName = strZuName
        .HomeAddressStreet = strStraße
        .HomeAddressPostalCode = strPLZ
        .HomeAddressCity = strOrt
        .Categories = strKategorie
    End With
    olKontakt.Save

    Set olNS = Nothing
    Set olMAPIFolder = Nothing
    Set olKontakt = Nothing
End Sub
```

Man könnte die Zeile, in der ein neuer Kontakt erstellt wird, auch folgendermaßen schreiben:

```
Set olKontakt = olMAPIFolder.Items.Add(olContactItem)
```

Die Konstante ist nicht zwingend notwendig, da das Objekt `olKontakt` als `ContactItem` deklariert wurde.

17.4 Ereignisse in Outlook

Auch Outlook stellt neben den mächtigen und differenzierten Zugriffsmöglichkeiten auf die Objekte, eine Reihe von Ereignissen zur Verfügung. Genau wie in Word sind sie an zwei verschiedenen Orten zu finden. Im Ordner „Microsoft Outlook Objekte“ befindet sich das Objekt „DieseOutlookSitzung“. Im Listing kann auf das Outlook-Objekt „Application“ zugegriffen werden, das folgende Ereignisse besitzt:

```
Private Sub Application_ItemSend _
    (ByVal Item As Object, Cancel As Boolean)
Private Sub Application_NewMail()
Private Sub Application_OptionsPagesAdd _
    (ByVal Pages As PropertyPages)
Private Sub Application_Quit()
Private Sub Application_Reminder(ByVal Item As Object)
Private Sub Application_Startup()
```

Einige Beispiele hierzu:

Der Benutzer ist nicht berechtigt einen Anhang zu versenden. Alle Anhänge werden beim Ereignis `ItemSend` gelöscht:

```
Private Sub Application_ItemSend(ByVal Item As Object, _
      Cancel As Boolean)
   Dim olAnhang As Attachment
   If Item.Attachments.Count > 0 And _
      Item.MessageClass = "IPM.Note" Then
      Do Until Item.Attachments.Count = 0
         Set olAnhang = Item.Attachments.Item(1)
         olAnhang.Delete
      Loop
   End If
End Sub
```

In einem zweiten Beispiel werden in einer Notiz eine Reihe von Schimpfwörtern eingeben. Sie sind mit einem Leerzeichen getrennt. Nun wird der Inhalt einer Email mit diesen Schimpfwörtern verglichen. Stimmt eines der geschriebenen Wörtern mit einem nicht erlaubten Wort überein, so wird der Inhalt der Email geändert:

```
Private Sub Application_ItemSend _
      (ByVal Item As Object, Cancel As Boolean)
   Dim strSchimpfwörter() As String
   Dim olNS As NameSpace
   Dim olMAPIFolder As MAPIFolder
   Dim olItems As Items
   Dim olNotiz As NoteItem
   Dim i As Integer

   Set olNS = Application.GetNamespace("MAPI")
   Set olMAPIFolder = olNS.GetDefaultFolder(olFolderNotes)
   Set olItems = olMAPIFolder.Items

   For Each olNotiz In olItems
      If olNotiz.Categories = "Schimpfwörter" Then
         strSchimpfwörter = Split(olNotiz.Body, " ")
```

```
      End If
   Next

   For i = 0 To UBound(strSchimpfwörter)
      MsgBox "-" & strSchimpfwörter(i) & "-"
      If InStr(Item.Body, strSchimpfwörter(i)) > 0 Then
         MsgBox "mail darf nicht verschickt werden!"
         Item.Body = "Dies ist eine Testmail"
         Exit Sub
      End If
   Next

   Set olNS = Nothing
   Set olMAPIFolder = Nothing
   Set olItems = Nothing
End Sub
```

Natürlich kann man das Ereignis „Senden" auch unterbinden. Alle Ereignisse, die den Parameter `Cancel` beinhalten, können unterbrochen werden. Da `Cancel` nur das Absenden unterbindet, muss die Email noch weggeblendet werden. Das Schließen (`Close`) besitzt drei Konstanten: `olDiscard`, `olPromptForSave` und `olSave`. Mit der ersten wird das Speichern ohne Nachfragen unterbunden. Dies geschieht mit folgenden Zeilen:

```
If InStr(Item.Body, strSchimpfwörter(i)) > 0 Then
   Cancel = True
   Item.Close (olDiscard)
   Exit Sub
End If
```

Das Ereignis `Quit` wird beim Verlassen aufgerufen. Dort können zur Laufzeit vorgenommene Änderungen wieder gelöscht werden. Beispielsweise Inhalte von Objektvariablen:

```
Private Sub Application_Quit()
   Set olNS = Nothing
   Set olFolders = Nothing
   Set olExpl = Nothing
   Set olinsp = Nothing
   Set olExpl = Nothing
```

```
   Set olInboxItems = Nothing
End Sub
```

Das Startup-Ereignis wird beim Starten von Outlook aufgerufen.

Bevor die übrigen Ereignisse, die Outlook zur Verfügung stellt, verwendet werden können, müssen in einem Klassenmodul die entsprechenden Objektvariablen mit `WithEvent` deklariert werden; beispielsweise so:

```
Option Explicit
Public WithEvents appOL As Outlook.Application
Public WithEvents olFolders As Folders
Public WithEvents olMailItem As MailItem
Public WithEvents olNS As NameSpace
Public WithEvents olExpl As Explorer
Public WithEvents olExpl As Explorers
Public WithEvents olInsp As Inspector
Public WithEvents olInsps As Inspectors
Public WithEvents olInboxItems As Items
Public WithEvents olPane As OutlookBarPane
```

Das Klassenmodul trägt den Namen „clsVBABuch". Damit sie verwendet werden können, muss beim Start von Outlook auf sie referiert werden.

```
Dim O As New clsVBABuch


Private Sub Application_Startup()
   Set O.olInsps = Outlook.Inspectors
   Set O.olExpl = Outlook.ActiveExplorer
[...]
```

Nun kann im Klassenmodul das zugehörige Ereignis gesteuert werden. So stellt der Explorer für das als Explorer deklarierte Objekt folgende Ereignisse zur Verfügung:

```
Private Sub olExpl_Activate()
Private Sub olExpl_BeforeFolderSwitch _
   (ByVal NewFolder As Object, Cancel As Boolean)
Private Sub olExpl_BeforeViewSwitch _
   (ByVal NewView As Variant, Cancel As Boolean)
Private Sub olExpl_Close()
```

```
Private Sub olExpl_Deactivate()
Private Sub olExpl_FolderSwitch()
Private Sub olExpl_SelectionChange()
Private Sub olExpl_ViewSwitch()
```

Natürlich kann man über Ordnerberechtigungen Zugriffsmöglichkeiten steuern, es funktioniert allerdings auch per Programmierung. Wenn der Benutzer „René Martin“ kein Zugriffsrecht auf den Ordner „Digital Dashboard“ hat, dann kann dies wie folgt abgefangen werden:

```
Private Sub olExpl_BeforeFolderSwitch _
      (ByVal NewFolder As Object, Cancel As Boolean)
   If NewFolder Is Nothing Then Exit Sub

   If Application.GetNamespace("MAPI").CurrentUser.Name = _
      "Rene Martin" Then
      If NewFolder.Name = "Digital Dashboard" Then
         MsgBox "Sie sind nicht berechtigt!"
         Cancel = True
      End If
   End If
End Sub
```

Im nächsten Beispiel wird überprüft, ob eine der Emails in ihrem Text das Wort „Layout“ haben. Diese werden angezeigt, sobald der Benutzer die nächste Email anschaut.

```
Private Sub olExpl_SelectionChange()
   Dim olMail As MailItem
   Dim i As Integer
   If olExpl.CurrentFolder = "Posteingang" Then
      With olExpl.CurrentFolder
      For i = 1 To .Items.Count
         If InStr(.Items(i).Body, "Layout") > 0 Then
            .Items(i).Display
         End If
      Next
   End If
End Sub
```

Interessanter ist vielleicht das „Vorab-Lesen“ der Email. Taucht beispielsweise in der nächsten Email ein bestimmtes Schlüsselwort (beispielsweise „Schwein“) auf, dann wird dies vorab angezeigt:

```
Private Sub olExpl_SelectionChange()
   Dim olExpl As Outlook.Explorer
   Dim olSel As Outlook.Selection
   Dim i As Integer

   Set olExpl = Application.ActiveExplorer
   Set olSel = olExpl.Selection
   For i = 1 To olSel.Count
       If InStr(olSel.Item(i).Body, "Jahr") > 1 Then
         MsgBox "Achtung: in dieser Mail tauchen" _
            & ""Schweine"" auf!"
       End If
   Next
End Sub
```

Achtung beim Ereignis `Deactivate`! Wechselt der Benutzer in ein anderes Programm, dann wird dieses Ereignis ausgelöst. Wird dort beispielsweise ein Meldungsfenster angezeigt, dann muss der Benutzer auf eine der Schaltflächen klicken; damit ist er wieder in Outlook und das Spiel beginnt von vorne ...

Ein weiteres Beispiel: In jeder neuen Mail soll ein bestimmter Vorgabetext stehen. Im Objekt „DieseOutlookSitzung“ wird deshalb deklariert:

```
Dim O As New clsVBABuch

Private Sub Application_Startup()
   Set O.olInsp = Outlook.ActiveInspector
[...]
```

Und im Klassenmodul clsVBABuch findet sich folgende Anweisung:

```
Option Explicit
Public WithEvents olInsp As Inspector

Private Sub olInsp_Activate()
   If olInsp.CurrentItem.Parent = "Posteingang" And _
```

```
      olInsp.CurrentItem = "" Then
         olInsp.CurrentItem.Body = "Grüß Gott"
   End If
End Sub
```

17.5 Übung zu Outlook

Übung 1

Per Programmierung wird per Outlook eine Mail verschickt, deren Text formatiert ist.

Übung 2

In Outlook wird in die Symbolleiste für den Schnellzugriff ein Symbol eingefügt. An dieses Symbol wird ein Makro gebunden, das eine Vorlage öffnet, die im Dateisystem abgelegt ist.

Übung 3

Alle Mails des Posteingangs werden als „ungelesen" gekennzeichnet.

17.6 Lösung zur Übung zu Outlook

Lösung 1

Man muss den Befehl HTMLBody verwenden und dort HTML-Code einbauen. Beispielsweise so:

```
Sub NeueBunteMail()
   Dim olMeineMail As MailItem
   Set olMeineMail = Application.CreateItem(olMailItem)
   With olMeineMail

    .To = "rene.martin@compurem.de"
    .Subject = "Angebot"
    .HTMLBody = _
    "<body style=font-size:14pt;font-family:Arial;color:red>Hallo," & _
    "<br><br>" & "Hiermit erhalten Sie unser neustes <b>Angebot</b>." _
    & "<br><br>" & "Mit freundlichen Grüßen <br><br> München, den " _
    & Date & "<br><br>" & "Rene Martin <br><br>" & _
```

```
        "<a href=""test@test.com"">Weitere Informationen</a>" & _
        "</body>"
        .Display
    End With
End Sub
```

Wenn Sie statt der Methode `Display` die Methode `Send` verwenden, wird die Mail sofort gesendet.

Lösung 2

```
    Dim olMeineMail As MailItem
    Set olMeineMail = _
       Application.CreateItemFromTemplate _
       ("E:\Eigene Dateien\Bewerbung.oft")
    olMeineMail.Display
```

Lösung 3

```
Sub AlleNichtGelesen()
    Dim olMeinMail As MailItem
    For Each olMeinMail In _
        Application.Session.GetDefaultFolder(olFolderInbox).Items
        olMeinMail.UnRead = True
    Next
End Sub
```

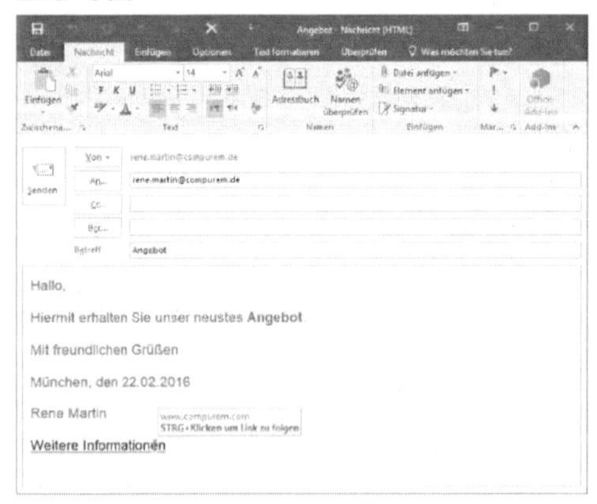

Abbildung 31: Die Mail aus Übung 1

18 Austausch zwischen den Programmen

Auf Variablen können nicht nur Zahlen und Texte, sondern auch Objekte gelegt werden. Die Deklaration ist die gleiche wie bei den übrigen Variablen; lediglich der Einsatz unterscheidet sich: Sie werden mit dem Schlüsselwort `Set` belegt. Objektvariablen sollten am Ende eines Programms wieder mit `Nothing` geleert werden. Auch auf ganze Anwendungen können Objektvariablen verweisen.

18.1 Ein Programm aus einem anderen starten

Wenig Schwierigkeiten bereitet der Start eines Programms aus einem anderen heraus: Hierzu stellt VBA das Schlüsselwort

```
shell
```

zur Verfügung. Dabei werden der Name der Datei und der WINDOWSTYLE verlangt. Über diese Option kann eingegeben werden, wie das Programm geöffnet wird:

Konstante	Wert	Bedeutung
vbHide	0	Das Fenster ist ausgeblendet und erhält den Fokus.
vbNormalFocus	1	Das Fenster hat die ursprüngliche Größe.
vbMinimizedFocus	2	Das Fenster wird als Symbol mit Fokus angezeigt.
vbMaximizedFocus	3	Das Fenster wird maximiert mit Fokus.
vbNormalNoFocus	4	Die zuletzt verwendete Größe wird wiederhergestellt, der Fokus bleibt auf dem aktiven Programm.
vbMinimizedNoFocus	5	Das Fenster wird als Symbol geöffnet und erhält nicht den Fokus.

Tabelle 106: Die verschiedenen Varianten ein Programm zu öffnen

Beispiel: Aus Word heraus soll Paint geöffnet werden:

```
Sub PaintAuf()
   Shell "C:\Windows\System32\mspaint.exe", vbMaximizedFocus
End Sub
```

Nun könnte man mit der Anweisung `SendKeys` Tastenbefehle an Paint schicken, die dort weiter verarbeitet werden. Dabei wird jede Taste durch mindestens ein Zeichen repräsentiert. Ein einzelnes Zeichen auf der Tastatur kann mit dem Zeichen selbst angegeben werden. `"A"` für das Argument `string` repräsentiert beispielsweise den Buchstaben A. Sie geben mehrere Zeichen an, indem Sie die Zeichen aneinanderhängen. `"ABC"` für `string` repräsentiert zum Beispiel die Buchstaben A, B und C.

Das Pluszeichen (+), Caret-Zeichen (^), Prozentzeichen (%), die Tilde (~) und die Klammern ( ) haben bei der SendKeys-Anweisung eine spezielle Bedeutung. Sie müssen jedes dieser Zeichen in geschweifte Klammern einschließen ({}), um es verwenden zu können. Für das Pluszeichen geben Sie beispielsweise {+} an. Eckige Klammern ([ ]) haben bei der SendKeys-Anweisung zwar keine spezielle Bedeutung, müssen aber auch in geschweifte Klammern eingeschlossen werden, da sie in anderen Anwendungen eine spezielle Bedeutung haben, insbesondere im Zusammenhang mit dynamischem Datenaustausch (DDE). Die Zeichen für die geschweiften Klammern legen Sie unter Verwendung von {{} und {}} fest.

Für Zeichen, die beim Drücken einer Taste nicht angezeigt werden (z.B. die Eingabetaste oder Tab-Taste) und für bestimmte Aktionstasten können Sie die folgenden Codes verwenden:

Taste	**Code**
RÜCKTASTE	{BACKSPACE}, {BS} oder {BKSP}
PAUSE	{BREAK}
FESTSTELLTASTE	{CAPSLOCK}
ENTF	{DELETE} oder {DEL}
NACH-UNTEN	{DOWN}
ENDE	{END}
EINGABETASTE	{ENTER} oder ~
ESC	{ESC}
HILFE	{HELP}
POS 1	{HOME}
EINFG	{INSERT} oder {INS}
NACH-LINKS	{LEFT}
NUM-FESTSTELL	{NUMLOCK}
BILD-AB	{PGDN}
BILD-AUF	{PGUP}
DRUCK	{PRTSC}
NACH-RECHTS	{RIGHT}
ROLLEN-FESTSTELL	{SCROLLLOCK}

Taste	Code
TAB	{TAB}
NACH-OBEN	{UP}
F1	{F1}
F2	{F2}
F3	{F3}
F4	{F4}
F5	{F5}
F6	{F6}
F7	{F7}
F8	{F8}
F9	{F9}
F10	{F10}
F11	{F11}
F12	{F12}
F13	{F13}
F14	{F14}
F15	{F15}
F16	{F16}

Tabelle 107: Die Tasten für SendKeys

Sie können Tastenkombinationen mit der Umschalttaste, Strg-Taste oder Alt-Taste angeben, indem Sie vor dem normalen Tasten-Code einen oder mehrere der folgenden Codes angeben:

Taste	Code
UMSCHALT	+
STRG	^
ALT	%

Tabelle 108: Die Sondertasten bei SendKeys

18.2 Zugriff auf Office-Programme

Soll dagegen ein Programm direkt per Automatisation angesteuert werden, dann stehen Ihnen die beiden Befehle

`CreateObject` und

`GetObject`

zur Verfügung. `CreateObject` ist dann sinnvoll, wenn nicht klar ist, ob die Anwendung, die angesteuert wird, überhaupt auf dem Computer existiert. Dies könnte mit der Fehlernummer 429 angefangen werden.

```
[...]
On Error Resume Next
Set objApp = CreateObject("Access.Application")
If Err = 429 Then
   MsgBox "Access ist nicht installiert"
[...]
```

Dagegen wird mit `GetObject` auf ein schon laufendes Programm zugegriffen. Mit diesem Befehl kann überprüft werden, ob das Programm schon läuft. Beispielsweise so:

```
[...]
On Error Resume Next
Set objApp = GetObject(, "Access.Application")
If Err = 429 Then
   MsgBox "Access läuft noch nicht! Bitte starten!"
[...]
```

Das folgende Beispiel setzt auf die Variable `xlProg` das Programm Excel, weist diesem Objekt die Methode `Open` von Excel zu und zeigt einen Zellinhalt an, ohne dass Excel sichtbar in der Taskleiste erscheint. Damit die Objektvariable `xlProg` nicht gefüllt bleibt, wird `xlProg` auf `Nothing` gesetzt:

```
Sub Excel_Auf_Und_Zeige_Was()
   Dim xlProg As Object
   Dim xlDatei As Object
   Dim strPfad As String

   strPfad = ActiveDocument.Path & "\"
   Set xlProg = CreateObject("Excel.Application")
```

```
    xlProg.Visible = True
    If Dir(strPfad & "Kalender.xlsx", vbNormal) = "" Then
       Set xlDatei = xlProg.WorkBooks.Add
       xlDatei.Worksheets(1).Range("A1").Value = _
          "Hallo, ich bin's wieder!"
    Else
       Set xlDatei = xlProg.Application.WorkBooks.Open _
          (strPfad & "Kalender.xlsx")
          MsgBox xlDatei.Worksheets(1).Range("A1").Value
       xlProg.Quit
    End If
    Set xlDatei = Nothing
    Set xlProg = Nothing
End Sub
```

Es geht auch mit der Funktion `GetObject`:

```
Sub Excel_Auf_Und_Zeige_Was
     Set xlDatei = _
       GetObject("C:\Eigene Dateien\Kalender.xlsx")
   MsgBox xlDatei.WorkSheets(1).Range("A1").Value
   Set xlDatei = Nothing
End Sub
```

In der Regel wird eine lokale Variable „zerstört", wenn die Prozedur, in der sie deklariert wurde, nicht mehr ausgeführt wird. Allerdings zeigt die Praxis, dass dennoch in einigen Fällen der Arbeitsspeicher belastet bleibt. Deshalb sollten Sie alle Objektvariablen am Ende des Programms auf `Nothing` setzen, da sonst möglicherweise die Variable gefüllt bleibt und den Arbeitsspeicher belastet!

Wenn Sie möchten, dass das Programm sichtbar wird, so können Sie seine Eigenschaft `Visible` auf `True` setzen, wie in obigem Beispiel:

```
xl1.Visible = True
```

Sollen nun Daten aus einer Excel-Tabelle herausgelesen werden, so sind hierfür die Excel-Befehle zu verwenden, die auf das Objekt angewendet werden. Das folgende Beispiel, das von Word aus aufgerufen wird, startet eine Excel-Datei und liest alle Namen in ein Meldungsfenster aus:

```
Sub Excel_Auf_Und_Zeige_Was2()
   Dim xlProg As Object
   Dim xlDatei As Object
   Dim xlBereich As Object
   Dim strText As String
   Dim i As Integer
   Dim strPfad As String
   On Error Resume Next

   strPfad = ActiveDocument.Path & "\"
   If Dir(strPfad & "ORGDATA.xlsx", vbNormal) = "" Then
      Set xlProg = GetObject(, "Excel.Application")
      Set xlDatei = xlProg.WorkBooks.Add
      xlProg.Visible = True
      xlDatei.Worksheets(1).Range("A1").Value = _
         "Hallo, ich bin's wieder!"
   Else
      Set xlDatei = _
         GetObject(strPfad & "ORGDATA.xlsx")

      With xlDatei
         Set xlBereich = .Worksheets(1).Range("A1").CurrentRegion
            For i = 1 To xlBereich.Rows.Count
              strText = strText & .Worksheets(1).Cells(i, 1) & ", "
            Next
      End With

      MsgBox strText
      xlDatei.Close False
      xlDatei.Parent.Quit
   End If
   Set xlBereich = Nothing
   Set xlDatei = Nothing
End Sub
```

Die beiden Befehle `GetObject` und `CreateObject` haben einen Vorteil und einen Nachteil. Der Vorteil: Sie arbeiten versionsunabhängig. Egal welche Version von Excel (oder Word oder Outlook, ...) installiert ist – das Programm läuft! Dies kann wichtig und interessant sein, wenn Sie nicht wissen, mit welcher Version der Kunde arbeitet oder wenn eine größere Firma auf eine neue Version eines Programms umstellt (und das Makro sowohl in „der alten Welt" als auch in der neuen Version laufen muss. Der große Nachteil: Sie erhalten keinerlei Hilfe! IntelliSense funktioniert nicht, weil Sie die Variable vom Typ Object – also ganz allgemein – für jedes Objekt deklariert haben. Diese Art zu programmieren wird Late Binding genannt, weil bei der Deklaration noch nicht klar ist, auf welches Objekt zugegriffen wird:

```
Dim IrgendeinProgramm As Object
```

Erst bei der Codezeile

```
Set IrgendeinProgramm = CreateObject("Excel.Application")
```

wird klar definiert, auf welches Objekt die Variable `IrgendeinProgramm` zugreift.

Anders dagegen: Early Bindung. Man kann die Programmbibliothek von einem anderen Programm über das Menü Extras / Verweise einbinden.

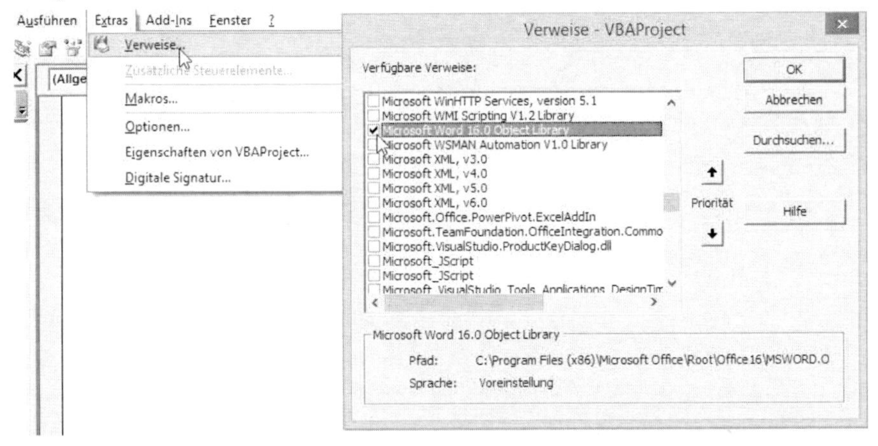

Abbildung 32: Ein Verweis auf eine andere Bibliothek (hier: Word) wird eingefügt.

Vorteil: Nun steht IntelliSense zur Verfügung und das Makro kann leichter erstellt werden.

Nachteil: Wenn Sie die Objektbibliothek einbinden, läuft das Makro nicht, wenn auf dem Rechner eine niedrigere Version installiert ist. Nachdem der Verweis gesetzt wurde könnte beispielsweise folgendes Programm laufen:

```
Sub Excelzugriff()
   Dim xlApp As Excel.Application
   Dim xlDatei As Excel.Workbook
   Dim xlBlatt As Excel.Worksheet
   Dim xlZelle As Excel.Range
   Dim strPfad As String

   strPfad = ActiveDocument.Path & "\"

   Set xlApp = New Excel.Application
   xlApp.Visible = True

   If Dir(strPfad & "ORGDATA.xlsx", vbNormal) = "" Then
      Set xlDatei = xlApp.Workbooks.Add
   Else
      Set xlDatei = xlApp.Workbooks.Open _
      (strPfad & "ORGDATA.xlsx")
   End If

   Set xlBlatt = xlDatei.Worksheets(1)
   Set xlZelle = xlBlatt.Range("A1")

   If Dir(strPfad & "ORGDATA.xlsx", vbNormal) = "" Then
      xlZelle.Offset(0, 0).Value = "Tage"
      xlZelle.Offset(1, 0).Value = "Montag"
      xlZelle.Offset(2, 0).Value = "Dienstag"
      xlZelle.Offset(3, 0).Value = "Mittwoch"
   End If

   xlBlatt.Sort.SortFields.Clear
   xlBlatt.Sort.SortFields.Add Key:=xlBlatt.Range("A1"), _
        SortOn:=xlSortOnValues, Order:=Excel.xlAscending, _
        DataOption:=xlSortNormal
   With xlBlatt.Sort
```

```
        .SetRange xlZelle.CurrentRegion
        .Header = xlYes
        .MatchCase = False
        .Orientation = xlTopToBottom
        .SortMethod = xlPinYin
        .Apply
    End With
    Set xlZelle = Nothing
    Set xlBlatt = Nothing
    Set xlDatei = Nothing
    Set xlApp = Nothing
End Sub
```

18.3 Übungen zum Programmaustausch Word nach Excel

Übung 1

Lassen Sie sich in Word in einem Listenfeld eines Dialogs alle Namen anzeigen, die in einer Excel-Liste in einer Spalte stehen.

Übung 2

Ein Klick auf die Ok-Schaltfläche fügt in Word nicht nur den ausgewählten Namen ein, sondern auch die zugehörige Straße, Postleitzahl und den Wohnort.

Übung 3

Schreiben Sie einen Dialog für Rechnungen, der in Word geöffnet wird. Mit seiner Hilfe wird eine Rechnung in Word erstellt und das Ergebnis in eine Excel-Tabelle geschrieben.

Übung 4

Aus Word wird eine Excel-Datei geöffnet. In dieser befindet sich ein Makro. Dies wird beim Öffnen gestartet.

18.4 Lösungen zu den Übungen zum Programmaustausch Word nach Excel

Lösung 1

```
Private Sub UserForm_Activate()
   Dim xlApp As Excel.Application
   Dim xlDatei As Excel.Workbook
   Dim xlBlatt As Excel.Worksheet
   Dim xlBereich As Excel.Range
   Dim strPfad As String
   Dim i As Long

   strPfad = ActiveDocument.Path
   If strPfad = "" Then
      strPfad = ActiveDocument.AttachedTemplate.Path
   End If

   If Right(strPfad, 1) <> "\" Then
      strPfad = strPfad & "\"
   End If

   If Dir(strPfad & "ORGDATA24.xlsx", vbNormal) = "" Then
      MsgBox "Die verknüpfte Liste wurde nicht gefunden."
   Else
      Set xlApp = New Excel.Application
      xlApp.Visible = False
      Set xlDatei = xlApp.Workbooks.Open _
         (strPfad & "ORGDATA24.xlsx")
      Set xlBlatt = xlDatei.Worksheets(1)
      Set xlBereich = xlBlatt.Range("A1").CurrentRegion
      Me.lstListe.Clear
      For i = 2 To xlBereich.Rows.Count - 1
         Me.lstListe.AddItem xlBlatt.Cells(i, 1).Value
      Next
```

```
      If Me.lstListe.ListCount > 0 Then
         Me.lstListe.Value = Me.lstListe.List(0)
      End If
   End If
End Sub
```

Natürlich könnte man auch mit Late Binding arbeiten:

```
   Dim xlApp As Object
   Dim xlDatei As Object
   Dim xlBlatt As Object
   Dim xlBereich As Object

   Set XlProg = CreateObject("Excel.Application")
   xlApp.Visible = False
   Set xlDatei = xlApp.Workbooks.Open(strPfad & "ORGDATA24.xlsx")
   Set xlBlatt = xlDatei.Worksheets(1)
[...]
```

Lösung 2

Dazu muss die Variable `XLApp` und `xlMappe` global deklariert werden:

```
Public xlApp As Excel.Application
Public xlDatei As Excel.Workbook
```

und darf nicht nach dem Füllen der Box auf `Nothing` gesetzt werden.

Die Prozedur der OK-Schaltfläche lautet folglich:

```
Private Sub cmdOk_Click()
   Dim lngZeile As Integer
   On Error Resume Next

   lngZeile = Me.lstListe.ListIndex + 2
   If Application.ActiveDocument.AttachedTemplate = _
      "Kapitel18_03_Namensliste.dotm" Then

      ActiveDocument.Bookmarks("Name").Range.Text = _
         xlBlatt.Cells(lngZeile, 1).Value
   ' zuerst der Name
```

```
        ActiveDocument.Bookmarks("Strasse").Range.Text = _
            xlBlatt.Cells(lngZeile, 3).Value
        ActiveDocument.Bookmarks("Ort").Range.Text = _
            Format(xlBlatt.Cells(lngZeile, 4).Value, "00000") & _
                " " & xlBlatt.Cells(lngZeile, 5).Value
        'und schließlich Straße, Plz und Ort
        xlDatei.Close False
        xlApp.Quit
    End If
    Unload Me
End Sub
```

Vergessen Sie nicht folgende Prozedur:

```
Private Sub UserForm_Terminate()
    Set xlBereich = Nothing
    Set xlBlatt = Nothing
    Set xlDatei = Nothing
    Set xlApp = Nothing
End Sub
```

und selbstverständlich nicht die modulweite Deklaration der vier Objektvariablen!

Lösung 3

```
Sub Rechnung_Erstellen()
    Dim xlApp As Excel.Application
    Dim xlDatei As Excel.Workbook
    Dim xlTabelle As Excel.Worksheet
    Dim xlZelle As Excel.Range
    Dim intZeilenanzahl As Integer
    'Deklarationen für Excel
[...]
```

Dann werden die Excelobjekte gefüllt:

```
Set xlApp = New Excel.Application
    Set xlDatei = _
    xlApp.Workbooks.Open(wdVorlage.Path & "\Rechnungen.xlsx")
    Set xlBlattFirma = xlDatei.Worksheets("Firmen")
```

```
   For intZähler = 2 _
      To xlBlattFirma.Range("A1").CurrentRegion.Rows.Count
      Me.cboFirma.AddItem xlBlattFirma.Cells(intZähler, 1).Value
   Next
   Me.cboFirma.ListIndex = 0
```

Schließlich können die gewünschten Informationen (Programmname, Preis und Rechnungsnummer) in die richtigen Zellen geschrieben werden. Dabei besteht wenig Unterschied zum „reinen" Excel-Programmieren.

```
[...]
      .Bookmarks("Adresse").Range.Text = Me.cboFirma.Value
      .Bookmarks("Adresse2").Range.Text = _
         xlBlattFirma.Cells(intEintragFirma, 2).Value & _
         IIf(xlBlattFirma.Cells(intEintragFirma, 3).Value = _
         "", "", vbCr & xlBlattFirma.Cells(intEintragFirma, 3).Value)
      .Bookmarks("Straße").Range.Text = _
         xlBlattFirma.Cells(intEintragFirma, 4).Value
      .Bookmarks("Ort").Range.Text = _
         xlBlattFirma.Cells(intEintragFirma, 5).Value
[...]
   xlDatei.Save
   xlDatei.Close
   Set xlBlattJahr = Nothing
   Set xlBlattFirma = Nothing
   Set xlDatei = Nothing
   Set xlApp = Nothing
   Unload frmRechnung
End Sub
```

Lösung 4

```
Sub ExcelMakroStart()
   Dim xlApp As Excel.Application
   Dim xlDatei As Excel.Workbook
   Dim strPfad As String

   strPfad = ActiveDocument.Path & "\"
```

```
   If Dir(strPfad & "Kapitel18_03Test.xlsm", vbNormal) <> "" Then
      Set xlApp = Excel.Application
      Set xlDatei = xlApp.Workbooks.Open _
            (strPfad & "Kapitel18_03Test.xlsm")
      xlApp.Run "'" & strPfad & "Kapitel18_03Test.xlsm" & "'!Test"
      xlDatei.Close SaveChanges:=False
      xlApp.Quit
   End If
   Set xlDatei = Nothing
   Set xlApp = Nothing
End Sub
```

18.5 Übungen zum Programmaustausch Excel nach Word

Übung 1

In einer Excel-Adressliste stehen Name, Straße und Wohnort von verschiedenen Personen. Befindet sich der Cursor in einer bestimmten Zeile, dann ruft ein Makro eine Worddokumentvorlage auf und trägt die Daten ein.

Übung 2

Aus einer Notenliste, die für eine Schulklasse in Excel generiert wurde, werden die Noten ausgelesen und damit Zeugnisse in Word erstellt.

Übung 3

Da der Befehl `PrivateProfileString` nicht in Excel zur Verfügung steht, muss auf Word zugegriffen werden, um ihn verwenden zu können. Schreiben Sie ein Makro, das für eine Excel-Vorlage eine neue Rechnungsnummer generiert, indem auf eine ini-Datei zugegriffen wird.

Übung 4

In Kapitel 13.11 in Übung 1 – 5 wird ein Diagramm erstellt. Mit welchen zusätzlichen Befehlen kann man es nach Word kopieren?

18.6 Lösungen zu den Übungen zum Programmaustausch Excel nach Word

Lösung 1

Die Worddokumentvorlage heißt „Rechnungsformular“. In ihr sind drei Textmarken definiert: „Adresse“, „Straße“ und „Ort“. Die Exceltabelle wird wie folgt aufgebaut:

```
Sub ExcelDatenNachWord()
Public Sub cmdAdresse(ByRef control As IRibbonControl)
   Dim wdapp As Word.Application
   Dim wdDok As Word.Document
   Dim xlZelle As Range
   Dim intZeile As Integer
   Dim strpfad As String

   strpfad = ThisWorkbook.Path & "\"

   Set xlZelle = ActiveCell
   intZeile = xlZelle.Row

   If Cells(intZeile, 1).Value = "" Then
      MsgBox "Der Cursor wurde nicht richtig platziert!"
      Exit Sub
   ElseIf Selection.Rows.Count > 1 Or Selection.Columns.Count > 1 Then
       MsgBox "Bitte markieren Sie nur eine Zelle."
       Exit Sub
   ElseIf Dir _
   (strpfad & "Kapitel18_05_Rechnung.dotx", vbNormal) = "" Then
       MsgBox "Die Word-Vorlage wurde nciht gefunden."
       Exit Sub
   End If

   Set wdapp = Word.Application
   Set wdDok = _
      wdapp.Documents.Add(strpfad & "Kapitel18_05_Rechnung.dotx")
```

```
    With wdDok
        If .Bookmarks.Exists("Adresse") Then
            .Bookmarks("Adresse").Range.Text = _
                ActiveSheet.Cells(intZeile, 1).Value
        End If
        If .Bookmarks.Exists("Straße") Then
            .Bookmarks("Straße").Range.Text = ActiveSheet.Cells _
                (intZeile, 3).Value
        End If
        If .Bookmarks.Exists("Ort") Then
            .Bookmarks("Ort").Range.Text = _
            ActiveSheet.Cells(intZeile, 4).Value & _
            " " & ActiveSheet.Cells(intZeile, 5).Value
        End If
    End With

    Set wdDok = Nothing
    Set wdapp = Nothing
    Set xlZelle = Nothing
End Sub
```

Das Makro überprüft zuerst, ob sich der Cursor innerhalb des Datenbereichs befindet. Falls ja, so wird Word gestartet, die Dokumentvorlage geöffnet und an den entsprechenden Textmarken die Inhalte der Zeile `intZeile` der entsprechenden Spalten eingefügt.

Lösung 2

In einer Excel-Tabelle stehen in einer Spalte die Namen der Schüler. Daneben befinden sich – nach Fächern geordnet – ihre Noten.

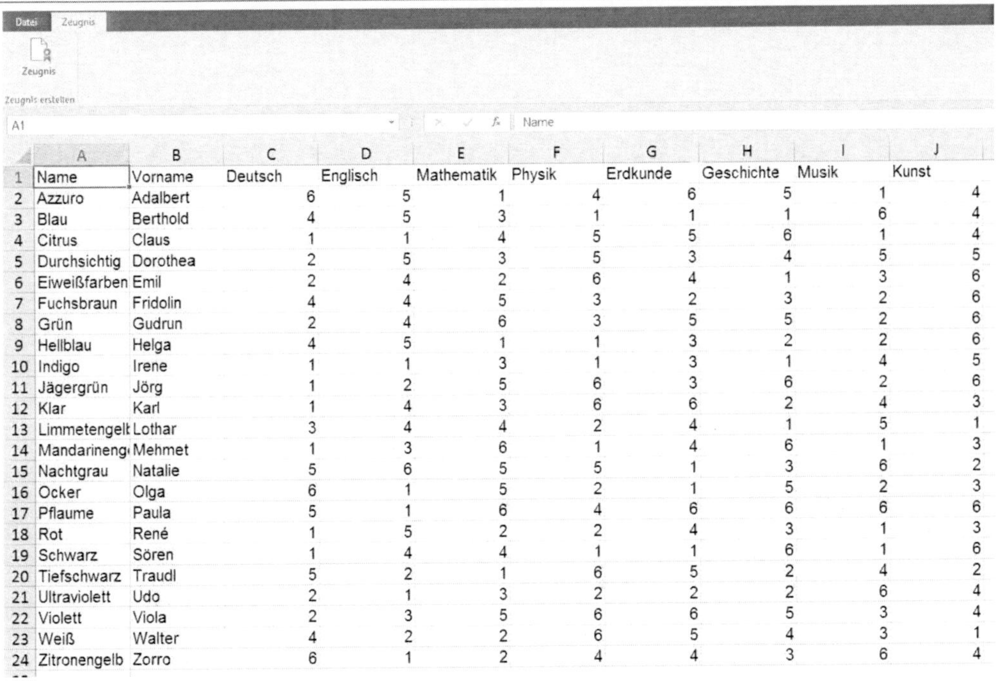

Datei | Zeugnis

Zeugnis

Zeugnis erstellen

A1 | Name

	A	B	C	D	E	F	G	H	I	J
1	Name	Vorname	Deutsch	Englisch	Mathematik	Physik	Erdkunde	Geschichte	Musik	Kunst
2	Azzuro	Adalbert	6	5	1	4	6	5	1	4
3	Blau	Berthold	4	5	3	1	1	1	6	4
4	Citrus	Claus	1	1	4	5	5	6	1	4
5	Durchsichtig	Dorothea	2	5	3	5	3	4	5	5
6	Eiweißfarben	Emil	2	4	2	6	4	1	3	6
7	Fuchsbraun	Fridolin	4	4	5	3	2	3	2	6
8	Grün	Gudrun	2	4	6	3	5	5	2	6
9	Hellblau	Helga	4	5	1	1	3	2	2	6
10	Indigo	Irene	1	1	3	1	3	1	4	5
11	Jägergrün	Jörg	1	2	5	6	3	6	2	6
12	Klar	Karl	1	4	3	6	6	2	4	3
13	Limmetengelb	Lothar	3	4	4	2	4	1	5	1
14	Mandarinengelb	Mehmet	1	3	6	1	4	6	1	3
15	Nachtgrau	Natalie	5	6	5	5	1	3	6	2
16	Ocker	Olga	6	1	5	2	1	5	2	3
17	Pflaume	Paula	5	1	6	4	6	6	6	6
18	Rot	René	1	5	2	2	4	3	1	3
19	Schwarz	Sören	1	4	4	1	1	6	1	6
20	Tiefschwarz	Traudl	5	2	1	6	5	2	4	2
21	Ultraviolett	Udo	2	1	3	2	2	2	6	4
22	Violett	Viola	2	3	5	6	6	5	3	4
23	Weiß	Walter	4	2	2	6	5	4	3	1
24	Zitronengelb	Zorro	6	1	2	4	4	3	6	4

Abbildung 33: Die fiktiven Noten der fiktiven Klasse

Diese Daten werden über eine Funktion in „Noten-Text“ umgewandelt:

```
Function Notentext(strNote As String) As String
Select Case strNote
    Case 1: Notentext = "sehr gut"
    Case 2: Notentext = "gut"
    Case 3: Notentext = "befriedigend"
    Case 4: Notentext = "ausreichend"
    Case 5: Notentext = "mangelhaft"
    Case 6: Notentext = "ungenügend"
    Case Else: Notentext = ""
    End Select
End Function
```

Das eigentliche Programm ermittelt nun die einzelnen Noten der Schüler und trägt den „formatierten“ Text an den entsprechenden Textfeldern der Word-Datei ein:

```
Public Sub ZeugnisErstellen()
   Dim wdapp As Word.Application
   Dim wdDatei As Word.Document
   Dim intZeilen As Integer
   Dim intZähler As Integer
   Dim xlZelle As Range
   Dim strZeugnistext As String

   Set xlZelle = _
      Application.ActiveWorkbook.ActiveSheet.Range("A1")
   intZeilen = xlZelle.CurrentRegion.Rows.Count

   Set wdapp = New Word.Application
   wdapp.Visible = True

   For intZähler = 2 To intZeilen
      Set wdDatei = Word.Documents.Add
' wenn eine Vorlage existiert, dann kann mit ihr gearbeitet werden
      strZeugnistext = "Zeugnis für: " & _
         xlZelle.Cells(intZähler, 2).Value & _
         " " & xlZelle.Cells(intZähler, 1).Value & vbCr & _
         Application.ActiveWorkbook.ActiveSheet.Name & vbCr & vbCr & _
         "für das Schuljahr: " & Format(Year(Date) - 1, "0000") & _
         "/" & Format(Year(Date), "0000") & vbCr & "Deutsch: " & _
         Notentext(xlZelle.Cells(intZähler, 3).Value) & vbCr & _
         "Englisch: " & _
         Notentext(xlZelle.Cells(intZähler, 4).Value) & vbCr & _
         "Mathematik: " & _
         Notentext(xlZelle.Cells(intZähler, 5).Value) & vbCr & _
         "Physik: " & _
         Notentext(xlZelle.Cells(intZähler, 6).Value) & vbCr & _
         "Erdkunde: " & _
         Notentext(xlZelle.Cells(intZähler, 7).Value) & vbCr & _
         "Geschichte: " & _
```

```
        Notentext(xlZelle.Cells(intZähler, 8).Value) & vbCr & _
        "Musik: " & _
        Notentext(xlZelle.Cells(intZähler, 9).Value) & vbCr & _
        "Kunst: " & _
        Notentext(xlZelle.Cells(intZähler, 10).Value)

      wdDatei.Range.Text = strZeugnistext
      wdDatei.Saved = True
        ' -- nicht sehr schön, aber effektiv,
        ' -- um sämtliche Dokumente wieder schnell zu schließen.
   Next

   Set wdapp = Nothing
   Set wdDatei = Nothing
   Set xlZelle = Nothing
End Sub
```

Lösung 3

In der Excel-Mustervorlage befindet sich im Ereignis `Workbook_Open` folgender Code:

```
Private Sub Workbook_Open()
   Dim wdapp As Word.Application
   Dim strRechnungsnummer As String
   Dim dblRechnungsnummer As Double

   Set wdapp = Word.Application
   strRechnungsnummer = wdapp.System.PrivateProfileString _
      (ActiveWorkbook.Path & "\Rechnungsnummer.ini", _
      "Rechnungsnummer", "Re")
   If IsNumeric(strRechnungsnummer) Then
      dblRechnungsnummer = CDbl(strRechnungsnummer)
      wdapp.System.PrivateProfileString _
         (ActiveWorkbook.Path & "\Rechnungsnummer.ini", _
         "Rechnungsnummer", "Re") = dblRechnungsnummer + 1
```

```
        Application.ActiveWorkbook.Sheets(1) _
            .Range("E7").Value = dblRechnungsnummer
    End If
    Set wdapp = Nothing
End Sub
```

Lösung 4

```
Sub DiagrammNachWord(xlchart As ChartObject)
    Dim wdapp As Word.Application
    Dim wdDokument As Word.Document
    With xlDia.ChartObjects(1).Activate
        ActiveChart.ChartArea.Select
        ActiveChart.ChartArea.Copy
    End With
    Set wdapp = Word.Application
    wdapp.Visible = True
    Set wdDokument = wdapp.Documents.Add
    wdDokument.Paragraphs(1).Range.Paste

    Set wdDokument = Nothing
    Set wdapp = Nothing

End Sub
```

Dieses Programm wird von dem Programm, welches das Diagramm erzeugt, aufgerufen:

```
[...]
DiagrammNachWord xlchart
[...]
```

wenn `xlChart` wie folgt deklariert wurde:

```
Dim xlchart As ChartObject
```

18.7 Übung zum Programmaustausch Outlook nach Word und Excel

Übung

Lassen Sie sich in einem Word-Dokument und einer Excel-Datei alle Outlook-Adressen auflisten.

18.8 Lösung zum Programmaustausch Outlook nach Word und Excel

Lösung

```
Sub KontakteAuflistenUndNachExcel()
   Dim olNS As NameSpace
   Dim olMAPIFolder As MAPIFolder
   Dim olItems As Items
   Dim olKontakt As ContactItem
   Dim xlapp As Object 'Excel.Application
   Dim xlDatei As Object 'Workbook
   Dim xlZelle As Object 'Excel.Range
   On Error Resume Next

   Set olNS = Application.GetNamespace("MAPI")
   Set olMAPIFolder = olNS.GetDefaultFolder(olFolderContacts)
   Set olItems = olMAPIFolder.Items

   Set xlapp = CreateObject("Excel.Application") 'Excel.Application
   Set xlDatei = xlapp.Workbooks.Add
   xlapp.Visible = True
   Set xlZelle = xlDatei.Worksheets(1).Range("A1")
   For Each olKontakt In olItems
      xlZelle.Value = olKontakt.FullName
      xlZelle.Offset(0, 1).Value = olKontakt.Email1Address
      Set xlZelle = xlZelle.Offset(1, 0)
   Next
```

```
    Set olNS = Nothing
    Set olMAPIFolder = Nothing
    Set olItems = Nothing

End Sub
```

Der Code muss für Word nur wenig verändert werden:

```
Sub KontakteAuflistenUndNachWord()
    Dim olNS As NameSpace
    Dim olMAPIFolder As MAPIFolder
    Dim olItems As Items
    Dim olKontakt As ContactItem
    Dim wdapp As Object 'Word.Application
    Dim wdDatei As Object 'Word.Document
    Dim wdTabelle As Object 'Word.Table
    Dim lngZeile As Long
    On Error Resume Next

    Set olNS = Application.GetNamespace("MAPI")
    Set olMAPIFolder = olNS.GetDefaultFolder(olFolderContacts)
    Set olItems = olMAPIFolder.Items

    Set wdapp = CreateObject("Word.Application")
    wdapp.Visible = True
    Set wdDatei = wdapp.Documents.Add
    wdDatei.Tables.Add Range:=wdDatei.Range, _
          NumRows:=olItems.Count, NumColumns:=2
    lngZeile = 1
    For Each olKontakt In olItems
       wdDatei.Tables(1).Rows(lngZeile).Cells(1).Range.Text = _
          olKontakt.FullName
       wdDatei.Tables(1).Rows(lngZeile).Cells(1).Range.Text = _
          olKontakt.Email1Address
       lngZeile = lngZeile + 1
    Next
```

```
    Set olNS = Nothing
    Set olMAPIFolder = Nothing
    Set olItems = Nothing
    Set wdDatei = Nothing
    Set wdapp = Nothing
End Sub
```

18.9 Übung zum Programmaustausch Visio nach Excel

Übung

In Visio wird ein Auswahldialog erstellt, mit dessen Hilfe der Benutzer alle Shapenamen in einer Exceltabelle eintragen lassen kann. Dabei hat der Benutzer die Möglichkeit, zwischen den Namen aller Shapes des Zeichenblattes, den Namen der markierten Shapes und den Namen der Shapes eines Layers zu wählen.

18.10 Lösung zur Übung zum Programmaustausch Visio nach Excel

Lösung

Gestartet wird der Dialog, indem alle vorhandenen Layer in einer Combobox aufgelistet werden:

```
Private Sub UserForm_Initialize()
    Dim vsLayer As Layer
    For Each vsLayer In ActivePage.Layers
        cboLayer.AddItem vsLayer.Name
    Next
    cboLayer.Value = cboLayer.List(0)
    optAlle.Value = True
End Sub
```

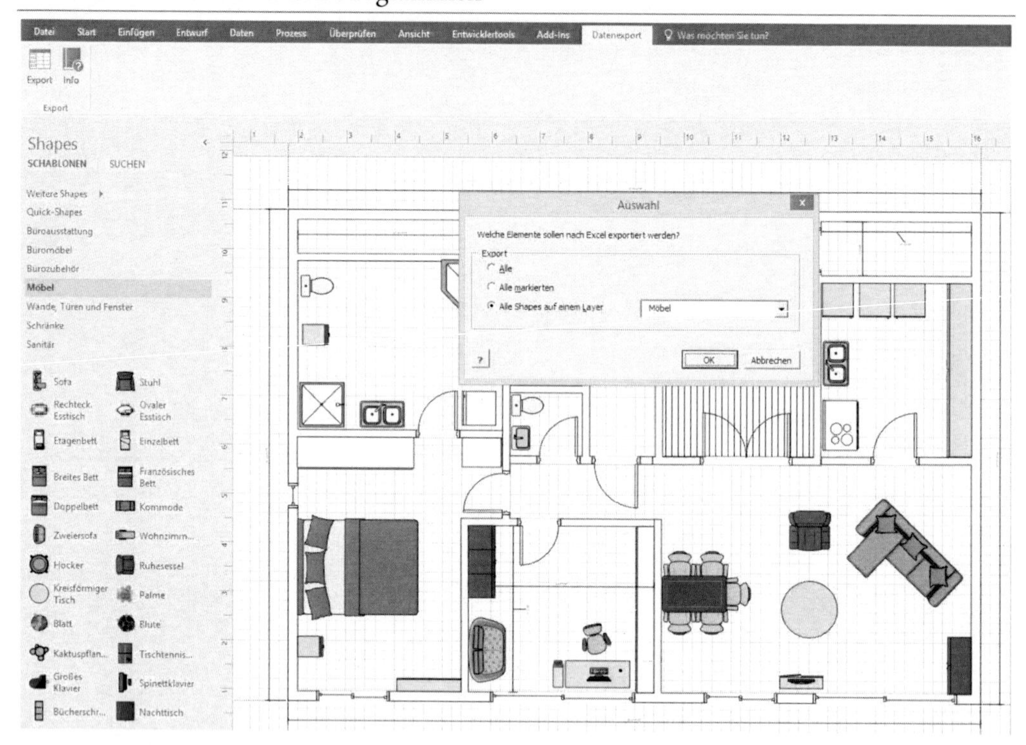

Abbildung 34: Der Auswahldialog

Klickt nun der Benutzer auf Ok, dann wird Excel geöffnet und in einer neuen Tabelle werden alle Shapenamen eingetragen. Analog könnte man auch bestimmte Datenfelder, Beschriftungen oder Ähnliches speichern:

```
Private Sub cmdOk_Click()
   Dim xlApp As Excel.Application
   Dim xlDatei As Excel.Workbook
   Dim xlTabelle As Excel.Worksheet
   Dim xlZelle As Excel.Range
   Dim intZähler As Integer, intLayer As Integer, intZeiger As Integer

   Set xlApp = New Excel.Application
   xlApp.Visible = True
   Set xlDatei = xlApp.Workbooks.Add
   Set xlTabelle = xlDatei.Sheets(1)
   Set xlZelle = xlTabelle.Range("A1")
```

```
    xlZelle.Value = "Shape-Liste:"
    If Me.optAlle.Value = True Then
    For intZähler = 1 To ActivePage.Shapes.Count
        xlZelle.Offset(intZähler, 0).Value = _
           ActivePage.Shapes(intZähler).Name
    Next
    ElseIf Me.optMarkierung.Value = True Then
       For intZähler = 1 To ActiveWindow.Selection.Count
           xlZelle.Offset(intZähler, 0).Value = _
              ActiveWindow.Selection(intZähler).Name
       Next
    Else
       intZeiger = 1
       For intZähler = 1 To ActivePage.Shapes.Count
           For intLayer = 1 To ActivePage.Shapes(intZähler).LayerCount
               If ActivePage.Shapes(intZähler).Layer(intLayer).Name = _
                   Me.cboLayer.Value Then
                   xlZelle.Offset(intZeiger, 0).Value = _
                      ActivePage.Shapes(intZähler).Name
                   intZeiger = intZeiger + 1
               End If
           Next
       Next
    End If

    Set xlDatei = Nothing
    Set xlTabelle = Nothing
    Set xlZelle = Nothing
    Unload Me
End Sub
```

19 Guter Code – ein Vorschlag

Es ist erstaunlich: Obwohl in sehr vielen Firmen in Microsoft Office VBA-Makros aufgezeichnet, erstellt und programmiert werden, wird man bei der Suche nach Programmierrichtlinien für VBA-Code im Internet fast nicht fündig.

Das folgende Kapitel fasst die wichtigsten „Unschönheiten“ zusammen und macht Vorschläge zu firmeninternen Programmierrichtlinien. Im Anschluss an jeden Absatz werden Gründe für die Einhaltung der Forderung genannt.

19.1 Code

19.1.1 Kommentare konsequent

Kommentieren Sie Ihren Code konsequent. Schreiben Sie zu jeder verwendeten Variablen einen Kommentar über ihren Verwendungszweck. Schreiben Sie zu jeder Funktion und Prozedur eine kurze Erläuterung. Schreiben Sie in den „Einstiegspunkt“ des Programms, wer den Code geschrieben hat, wer der Auftraggeber ist, welche Version vorliegt, wann die letzten Änderungen vorgenommen wurden (auch bei Codeänderungen: Notieren Sie das Datum.). Schreiben Sie zu jedem Codeblock einen kurzen Kommentar, der die Funktion dieser Stelle erläutert.

Begründung: Häufig müssen Programme nachgebessert oder erweitert werden – manchmal wünscht der Kunde nach Jahren Korrekturen, weil sich firmeninterne Berechnungen, Abläufe oder andere Strukturen geändert haben. Kommentare erleichtern das Verständnis für eigenen oder fremden Code.

Ich habe schon ab und zu erlebt, dass Auftraggeber behaupteten, mein Programm würde falsch rechnen oder falsche Dinge tun. Als Beweis konnte ich meine Kommentare anführen, in denen ganz klar stand, wer wann was gewünscht hatte.

19.1.2 Namen

Prozeduren, Funktionen, Variablen und Konstanten müssen mit einem Buchstaben beginnen. Sie dürfen Buchstaben, Ziffern und den Unterstrich enthalten. Dies schreibt VBA vor.

Alle selbst definierten Namen müssen aussagefähig sein. Verwenden Sie für Prozeduren das Schema SubstantivVerb oder VerbSubstantiv. Verwenden Sie CamelCasing, also die Verwendung von Groß- und Kleinschreibung, beispielsweise NamenEintragen, DateinamenAuslesen oder BenutzerInformationenAnzeigen.

Verwenden Sie keine Umlaute in Variablen, Modulnamen, Klassennamen …

Benennen Sie Module mit dem Präfix „bas“, Klassen mit „cls“ und Formulare mit „frm“.

Verwenden Sie die Reddick-Konvention für Steuerelemente, Variablen und Konstanten.

Begründung: Mehrere Großbuchstaben in Prozedurnamen, Variablennamen und so weiter erleichtern das Lesen von Code. Wird eine Variable mit mehreren Großbuchstaben deklariert, dann wird sie, wenn sie bei der Verwendung kleingeschrieben wurde, automatisch in die richtige Schreibweise verändert. Dies erleichtert das Auffinden von Tippfehlern.

Auch wenn VBA-Code mit deutschen Umlauten in Frankreich und den USA läuft, musste ich einmal in einem Projekt mit vielen tausend Codezeilen mühevoll mit Suchen und Ersetzen nach deutschen Umlauten suchen, da auf asiatischen Rechnern aufgrund von Ersetzungsprogrammen „ä“, „ö“, „ü“ und „ß“ durch chinesische, koreanische, japanische … Zeichen ersetzt werden.

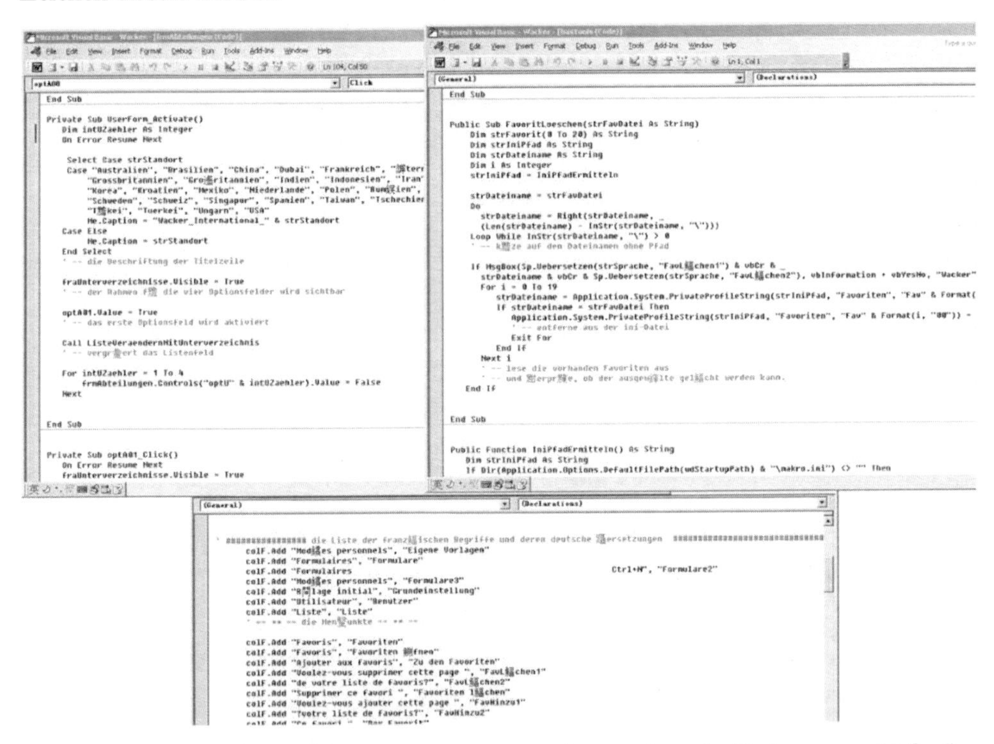

Abbildung 35: Asiatische Zeichenersetzungsprogramme können deutsche Umlaute „zerschießen“.

Bei sehr vielen Steuerelementen erleichtert die Eingabe von

```
Me.txt
```

die Suche nach dem richtigen Textfeld. Ebenso können Sie auch „txt“ eingeben und sich die Auswahlliste mit [Strg]+[Leertaste] anzeigen lassen.

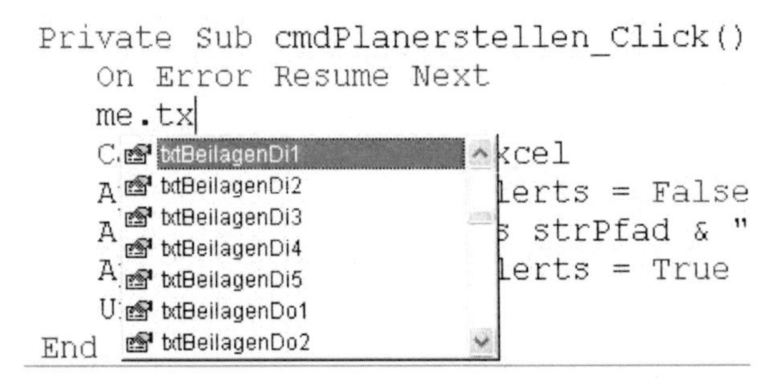

Abbildung 36: Die konsequente Verwendung von Konventionen erleichtert auch die Eingabe von Variablen und Objektnamen.

19.1.3 Variablen, Variablennamen und ihre Deklaration

Verwenden Sie die Reddick- oder eine andere Konvention für die Namen Ihrer Variablen. Verwenden Sie sprechende Namen. Verwenden Sie nicht x, y, z, i, s oder ähnliche Namen für Variablen.

Kennzeichnen Sie globale Variablen durch das Präfix „g“, modulweit verwendete Variablen durch ein „m“.

Schreiben Sie Konstanten in Großbuchstaben.

Verwenden Sie interne VBA-Konstanten und nicht ihre dahinterliegenden Werte.

Verwenden Sie nicht eine Variable für verschiedene Aufgabenbereiche.

Deklarieren Sie jede Variable. Schreiben Sie

```
Option Explicit
```

an den Beginn jedes Moduls, jeder Klasse und jedes Formulars, beziehungsweise schalten Sie die Option „Variablendeklaration erforderlich“ ein.

In VBA ist es möglich, den Datentyp über das letzte Zeichen festzulegen, beispielsweise Zuname$, Gehalt@ oder ZeilenZaehler&. Tun Sie das nicht.

Es gibt (fast) keinen Grund, den Datentyp Variant zu verwenden – vermeiden Sie ihn.

Es gibt keine Notwendigkeit, Zeichenketten mit fester Länge zu verwenden:

```
Dim strStrasse As String * 53
```

Unterlassen Sie dies in VBA!

Überprüfen Sie, ob alle deklarierten Variablen verwendet werden.

Umgekehrt: Initialisieren Sie jede Variable, bevor Sie sie verwenden.

Begründung: Eine deklarierte Variable

```
Dim i As Integer
Dim Projekte%
```

oder schlimmer

```
Dim x As Double
```

sagt im Code nichts über ihren Gültigkeitsbereich aus.

intMonatsZaehler, lngAnzahlZeilenVerkaufsdaten oder dblRohrinnenDurchmesser sagt alles.

```
If MsgBox("Möchten Sie die Datei wirklich löschen?", _
    vbYesNo + vbDefaultButton2 + vbInformation) = vbYes Then
```

ist leichter zu lesen als:

```
If MsgBox("Möchten Sie die Datei wirklich löschen?", 324) = 6 Then
```

19.1.4 Codezeilen

Verwenden Sie pro Zeile maximal einen Befehl. Der Lesbarkeit halber darf eine lange Codezeile mit „ _“ umbrochen werden.

Umgekehrt: Strukturieren Sie Ihr Programm durch Leerzeilen und Einrückungen.

Begründung: Spaghetticode

19.1.5 Verkettungen

Für die Zeichenverkettung sollte „&“ anstelle von „+“ verwendet werden.

Begründung : Es gibt gemischte Ausdrückte, in denen Zahlen nicht korrekt in Text konvertiert werden. In der Zeile

```
xlZelle.FormulaR1C1 = "=SUBTOTAL(" & intTeilergebnisFunktion & _
    ",R[-" & lngProjektZaehler & "]C:R[-1]C)"
```

wird deutlich, dass die Zahlen Teil der Funktion sind, dagegen führt

```
xlZelle.FormulaR1C1 = "=SUBTOTAL(" + intTeilergebnisFunktion + _
    ",R[-" + lngProjektZaehler + "]C:R[-1]C)"
```

zu einem Fehler.

19.1.6 Verzweigungen

Schreiben Sie If-Verzweigungen mehrzeilig.

Verwenden Sie für mehrere Fälle `Select Case` anstelle von `If`. Bei Fällen, die sich gegenseitig ausschließen, sollten Sie `ElseIf` den Vorzug gegenüber

```
If ... Then
End If
If ... Then
End If
```

geben.

19.1.7 Rücken Sie konsequent ein!

Verschachteln Sie maximal vier Ebenen.

Begründung: Durch die mehrzeilige If-Anweisung ist das Programm leichter erweiterbar:

```
If Me.txtJahresgehalt.Value = "" Then MsgBox "Geben Sie einen Wert ein."
   Me.txtJahresgehalt.SetFocus
   Exit Sub
```

wird immer abgebrochen und nicht nur, wenn kein Wert eingegeben wurde – ein typischer Fehler, der aufgrund einer nachträglichen Korrektur entstand.

```
If strGeschlecht = "m" Or strGeschlecht = "M" Or _
   strGeschlecht = "w" Or strGeschlecht = "W" Or _
   strGeschlecht = "f" Or strGeschlecht = "F" Then
```

ist länger und umständlicher als:

```
Select Case strGeschlecht
   Case "m", "M", "w", "W", "f", "F"
```

19.1.8 Schleifen

Verwenden Sie ganzzahlige Variablen (Byte, Integer oder Long) für Zählerschleifen.

Ziehen Sie `For Each` bei Iterationen über Objekten gegenüber Zählerschleifen vor.

Verwenden Sie nicht `While ... Wend`. Geben Sie `Do ... Loop` den Vorzug.

Rücken Sie sauber ein (siehe Verzweigungen).

Verschachteln Sie maximal vier Ebenen (siehe Verzweigungen).

Begründung: Gerne wird beim Löschen eines Objektes übersehen, dass nun der Index nicht mehr korrekt ist. Zwar könnte man statt:

```
For intZaehler = 0 To xmlKnoten.ChildNodes.Count - 1
   If xmlKnoten.ChildNodes(intZaehler).Name = "Mitglied" Then
      xmlKnoten.ChildNodes(intZaehler).Delete
' -- führt zu Fehler!
```

schreiben:

```
For intZaehler = xmlKnoten.ChildNodes.Count - 1 To 0 Step -1
   If xmlKnoten.ChildNodes(intZaehler).Name = "Mitglied" Then
      xmlKnoten.ChildNodes(intZaehler).Delete
```

Flexibler ist sicherlich:

```
For Each xmlKnoten In xmlWurzelknoten.ChildNodes
   If xmlKnoten.Name = "Mitglied" Then
      xmlKnoten.Delete
```

`While ... Wend` ist weniger flexibel als die vier Varianten von `Do ... Loop`.

19.1.9 Sprünge

Vermeiden Sie `Exit For`, `Exit Do` ebenso wie `Exit Function` oder `Exit Sub`.

Verwenden Sie unter keinen Umständen `End`.

Vermeiden Sie `GoTo` (außer bei Fehlern – dort gibt es keine Alternative).

Begründung: Spaghetticode

19.2 Programmierstil und Programmierstrategien

19.2.1 Fehler abfangen

Fragen Sie alle Fehlerquellen konsequent ab.

```
On Error Resume Next
```

ist sehr riskant und nur bedingt einsetzbar.

Erzeugen Sie keine Fehler mit `Err.Raise`.

Verwenden Sie nicht Fehlerroutinen, um Voraussetzungen zu überprüfen.

Fangen Sie Fehler mit aussagekräftigen Meldungen ab. Verwenden Sie nicht `vbCritical`. Tippfehler in Fehlermeldungen sind peinlich. Verwenden Sie stets den internen Befehl `Err.Description`.

In Fehlerbehandlungsprozeduren sollten Sie alle von Ihnen vorgenommenen Einstellungen zurücksetzen: geöffnete Programme schließen, Datenverbindungen beenden, Mauszeiger zurücksetzen …

Überprüfen Sie stets Objekte auf `Empty` und `Null` (besonders in der Datenbankprogrammierung).

Begründung: Es muss sicherlich nicht erwähnt werden, dass Menschen, aber auch Maschinen, manchmal eigenartige Dinge tun. Darauf sollte stets reagiert werden. Das Minimum lautet:

```
On Error GoTo Fehler
...
Exit Sub
Fehler:
Msgbox "Es trat ein Fehler auf:" & vbCr & Err.Description
```

Anders als in anderen Programmiersprachen (VB.NET, C#, Java …) liegt in VBA keine strukturierte Fehlerbehandlung vor. Ein

```
Err.Raise 13
```

(oder Ähnliches) ist immer mit einem „Restrisiko" behaftet.

Wenn Sie wissen möchten, ob Visio geöffnet ist, dann bitte nicht so:

```
On Error GoTo Fehler
Set wdApp = GetObject(, "Visio.Application")
wdApp.Visible = True
...
Exit Sub
Fehler:
Set wdApp = CreateObject("Visio.Application")
Err.Clear
Resume Next
```

19.2.2 Prozeduren und Routinen, Module und Klassen

Vermeiden Sie Prozeduren in Modulen. Verwenden Sie Klassen.

Bestimmen Sie den Gültigkeitsbereich exakt: `Private` oder `Public`.

Lagern Sie mehrfach verwendeten Code in Funktionen oder Prozeduren aus.

Funktionen müssen immer einen Wert zurückgeben – tun sie dies nicht, so sind Prozeduren zu verwenden.

Parameter werden als Wert `byVal` und nicht als Referenz übergeben.

Überschreiten Sie nicht 100 Zeichen pro Zeile.

Überschreiten Sie nicht 100 Codezeilen pro Prozedur.

Überschreiten Sie nicht 50 Codezeilen pro Funktion.

Überschreiten Sie nicht 10 Prozeduren pro Modul.

Überschreiten Sie nicht 50 Eigenschaften, Prozeduren und Funktionen (Methoden) pro Klasse.

Alle Prozeduren verfügen über eine Fehlerbehandlung.

Begründung: Klassen sind flexibler und leichter skalierbar als Module.

Zu lange Funktionen und Methoden werden unübersichtlich. Umgekehrt ist ausgelagerter Code leichter zu warten als Codeschnipsel, die an mehreren Stellen gepflegt werden müssen.

19.2.3 Objekte

Verwenden Sie keine Standardeigenschaften von Objekten.

Verwenden Sie keine Objektkaskaden, sondern deklarieren Sie jedes einzelne Objekt.

Early Bindung ist Late Binding vorzuziehen.

Leeren Sie am Ende des Programms alle verwendeten Objektvariablen.

Begründung: Sie wissen nicht, ob an die als Variant deklarierte Variable das Zellobjekt übergeben wird oder der Inhalt der Zelle.

```
Dim xlZelle As Range
Dim x
...
x = xlZelle
```

Codezeilen wie beispielsweise der folgende sind nicht nur schwer nachzuvollziehen, sondern gestatten keinerlei Zugriff auf die Datei oder das Tabellenblatt.

```
intZeilen = Application.ThisWorkbook.Worksheets(1). _
   Cells(1, 1).CurrentRegion.Rows.Count
```

Early Binding erleichtert aufgrund der IntelliSense-Listen die Programmierarbeit.

Der Garbage-Kollektor von Microsoft funktioniert in VBA nicht immer sauber – Sie sollten Objekte aus dem Arbeitsspeicher leeren, um sicher zu sein, dass der Arbeitsspeichern nicht unnötig belastet wird.

19.2.4 Programmierstil

Verzichten Sie auf knappen, „eleganten" Programmierstil, wenn dies zu Lasten der Lesbarkeit geht. Schreiben Sie lieber ein paar Zeilen Code mehr, auch wenn dadurch möglicherweise einige Zeilen mehr abgearbeitet werden müssen.

Begründung: Versuchen Sie herauszufinden, was folgende Zeile berechnet:

```
dblWeihnachtsgeld = _
    ((0.8 + Sgn(dblBetriebszugehoerigkeit - 15) * 0.05 _
    + Sgn(dblGehalt - 4000) * 0.05)) * dblGehalt
```

Eine mehrzeilige If-Anweisung wäre hier sicherlich angebracht.

19.2.5 Strategien für die Benutzereingaben

In VBA erstellte Dialoge sollten sich an den Microsoft-Anwendungen orientieren. Verwenden Sie Steuerelemente im Sinne von MS Office, also Befehlsschaltflächen zur Aktivierung von Aktionen, Optionsfelder für Einzelauswahl, Kontrollkästchen für Mehrfachauswahl. Belegen Sie einen der Radiobuttons vor.

Benutzereingaben müssen komfortabel per Maus und per Tastatur zu erledigen sein. Mit Alt+[unterstrichener Buchstabe] sollte jedes Feld per Tastatur zu erreichen sein, die Tabulatortaste sollte ein logische Sprungreihenfolge erwirken.

Verwenden Sie das für Microsoft typisch Hintergrundgrau und keine bunten Farben. Wenn Sie etwas farblich hervorheben möchten, dann verwenden Sie lediglich eine Farbe. Diese wird auf allen Dialogen beibehalten.

Verwenden Sie keine hüpfenden, blinkenden oder sich bewegenden Steuerelemente. Verwenden Sie interne Dialoge, beispielsweise fürs Öffnen, zur Auswahl von Ordnern, Drucker, Schriften etc.

Verwenden Sie nur eine Schrift auf sämtlichen Dialogen. Verwenden Sie eine serifenlose Schrift. Verwenden Sie lediglich eine Schriftgröße. Heben Sie nur mit Fett hervor.

Die Leserichtung in unserer westlichen Welt ist von links nach rechts, von oben nach unten. Gestalten Sie entsprechend die Dialoge.

Überladen Sie Dialoge nicht mit Steuerelementen. Wenn Sie sehr viele Steuerelemente benötigen, programmieren Sie Assistenten, verwenden Sie mehrere Registerblätter oder mehrere Dialoge.

Verwenden Sie „dynamische Formulare", um dem Benutzer zu helfen, das heißt: Deaktivieren oder verbergen Sie Buttons, damit der Benutzer in bestimmten Fällen keine falschen Angaben machen kann.

Gestalten Sie Masken ordentlich. Verwenden Sie die Ausrichten- und Verteilen-Funktionen, oder arbeiten Sie über die Eigenschaften Left, Top, Width und Height.

Elemente, die logisch oder funktional zusammengehören, sollten in einem Rahmen oder Rechteck visuell gruppiert werden.

Fangen Sie Fehler mit aussagekräftigen Meldungen ab. Verwenden Sie nicht vbCritical. Tippfehler in Fehlermeldungen sind peinlich. Verwenden Sie stets den internen Befehl Err.Description.

Für den Anwender zur Verfügung gestellte Funktionalitäten müssen transparent sein. Doppelklick auf eine Schaltfläche, gedrückte [Strg]-Taste bei der Texteingabe oder Tastenkombinationen sind nur als zusätzliche Optionen zu verwenden. Alles muss über sichtbare Menüs und/oder Schaltflächen erreichbar sein.

Hierzu zählen nach SNI-Style-Guide beziehungsweise die ISO-Norm 9241 die sieben Grundsätze der Dialoggestaltung.

Begründung: Ergonomie! Dem Anwender sind in der Regel Arbeitsweise, Struktur und Oberfläche von Microsoft schon bekannt und vertraut. Bei selbst erstellten Dialogen erleichtert es das Zurechtfinden, wenn Sie in Anlehnung an Microsoft-Dialoge gestalten.

Der Anwender findet sich auf unterschiedlichen Dialogen schnell zurecht, wenn sie alle gleichförmig gestaltet sind. Hierzu gehören Gestaltung, Schrift, Farben und Funktionalität.

Manche Benutzer arbeiten gerne mit der Maus arbeiten, andere lieber mit der Tastatur. Berücksichtigen Sie deshalb beide Aspekte.

Serifenlose Schriften können besser gelesen werden als Schriften mit Serifen.

Benutzer erschrecken leicht, wenn sie den roten Kreis mit einer Fehlermeldung erhalten. Deshalb sollten Fehlermeldungen dezent, aber aussagekräftig sein.

19.2.6 Strategien für die Datenausgabe

Bei der Datenausgabe sind stets sämtliche Voraussetzungen zu prüfen.

Wählen Sie den kleinsten Datenspeicher, der für den entsprechenden Zweck ausreicht.

Speichern Sie nur dann in der Registry, wenn dies wirklich nötig ist.

Lang andauernde Speichervorgänge müssen dem Benutzer angezeigt werden: Schalten Sie den Cursor auf „Sanduhr", schreiben Sie eine Information in die Statuszeile, zeigen Sie die Speicheraktionen als Hinweis auf dem Dialog an. Vergessen Sie nicht, diese Einstellungen nach erfolgreich durchgeführten Transaktionen wieder zurückzusetzen.

Bei sehr lang andauernden Vorgängen muss der Benutzer über den Fortschritt informiert werden, entweder mittels einer Fortschrittsanzeige oder einer Information, wie viel Prozent bereits abgearbeitet wurde.

Begründung: Um Grundeinstellungen des Benutzers in einer Datenbank oder einer Excel-Tabelle zu speichern, würde man mit Kanonen auf Spatzen schießen. Hierbei genügt eine Textdatei (auch XML- oder *.ini-Datei).

19.2.7 Vor der Auslieferung

Testen Sie gut. Lassen Sie das Programm vor der Auslieferung eine Nacht lang liegen, und testen Sie es dann erneut. Lassen Sie andere Personen „gegentesten". VBA bietet den Befehl Debuggen | Kompilieren von Projekt an, mit dem Codefehler aufgefunden werden können.

19.3 Fazit

Der vorliegende Katalog versteht sich als Empfehlung und Hilfestellung, nicht als dogmatisch anzuwendendes Konzept. Vielleicht erscheint die eine oder andere Richtlinie oder Forderung etwas überzogen. Zugegeben: In dem Beispielcode dieses Buches habe ich mich auch nicht 100 prozentig an die hier aufgestellten Richtlinien gehalten.

Sicherlich muss im einen oder anderen Fall auch mal gegen eine dieser Regeln verstoßen werden. Jedoch würde ich als EDV-Leiter die Messlatte lieber etwas höher als zu niedrig aufhängen – sie wird automatisch von den Programmierern, die damit arbeiten, nach unten korrigiert.

20 Stichwortverzeichnis

D

E

F

G

H

I

J

K

L

M

Q

R

T

U

V

W

X

Y

Z

Ein Wort zu mir

Seit 1990 unterrichte ich Softwareprodukte und Programmiersprachen von verschiedenen Herstellern aus verschiedenen Bereichen. Dabei zählt VBA zu meinen bevorzugten Programmiersprachen. Nicht nur, weil Ungeübte einen schnellen Zugang zu Programmierwelten erlangen und lauffähige Programme erzeugen können, sondern auch, weil an VBA und seinen Anwendungsprogrammen immer wieder neue Anforderungen gestellt werden, die es zu lösen gilt. Vielleicht, weil es dabei ums Knobeln, Denken, Probleme Lösen, … geht – ich habe Spaß daran. …

Ich sehe übrigens auch nicht aus wie auf dem Foto – das Bild ist 7 x 5 cm groß und ziemlich flach – ich dagegen bin rund, habe Volumen und Format, bin etwas länger und nicht in Pixel auflösbar.

Und: gerne biete ich Ihnen VBA-Schulungen an, Trainings in allen Office-Programmen oder berate Sie bei Fragen und Problemen.

Weitere Infos über mich finden Sie auf meiner Seite www.compurem.de.

Von mir bei BoD erschienen sind:

Excel nervt

Eine Liebeserklärung an Microsoft Excel

- Taschenbuch: 600 Seiten
- ISBN-10: 373923167X
- ISBN-13: 978-3739231679
- Preis: 19,00 EURO

Visio 2013/2016

Das Handbuch für Anwender

- Gebundene Ausgabe: 544 S.
- ISBN-10: 3739217421
- ISBN-13: 978-3739217420
- Preis: 29,00 EURO

Visio 2013/2016 anpassen

Das Handbuch für Entwickler

- Gebundene Ausgabe: 368 S.
- ISBN-10: 3739229845
- ISBN-13: 978-3739229843
- Preis: 29,00 EURO

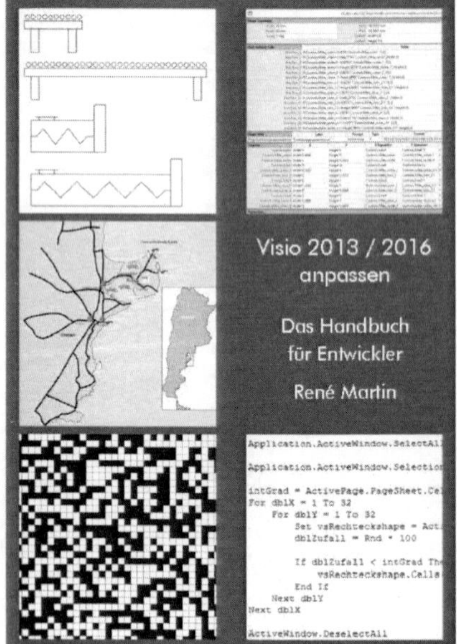